Wissenschaft als Arbeit – Arbeit als Wissenschaftlerin

Herausgegeben im Auftrag der Berliner Senatsverwaltung für Arbeit, Berufliche Bildung und Frauen

Sabine Lang, Politikwissenschaftlerin, arbeitete von 1986 bis 1991 an Forschungsprojekten der University of California, Berkeley, und der Freien Universität Berlin. Von 1991 bis 1994 war sie Pressesprecherin und Büroleiterin der Berliner Senatorin für Arbeit und Frauen. Seit 1995 ist Sabine Lang wissenschaftliche Mitarbeiterin am Institut für Politikwissenschaft der Universität Leipzig.
Birgit Sauer, Politikwissenschaftlerin, war von 1987 bis 1992 wissenschaftliche Mitarbeiterin am Fachbereich Politikwissenschaft der Freien Universität Berlin. 1993/1994 hatte sie eine Gastprofessur an der Kon-Kuk-Universität in Seoul/Korea inne und war anschließend von 1995 bis 1996 wissenschaftliche Assistentin am Institut für Soziologie der Universität Freiburg. Seit April 1996 ist Birgit Sauer Universitätsassistentin am Institut für Politikwissenschaft der Universität Wien.

Sabine Lang, Birgit Sauer (Hg.)

Wissenschaft als Arbeit – Arbeit als Wissenschaftlerin

Campus Verlag
Frankfurt/New York

Die Deutsche Bibliothek – CIP-Einheitsaufnahme

Wissenschaft als Arbeit – Arbeit als Wissenschaftlerin / Sabine
Lang; Birgit Sauer (Hg.) – Frankfurt/Main; New York:
Campus Verlag, 1997
ISBN 3-593-35637-6
NE: Lang, Sabine [Hrsg.]

Umschlaggestaltung: Atelier Warminski, Büdingen
Satz: Pamela Schartner, Wien
Druck und Bindung: KM-Druck, Groß-Umstadt
Gedruckt auf säurefreiem und chlorfrei gebleichtem Papier.
Printed in Germany

Inhalt

III. Forschungsförderung für Frauen in außeruniversitären Institutionen und in der Europäischen Union

IV. Strategien feministischer Wissenschaftsreform

Vorwort

Die Institution Wissenschaft gehört nach wie vor zu jenen Bereichen mit den stärksten internen Barrieren für Frauen. Wissenschaft ist eine Männerdomäne. Diese Tatsache prägt die Strukturen und Regeln der Wissenschaftsinstitutionen und wirkt sich auf deren Arbeitsinhalte aus.

Im Sommer 1995 veranstaltete die Senatsverwaltung für Arbeit, Berufliche Bildung und Frauen den Kongreß »Wissenschaft als Arbeit – Arbeit als Wissenschaftlerin«, der im vorliegenden Band in ausgewählten Beiträgen dokumentiert ist. Ziel des von über 300 Teilnehmerinnen und Teilnehmern besuchten Kongresses war es, neben einer Bestandsaufnahme und Bewertung der Frauenförderung in der Wissenschaft Strategien zu evaluieren und Anregungen für die zukünftige politische und fachliche Arbeit zu geben.

Um einen möglichst breiten Konsens in der Analyse und für die weitere politische Arbeit herzustellen, wurde zur Vorbereitung des Kongresses von der Senatsverwaltung für Arbeit, Berufliche Bildung und Frauen eine Arbeitsgruppe mit wissenschaftspolitischen Expertinnen aus Berliner Hochschulen und außerhochschulischen Forschungsinstitutionen eingerichtet. Ein Ergebnis intensiver Diskussionen sind die ebenfalls in diesem Band dokumentierten »Berliner Perspektiven für die Gleichstellung von Frauen in der Wissenschaft«. Sie bilden die Grundlage für unsere weitere Arbeit zur Gleichstellung von Frauen in der Wissenschaft.

Bereits heute, nur ein Jahr später, hat das Thema angesichts der vornehmlich unter dem Gesichtspunkt der Haushaltskonsolidierung geführten bildungspolitischen Diskussion, eine noch größere Brisanz erhalten. Die verschärften Wettbewerbsbedingungen um Arbeitsplätze im Wissenschaftsbereich drohen besonders Frauen negativ zu treffen. Gerade in Zeiten von Ressourcenknappheit hat die Frauenförderung zur Wahrung der Chancengleichheit von Frau und Mann eine wichtige Aufgabe zu erfüllen. Die in diesem Band vorliegenden Analysen und Reformvorschläge stellen eine wichtige Grundlage für die weitere Arbeit dar.

Ich möchte allen, die am Zustandekommen des Kongresses beteiligt waren, nochmals herzlich danken, insbesondere der Servicegesellschaft SPI, die den Kongreß organisatorisch vorbereitete und betreute, den Herausgeberinnen dieser Dokumentation und den Mitarbeiterinnen meiner Verwaltung.

Dr. Christine Bergmann
Senatorin für Arbeit,
Berufliche Bildung und Frauen

Gleichstellungspolitische Wendezeit?

Eine Einführung in den Band

Sabine Lang, Birgit Sauer

> »Seit sich die Universitäten den Frauen erschlossen haben, mehren alljährlich glänzend absolvierte Examina und Promotionen die Beweise, daß Frauen befähigt sind, wissenschaftliche Studien mit Erfolg zu betreiben und diejenige Stufe intellektueller Schulung und stofflicher Beherrschung eines bestimmten Wissensgebietes zu erreichen, die zur Ausübung der sogenannten liberalen Berufsarten erforderlich ist.«
>
> *Marianne Weber 1904*

In den lautstark geführten Diskussionen um die »Krise der Universität« scheint die Forderung nach Frauenförderung und -gleichstellung übertönt zu werden. Der Zwang, Länder- und Bundeshaushalte zu konsolidieren und Finanzmittel einzusparen, schlägt sich auch in den Hochschulen in Haushaltskürzungen, Stellenstopps und in der – vorläufig noch negativ beschiedenen – Debatte um Studiengebühren nieder. In diesem Spardiskurs vermengen sich nun Aspekte der Mitteleinsparung mit Argumenten für eine notwendige Strukturreform der Hochschulen: So werden inzwischen unter dem Spardiktum Fragen der Modernisierung der Hochschulorganisation wie beispielsweise ihre Autonomisierung und »Entstaatlichung« oder die Entprivilegierung des professoralen Berufsbeamtentums ebenso debattiert wie die Kompatibilisierung von Wissenschaft – und dies heißt auch das Zurechtstutzen der Disziplinen und Studienfächer hin auf ihre bessere Verwertbarkeit – im Kontext von Europäisierung und Globalisierung. Das Postulat, daß Hochschulen Institute gesellschaftlicher (Selbst-)Aufklärung sein sollten bzw. werden mögen, ist im finanziellen Krisendiskurs untergegangen.

Gleichstellungspolitik und Wissenschaftsreform als Finanzprobleme zu diskutieren oder als Verfassungsfragen zu definieren, hat den Effekt, das Ziel der Geschlechterdemokratie in unerreichbare Ferne zu rücken. Das normative und politisch-praktische Problem der Geschlechtergleichstellung im zentralen gesellschaftlichen Teilbereich Wissenschaft scheint im Gemenge aus Modernisierungs-, Reform- und Spardiskurs eine nur randständige Rolle zu spielen. Geschlechtergleichstellung und gar schon Frauenforschung gelten gegenwärtig nicht nur als nebensächlich, sondern als Luxus der wissenschaftlichen Lebenswelt, ein Luxus, den man sich in Zeiten der Rezession nicht mehr leisten kann und will. Zugleich mehren sich indessen Verwaltungsklagen von Wissenschaftlern gegen Stellenausschreibungen aus Frauenförderprogrammen; das Verwaltungsgericht Göttingen hat beispielsweise im Mai diesen Jahres einer solchen Klage stattgegeben (vgl. Frankfurter Rundschau vom 31. 5. 1996).

Alle Diskussionen der vergangenen zwei Dekaden um die Benachteiligung von Frauen in der Wissenschaft, um ihre historisch institutionalisierte Exklusion und die Notwendigkeit ihrer spezifischen Förderung scheinen angesichts knapper finanzieller Ressourcen vergessen. Doch der frauenpolitische Gegenwind weht noch aus einer anderen Richtung: Kritik an der »Gruppenuniversität«, an der Bürokratisierung des Hochschulablaufs durch Gremienbildung trifft auch in voller Härte auf gleichstellungspolitische Institutionen und rechtliche Regulierungen des universitären Geschlechterverhältnisses wie beispielsweise durch Frauenförderpläne oder durch Sanktionen gegen sexuelle Belästigung[1]. Wir scheinen in einer »gleichstellungspolitischen Wendezeit« (Christine Bergmann) zu leben, in der ein backlash die Chance zu gleichstellungspolitischen Strukturreformen zunichte zu machen droht. Auf dem Terrain der Geschlechtergleichstellung ließen sich mit forciertem frauenpolitischem Engagement aber auch unter dem derzeitigen Spar- und Restrukturierungsgebot »Punkte machen«: Drängen nicht auch Wissenschaftlerinnen seit langem auf eine Strukturreform der Hochschulen? Gleichstellungspolitik war und ist genuin mit dem Ziel verknüpft, das Hochschulsystem nachhaltig zu reformieren. Auch eine von außen induzierte Hochschulreform böte zumindest eine Chance, an diesen politischen Diskussionsprozeß anzuknüpfen. Nicht zuletzt der für das kommende Jahrzehnt zu erwartende Generationenwechsel an den Hochschulen bietet frauenpolitische Interventionschancen: Insgesamt werden zwischen 1996 und 2005 rund 49% aller Professuren aus Altersgründen frei; auch wenn davon auszugehen ist, daß bei weitem nicht alle wieder besetzt werden, öffnen sich Berufschancen für Wissenschaftlerinnen.

Verhältnisse der Verhinderung

Die Ergebnisse des gleichstellungspolitischen Kampfes geben bislang nur zu verhaltender Freude Anlaß. Die Situation von Frauen an Hochschulen ist nach wie vor janusgesichtig, und die geschlechtstypische Pyramide des Arbeitsbereiches Wissenschaft steht immer noch auf festem Grund: Als Studentinnen sind Frauen nicht mehr zu übersehen, der Frauenanteil an den StudienanfängerInnen liegt bei 43,8%; allerdings gibt es bereits bei der Studienfachwahl eine Sphärenteilung zwischen »Frauen- und Männerfächern«, und die »Feminisierung« eines Faches bedeutet immer noch finanzielle Abwertung und mangelndes Prestige. Bei Promotionen sinkt der Frauenanteil auf 30,6%, um bei Habilitationen auf magere 12,1% zu schrumpfen. An den C3-Professuren haben Frauen einen Anteil von 7,2%; C4-Professorinnen sind an deutschen Hochschulen eine Rarität: Nur knapp 4% dieser prestigeträchtigen und wohldotierten Stellen sind mit Frauen besetzt.[2]

Warum können Frauen so schwer in der Wissenschaft reüssieren? Der Ausschluß von Frauen aus den Hochschulen ist Ergebnis eines spezifischen Institutionalisierungsprozesses von Lehre und Forschung; dieser Prozeß hat sich in den universitären Strukturen trotz zahlreicher Hochschulreformen immer wieder reproduziert. Der Ausschluß ist aber auch in den Handlungs- und Verhaltensweisen von Männern und von Frauen in der Institution Wissenschaft habituell verankert. »Männlichkeit als System« (Kreisky 1995: 215) ist somit strukturell und auf der Ebene von Denk- und Handlungsmustern abgesichert – in einem vergleichsweise langen Ausbildungsparcours, der männliche Lebensmuster privilegiert, in Personalrekrutierungen, die »das Gleiche« reproduzieren, in hierarchischen Arbeits- und Entscheidungszusammenhängen, die auf dieser angenommenen Gleichheit basieren und Anderes exkludieren, in Wissenschaftsinhalten, die Erfahrungen weiblichen Lebensalltags ausblenden, in Abgrenzungs- und Konkurrenzritualen, die durch gleichgeschlechtliche Bedingungen erleichtert werden.

Auch im wissenschaftlichen Berufsfeld kommt darüber hinaus die »doppelte Vergesellschaftung« von Frauen (Becker-Schmidt 1987) zum Tragen, nicht nur als subjektive Entscheidung zwischen »Wissenschaft als Beruf« oder Familie, sondern auch als objektive Karriereverhinderung in Form von Berufsanforderungen und Qualifikationsbegriffen.

Die Rekrutierung wissenschaftlichen Personals – landläufig und fälschlicherweise als »Bestenauslese« verstanden – verläuft in der Regel keineswegs in rationalen Entscheidungskanälen: »Das akademische Leben ist also ein wilder Hazard«. Zufall, so Max Weber in seiner Vorlesung »Wissenschaft als

Beruf«, die wir leicht modifiziert zum Titel des Buches machten, bestimme mehr als wissenschaftliche Tüchtigkeit, ob jemand eine Professur erhalte; zufällig sei es überhaupt, Zugang zur Akademie zu erhalten, da die wissenschaftliche Laufbahn »plutokratisch« aufgebaut sei. Wissenschaftliche Personalrekrutierung ist in der Regel ein Kooptationsverfahren, das über den Modus der Qualifikation vermittelt wird und dadurch zugleich legitimiert und rationalisiert werden kann. Der Qualifikationsbegriff ist nun freilich ein höchst umstrittener. Zwar macht sich kein Wissenschaftler anheischig, wissenschaftliche Qualitätsstandards zu metrisieren; allen ist bewußt, wie schwer bestimmbar Qualitätsmerkmale sind. Und doch erlangen solche Standards in Berufungsverhandlungen eine eigentümliche Realität in Form von Publikationsmengen. Diese strukturelle Verfestigung von Qualifikationsanforderungen ist ein Mechanismus des Frauenausschlusses, fließt doch in diesen Prozeß die Logik der Reproduktion der männlichen Wissenschaftlergemeinde ein: Weder findet die außeruniversitäre Lebenserfahrung, noch die genuin hochschulische Lehrerfahrung im Qualifikationsbegriff Berücksichtigung. Die Festlegung von Qualitätsstandards ist ein kommunikativer Definitionsakt, der Ein- und Ausschluß impliziert. Definitionsmacht in diesem Kontext haben die männlichen Standesvertreter (vgl. Bourdieu 1985).

Mit Recht wird deshalb darauf verwiesen, daß der Qualifikationsbegriff das entscheidende Ausschlußscharnier ist und daß gleichstellungspolitische Maßnahmen eben diesen Mechanismus aushebeln müssen.

Universität als Männerbund. Historischer Frauenausschluß

Knapp 90 Jahre nach Einführung des Frauenstudiums in Deutschland ist der maskuline Geistesadel – Max Weber bezeichnete »(W)issenschaftliche Schulung« als »geistesaristokratische Angelegenheit« – nur partiell seiner Vormachtstellung enthoben. Keineswegs zufällig, sondern durchaus eindeutig war noch für Weber das Geschlecht des Wissenschaftlers: Er war ein Mann. Zwar hatten sich Frauen nur wenige Jahre zuvor das Recht erstritten, an deutschen Universitäten zu studieren – Weber spricht die ZuhörerInnenschaft deshalb auch mit »Kommilitonen oder Kommilitoninnen!« an –, doch eine Wissenschaftlerin war ihm im November 1917 unvorstellbar und auch nicht wünschenswert: »Demokratie«, so Weber, »da, wo sie hingehört«. – Keineswegs in den Hörsaal, in Institute und Labore.

Die bis auf den heutigen Tag so nachhaltig Frauen ausschließende Struktur deutscher Hochschulen ist ein historisches Erbe. An deutschen Universitäten wurden Studentinnen vereinzelt ab 1893/94 als Gasthörerinnen geduldet; erst um die Jahrhundertwende, in Preußen gar erst im Wintersemester 1908/09 durften sie sich immatrikulieren. Doch die Berechtigung zum Studium bedeutete noch nicht Teilhabe an allen universitären Titel- und Statusprivilegien; das Recht zur Habilitation und die Möglichkeit zur Berufung erhielten Frauen erst nach der Novemberrevolution (Costas 1995: 505). Im Unterschied zu anderen Staaten entwickelte sich das deutsche Bildungssystem als staatlich durchorganisiertes System mit einem »lückenlosen Berechtigungswesen« (ebd.: 503): Jede Stufe des Bildungssystems war mit einem exkludierenden Prüfungs- bzw. Zutrittsritual versehen, das den Zugang zur jeweils nächst höheren Stufe in dem Sinne regelte, daß spezifische Gruppen am Zutritt gehindert wurden. Abitur, Staatsexamina und Habilitation verwehrten nicht nur Frauen den Zugang zur Akademie, sondern auch Nicht-Deutschen und Juden. Bis auf den heutigen Tag ist die Habilitation weniger eine Institution, die die Qualität wissenschaftlicher Arbeit feststellt, sondern ein Instrument »sozialer Sortierung«, ein »fast klerikales oder zünftlerisches Initiationsritual einer sehr alten, sehr männlich bestimmten Kultur« (Daxner 1996: 118). »Männlichkeit als System« ist mithin in diesem Männer privilegierenden Selektionsprozeß eingelagert. Der Rechtswissenschaft gelang es beispielsweise bis 1922 formal, Frauen vom Studium auszuschließen; faktisch erhielten Frauen erst nach dem zweiten Weltkrieg Zutritt zu juristischen Fakultäten (vgl. Costas 1995: 508).

Das deutsche Hochschulsystem etablierte sich nicht nur als durchstaatlichtes Regelwerk der Exklusion, sondern auch der inneren Hierarchisierung. Universitäten wurden im 18. Jahrhundert als Musterbeispiele absolutistischer Wohlfahrtsstaatlichkeit gegründet: Kameralistische Steuerungspraxis und hierarchisch organisierter Beamtenstab waren Garanten einer »aufgeklärten obrigkeitliche(n) Verwirklichung öffentlicher Wohlfahrt« – von Bildung und Wissenschaft also (Greven 1996: 77).

Dieses System wurde unterstützt durch eine »Männlichkeitskultur«. Die Verknüpfung von Eliteausbildung mit Burschenschaften und Männlichkeitsidealen, männlichen Werten, Kameradschaft und Initiationsriten integrierte für ein Leben lang in die »Verbindung«, aber auch in ein prestigeträchtiges Berufsfeld , schloß »Unverbundene« wie Frauen aber aus. Das Argument Heinrich von Treitschkes gegen die Zulassung von Frauen zum Studium war denn auch, daß den Männern »die schöne akademische Freiheit genommen« würde (zit. nach Costas 1995: 506).

Dieser für Deutschland typische Institutionalisierungsprozeß von Wissenschaft korrespondierte mit einem spezifischen wissenschaftlichen Habitus, der sich ebenfalls bis heute tradiert. Johan Galtung unterschied in einem Essay vom Beginn der achtziger Jahre nationale wissenschaftliche »Stile«; er kennzeichnet den »teutonischen Stil« als theorielastig und in doppelter Weise pyramidenförmig angelegt: Auf deduktive Weise werden gigantische theoretische Pyramiden errichtet, die möglichst viel erklären sollen und einander weitgehend ausschließen (vgl. Galtung 1983: 321). Diese Kopflastigkeit durch eine enorme Abstraktionshöhe paart sich mit einer weiteren Pyramidengestalt der teutonischen Wissenschaftslandschaft: der »pyramidenförmig gestalteten Meister-Jünger-Beziehung« (ebd.: 322), den sogenannten Schulen. Die männerbündische Struktur ist also nicht nur institutionell und habituell, sondern auch durch vorgegebene Erkenntnisräume und Denkrichtungen, mithin in den Inhalten der Wissenschaft, abgesichert. Galtung weiter:

»Im wesentlichen bedeutet das, daß die Jünger zum Verständnis des Meisters gelangen und in diesem Prozeß seine Theorie akzeptieren, ohne sie grundsätzlich in Frage zu stellen.« (ebd.)

Sicher ist dieser Prozeß der männlichen Reproduktion des wissenschaftlichen Personals und der Wissenschaftsinhalte mit nur wenig Neigung zu Wandel und Varianz überzeichnet. Doch die Galtungsche Karrikatur macht deutlich, wie schwer es in dieser Landschaft erratischer Pyramiden ist, Strukturveränderungen in die Wege zu leiten. Die Pyramidenmetapher verdeutlicht auch die Schwierigkeit, »randständige« Themen wie die Frauenforschung, aber auch marginalisierte, aus der Meister-Jünger-Dyade ausgeschlossene Personen zu integrieren.

In einer Reflexion über die Konsequenzen der Globalhaushalte schildert Michael Th. Greven, Politikwissenschaftler an der Universität Hamburg – unfreiwillig – die »demokratisierte« Version maskulinistischer Vergemeinschaftung an der Hochschule: Greven, ein Kritiker des »Egalitarismus« der Gruppenuniversität, kritisiert das Vergemeinschaftungsprinzip der seit den frühen siebziger Jahren berufenen, in aller Regel männlichen Professoren: Die Voraussetzung der Funktionsweise von Fachbereichen und Instituten ist, daß die Professoren sich als »Gleiche« anerkennen und akzeptieren. Stellen und andere Ressourcen werden dann unter diesen »Gleichen« nach dem Gießkannenprinzip verteilt. Voraussetzung in dieser Anerkennungsgemeinschaft ist nun aber eine tatsächliche gewisse Gleichheit: der Generation, des Geschlechts und des beruflichen Selbstverständnisses. Frauen können nur in Ausnahmefällen als Gleiche anerkannt werden; brechen sie aber aus dieser unausgesprochenen Übereinkunft der Gleichen aus und fordern *mehr* – Stellen, Ressourcen – für Frauen, dann werden sie fast automatisch zur »Anderen« definiert und ausgeschlossen.

Frauenförderung ist Wissenschaftsreform

Maßnahmen zur »Förderung von Frauen in der Wissenschaft« sind also nicht allein als kompensatorische Politiken zu begreifen, sondern sind bzw. müssen immer auch strukturverändernde Maßnahmen sein: Sie haben das Ziel, die institutionalisierte »Männlichkeit« der Wissenschaft zu transformieren und die akademischen Institutionen für die Erfahrungen und Praxen des »anderen Geschlechts« (Simone de Beauvoir) zu öffnen.

Zentrale Hebel, um institutionelle und habituelle Versteinerungen im wissenschaftlichen Betrieb aufzubrechen, bieten sich zunächst über die gesetzlichen Maßgaben zur Frauenförderung in Bundes- und Landeshochschulgesetzen sowie in den Landesgleichstellungsgesetzen des öffentlichen Dienstes an. Auch wissenschaftspolitische Programme sind im Vergleich zu den achtziger Jahren geschlechtersensibel formuliert und setzen Frauenförderung prominent: Das neue Hochschulsonderprogramm III (HSP III) mit einer Laufzeit bis zum Jahr 2000 enthält wie das HSP II einen Schwerpunkt Frauenförderung, und der jüngste Bericht der Bund-Länder-Kommission für Bildungsplanung und Forschungsförderung (BLK) »Förderung von Frauen im Bereich der Wissenschaft« hat die weichen Formulierungen des Berichts von 1989 korrigiert und führt deutliche Soll-Bestimmungen zur Frauenförderung ein.

Allzu häufig werden jedoch gesetzgeberische Aktivitäten auf den Bereich der Personalpolitik reduziert. Doch Personalpolitik und damit die zunehmende quantitative Repräsentanz von Frauen im System Wissenschaft ist zwar eine notwendige, aber noch keine hinreichende Bedingung für den erforderlichen Hochschulwandel. So wäre z.B. die Beteiligung von Frauenbeauftragten nicht nur an den Berufungsverfahren, sondern vor allem auch an strukturpolitischen Entscheidungsprozessen innerhalb der Hochschulen ein wichtiger, längst noch nicht realisierter Schritt hin zu gleichstellungsorientierten Reformansätzen.

Auch im Rahmen der hochschulinternen Diskussionen um Frauenförderrichtlinien und -pläne wird zunehmend deutlich, daß zwar gegen Appelle und Soll-Bestimmungen zur Erhöhung von Frauenanteilen auf allen Ebenen kaum Protest laut wird, hingegen die frauenpolitische Diskussion um Etablierung geschlechterbewußter Lehrinhalte und Lehrformen bereits als Frontalangriff auf die professorale Autonomie und als »Wissenschaftsreform in die falsche Richtung« abgewehrt wird. Hier jedoch muß Frauenförderung auf ihrem weiten Begriff von Rekrutierungspolitik beharren: Nur wenn Lehre und Forschung so reformiert werden, daß damit auch die männliche Reproduktion von Inhalten transformiert wird, wird sich das System Wissenschaft für beide Geschlechter als produktiver Arbeitsplatz gestalten lassen.

Widerstände und Abschottung gegenüber so verstandener Frauenförderung sind allenthalben spürbar. Um so dringlicher erscheinen Initiativen wie die der Bundeskonferenz der Frauen- und Gleichstellungsbeauftragten an Hochschulen (BukoF), die Steuerung von Frauenförderung mit Anreiz- und Sanktionssystemen zu verbinden[3]. Die gegenwärtig diskutierten und an einigen wenigen Hochschulen bereits etablierten Anreiz- und Sanktionssysteme sehen in der Regel die Einrichtung von Sonderfonds vor, mit denen bestimmte Leistungen im Rahmen von Frauenförderung honoriert werden. Leistungsnehmer können sowohl die Hochschulen gegenüber dem Bund oder dem jeweiligen Bundesland als auch die Fakultäten oder Institute gegenüber der Hochschule sein. Da diese Sondermittel in aller Regel aus bereits existierenden Haushalten herausgeschnitten werden, um in Bündelung bestimmte Anreize für Institute, Fakultäten oder Hochschulen zu schaffen, enthält jeder Anreiz auch eine zumindest implizite Sanktion. Anreize können sowohl in Form von zusätzlichen Sachmitteln oder Stellen als auch z.B. in Form von Preisen für besonders wirksame Maßnahmen im Bereich der Frauenförderung erfolgen. Es kommt nun vor allem darauf an, daß innerhalb der Diskussion um Globalhaushalte solche Frauenfördersysteme auch tatsächlich an den Hochschulen festgeschrieben werden und daß hierdurch nicht nur personalpolitische, sondern z.B. auch forschungsstrategische Entscheidungen der Hochschulen frauenfördernd beeinflußt werden.

Die bundesdeutsche Frauenbewegung war auch an den Hochschulen jene Kraft, die nicht allein auf eine stärkere Repräsentation von Frauen in den heiligen Hallen der Wissenschaft drängte, sondern Wissenschaft als männliche Form der Erkenntnis und Erfahrung kritisierte. Gleichstellungsforderungen beinhalten also immer diesen Doppelaspekt »negativer« wie »positiver« Integration: Gleichstellungspolitik will einen Beitrag zur Demokratisierung der Wissenschaftsinstitutionen leisten, will Ausschlußbarrieren abbauen und eine geschlechtergerechtere Verteilung von Ressourcen und Stellen erwirken; sie will aber auch die Inhalte von Wissenschaft kritisieren, ihre erkenntnistheoretischen Grundlegungen in einer einseitig männlich-hegemonialen Erkenntniswelt systematisch hinterfragen und reformulieren. Frauen- und Geschlechterforschung in allen Wissenschaftsdisziplinen geht es darum, die eingeschlechtlichen Herangehensweisen offenzulegen und das Geschlecht als eine Kategorie wissenschaftlicher Erkenntnis zu formulieren bzw. sichtbar zu machen, daß es einen Zusammenhang zwischen wissenschaftlichem Erkenntnisgewinn und der Organisation der Forschung gibt.

Gerade mit diesem Doppelbezug begibt sich Gleichstellungspolitik aufs Glatteis, birgt er doch die Gefahr, die beiden Zielpunkte von Gleichstellungspolitik gegeneinander auszuspielen und zu blockieren. Theresa Wobbe (1994) plädierte deshalb dafür, die Forderungen nach Frauenförderung und Frauenforschung strategisch zu trennen, damit das »Ghetto der Frauenforschung« nicht gegen die berechtigte Gleichstellungsforderung von Wissenschaftlerinnen abgewogen wird und der »normale« Wissenschaftsbetrieb sich »unbehelligt« männlich reproduziert. Inzwischen argumentieren feministische Wissenschaftlerinnen für einen Strategiewandel: Ausschreibungstexte für Professuren sollen flexibler formuliert, d.h. nicht als explizite Frauen- und Geschlechterforschungsstellen denominiert werden, Frauenforschungsprofessorinnen sollen ihre Stellen umschreiben und im traditionellen Kanon des Faches ansiedeln.

In den gegenwärtigen Spardebatten wird insbesondere Frauenforschung zur Nischenforschung erklärt, in die es finanziell weniger zu investieren gelte – Frauenforschung wird als bloße Schönwetter-Forschung wahrgenommen und präsentiert. So geriet beispielsweise das Berliner »Förderprogramm Frauenforschung« in die öffentliche Schußlinie: Es wurde angesichts der Haushaltslage empfohlen, das Programm einzustellen; unter arbeitsmarktpolitischen Gesichtspunkten sei es kontraproduktiv, weil eine »letztlich erforderliche berufliche Umorientierung« der geförderten Wissenschaftlerinnen hinausgezögert werde[4] (Der Tagesspiegel vom 7.6.1996).

Die Tugend der Not. Hochschulreform und Gleichstellungspolitik am Ende des 20. Jahrhunderts

Ohne Illusion und Resignation gilt es derzeit, Handlungsspielräume für aktive Gleichstellungspolitik auszuloten. Neben konkret-kurzfristigen Überlegungen, die beispielsweise das strukturverändernde Potential des neuaufgelegten Hochschulsonderprogramms III bis zum Jahr 2000 betreffen, will der vorliegende Band einen Beitrag zu folgenden grundsätzlichen Problemstellungen leisten: Welche Strategien der Gleichstellungspolitik haben sich bewährt, wo gilt es deutlich und radikaler nachzubessern? Welche hochschulpolitischen Bereiche sind auch in der Gleichstellungspolitik noch unterbelichtet? Wie wird sich die Globalisierung und Europäisierung der Bildungs- und Wissenschaftslandschaft auf Gleichstellungspolitik auswirken?

Der erste Schritt der Autonomisierung der Hochschulen ist die Einführung von sogenannten Globalhaushalten, die die kameralistische, staatlich verwaltete Mittelzuteilung partiell ablösen soll. Eine flexiblere Haushaltsmittelverwaltung nach Leistungs- und Effektivitätskriterien kann für Frauenförderung durchaus positiv sein: Anreizsysteme sind flexibler und auf die Gegebenheiten der jeweiligen Institution bezogen zu installieren, die »Leistung« Frauenförderung könnte durch Zusatzgratifikationen belohnt werden. Auch die Schaffung neuer Stellen für Wissenschaftlerinnen durch Mittelumschichtungen läge im Bereich des Möglichen.

Der Konjunktiv indes scheint durchaus berechtigt: Noch ist nicht in Sicht, daß die Globalisierung der Haushalte tatsächlich motivierend für Frauenförderung ist – dies erfordert auch in Zukunft massiven und unermüdlichen frauenpolitischen Einsatz. Unter der Vorgabe von Mitteleinsparungen heißt dieser staatliche Steuerungsverzicht, daß der Kampf um verknappte Ressourcen nun in die Hochschulen hinein verlagert wird. Finanzautonomisierung unter Sparzwang läßt also gegenwärtig eher wenig Hoffnung für Gleichstellungspolitik: Die Expansion von Positionen für Wissenschaftlerinnen kann entweder durch Neuschaffung von Stellen oder durch Neubesetzung ausscheidender Professoren erfolgen. Wenn Stellen nun gestrichen bzw. mit einem Besetzungsstopp versehen werden und wenn Mittel zur Neuschaffung von Stellen gänzlich gestrichen werden, so wirkt sich dies in jedem Falle negativ auf die Repräsentation von Frauen aus. Es ist darüber hinaus zu befürchten, daß die relative Offenheit und Bereitschaft männlicher Kollegen, Frauen zu berufen, im Sinken begriffen ist. In der Kürzungssituation wird eher der Status quo zu erhalten versucht und der Verteilungskampf vermutlich wieder stärker zu Lasten von Frauen gehen. Denn die Geschichte der bundesdeutschen Nachkriegszeit zeigt, daß die Integration von Wissenschaftlerinnen nicht zuletzt an die Expansion der Fachbereiche geknüpft war. Die Komprimierung des Personalbestandes birgt deshalb die Gefahr des (neuerlichen) Frauenausschlusses.

Prinzipiell ließe die Globalisierung der Haushalte die Auflösung der zweckegalitären Männergemeinschaft durch die »Schaffung von Anreizsystemen und damit eine zunehmend antiegalitäre Verteilung« zwar zu (Greven 1996: 83). Doch auch Grevens Fazit ist eher skeptisch, da an den Hochschulen »Verfassungsfragen unmittelbar (...) als Verteilungsfragen gelten« (ebd.).

Modernisierung der Hochschulen im Sinne ihrer »Entstaatlichung«[5], d.h. des Verzichts auf staatlich-regulierende Interventionen in Berufungen, in die Ausbildungsstruktur und in die Finanzmittel, entwickelt unter dem Geschlechteraspekt durchaus ambivalente Konsequenzen. Zwar läßt sich die Frauen exkludierende Struktur des deutschen Hochschulwesens historisch durchaus mit seiner staatlichen Institutionalisierungsform verknüpfen. Demokratisierung der Hochschulen im Sinne der Entstaatlichung könnte deshalb ein Mehr an Handlungsautonomie für Frauen bedeuten. Auf der anderen Seite ist aber auch deutlich, daß Geschlechterdemokratie innerhalb der Hochschulen in der Vergangenheit Erfolge nur durch staatlich-politische Intervention verzeichnen konnte. Verzicht auf staatliche Steuerungsinstrumente in der Personalpolitik könnte also bedeuten, daß die Entscheidung über die Gleichstellung von Wissenschaftlern und Wissenschaftlerinnen gerade jenen übertragen wird, die in der Vergangenheit nicht allzu große Bereitschaft zeigten, Frauen den Zutritt zu öffnen. Auf den »Demokratisierungswillen« der Hochschullehrer in einer »entstaatlichten« Sphäre Wissenschaft zu hoffen, ist deshalb als alleinige Strategie eher blauäugig. Da ein automatischer Konnex von »Entstaatlichung« und »Demokratisierung« nicht anzunehmen ist, scheinen nach wie vor staatliche Regelungsmechanismen, die immerhin politisch und öffentlich-diskursiv legitimiert werden müssen, für Frauenförderung unabdingbar. »Quotenverfahren«, die Wolf-Dieter Narr unter eine »sich selbst blockierende Organisation« der Hochschulen subsumiert (1996: 75), sind deshalb unumgehbare Regelungsinstrumente auf Zeit.

Wissenschaft als Arbeit – Arbeit als Wissenschaftlerin
Eine Zwischenbilanz

Der vorliegende Band präsentiert Facetten der Situation von Frauen im »Männerberuf« Wissenschaft, insbesondere aber eine Bilanz der Erfolge wie auch der Defizite und Desiderata von Gleichstellungspolitik an Hochschulen. Neben der Evaluierung von Gleichstellungsinstrumenten im Länder- und Fächervergleich, neben innovativen Ansätzen der Transformation von Wissenschaft durch Frauenforschung, durch das Projekt einer Frauenhochschule und durch Wissenschaftlerinnen-Netzwerke wird ein Ausblick auf Gleichstellungspolitik in Europa gegeben.

Der Band ist ein Experiment der »Interdisziplinarität«. Er versucht, Diskriminierungsmechanismen, Frauenförderung und -gleichstellung sowie Vernetzungsinitiativen von Wissenschaftlerinnen unterschiedlicher Disziplinen zu präsentieren, also Problemlagen und gleichstellungspolitische Strategien in den unterschiedlichen Fächern zu debattieren. Die Erfahrung zeigt, daß frauenpolitisches Engagement über Disziplingrenzen hinweg mit ähnlichen Kommunikationsbarrieren und -blockaden konfrontiert ist wie fachliche Interdisziplinarität.

Einige Beiträge richten den Blick explizit auch auf Fachhochschulen und auf außeruniversitäre Großforschungseinrichtungen. Nur allzu häufig wird in der derzeitigen Debatte um die Reform der Universität vergessen, daß Wissenschaft und Hochschulausbildung in der Bundesrepublik Deutschland an unterschiedlichen Orten stattfindet und daß Universitäten, Fachhochschulen und außeruniversitäre Forschungseinrichtungen notwendig politisch-strategisch aufeinander bezogen werden müssen, um nicht gegeneinander ausgespielt werden zu können. Während gleichstellungspolitische Instrumente an Hochschulen inzwischen überwiegend institutionalisiert sind, ist die Stellung von Wissenschaftlerinnen an Großforschungseinrichtungen nach wie vor prekär; ihre Lage zwischen öffentlichen Finanzgebern, aber vielfach an die Privatwirtschaft angelehnten Arbeitsverträgen verzögert die Institutionalisierung von Frauenförderinstrumenten erheblich.

Der Band ist zudem eine Begegnung zwischen WissenschaftlerInnen und Gleichstellungspolitikerinnen aus den neuen und aus den alten Bundesländern. Auch hier zeigen sich historisch-kulturelle Unterschiede in der Perzeption von Frauenbenachteiligung wie auch in den Strategien der Gleichstellung. Nicht zuletzt aber sind Wissenschaftlerinnen in den neuen Bundesländern seit der »Hochschulerneuerung/Ost« mit einer gefestigten und gleichsam verjüngten männerbündischen Hochschulstruktur konfrontiert. Der Restrukturierungsprozeß der Wissenschaftslandschaft – er erfolgte oft noch ohne oder unter Umgehung gleichstellungspolitischer Gesetzesvorgaben – erzielte eine im Durchschnitt deutlich höhere Männerquote, als sie gegenwärtig in den alten Bundesländern durchsetzbar wäre.

Wir haben nicht alle kontroversen Standpunkte, politischen Einschätzungen und divergierenden Strategievorschläge, die sich aus dieser heterogenen AutorInnenschaft ergibt, geglättet, auch wenn wir als Herausgeberinnen nicht alle in diesem Band vertretenen Positionen teilen. Die Vielfalt scheint uns vielmehr programmatisch und wünschenswert, um weitere Debatten über eines der brisantesten Themen gegenwärtiger Wissenschaftspolitik anzustoßen.

Der Band beginnt mit Stellungnahmen engagierter Frauen- und Wissenschaftspolitikerinnen zur Gleichstellungspolitik in der Wissenschaft. Sie befassen sich vor dem Hintergrund ihrer je spezifischen Erfahrungen mit der

Formulierung und Durchsetzung von Gleichstellungsmaßnahmen in der Bundesrepublik Deutschland. *Christine Bergmann* und *Helga Schuchardt* stellen die unterschiedlichen Strategien der Frauenförderpolitik in Berlin und Niedersachsen vor, *Helga Ebeling* gibt einen umfassenden Überblick über Entwicklungen und Trends von Frauen in der Wissenschaft sowie über Maßnahmen der Bund-Länder-Kommission für Bildungsplanung und Forschungsförderung (BLK) und des Bundesministeriums für Bildung, Wissenschaft, Forschung und Technologie. *Heide M. Pfarr* schließlich resümiert aus ihrer langjährigen Erfahrung als Frauenpolitikerin und Juristin unterschiedliche Modelle und Ansätze der Wissenschaftlerinnenförderung und kommt zu einem eher niederschmetternden Ergebnis: Die Mehrzahl der gegenwärtigen Förderinstrumente sind purer Nachteilsausgleich, oft auch eher Familienpolitik zur Entlastung von Männern und mithin ohne positive Effekte für Frauen. Entscheidend, so das Fazit aller vier Beiträge, sind reguläre Stellen für Frauen, die durch temporäre Sonderprogramme ergänzt werden können und sollen. Gleichstellungspolitik ist darüber hinaus auch immer Hochschulreformpolitik.

Die kritische Bilanz zeigt, daß die Männerinstitution Hochschule auf Strukturveränderungen entweder mit hartnäckigem Strukturkonservatismus oder aber mit »strategischer Schläue« reagiert: Papierne Fördermaßnahmen werden unterlaufen oder umgangen. Wie das weite Feld der ostdeutschen Wissenschaftslandschaft sich recht rasch zu einer hegemonial-männlichen Struktur formte, in der gleichstellungspolitische Forderungen zu nachrangigen Zielen wurden, zeichnet *Helga Adler* nach. Am Beispiel der FU Berlin zeigt schließlich *Angelika Schaser* die spezifischen Umsetzungsformen des Hochschulsonderprogramms II und die ambivalenten Ergebnisse seines Frauenförderprogramms auf.

Daß die Männerförderung bereits im Studium ihren Anfang nimmt, machen die Beiträge des zweiten Abschnitts deutlich. Aus der Perspektive einer Berliner Studentin, *Stefanie Marggraf*, werden die Probleme von weiblichen Studierenden diskutiert. Die Zentrale Frauenbeauftragte der Freien Universität Berlin, *Christine Färber*, präsentiert in einem programmatischen Papier die Benachteiligungsstrukturen im Studium und formuliert notwendige Forderungen zum Wandel der Hochschulausbildung: Studien- und Prüfungsorganisation, finanzielle Probleme, entmutigende Diskriminierungserfahrungen und Berufsperspektiven bündeln sich zu Frauen benachteiligenden Studienbedingungen. Eines der zentralen Probleme der Förderung von Studentinnen sind fehlende weibliche Vorbilder, Professorinnen also, die über ihre Vorbildfunktion hinaus ermuntern, unterstützen und Studentinnen beispielsweise als

Hilfskräfte in die Welt der Wissenschaft integrieren können. Nach wie vor gestaltet sich die soziale Lage von Studentinnen schwieriger als die ihrer männlichen Kommilitonen. Die finanzielle Schlechterstellung von Frauen schlägt sich auch bei den Studierenden nieder; darüber hinaus sind Studentinnen in weit stärkerem Maße als Studenten mit Reproduktionsarbeiten befaßt – mit der Versorgung von Eltern, anderen Familienmitgliedern oder von Partnern. Mütter und alleinerziehende Studentinnen haben mit einer vielfach gewundenen Diskriminierungsspirale zu kämpfen. *Rosita Lohmann* zeigt Wege zu einem geschlechtergerechten Studium auf, das bei modifizierten Studien- und Prüfungsordnungen beginnen sollte, bei familien- und kindgerechten Wohnformen von Studierenden und hochschulinternen Kinderbetreuungseinrichtungen aber noch lange nicht enden darf.

Monika Klinkhammers Beitrag zeigt, wie sich Diskriminierungsformen in »feminisierten« Fachrichtungen deutlich von denen in »harten Männerfächern« unterscheiden, daß es komplizierte Verknüpfungen von Feminisierung, Maskulinisierung und Fachprestige gibt. Geschlecht ist, so könnte man sagen, eine Ressource, die flexibel zur Auf- und Abwertung von Fächern verwendbar ist. Nach wie vor aber gilt: »Frauenfächer«, d.h. Fachrichtungen mit einem hohen Frauenanteil, werden abgewertet, »Männerfächer«, Fächer also mit einer überdurchschnittlichen Männerquote, werden aufgewertet. Damit korrespondieren kollektive und individuelle Strukturierungsmuster zur biologistischen Festschreibung dieses politisch aufgeladenen Geschlechtscharakters innerhalb eines Faches.

Der Entwicklung von Frauengleichstellung in Großforschungseinrichtungen widmet sich das dritte Kapitel des Bandes. Am Beispiel des Max-Delbrück-Centrums Berlin verdeutlicht *Marion Bimmler* die doppelte Benachteiligung von Wissenschaftlerinnen der neuen Bundesländer in Großforschungseinrichtungen. Aktuelle und zukünftige Tendenzen des Wissenschaftlerinnenarbeitsmarktes in Europa debattieren die Beiträge von *Barbara M. Kehm* und *Mary Osborn*. Sie zeigen unter anderem den auch innerhalb der Europäischen Union geschlechtsspezifisch geprägten Zugang zu Forschungsprojekten und -mitteln auf.

Das vierte Kapitel entwickelt Strategien feministischer Wissenschaftsreform. Am Beispiel Berlins werden zunächst Institutionalisierungs- und Erkenntnisformen der Frauenforschung debattiert. In Berlin hat sich im Verlauf der vergangenen zwei Dekaden eine reiche Frauenforschungslandschaft innerhalb wie außerhalb der Hochschulen entwickelt. Das unermüdliche Engagement von feministischen Wissenschaftlerinnen seit den siebziger Jahren trug Früchte – wenngleich auch »bittersüße«, wie *Hildegard Maria Nickel* feststellt: In zahlreichen Hochschulen Berlins wurden Frauen- und Geschlechterforschungszentren institutionalisiert und feministische Lehrinhalte in Studienplänen verankert. Feministische Wissenschaft professionalisierte sich – in Hochschulinstituten, in Berufsverbänden, in Publikationen und Tagungen. Das Bittere an dieser süßen Frucht schildert auch *Karin Hausen*: Daß Frauen- und Geschlechterforschung Grundlagenforschung im eigentlichen Sinne ist, wird von den kanonisierten Wissenschaftsdisziplinen nicht anerkannt, Geschlecht als wissenschaftliche und analytische Kategorie wird ignoriert und eine »bekennende« feministische Wissenschaftlerin nach wie vor »sanft« ausgegrenzt – oder auf Distanz gehalten, wie *Renate Berger* nachweist.

Um diese Exklusionsmechanismen sowohl in bezug auf Forschungsgegenstände wie auch bei der Personalrekrutierung auszuhebeln, wird seit einiger Zeit das Modell einer Frauenhochschule debattiert und in der Bundesrepublik Deutschland an einigen Instituten bereits erprobt. Hoffnungen auf frauengerechtere Lehr-, Lern-, aber auch Organisations- und Verwaltungsformen und eine gesellschaftspolitische Verankerung und Verantwortung der Forschungsergebnisse werden an diese Form der Hochschulreform geknüpft (*Sigrid Metz-Göckel*). Kontrovers ist dagegen die Einschätzung von *Hannelore Faulstich-Wieland*, die in Frauenhochschulen einen »Bärendienst« für die Gleichstellung sieht: Nicht nur gebe es kein Bedürfnis bei Studentinnen nach einem geschlechtergetrennten Unterricht, vor allem aber berge diese Form feminisierten Lernens die Gefahr der Ausgrenzung und Dequalifizierung von Studentinnen.

Die beiden folgenden Beiträge messen die Handlungsräume von Frauen im Männerbund aus und debattiert zum einen die Funktionsmechanismen professoraler Selbstrekrutierung und Reputationsreproduktion am Beispiel des deutsch-deutschen Wissenschaftstransfers. *Karin Zimmermann* weist nach, daß sich der »inner circle« im Dreischritt von »Kennen (von früher), Anerkennen (als Gleichen) und Benennen (als Kollegen)« reproduziert. Die Erfahrungen mit Netzwerkbildung von Wissenschaftlerinnen in Großforschungseinrichtungen (*Sybille Krummacher*) belegen die Notwendigkeit und Chance, durch Vernetzung mehr Transparenz in professionelle Männerseilschaften zu tragen. Insbesondere auf europäischer Ebene wird aber der ungleiche Ressourcen-, Informations- und Entscheidungszugang von Frauennetzwerken deutlich.

Auch Wissenschaft ist marktförmig vermittelte Arbeit. Das abschließende Kapitel gibt deshalb Einblicke in die Spezifika des Arbeitsmarktes Wissenschaft. Daß Wissenschaft als Arbeit mehr ist bzw. sein sollte als Hochschultätigkeit macht der Beitrag von *Barbara Skripski* deutlich. Gleichstellungspolitik muß vor allem auch strukturpolitische Maßnahmen im Wissenschaftssektor beinhalten. *Friederike Maier* kennzeichnet den Hochschularbeitsmarkt als segementiert in einen Kernarbeitsbereich und einen großen peripheren Bereich prekarisierter Arbeitsverhältnisse; in die Kernbelegschaft gelangen Frauen in seltenen Fällen, weil sie im Vorfeld entmutigt werden. Abhilfe könnte die Ausweitung von längerfristig gesicherten Arbeitsverhältnissen bieten. Der Beitrag von *Peter Grottian* stellt konkrete Modelle der Umverteilung von Arbeit vor, die auch auf den Arbeitsmarkt Wissenschaft innovativ angewandt werden können. *Bettina Uhrig* analysiert abschließend Optionen aktiver Arbeitsmarktpolitik im Wissenschaftssektor am Beispiel Ostberlins nach 1990.

Das abschließende Kapitel des Bandes dokumentiert unter dem provozierenden Titel »Frauenförderung als Männerfrage« eine Reihe von Statements und die Diskussion (zusammengefaßt von den Herausgeberinnen) einer Anhörung von Vertretern wissenschaftspolitischer Institutionen zur Geschlechtergleichstellung (*Paul B. Baltes, Hans-Uwe Erichsen, Karl-Heinz Hoffmann* und *Günter Siegel*). Nach wie vor sind in der Bundesrepublik maßgebliche Insitutionen der Wissenschaftsförderung Männergremien, so daß Frauenförderung in nicht unwesentlichem Maße auch auf der Seite der wissenschaftspolitischen Institutionen als Männerfrage begriffen werden muß. Solchermassen herausgefordert, bekannten sich die befragten Wissenschaftspolitiker durchaus auch zu innovativen Formen der Frauenförderung; das Hearing ist einmal mehr Beleg dafür, daß um die Notwendigkeit von Frauenförderung nicht mehr herumzukommen ist, daß es aber struktureller Veränderungen und dauerhaften Drucks von Lobbyistinnen bedarf, um Lippen- und papierne Bekenntnisse zu realisieren.

Im Anhang des Bandes befindet sich die Erklärung »Wissenschaftlerinnen 2000. Berliner Perspektiven für die Gleichstellung von Frauen in der Wissenschaft«. Diese von einer Arbeitsgruppe bei der Berliner Senatsverwaltung für Arbeit und Frauen für den Kongreß »Wissenschaft als Arbeit – Arbeit als Wissenschaftlerin« verfaßte Erklärung war Diskussionsgrundlage für die Konferenz. Sie ist aber auch ein Positionspapier, das der wissenschaftspolitischen Debatte über Geschlechtergleichstellung weiterhin Impulse geben soll.

Wir danken Pamela Schartner für die kompetente und sachkundige redaktionelle Bearbeitung des Gesamtmanuskripts.

Anmerkungen

1 So scheint es uns nicht von ungefähr, daß der Hamburger Anglistikprofessor Dietrich Schwanitz (1995) seine Kritik an den zuvörderst interesse- und zuallerletzt gemeinwohl-

geleiteten Gremienbildungen der »Gruppenuniversität« ausgerechnet an der Institution der Frauenbeauftragten expliziert.

2 Diese Zahlen entstammen dem Beitrag von Helga Ebeling in diesem Band.

3 Kommission Globalhaushalt/Evaluation: Diskussionspapier: Anreizsysteme zur Frauenförderung an Hochschulen und Beschluß des Beirats der BukoF vom 13.2.1995.

4 Diesen Vorwurf an die Deutsche Forschungsgemeinschaft erhoben, würde die Einstellung der Vergabe von Habilitationsstipendien heißen, weil auch diese Nachwuchsförderung für einen ungewissen und möglicherweise überfüllten Arbeitsmarkt weiterqualifiziert. Zum Berliner »Förderprogramm Frauenforschung« vgl. den Beitrag von Renate Berger in diesem Band.

5 Wolf-Dieter Narr plädierte jüngst dafür, daß die »Universitäten gründlich entstaatlicht werden, um endlich Anstalten demokratischer Art werden zu können« (Narr 1996: 71).

Literatur

Becker-Schmidt, Regina (1987), Die doppelte Vergesellschaftung – die doppelte Unterdrükkung. Besonderheiten der Frauenforschung in den Sozialwissenschaften, in: Lilo Unterkircher/Ina Wagner (Hg.), *Die andere Hälfte der Gesellschaft*, Österreichischer Soziologentag, Wien, S. 5-25.

Bourdieu, Pierre (1985), *Sozialer Raum und »Klassen«: Leçon sur la leçon.* Zwei Vorlesungen, Frankfurt/M.

Costas, Ilse (1995), Die Öffnung der Universitäten für Frauen. Ein internationaler Vergleich für die Zeit vor 1914, in: *Leviathan* 4, S. 496-516.

Daxner, Michael (1996), *Ist die Uni noch zu retten?*, Reinbek bei Hamburg.

Galtung, Johan (1983), Struktur, Kultur und intellektueller Stil. Ein vergleichender Essay über sachsonische, teutonische und nipponische Wissenschaft, in: *Leviathan* 11, S. 304-338.

Greven, Michael Th. (1996), Universitätsreform auf leisen Sohlen. Über Haushaltsglobalisierung und politischen Steuerungsverzicht, in: *Vorgänge* 1, S. 77-87.

Kreisky, Eva (1995), Der Staat ohne Geschlecht? Ansätze feministischer Staatskritik und feministischer Staatserklärung, in: Eva Kreisky/Birgit Sauer (Hg.), *Feministische Standpunkte in der Politikwissenschaft.* Eine Einführung. Frankfurt/M., New York, S. 203-222.

Narr, Wolf-Dieter (1996), Notate zum »Geist der Universität« 1996, in: *Vorgänge* 1, S. 63-76.

Schwanitz, Dietrich (1995), *Der Campus*, Frankfurt/M.

Weber, Max (1994), Wissenschaft als Beruf, in: Ders., *Wissenschaft als Beruf.* Politik als Beruf, hg. von Wolfgang J. Mommsen/Wolfgang Schluchter, Tübingen, S. 1-23.

Wobbe, Theresa (1994), Eine Frage der Tradition. Wissenschaftspolitische Überlegungen in historischer Perspektive, in: Elke Biester/Barbara Holland-Cunz/Eva Maleck-Lewy/Anja Ruf/Birgit Sauer (Hg.), *Gleichstellungspolitik – Totem und Tabus.* Eine feministische Revision, Frankfurt/M., New York, S. 122-140.

I.
Strukturwandel durch Gleichstellungspolitik

Arbeitsmarktchancen von Wissenschaftlerinnen

Gleichstellungspolitik als Herausforderung

Christine Bergmann

»Berlin im Jahr 2008: Hundert Jahre nach der Zulassung von Frauen zum Studium in Preußen entspricht inzwischen die Zahl der Professorinnen dem Anteil der Studienabsolventinnen.« Dies sind Zukunftsklänge. Heute scheint es, als lebten wir inmitten einer gleichstellungspolitischen Wendezeit – nicht nur in der Wissenschaft, aber hier besonders spürbar –, einer Wendezeit, an deren Ende entweder ein neuer Durchbruch stehen wird oder aber Stagnation, die in ein Rollback für Frauenpolitik zu münden droht. Sichtbarstes Kennzeichen dieser Wendezeit ist, daß die Lücke zwischen frauenpolitischen Anstrengungen und Teilerfolgen auf der einen und mangelnden grundsätzlichen Veränderungen bis hin zu faktischem Stillstand in der Gleichstellungspraxis auf der anderen Seite immer größer wird. Ich möchte diese Diskrepanz zwischen frauenpolitischen Erfolgen und unzureichenden Struktur- und Grundsatzveränderungen am Berliner Beispiel darstellen.

Einerseits kann Berlin auf eine Reihe von Errungenschaften und Erfolgen verweisen: Die Stadt hat sich in den vergangenen Jahren zu einem europäischen Zentrum für Frauen- und Geschlechterforschung entwickelt. Es gibt gegenwärtig 13 Frauenforschungsprofessuren an den Hochschulen und drei institutionalisierte Einrichtungen für Frauen- und Geschlechterforschung, acht Professuren mit einem Schwerpunkt »Frauen- und Geschlechterstudium« an den Berliner Fachhochschulen sowie Studienschwerpunkte in diesem Bereich an zwei Fachhochschulen.

Frauenstudien sind inzwischen in die Studien- und Prüfungsordnungen mehrerer universitärer Studiengänge integriert. Diese Infrastruktur an Hochschulen wird hervorragend ergänzt durch eine Reihe von Archiven und Dokumentationsstellen zur Frauenbewegung und Frauenforschung wie beispielsweise das weit über Berlin hinaus bekannte Feministische Frauenforschungs-, -bildungs- und -informationszentrum (FFBIZ) oder das Ostberliner Lila Archiv.

Seit 1990 gibt es durch das Berliner Hochschulgesetz und das Landesgleichstellungsgesetz (LGG) weitgehende gesetzliche Regelungen, die die Gleichstellung von Frauen befördern sollen. Ohne hauptamtliche Frauenbeauftragte und ohne Frauenförderrichtlinien, ohne die – wenn auch späte – Mitwirkung der Landeskonferenz der Frauenbeauftragten in der Landeshochschulstrukturkommission sähe allein die statistische Repräsentanz von Wissenschaftlerinnen an den Berliner Hochschulen heute noch wesentlich magerer aus. Gemeinsam mit den Frauenbeauftragten konnte im Berliner Hochschulstrukturplan auch die weitere Etablierung von Frauen- und Geschlechterforschung verankert werden. Bei der Neustrukturierung und Profilbildung der Fächer soll sie einen entsprechenden Stellenwert erhalten und in den Studienplänen und Prüfungsordnungen verankert werden. Der Hochschulstrukturplan verpflichtet die Hochschulen auch, spezifische Regelungen und Anreizsysteme zu entwickeln, die dazu beitragen, die strukturelle Benachteiligung von Frauen zu beseitigen. Frauenförderpläne der Fachbereiche sollen ergebnisorientierte Gleichstellungsziele und Regelungen enthalten. So ist vorgesehen, daß Qualifikationsstellen mindestens mit dem Anteil an Frauen, den sie an den Absolventen des jeweiligen Fachbereiches stellen, zu besetzen sind. Gleiches gilt für die Vergabe von Habilitationsstellen. Damit wird im Wissenschaftsetablissement anerkannt, daß die bisherige Benachteiligung von Frauen, die sich z.B. an den Promotions- bzw. Habilitationsquoten zeigt, nicht durch das »freie Spiel der Kräfte« weiter festgeschrieben werden darf.

Auch bei der Einrichtung und Weiterentwicklung von Sonderprogrammen hat Berlin durchaus Nennenswertes vorzuweisen: Gute Erfahrungen haben wir insbesondere mit zwei landesfinanzierten Sonderprogrammen gemacht: dem 1990 eingerichteten »Förderprogramm Frauenforschung« und dem C1- und C2-Stellenprogramm. Mit dem Förderprogramm Frauenforschung wurde in Berlin ein einzigartiges Instrument geschaffen, das die Förderung innovativer Frauen- und Geschlechterforschung mit der beruflichen Förderung und Qualifizierung von wissenschaftlich tätigen Frauen verbindet. Im Unterschied zu vielen anderen Programmen sind die Förderinstrumente und -bedingungen dieses Programms so konzipiert, daß die besonderen Lebensumstände und Berufsverläufe von Frauen berücksichtigt werden. Dadurch können zum Beispiel verstärkt Frauen gefördert werden, die durch Familienarbeit oder wegen noch wenig anerkannter Forschungsthemen keine geradlinige akademische Karriere aufweisen können. Das Programm eröffnet darüber hinaus Optionen für wissenschaftliche Arbeit auch für Wissenschaftlerinnen, die allein aus Altersgründen aus allen regulären Förderungen ausgegrenzt werden.

Von 1988 bis 1995 sind mehr als 1.700 Forschungsanträge bei der Berliner Senatsverwaltung für Arbeit und Frauen eingegangen. Weit mehr als 700 wissenschaftlich tätige Frauen sind mit rund 22 Mio. DM gefördert worden. Die Früchte dieser Arbeiten – und die Früchte des Programms – sind über 600 Publikationen, etwa 50 Film-, Fernseh- und Videoproduktionen sowie Hörfunksendungen, ca. 30 Ausstellungen und viele Kongresse, Tagungen und Workshops. Das Programm garantiert im Berliner Raum eine lebendige Frauenforschungsinfrastruktur parallel zu und in enger Kooperation mit den Hochschulen.

Das zweite Landesprogramm, das viele Erfolge zeitigt, ist ein seit 1990 mit einem Finanzvolumen von jährlich circa 5 Mio. DM laufendes Stellenprogramm für Nachwuchswissenschaftlerinnen und Künstlerinnen. Auf diesen C1- bzw. C2-Stellen mit unterschiedlicher thematischer Ausrichtung sollen Nachwuchswissenschaftlerinnen und Künstlerinnen entweder die für die Bewerbung auf eine Professur erforderliche Habilitation erwerben oder – sofern sie bereits habilitiert sind – ihre Berufungschancen durch Forschung und Lehre verbessern. An den Universitäten wurden 60 dieser Stellen eingerichtet, und zwar mit Priorität in jenen Bereichen, in denen der Frauenanteil an Professuren besonders gering ist. Und auch an den Hochschulen ohne Habilitationsrecht wurden mit Hilfe des Programms zusätzliche Professuren für Wissenschaftlerinnen und Künstlerinnen eingerichtet. Daß dieses Programm auch über die schwierige Haushaltssituation im Jahr 1994 weiterhin gesichert blieb, ist ein Erfolg, auch wenn nach der Vereinigung der beiden Stadthälften nun das gleiche Finanzvolumen für mehr Institutionen ausreichen muß.

Wie sieht aber die Kehrseite dieser Positivbilanz aus? Trotz aktiver Antidiskriminierungs- und Gleichstellungspolitik Berlins ist es um die Gleichstellung von Frauen im Wissenschaftsbereich alles andere als rosig bestellt. Dafür, wie engagiert Feministinnen, Politikerinnen und Wissenschaftlerinnen in den letzten Jahren ihre Ziele verfolgt haben, sind die Resultate nur in Teilbereichen annähernd befriedigend. Vielerorts hingegen hat sich skandalös wenig geändert! So liegt gegenwärtig der Anteil von Wissenschaftlerinnen auf allen Qualifizierungsstufen – trotz der oben genannten Anstrengungen – nur unwesentlich über dem jeweiligen Bundesdurchschnitt. 1991 betrug der Frauenanteil an den Professuren in Berlin-West 9% und an Hochschulassistenzen 28,9%. In Berlin-Ost besetzten Frauen 1991 16,2% der Professuren (inkl. Dozenturen) und 42,3% der Wissenschaftlichen MitarbeiterInnenstellen, deren Anteil allerdings jährlich rückläufig ist.

Dazu kommen die vergleichsweise niederschmetternden Erfahrungen für Wissenschaftlerinnen aus den neuen Bundesländern in der Folge von Wende und Vereinigung. In Berlin wird sicherlich deutlicher als an anderen Orten in der westlichen Republik, daß hinter den Begriffen »Wende« – oder akademisch neutral formuliert »Transformation« – auch und gerade für viele hervorragend qualifizierte Wissenschaftlerinnen aus dem Ostteil der Stadt und den neuen Ländern ein berufliches Fiasko steht. Ich will hierbei nicht unterschätzt wissen, was die inhaltliche Öffnung neuer Forschungsperspektiven im Einzelfall bedeutet haben mag und daß der Zugang zu neuen Ressourcen und herausfordernden Diskussionskontexten Frauen beflügelt hat. Ich selbst erinnere diese Phase des wissenschaftlichen Aufbruchs, der Neugierde, des Gefühls neuer Lichtkegel am wissenschaftlichen Horizont ganz genau. Aber diese Lichter mündeten für viele – in Verkehrung eines bekannten Sprichworts – in den nächsten Tunnel. Obwohl aktuelle Statistiken immer noch nicht befriedigend erhoben sind, ist deutlich, daß der größere Teil der vor 1989 beschäftigten Wissenschaftlerinnen inzwischen erwerbslos geworden ist, in den Vorruhestand gedrängt wurde oder unter der einst erworbenen Qualifikation arbeitet.

Diese Entwicklung betrifft jedoch nicht nur Frauen, sondern ebenso männliche Wissenschaftler. Mit der Übernahme der Personalstruktur der alten Bundesländer wurden auch deren Ausgrenzungs- und Diskriminierungsstrukturen reproduziert. Die Chance, die personelle Erneuerung und Neustrukturierung des Wissenschaftsbereichs mit einem sichtbaren Schritt in Richtung Gleichstellung der Geschlechter zu verbinden, wurde vertan. Angesichts eines nach wie vor paritätischen Hochschulzugangs von Frauen und Männern in den neuen Bundesländern stellt der 11%ige Frauenanteil an den erfolgten Berufungen kaum mehr als einen mageren Anstieg dar. Die höchst unverbindliche Aussage zur Frauenförderung im 1991 aufgelegten Hochschulerneuerungsprogramm ließ solches ja auch vermuten, und natürlich hat auch die Unterrepräsentanz von 3% Frauen in den Landeshochschulstrukturkommissionen hierfür die Weichen mit gestellt. An dieser Stelle sei auf ein Problem der Realisierung von Gleichstellung verwiesen. Einige Frauen wollten in den Landeshochschulstrukturkommissionen die zu erfüllenden undankbaren Aufgaben nicht übernehmen. Dies ist eine Einstellung, die zwar nachvollziehbar ist, aber man muß sich auch die Folgen vor Augen führen: Die wenigen in diesen Gremien tätigen Frauen sind hoffnungslos überlastet.

Zwar ist der Frauenanteil an den Professuren Ostberliner Hochschulen auch heute deutlich höher als in vergleichbaren Westberliner Einrichtungen (13% an der Humboldt-Universität, 15% an der Fachhochschule für Technik und Wirtschaft und 18-27% an den künstlerischen Hochschulen), aber er ist insgesamt wesentlich niedriger als er früher in der Gesamtgruppe der Hochschullehrer war. An der Humboldt-Universität hatte es z.B. 1988 insgesamt 46 Professorinnen und 103 Dozentinnen gegeben, was einem Anteil von 16% an allen Professuren entsprach. Vor allem aber bedeutete der starke Abbau des akademischen Mittelbaus für viele Wissenschaftlerinnen das Ende ihrer Karriere. Für viele andere bedeutete es die forcierte Umwandlung in ein befristetes Arbeitsverhältnis, das ihnen mit hoher Wahrscheinlichkeit in den nächsten Jahren Erwerbslosigkeit bescheren wird. Es ist anzunehmen, daß in den kommenden Jahren für insgesamt 280 Wissenschaftlerinnen derartige umgewandelte Verträge auslaufen und die Mehrzahl von ihnen entweder aufgrund des Alters oder der Entwertung ihrer bisherigen wissenschaftlichen Biographie kaum eine weitere Perspektive in Forschung und Lehre haben werden.

Insgesamt kennzeichnen Sparmaßnahmen, Stellenstops oder gar -abbau und knapper werdende Projektmittel die gegenwärtige Situation. Vieles deutet darauf hin, daß das bisherige Instrumentarium zur Frauenförderung nicht ausreichen wird, um in dieser arbeitsmarktpolitischen Rezessionsphase auch nur das zu halten, was einige Frauen in den vergangenen Jahren an Terrain innerhalb der Wissenschaft gutgemacht haben.

Warum scheint es gerade in Deutschland so schwer, diskriminierende Strukturen im Wissenschaftsbereich aufzubrechen und Frauen mehr Zugangs- und Aufstiegschancen zu eröffnen? Nun, wir wissen: Hinter jeder wissenschaftspolitischen Entscheidung verbirgt sich eine zentrale gesellschaftliche Macht- und Verteilungsfrage, und in Deutschland sind – im Gegensatz zu anderen Ländern – hohes Ansehen und Status im Wissenschaftsbereich ungebrochen. Anders gesagt: Wenn es um weniger ginge, wäre mit hoher Wahrscheinlichkeit auch der Zugang für Frauen leichter.

Eines scheint mir von ganz besonderer Wichtigkeit zu sein: Gleichstellung im Wissenschaftsbereich ist mehr als eine Frage »sozialer Gerechtigkeit« oder »nachholender Entwicklung«. Sie ist vielmehr eine Aufgabe von *zentraler gesellschaftlicher Bedeutung*, bei der es nicht zuletzt um die Demokratisierung der Hochschulen, um die Beseitigung sozial-bornierter Sichtweisen, ausgrenzender Problemwahrnehmungen sowie marginalisierender Definitionskriterien im wissenschaftlichen Arbeitsprozeß geht. Gleichstellung wird vor allem durch die institutionelle Verfassung der Hochschulen blockiert, durch hierarchische Personalstrukturen und Laufbahnverordnungen. Dazu gehören das dreifach gestufte Qualifikationssystem bis zur »Berufungsreife« genauso wie die zusätzlichen Anforderungen der »Scientific Community« bezüglich interner Standards von Publikationen und Forschungsarbeiten bis hin zu habituellen Kommunikationsformen und zeitlicher Verfügbarkeit. Auch wenn es vielfach inzwischen andere Lippenbekenntnisse gibt: Immer noch müssen

Frauen sich an diese Karrieremuster, Standards und Riten anpassen, müssen sich an männlichen Normen orientieren und eigene Vorstellungen von der Ausgestaltung ihres Arbeitsgebiets sukzessive relativieren.

Ich möchte fünf Punkte hervorheben, die mir für die Diskussionen um Gleichstellung in der Wissenschaft zentral erscheinen:

Erstens: Wir brauchen eine noch bessere frauenpolitische Vorbereitung und Durchsetzung von strukturpolitischen Grundsatzentscheidungen. Zwar hat der Abbau von geschlechtsspezifischer Diskriminierung in den letzten Jahren Eingang in den Themenkatalog offizieller Wissenschafts- und Hochschulreformpolitik gefunden und hat auch Ansätze zu einer Gleichstellungspolitik produziert. Es gibt aber keine Indizien dafür, daß androzentrische Orientierungen der Wissenschafts- und Qualifizierungskonzepte hierdurch grundsätzlich in Frage gestellt werden. Das ist besonders angesichts der in der kommenden Dekade bevorstehenden Emeritierungswelle an deutschen Hochschulen gefährlich, in der circa 50% der Professorenstellen neu zu besetzen sein werden. Es gilt deshalb, alle Anstrengungen zu unternehmen, damit genügend Frauen, vor allen Dingen auch in den Natur- und Technikwissenschaften, für diesen »Machtwechsel« vorbereitet sein werden. Damit dieser Wechsel eingeleitet wird, brauchen wir einen umfassenden Modernisierungsprozeß der Hochschulen und wissenschaftlichen Einrichtungen. Gleichstellungspolitik muß dabei integraler Bestandteil der Planung und Strukturentwicklung werden.

Zweitens: Wir brauchen noch effektivere Antidiskriminierungs- und Frauenförderstrategien, insbesondere Anreiz- und Sanktionssysteme. Der politische Alltag, aber nicht nur dieser, lehrt: Papier ist geduldig, und Soll-Bestimmungen sind es letztlich auch. Zwar sind die hauptamtlichen Frauenbeauftragten und die Frauenförderrichtlinien wichtige Instanzen und Instrumente, um die Mitwirkung bei der Personalplanung und bei Strukturentscheidungen innerhalb der Hochschulen zu verstärken; gleichwohl wissen viele Frauenbeauftragte vom »Erfindungsreichtum« der Männer zu berichten und davon, wie sie sich in täglichen Kleinkriegen auf die Schliche ihrer Kontrahenten einstellen müssen und wie auszehrend, manchmal deprimierend und oft windmühlenhaft solches Arbeiten sein kann. Zurecht also wird die Forderung nach besseren Interventions- und vor allen Dingen auch Sanktionsmöglichkeiten erhoben. Warum sollten nicht Etatzuweisungen, die Zuteilung von Nachwuchs- und Hilfskraftstellen an Fachbereiche oder Professoren und Professorinnen von sichtbaren Erfolgen in der Frauenförderung abhängig gemacht werden?

Drittens: Angesichts der anhaltenden Unterrepräsentanz müssen mit Hilfe von Sonderprogrammen die notwendigen Veränderungen zur Gleichstellung von Frauen in den Wissenschaftseinrichtungen beschleunigt werden. Die Frauenministerinnen aller Bundesländer setzen sich dafür ein, daß die Modifizierung des neuen Hochschulsonderprogramms die Förderung von Frauen in der Wissenschaft als eine Zielstellung des neuen Programms fortgeschrieben, in alle Programmschwerpunkte integriert sowie dann mit Hilfe frauenspezifischer Verfahrensvorschläge umgesetzt wird. Die Hälfte der Mittel, der Stellen und der Stipendien sollten Frauen vorbehalten und mit Frauen besetzt werden. Das Gesamtvolumen für insbesondere frauenfördernde Maßnahmen soll aufgestockt werden. Die Länder sollten schließlich aus diesem Programm spezielle Länderprogramme zur wissenschaftlichen Qualifizierung insbesondere zur Habilitation von Frauen auflegen.

Viertens: Es bedarf neuer arbeitsmarktpolitischer Strategien auch und gerade für den Wissenschaftsbereich. Jetzt Qualifizierungschancen zu eröffnen muß z.B. bedeuten, möglichst viele junge Nachwuchswissenschaftlerinnen in den universitären und außeruniversitären Wissenschaftseinrichtungen zu halten. Dazu gehören Modelle der Arbeitsumverteilung, wie sie derzeit schon an einigen Instituten, z.B. auch in Berlin, praktiziert werden und wie wir sie derzeit aktiv für den gesamten Arbeitsmarkt vorantreiben. Dazu gehört aber auch, daß endlich die Rahmenbedingungen geschaffen werden, die Männern und Frauen eine *tatsächliche* Vereinbarkeit von wissenschaftlicher Karriere und Familie ermöglichen. Ganztagskinderbetreuung – auch in Ferienzeiten – ist hier genauso gemeint wie individuell gestaltete Arbeitszeitmodelle. Insbesondere in den privilegierten Segmenten des wissenschaftlichen Arbeitsmarktes gilt es, neue Modelle der Organisation und Flexibilisierung von Arbeit zu formulieren und zu erproben. Gleichzeitig kommt es darauf an, Strukturen und Mechanismen der Personalrekrutierung sowie die Laufbahn- und Karrieremuster in den verschiedenen Mikroarbeitsmärkten der Hochschulen, der außeruniversitären Forschungseinrichtungen, der Industrieforschung und anderer wissenschaftlicher Dienstleistungsbereiche zugunsten der Eröffnung von Berufs- und Karrierechancen für Wissenschaftlerinnen zu verändern.

Um solchen Forderungen den nötigen Nachdruck zu verleihen, brauchen wir *fünftens* und letztens den Ausbau von Netzwerken und institutionalisiertem Lobbying für Frauen. Netzwerkbildung unter Frauen ist ein zentraler Hebel, um Einfluß, Macht, Ressourcen zu bekommen. Aber auch Netzwerkbildung will gelernt sein. Sie fordert uns die Fähigkeit zu kommunikativer Offenheit ab, sie verlangt eine vorurteilsfreie und unvoreingenommene Bezugnahme auch auf die Andersartigkeit anderer Frauen. Netzwerke haben immer auch funktionellen Charakter – und in diesem Sinne sollten sie unter Frauen in der Wissenschaft ausgeweitet und gestärkt werden.

Um diese fünf genannten Ziele zu erreichen, ist sowohl eine umfassende Bestandsaufnahme der bislang vorhandenen und implementierten Instrumente und Strategien der Frauenförderung in der Wissenschaft wie auch eine offene Diskussion über die Leistungen und Defizite bisheriger Ansätze nötig. Das 1995 von der »Arbeitsgruppe Gleichstellungspolitik in der Wissenschaft« unter Mitwirkung der Senatsverwaltungen für Arbeit und Frauen sowie Wissenschaft und Forschung erarbeitete Diskussionspapier »Berliner Perspektiven für die Gleichstellung von Frauen in der Wissenschaft« (vgl. Anhang) gibt dazu Empfehlungen und Anregungen.

Die von uns allen geschätzte Wissenschaftlerin, Feministin und oberste Bundesverfassungsrichterin Jutta Limbach hat unlängst deutlich gemahnt, als sie vom durchaus noch »aufhaltsamen« Aufstieg der Frauen in der Wissenschaft sprach. Die stete Debatte um Gleichstellungspolitik möge eine Reihe von Einsichten und Strategien zutage fördern, die diesen Aufstieg *un*aufhaltsam machen.

So wie Jean-Claude und Christo in Berlin eine historische Bastion verhüllt haben, sollten wir das Gegenteil tun: Es geht darum, ein Stück weiter voranzukommen im Bestreben, die Männerbastion Wissenschaft zu schleifen, ihre patriarchalen Strukturprinzipien und ihre diskriminierenden Praktiken zu *ent*hüllen und nach neuen Formen und Inhalten, nicht in der Verpackung, sondern in der Substanz des alten Gemäuers Wissenschaft zu suchen.

Zur Förderung von Wissenschaftlerinnen in der Bundesrepublik Deutschland

Bisherige Entwicklung und neue Strategien

Helga Ebeling

Als vor mehr als 600 Jahren die ersten Universitäten im deutschen Sprachraum gegründet wurden, blieb den Frauen der Zugang verschlossen. Das war eine Weichenstellung mit erheblichen gesellschaftlichen Konsequenzen. Die Geschichte des Weges von Frauen in die Wissenschaft ist dornenreich: gekennzeichnet von Abwertung, Ausgrenzung, Benachteiligung und Umwegen.

Anne Schlüter verweist in ihrem Vorwort zu dem Buch »Zur Geschichte des Frauenstudiums in Deutschland« (1992) auf die heftige Auseinandersetzung über die Studierfähigkeit von Frauen, die Anfang dieses Jahrhunderts mit der Zulassung von Frauen zum Studium unter namhaften Wissenschaftlern stattgefunden hat. Befürchtet wurde die Zerstörung weiblicher Eigenschaften durch wissenschaftliche Studien, die Vernachläßigung der Hausfrauen- und Mutterpflichten, und es wurden Frauen auch die geistigen und körperlichen Fähigkeiten zum Studium abgesprochen. Verteidigt wurde zugleich die Ideologie von der geistigen Überlegenheit des Mannes.

Baden übernahm 1900 die Vorreiterfunktion und öffnete die Hochschulen »versuchsweise« für Frauen. Die anderen Länder folgten. Dennoch blieb der Zugang schwierig: Das Abitur mußte zumeist extern nachgeholt werden, da an den Mädchenschulen der damaligen Zeit keine Studienberechtigung erworben werden konnte. Zudem benötigten die meisten Studentinnen für den Besuch von Lehrveranstaltungen die Erlaubnis des betreffenden Hochschullehrers. Trotz der bestehenden Widerstände drängten zunehmend mehr Frauen in ein Hochschulstudium, ihre Leistungen fanden Anerkennung, und einigen gelang auch der Einstieg in eine wissenschaftliche Laufbahn. 1907 gab es 255 Studentinnen; dieses entsprach einem Anteil von 0,6%. Nur langsam stieg die Zahl auf 8 206 in den Jahren 1922/23 (9,9%); 1950/51 waren es 19 095 (17,2%).

In der Weimarer Republik gab es lediglich eine Frau als ordentliche Professorin an einer Universität. Noch bis in die fünfziger und sechziger Jahre galt eine wissenschaftliche Arbeit nicht als angemessener Beruf für Frauen.

So gab es 1963 lediglich 25 Lehrstuhlinhaberinnen an wissenschaftlichen Hochschulen der Bundesrepublik. In den achtziger Jahren lag der Frauenanteil an den Professuren insgesamt bei rund 5% und war damit etwa halb so hoch wie der Studentinnenanteil zu Beginn der Weimarer Republik.

Tabelle 1: Frauenanteile in % in Bildung und Wissenschaft, 1990 und 1993

	1990 %-Anteil	Alte Länder 1993 %-Anteil	Neue Länder 1993 %-Anteil	Deutschland 1993 %-Anteil
Abitur/allg. Schulen	50,6	52,0	59,3	53,4
Studienanfänger	39,3	43,1	48,6	43,8
Studierende	38,3	39,6	46,1	40,2
Studienabschlüsse	37,5	39,6	45,0	39,9
Promotionen	27,8	30,4	39,2	30,6
Wiss. Mitarb./Doz./Ass.	22,3	23,9	34,4	25,8
Habilitationen	10,0	11,8	16,0	12,1
C2-Professuren	8,0	9,6	10,4	9,8
C3-Professuren	6,1	6,6	12,5	7,2
C4-Professuren	2,6	3,7	7,2	4,0

Quelle: BMBF (1995): Grund- und Strukturdaten 1995/96, Bonn; eigene Berechnungen des Referates 214

Tabelle 2: Frauen- und Männeranteile in Bildung und Wissenschaft (Hochschulen insgesamt) 1993 in Deutschland

	Frauen in %	Männer in %
Abitur/allg. Schulen	53,4	46,6
Studienanfänger	43,8	56,2
Studierende	40,2	59,8
Studienabschlüsse	39,9	60,1
Promotionen	30,6	69,4
Wissensch. Mitarb./Doz/.Ass.	25,8	74,2
Habilitationen	12,1	87,9
C2-Professuren	9,8	90,2
C3-Professuren	7,2	92,8
C4-Professuren	4,0	96,0

Quelle: BMBF (1995), Grund- und Strukturdaten 1995/96, Bonn; eigene Berechnungen des Referates 214

Was hat sich in den letzten Jahrzehnten an den Hochschulen verändert?

Die Frauen haben ihre Bildungsbereitschaft und Leistungsfähigkeit bewiesen. Seit den achtziger Jahren besuchen mehr Mädchen als Jungen die zur Hochschulreife führenden allgemeinbildenden Schulen, und sie stellen mit über 53% dort die Mehrzahl der Abiturienten. Sie machen heute nahezu 50% der Studienanfänger an Universitäten und 54% an den Kunsthochschulen aus. Frauen studieren ebenso erfolgreich wie ihre männlichen Kommilitonen. Der Einstieg in eine wissenschaftliche Karriere gelingt heute Männern jedoch noch immer deutlich häufiger: 1992 promovierten 14.903 Männer, aber nur 5.943 Frauen.

Obwohl sich die Zahl der Frauen bei den Habilitationen von 1981 bis 1992 fast verdreifacht hat, lag ihr Anteil 1992 insgesamt nur bei 12,8%. Die Zahl der habilitierten Frauen ist noch immer viel zu gering, um einen Durchbruch bei der Besetzung von Professorenstellen bewirken zu können. Unter den insgesamt 10 361 C4-Professuren gab es 1991 nur 311 Professorinnen, dieses entspricht einem Anteil von 3% (vgl. die Tabellen 1 und 2). Veränderungen z.B. im Bereich des wissenschaftlichen Personals an Hochschulen und in den Forschungseinrichtungen sind erkennbar, sie vollziehen sich jedoch bislang nur sehr langsam. Verkümmert hier ein Potential?

Seit Mitte der achtziger Jahre verpflichtet nun das Hochschulrahmengesetz (HRG) zur Gleichstellung. Nach § 2 Abs. 2 HRG wirken die Hochschulen bei der Wahrnehmung ihrer Aufgaben auf die Beseitigung der für Wissenschaftlerinnen bestehenden Nachteile hin. 1989 hat die »Bund-Länder-Kommission für Bildungsplanung und Forschungsförderung« (BLK) mit dem Bericht »Förderung von Frauen im Bereich der Wissenschaft« Empfehlungen zur Verbesserung der Frauenförderung in Hochschulen und Forschungseinrichtungen verabschiedet. In den folgenden Jahren entwickelten die Länder vielfältige Initiativen.

Es wurden

- Frauenbeauftragte an den Hochschulen eingesetzt,
- Stellenbesetzungsverfahren transparenter und frauenfreundlicher gestaltet,
- Frauenförderpläne auf der Ebene der Hochschulen aufgestellt sowie gezielte Förderprogramme in Angriff genommen,
- Frauen im Rahmen der Nachwuchsförderung stärker berücksichtigt, gesetzliche Regelungen flexibilisiert (z.B. Teilzeit und Altersgrenzen),
- die Frauenforschung in den verschiedenen Fachgebieten der Hochschulen institutionalisiert.

Veränderung des Studienwahlverhaltens

Auch wenn sich für junge Frauen das Studienspektrum verbunden mit sichtbaren beruflichen Perspektiven nur langsam erweitert, so haben sich hier doch innerhalb kürzester Zeit massive Veränderungen ergeben. Ich betone das deshalb so nachdrücklich, weil sich entsprechende Entwicklungen zur Ausweitung des Berufsspektrums für Frauen im Bereich der dualen Berufsausbildung trotz breit angelegter Förderprogramme seit Ende der siebziger Jahre sehr viel langsamer vollziehen.

Diagramm 1: Frauenanteile in % in Bildung und Wissenschaft 1993 in Deutschland (alte und neue Bundesländer)

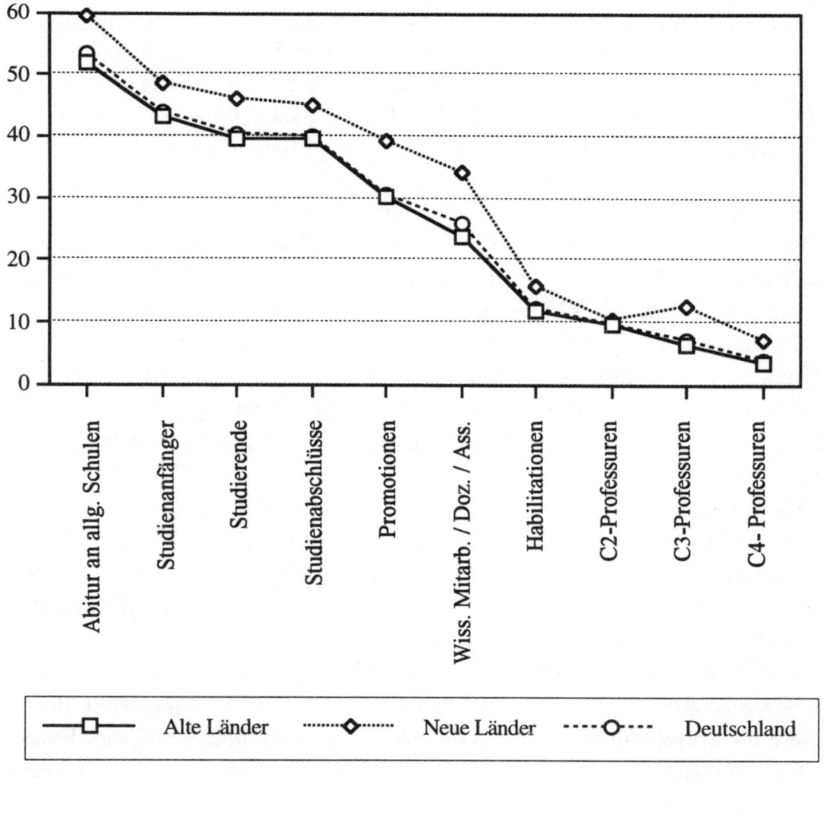

Diagramm 2: Frauen- und Männeranteile in Bildung und Wissenschaft (Hochschulen insgesamt) 1993 in Deutschland

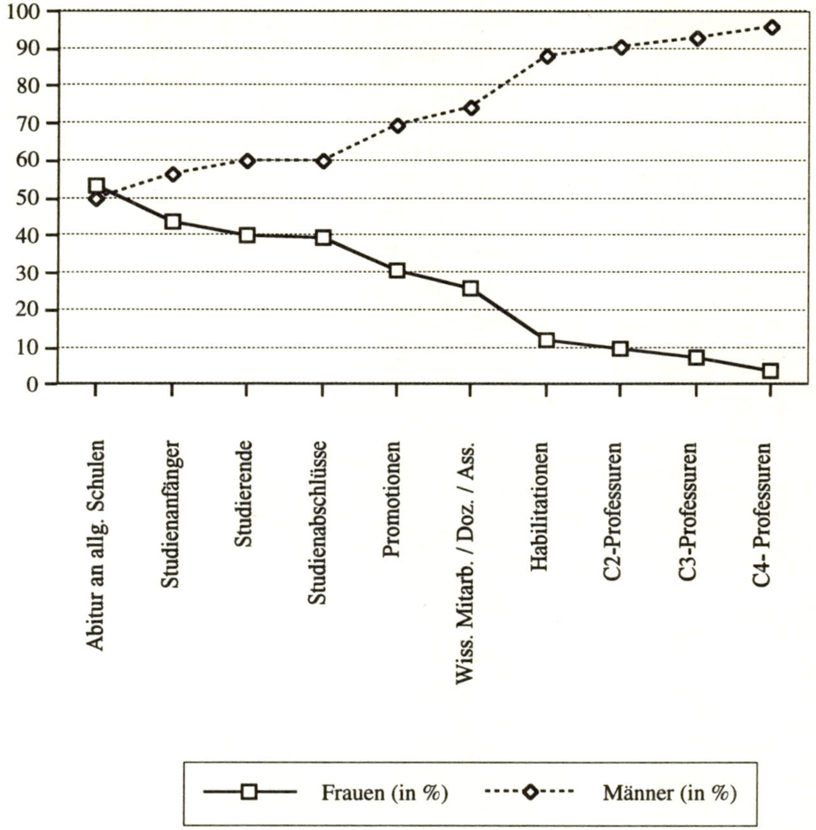

Bei der Studienwahlentscheidung präferieren Frauen wie Männer nahezu gleichermaßen Wirtschaftswissenschaften. Nahezu identisch sind auch die Wahlen auf Platz drei und vier der Rangliste: Rechtswissenschaft und Humanmedizin; Politik- und Sozialwissenschaften stehen bei den Frauen an siebter und bei den Männern an achter Stelle. Frauen und Männer setzen somit unter den zehn am stärksten besetzten Studienbereichen in den genannten vier Fächern gleichermaßen Schwerpunkte. Ansonsten präferieren Männer Maschinenbauverfahrenstechnik, Elektrotechnik, Physik, Astronomie, Chemie und Mathematik, während Frauen Germanistik, Erziehungswissenschaften, Biologie, Anglistik (Amerikanistik), Romanistik und Psychologie bevorzugen (vgl. die Schaubilder 1 bis 6).

Tendenziell zeigt sich bei der Studienwahlentscheidung der jungen und qualifizierten Frauen die Bereitschaft, sich aus tradierten Mustern zu lösen. Mit attraktiven Studiengängen und interessanten beruflichen Perspektiven dürften hier auch Einbrüche in die sogenannten harten Männerdomänen der naturwissenschaftlich-technischen Disziplinen zu bewirken sein. Modellversuche wie z. B. an der Technischen Hochschule Hamburg-Harburg, der Gesamthochschule Paderborn, der Fachhochschule in Bielefeld für Maschinenbau und Elektrotechnik zeigen Ansatzpunkte hierfür auf.

Tabelle 3: Frauenanteil an Wissenschaftlern der Forschungseinrichtungen[1] (in absoluten Zahlen und Prozent)

Einrichtung	**Wissenschaftler**		
	gesamt	**Frauen**	**%-Anteil**
AWI	248	61	24,60
DESY	440	21	4,77
DKFZ	672	218	32,44
DLR	2 002	162	8,09
FZK	1 208	91	7,53
GBF	441	125	28,34
GFZ	237	35	14,77
GKSS	231	55	23,80
GMD	687	81	11,79
GSF	752	186	24,73
GSI	251	10	3,98
HMI	378	37	9,79
IPP	385	36	9,35
KFA	1 676,5	187,5	11,18
MDC	287	90	31,36
UFZ	233	66	28,33
GFE Gesamt	10 128,5	1 461,5	14,43
FhG	3 466	538	15,52
MPG	6 890	1 428	20,73
WBL	4 653,5	1 109	23,83
FE Gesamt	25 138	4 536,5	18,05

Angaben für einzelne Institute von FhG, MPG und WBL liegen dem BMBF nicht vor.
Quelle: Bundesregierung (1996), Tabelle 23

Schaubilder 1-3 Studenten und Studentinnen nach Fächergruppen in Deutschland 1994 (in %)

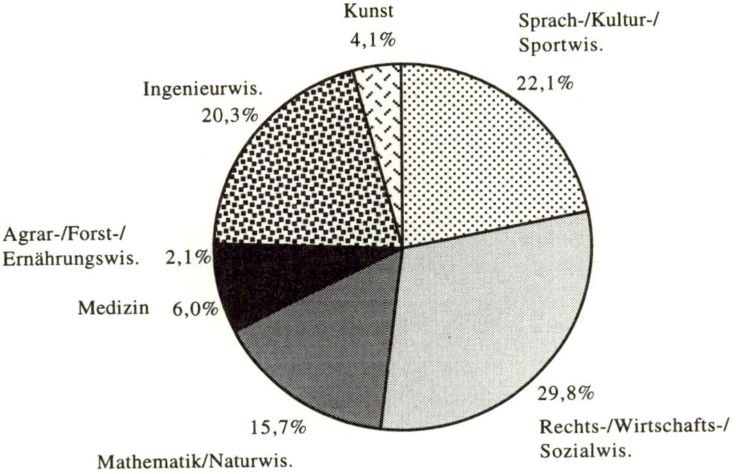

Studentinnen nach Fächergruppen in Deutschland 1994 (in %)

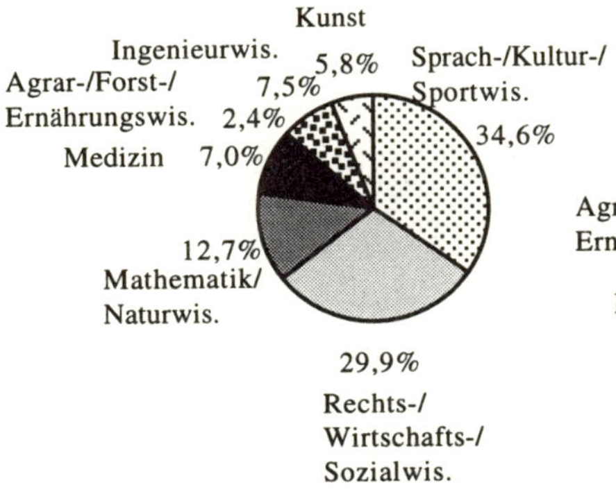

Studenten nach Fächergruppen in Deutschland 1994 (in %)

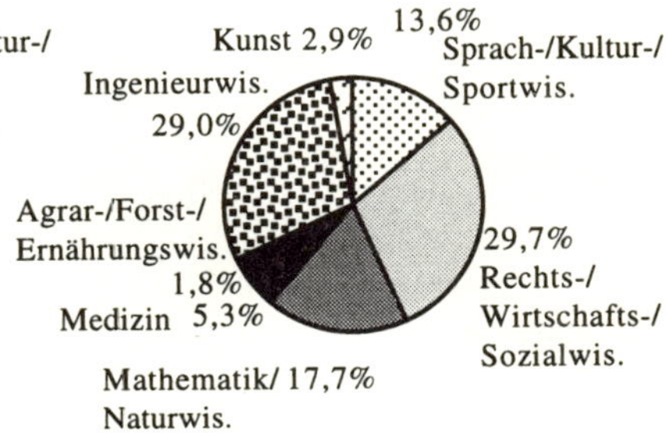

Quelle: BMBF, Referat 214

Schaubilder 4-6 StudienanfängerInnen nach Fächergruppen in Deutschland 1994 (in %)

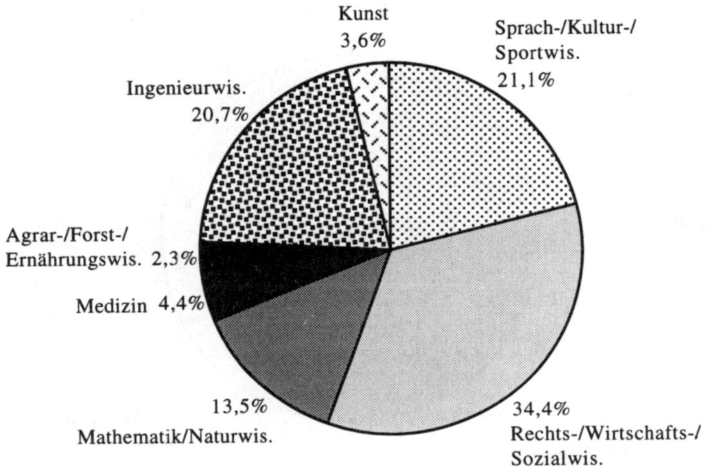

Studienanfängerinnen nach Fächergruppen in Deutschland 1994 (in %)

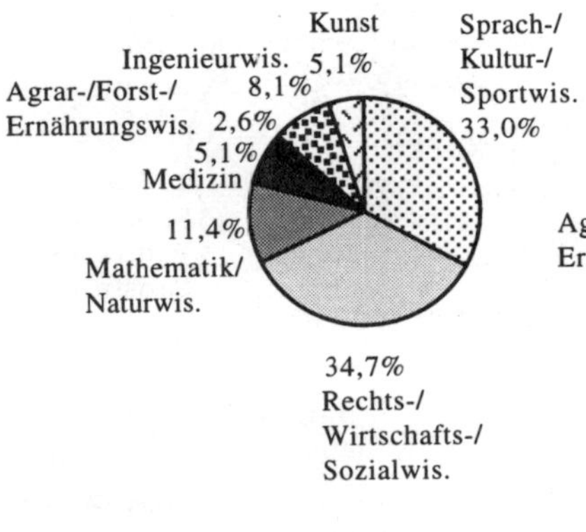

Studienanfänger nach Fächergruppen in Deutschland 1994 (in %)

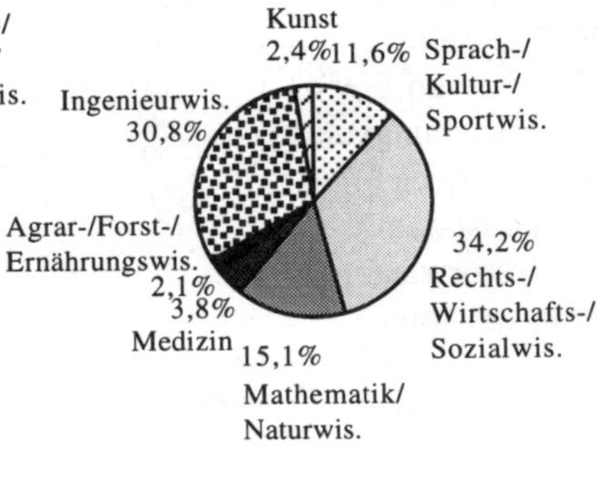

Quelle: BMBF, Referat 214

Wissenschaftlerinnen an außeruniversitären Forschungseinrichtungen

Die späteren Möglichkeiten für eine Berufstätigkeit als Wissenschaftlerin werden ganz entscheidend von der Studienwahl mit beeinflußt: So hat z. B. die Antwort der Bundesregierung auf die Große Anfrage der SPD zur »Situation der Wissenschaftlerinnen an den vom Bund geförderten außeruniversitären Wissenschaftseinrichtungen« (1989) gezeigt, daß mehr als zwei Drittel der Stellen für wissenschaftliches Personal an diesen Einrichtungen Fachrichtungen zuzurechnen sind, in denen die Frauenanteile in den Hochschulen am niedrigsten sind.

Um einige konkrete Zahlen zu nennen: Insgesamt gibt es in den gemeinsam von Bund und Ländern geförderten Forschungseinrichtungen derzeit 25 138 Stellen für wissenschaftliches Personal, davon waren 1995 4 536,50 von Frauen besetzt. Dies entspricht einem Anteil von rund 18%. An den Großforschungseinrichtungen ist der Anteil der Wissenschaftlerinnen am wissenschaftlichen Personal von 9,8% (1989) auf 14,4% (1995) gestiegen. Im Bereich der Forschungsinstitute der Max-Planck-Gesellschaft waren 1995 1 428 Stellen für wissenschaftliches Personal von Frauen besetzt, dieses entspricht einem Anteil von 20,7%. In den Instituten der Fraunhofer-Gesellschaft waren es 538 Stellen für Wissenschaftlerinnen (15,5%). An den Blaue Liste-Einrichtungen[2] waren 1995 insgesamt 1 109 Stellen für wissenschaftliches Personal mit Wissenschaftlerinnen besetzt (23,8%) (vgl. Tabelle 3).

In Führungspositionen sind Frauen in den Forschungseinrichtungen noch immer erheblich unterrepräsentiert – übrigens leider auch noch immer ganz erheblich in den Entscheidungs- und Beratungsgremien, die forschungspolitische Schwerpunkte bestimmen. Dieses findet seinen Niederschlag in der Definition von Forschungsthemen und Schwerpunkten: Die Integration von Frauenforschungsthemen ist nur in wenigen dieser Institute realisiert worden. Dort, wo sie besteht, wird diese Arbeit oft nur über Projektförderung finanziert und ist damit nicht ausreichend institutionell abgesichert. Für die Mehrzahl der vorwiegend technisch ausgerichteten Forschungseinrichtungen gibt es keine entsprechenden thematischen Schwerpunktsetzungen.

Gerade in den sogenannten »harten« technischen Disziplinen ist es aber erforderlich, durch die stärkere Einbeziehung von Frauen das Spektrum der Themen, Sichtweisen und Erfahrungen zu erweitern. Hierdurch könnten neue Impulse für den wissenschaftlichen Fortschritt gegeben werden. Zugleich würden diese Forschungsbereiche vielseitiger und für Frauen interessanter, was auch einen positiven Effekt auf das Studienwahlverhalten von Frauen und die Motivation für eine wissenschaftliche Laufbahn haben dürfte.

Die neuere Initiative der Wissenschaftlerinnen aus den Großforschungseinrichtungen, sich in ihrer Arbeit stärker zu vernetzen und auch auf die Förderung von Frauen in diesen Institutionen hinzuwirken, halte ich deshalb für einen sehr wichtigen Schritt. Zum Beispiel ist im Frühjahr 1995 der Arbeitskreis »Frauen in Großforschungseinrichtungen« gegründet worden.

Am 24. März 1995 hat der Senat der Max-Planck-Gesellschaft (MPG) Grundsätze zur Frauenförderung beschlossen. Diese Grundsätze orientieren sich am Zweiten Gleichstellungsgesetz des Bundes und sollen dazu beitragen, daß Nachwuchswissenschaftlerinnen im Rahmen der MPG gezielter gefördert werden. Die MPG hat seit 1995 erstmals eine Generalsekretärin, Frau Barbara Bludau. Jüngst bemüht sich auch die Fraunhofer-Gesellschaft, den Erfahrungsaustausch von Wissenschaftlerinnen zu unterstützen.

Auch im Rahmen der Deutschen Forschungsgemeinschaft (DFG) gibt es einige Initiativen zur stärkeren Integration von Wissenschaftlerinnen , z.B. die Einsetzung einer Senatskommission zur Frauenforschung, die Aufnahme von zwei Graduiertenkollegs zur Frauenforschung in die Förderung sowie die Umsetzung frauenfördernder Maßnahmen im Rahmen des Hochschulsonderprogramms (HSP II) und des Hochschulerneuerungsprogramms (HEP). Eine detaillierte Aufstellung der Maßnahmen der gemeinsam geförderten Forschungseinrichtungen und der DFG ist in der am 25. März 1996 von der Bund-Länder-Kommission verabschiedeten Fortschreibung des BLK-Berichts aus dem Jahre 1989 »Förderung von Frauen im Bereich der Wissenschaft« enthalten.

Die Situation von Wissenschaftlerinnen an Hochschulen

Zur Analyse der Situation von Wissenschaftlerinnen an Hochschulen sind seit Ende der achtziger Jahre im Auftrag des Bundesministeriums für Bildung, Wissenschaft, Forschung und Technologie (BMBF) eine Reihe von Untersuchungen in Auftrag gegeben worden: In ihrer statistischen Analyse der Karrierechancen von Frauen an Hochschulen zeigte Nanny Wermuth (1992) auf, daß sich im wissenschaftlichen Qualifikationsverlauf die Chancen von Frauen im Vergleich zu den gleich qualifizierten Männern von Stufe zu Stufe etwa um die Hälfte reduzieren.

Worin unterscheiden sich die Hochschullaufbahnen und damit die Arbeitsbedingungen von Frauen und Männern? Der Vergleich der Karriereverläufe weiblicher Hochschullehrer mit einer Vergleichsgruppe männlicher Kollegen (Onnen-Isemann/Oßwald 1991) zeigte, daß

- 1989 mehr Frauen als Männern formale Qualifikationsabschlüsse (Promotion, Habilitation) fehlten, Professorinnen also eher »Quereinsteigerinnen« waren;
- es bei Frauen eher zeitliche Verzögerungen im gesamten Aufstiegsprozeß gab, die jedoch bei den jüngeren Professorinnen etwas abnahmen;
- ein höherer Anteil von Frauen als Männer über einen Studienabschluß in mehr als einem Fach verfügte;
- Männer in ihrer wissenschaftlichen Laufbahn von seiten der Professoren, Dozenten bzw. Kollegen mehr Unterstützung erhielten;
- Frauen eher auf Umwegen den Einstieg in die Wissenschaft fanden.

Deutliche Unterschiede gab es damals vor allem in der privaten Lebenssituation:

- Hochschullehrerinnen lebten weitaus häufiger allein als ihre männlichen Kollegen (über 60% gegenüber rund 19%);
- Vor allem die jüngere Generation der Hochschullehrerinnen (ab Jahrgang 1950) war nicht länger bereit, für die wissenschaftliche Karriere auf Partnerschaft und Kinder zu verzichten; sie bekamen jedoch häufig ihr erstes Kind erst nach der Promotion bzw. Habilitation.

Die etwa zeitgleich durchgeführte »Untersuchung der Beschäftigungsbedingungen und -aussichten von Frauen als hauptberufliches wissenschaftliches Personal an Hochschulen« von Duka und Pohl (1989) zeigte, daß die befragten wissenschaftlichen Mitarbeiterinnen mehrheitlich gezielt eine Universitätskarriere anstrebten und sich dabei sehr bewußt von traditionellen weiblichen Berufskonzepten abgrenzten. Für sie lag die Hauptschwierigkeit nicht in der mangelnden Vereinbarkeit von Familie und Beruf, sondern eher in den vorliegenden strukturellen Barrieren, insbesondere der männerfreundlicheren Stellenpolitik, unzureichender Flexibilität bei der Arbeitszeitgestaltung sowie zu engen Altersbegrenzungen.

Die kürzlich von Enders und Teichler (1995) vorgelegte Untersuchung »Berufsbild der Lehrenden und Forschenden an Hochschulen. Ergebnisse einer Befragung des wissenschaftlichen Personals an westdeutschen Hochschulen« kommt hinsichtlich der Berufssituation von Wissenschaftlerinnen zu folgenden Ergebnissen:

- Frauen arbeiten häufiger in Teilzeitbeschäftigungsverhältnissen, was oftmals kaum mit einer geringeren tatsächlichen wöchentlichen Arbeitszeit, wohl aber deutlichen Einkommenseinbußen verbunden ist.
- Trotz gleicher formaler Qualifikation wie ihre männlichen Kollegen sind sie häufiger auf Zeitverträgen beschäftigt, und die Laufzeit ist auch vergleichsweise etwas kürzer.
- Sie haben seltener an in- und ausländischen Tagungen teilgenommen und weniger publiziert. Eine Ausnahme bilden hier Fachhochschulprofessorinnen.
- Hinsichtlich der privaten Lebenssituation ist der Anteil alleinlebender Frauen mit 42% noch immer deutlich höher als bei den Männern (rund 19%).
- Weitere Fragestellungen wurden leider nicht geschlechtsdifferenziert untersucht.

Das Hochschulsonderprogramm II

Bei der Konzeption des »Zweiten Hochschulsonderprogramms zur Förderung des wissenschaftlichen Nachwuchses«[3] haben die Ergebnisse der oben genannten Untersuchungen und die Empfehlungen des BLK Berichts »Förderung von Frauen im Bereich der Wissenschaft« (1989) eine wichtige Rolle gespielt:

- Mit dem auf zehn Jahre angelegten Programm und der frauenfreundlichen Ausgestaltung der Fördermaßnahmen sollte ein Anstoß zur allgemeinen Verbesserung der Situation von Frauen im Hochschul- und Forschungsbereich gegeben werden.
- Alle personenbezogenen Fördermaßnahmen (z.B. Stipendien, Stellen) sollten sich mindestens an dem Frauenanteil an der jeweils vorhergehenden Qualifikationsstufe orientieren (und damit der von Wermuth (1992) beschriebenen Chancenreduzierung entgegenwirken). Zugleich sollte durch diese Orientierung eine dynamische Steigerung der Frauenanteile bewirkt werden, um im Zeitablauf von zehn Jahren etwa den Anteil der erfolgreichen Studienabsolventinnen auch bei den Habilitationen zu erreichen.
- Es sollten flexible zeitliche Gestaltungsmöglichkeiten, z.B. Teilzeit mit entsprechenden zeitlichen Verlängerungsmöglichkeiten bei den Stipendien für Promotionen, Postdoktorate und Habilitationen geschaffen werden.
- Durch die Einführung von Kinderbetreuungszuschlägen zu den Stipendien sollten die Belastungen für Wissenschaftlerinnen reduziert und zugleich

ein Signal zur besseren Vereinbarkeit von wissenschaftlicher Arbeit und Familie gegeben werden.
- Wissenschaftlerinnen, die z.B. auch aus familiären Gründen ihre wissenschaftliche Karriere unterbrechen, sollte durch die Einführung von neuen Wiedereinstiegsstipendien, Kontaktstipendien und flexiblen Werkverträgen (in einzelnen Ländern auch Teilzeitstellen) der Kontakt zur Wissenschaft bzw. der Wiedereinstieg ermöglicht werden.

Um die Wirksamkeit der Maßnahmen zu erhöhen, hat die BLK für die Umsetzung Verfahrensvorschläge verabschiedet, gezielte Informationsmaßnahmen initiiert und eine jährliche Evaluation durchgeführt, die auch die Beteiligung von Frauen an den regulären Stellen berücksichtigt. Letzteres soll verhindern, daß Wissenschaftlerinnen z.B. von Hochschulstellen verdrängt und die innovative Zielsetzung des Programms in das Gegenteil verwandelt wird.

In den »Berliner Perspektiven für die Gleichstellung von Frauen in der Wissenschaft« (s. Anhang) wird diese Problematik deutlich, wenn es heißt: »Eine Orientierung an der vorhergehenden Qualifikationsstufe wurde bei der Stellenvergabe nicht erreicht.« Dieses ist schwer nachvollziehbar, wo doch durch die ansonsten realisierten Frauenfördermaßnahmen ein eher aufgeschlossenes Umfeld zu erwarten gewesen wäre.

Bundesweit läßt sich feststellen, daß der Frauenanteil an der Gesamtzahl der aus HSP II Mitteln finanzierten und im Rahmen vorgezogener Berufungen besetzten C2- bis C4-Stellen an Hochschulen z.B. 1993 mit 12,1% über dem Frauenanteil an den Habilitationen lag. Allerdings wird bei derart niedrigen Ausgangsanteilen auch die Problematik der Zielorientierung deutlich. Denn ein wirklicher Durchbruch zur Erhöhung des Frauenanteils an den Spitzenpositionen läßt sich so kaum erreichen.

Die bisherigen Erfahrungen mit dem HSP II zeigen, daß das Programm insgesamt erfolgreich umgesetzt wird und teilweise sogar die Zielvorgaben übertroffen werden; dieses gilt z.B. für die Habilitationsförderung. Erfreulich ist vor allem, daß eine Reihe von Ländern die Möglichkeiten und Spielräume dieses Programms über die vereinbarten Maßnahmen hinaus genutzt haben, um die Frauenförderung im Hochschulbereich weiter voranzubringen. Zu nennen wären hier die Schaffung von Professuren mit Frauenforschungsschwerpunkten, eigene Stipendien- und Stellenprogramme sowie die Verbesserung der Arbeitsmöglichkeiten von Hochschulfrauenbeauftragten.

Mit dem HSP II sind zugleich für alle Graduiertenstipendien, die von Bund und Ländern gemeinsam gefördert werden, Kinderbetreuungszuschläge eingeführt worden. Derzeit nehmen ca. 30% der Doktorandinnen und 45% der

Habilitandinnen Kinderbetreuungszuschläge in Anspruch. Mit den Kontakt- bzw. Wiedereinstiegsstipendien und Werkverträgen konnten in den ersten zwei Jahren Laufzeit des HSP II rund 1 500 Wissenschaftlerinnen auf einen möglichen Wiedereinstieg vorbereitet werden. Ein Potential, das bisherige Förderkonzepte weitgehend unberücksichtigt gelassen hatten. Auch wenn das HSP II die Situation von Wissenschaftlerinnen mit Kindern bei der Ausgestaltung der Maßnahmen besonders berücksichtigt, ist es kein »Mütterprogramm«, wie es manchmal kritisch bezeichnet wird. Denn im Kern zielt es auf eine Verbesserung der Situation und Beteiligung von Frauen insgesamt, d.h. in allen Bereichen und vor allem bei der Besetzung von Professuren.

Der Versuch des Ausgleichs von besonderen Erschwernissen für Wissenschaftlerinnen mit Kindern stellt keine Privilegierung dieser Gruppe dar. Aber wenn wir den Frauenanteil an den Professuren nachhaltig erhöhen wollen, müssen wir die Lebensplanungen von Wissenschaftlerinnen in der vorhandenen Breite mitberücksichtigen. Wir brauchen ein größeres Spektrum an Vorbildern, um junge Frauen für eine Arbeit in Wissenschaft und Forschung zu gewinnen. Für den Fortschritt von Wissenschaft und Forschung benötigen wir auch die Kraft und Impulse, die Frauen aus einem doppelten Lebensentwurf schöpfen können.

Ausblick

Am 14. Juni 1996 haben sich die Regierungschefs von Bund und Ländern auf ein revidiertes gemeinsames Hochschulprogramm für alle Länder (HSP III) mit Laufzeit bis zum Jahr 2000 geeinigt. Dabei stehen strukturverändernde Maßnahmen zur Förderung des wissenschaftlichen Nachwuchses, zur Förderung von Frauen in der Wissenschaft, zur Stärkung der Fachhochschulen und zur Verstärkung der europäischen und internationalen Dimension im Vordergrund.

Um den Anteil der Frauen an den Professuren wirkungsvoll zu erhöhen, streben Bund und Länder gemeinsam an, im Rahmen der Revision Beiträge für Zwecke der Habilitationsförderung von Frauen auf Stellen in allen Fächern bereitzustellen. Auch in anderen Maßnahmebereichen, die in besonderer Weise Frauen zugutekommen, werden Schwerpunkte gesetzt, die vor allem auch den begründeten Interessen von Wissenschaftlerinnen in den neuen Ländern dienen sollen.

Für die anstehende Modernisierung der Hochschulen ist es dringend erforderlich, Qualitätskriterien zu entwickeln, die eine optimale Förderung und Nutzung des gesamten verfügbaren Potentials berücksichtigen. In diesem entscheidenden Punkt bedürfen die hochschul- und wissenschaftspolitischen Grundsatzpapiere dringend der Ergänzung. Denn es gilt vorrangig, leistungshemmende Faktoren zu beseitigen und dazu beizutragen, überkommene Strukturen zu überwinden, die die Entfaltung des Leistungspotentials von Frauen blockieren. Die »Berliner Perspektiven« (siehe Anhang) haben hier einen wichtigen Stellenwert und weisen in die richtige Richtung, zumal deutlich wird, daß zur wirkungsvollen Frauenförderung an ganz vielen Schräubchen gleichzeitig gedreht werden muß.

Frauenförderung muß als ein integraler Bestandteil der Leistungsfähigkeit und Zukunftsorientierung der Hochschul- und Forschungpolitik akzeptiert werden:

- Wissenschaft und Forschung dienen dem wirtschaftlichen und gesellschaftlichen Fortschritt. Um Spitzenleistungen erzielen zu können, bedarf es der besseren Erschließung und Nutzung der gesamten verfügbaren Humanressourcen. Frauen stellen hier ein enorm großes, bisher noch unzureichend erschlossenes Leistungs- und Innovationspotential dar.
- Die Gleichstellung von Frauen und Männern in Wissenschaft und Forschung muß vorrangig mit dem Ziel der Qualitätsverbesserung und Erhöhung der Innovationsfähigkeit gesehen werden.
- Um deutlich mehr Frauen für den Wissenschafts- und Forschungsbereich zu gewinnen, ist ein Bündel von Maßnahmen erforderlich: Wir brauchen bessere Möglichkeiten und Rahmenbedingungen zur Vereinbarkeit von wissenschaftlicher Qualifizierung und Forschungstätigkeit mit Familienaufgaben, speziell Kindererziehung. Wir können es uns nicht länger leisten, das vorhandene für wissenschaftliche Arbeit hochqualifizierte Potential von Frauen mit Spitzenexamina und -promotionen brachliegen zu lassen:
  - Wir brauchen die Möglichkeit, nach Zeiten der Kindererziehung in Wissenschaft und Forschung zurückzukehren und sich hier weiter zu qualifizieren; dieses bedeutet auch eine Lockerung von Altersbegrenzungen.
  - Wir brauchen flexible und qualitativ gute Kinderbetreuungsmöglichkeiten.
  - Wir brauchen neue flexible Zeitstrukturen, die eine Vereinbarkeit von wissenschaftlicher Arbeit und Kindererziehung bzw. Familie ermöglichen.

- Wir brauchen partnerschaftliche Formen der Arbeitsteilung von Berufs- und Familienarbeit; viele Nachwuchswissenschaftlerinnen und -wissenschaftler sind hierzu bereit.
- Wir brauchen mehr weibliche Vorbilder, um Frauen verstärkt für eine wissenschaftliche Karriere zu motivieren.
- Wir brauchen eine stärkere Beteiligung von Frauen in Entscheidungsgremien über Stellenbesetzungen und Forschungsschwerpunkte und auch mehr Transparenz in Entscheidungsprozessen. In den Hochschulen und Forschungseinrichtungen sind Frauenbeauftragte bzw. Frauenkommissionen erforderlich.
- Wir müssen vor allem auf starre Strukturen verzichten, die entsprechende Entwicklungen blockieren, sowie auf eine ausschließliche Orientierung an einem überholten Modell »männlicher Wissenschaftskarrieren«, die oft nur durch entsprechende Unterstützung und Zuarbeit der nichtberufstätigen Ehefrauen möglich war.

- Die Förderung des weiblichen wissenschaftlichen Nachwuchses an Hochschulen und Forschungseinrichtungen muß als eine zentrale Aufgabe angesehen werden und ihren Niederschlag in der Stellenpolitik finden.

Anmerkungen

1 Großforschungseinrichtungen:
AWI: Stiftung Alfred-Wegener-Institut für Polar- und Meeresforschung, Bremerhaven
DESY: Stiftung Deutsches Elektronen-Synchrotron, Hamburg
DKFZ: Stiftung Deutsches Krebsforschungszentrum, Heidelberg
DLR: Deutsche Forschungsanstalt für Luft- und Raumfahrt e.V., Köln
GBF: Gesellschaft für Biotechnologische Forschung mbH, Braunschweig
GFZ: Stiftung GeoForschungsZentrum Potsdam, Potsdam
GKSS: GKSS-Forschungszentrum Geesthacht GmbH, Geesthacht
GMD: GMD-Forschungszentrum Informationstechnik GmbH, Sankt Augustin
GSF: GSF-Forschungszentrum für Umwelt und Gesundheit GmbH, Neuherberg
GSI: Gesellschaft für Schwerionenforschung mbH, Darmstadt
HMI: Hahn-Meitner-Institut Berlin GmbH, Berlin
IPP: Max-Planck-Institut für Plasmaphysik, Garching
KFA: Forschungszentrum Jülich GmbH, Jülich
FZK: Forschungszentrum Karlsruhe GmbH Technik und Umwelt, Karlsruhe
MDC: Stiftung Max-Delbrück-Centrum für Molekulare Medizin, Berlin-Buch
UFZ: UFZ-Umweltforschungszentrum Leipzig-Halle GmbH, Leipzig

2 Dies sind von Bund und Ländern gemeinsam finanzierte Forschungseinrichtungen

3 Im Prinzip gelten für das Hochschulerneuerungsprogramm (HEP) die gleichen Ansätze zur Förderung von Wissenschaftlerinnen wie im HSP II, auf das im HEP verwiesen wird.

In der praktischen Umsetzung ist es jedoch so, daß die vorhandenen Spielräume zur Frauenförderung von den Ländern nicht genutzt und ausgefüllt worden sind. Hier haben eindeutig konkrete Vorgaben gefehlt.

Literatur

Arbeitsgemeinschaft der Großforschungseinrichtungen (Hg.) (1995), *Gemeinsam mit den Frauen – Neue Wege in der Forschung. Dokumentation zum Workshop »Gemeinsam mit den Frauen«*, Reihe AGF-Dokumentationen 12, Bonn.

Bund-Länder-Kommission für Bildungsplanung und Forschungsförderung (Hg.) (1989), *Förderung von Frauen im Bereich der Wissenschaft.* Materialien zur Bildungsplanung und zur Forschungsförderung 19, Bonn.

Bund-Länder-Kommission für Bildungsplanung und Forschungsförderung (Hg.) (1992a), *Informationen zur Förderung von Frauen im Rahmen des Zweiten Hochschulsonderprogramms (HSP II)*, 3. Auflage, Bonn.

Bund-Länder-Kommission für Bildungsplanung und Forschungsförderung (Hg.) (1992b), *Erster Zwischenbericht über die Umsetzung der insbesondere Frauen fördernden Maßnahmen im Zweiten Hochschulsonderprogramm (HSP II).* Materialien zur Bildungsplanung und zur Forschungsförderung 34, Bonn.

Bund-Länder-Kommission für Bildungsplanung und Forschungsförderung (Hg.) (1994), *Zweiter Zwischenbericht über die Umsetzung der insbesondere Frauen fördernden Maßnahmen im Zweiten Hochschulsonderprogramm (HSP II) im Jahr 1992.* Materialien zur Bildungsplanung und Forschungsförderung 39, Bonn.

Bundesministerium für Bildung und Wissenschaft (Hg.) (1985), *Frauen in Forschung und Lehre* Studien zu Bildung und Wissenschaft 12, 2. unveränderte Auflage, Bad Honnef.

Bundesministerium für Bildung, Wissenschaft, Forschung und Technologie (Hg.) (1991), *Frauenförderung im Hochschulbereich*, in: BMBW-Aktuell 12, Bonn.

Bundesministerium für Bildung, Wissenschaft, Forschung und Technologie (Hg.) (1994), *Grund- und Strukturdaten 1994/95,* Bad Honnef.

Bundesministerium für Bildung, Wissenschaft, Forschung und Technologie (Hg.) (1995a), *Bildungs- und forschungspolitische Schwerpunkte 1995*, Bonn.

Bundesministerium für Bildung, Wissenschaft, Forschung und Technologie (Hg.) (1995b), *Grund- und Strukturdaten 1995/96,* Bonn.

Bundesregierung (1989), Antwort auf die Große Anfrage der Abgeordneten Ganseforth et al., *Situation der Wissenschaftlerinnen an den vom Bund geförderten außeruniversitären Wissenschaftseinrichtungen* (Deutscher Bundestag Drucksache 11/4906 vom 26.10.1989)

Bundesregierung (1995), Antwort auf die Kleine Anfrage der Abgeordneten Altmann, Elisabeth, Köster-Loßack, Angelika, Probst, Simone und Fraktion Bündnis 90/Die Grünen, *Anspruch und Wirklichkeit von Hochschulsonderprogrammen* (Deutscher Bundestag Drucksache 13/475 vom 07.03.1995).

Bundesregierung (1996), Antwort auf die Kleine Anfrage der Abgeordneten Altmann, Elisabeth, Probst, Simone und Fraktion Bündnis 90/Die Grünen, *Frauenförderung in Bildung und Wissenschaft* (Deutscher Bundestag, Drucksache 13/4041 vom 08.03.1996).

Duka, Barbara/Claudia Pohl (1989), *Beschäftigungsbedingungen und -aussichten von Frauen als hauptberufliches wissenschaftliches Personal an Hochschulen,* Dortmund.

Ebeling, Helga (1992), Politische Maßnahmen im Bereich Frauenförderung in Hochschule und Wissenschaft – aus der Sicht des Bundes und auf EG-Ebene, in: *Frauen in Forschung und Lehre*. Gleichstellung als politische Herausforderung. Vorträge und Beiträge der Politischen Akademie der Konrad-Adenauer-Stiftung e. V. 21, Bonn.

Enders, Jürgen/Ulrich Teichler (1995), *Berufsbild der Lehrenden und Forschenden an Hochschulen*, Bonn.

Fuchs, Margot (Hg.) (1994), *Wie die Väter so die Töchter.* Frauenstudium an der Technischen Hochschule München von 1899-1970, Faktum 7, München.

Max-Planck-Gesellschaft zur Förderung der Wissenschaften (1995), Senatsbeschluß zu Grundsätzen der Frauenförderung, in: *MPG-Spiegel* 2, S. 19-20.

Munz, Sonja (1994), *Eine empirische Untersuchung zur Beschäftigungssituation von Männern und Frauen in der Max-Planck-Gesellschaft.* Studie für den Gesamtbetriebsrat und die Generalverwaltung der MPG, München.

Onnen-Isemann, Corinna/Ursula Oßwald (1991), *Aufstiegsbarrieren für Frauen im Universitätsbereich.* Studien zu Bildung und Wissenschaft 99, Bad Honnef.

Schlüter, Anne (Hg.) (1992), *Pionierinnen, Feministinnen, Karrierefrauen?* Zur Geschichte des Frauenstudiums in Deutschland, Pfaffenweiler.

Wermuth, Nanny (1992), *Frauen an Hochschulen.* Statistische Daten zu den Karrierechancen, Studien zu Bildung und Wissenschaft 105, Bad Honnef.

Maßnahmen und Instrumente einer emanzipatorischen Gleichstellungspolitik auf dem Prüfstand

Heide M. Pfarr

Für eine emanzipatorische Gleichstellungspolitik an den Hochschulen sind eine Vielzahl von Aspekten bedeutsam: die Frauenforschung, Rechte und Möglichkeiten der Frauenbeauftragten, die Zuweisung von Mitteln, gerade unter den Bedingungen von Globalhaushalten, nicht zuletzt die Lage der Studentinnen. Ich beschränke mich im folgenden auf die Förderung von Wissenschaftlerinnen. Betrachten wir die Maßnahmen und Instrumente einer emanzipatorischen Gleichstellungspolitik an den Hochschulen in diesem Bereich, bietet sich uns ein buntes Bild, das insgesamt wenig zuversichtlich stimmen kann. Zum einen wird deutlich, daß entweder Gleichstellungspolitik in Wahrheit nicht stattfindet oder jedenfalls so erfolgreich nicht sein kann, gibt es doch viele auf der Ebene der Professuren gänzlich »frauenlose« Fakultäten, oder aber die wenigen Frauen sind vereinzelt. Wie gering die Zahl der Wissenschaftlerinnen ist und wie marginal die Verbesserungen, brauche ich hier nicht noch einmal vorzustellen.

Auf der normativen Ebene ist das Bild noch buntscheckiger. Da gibt es *erstens* Hochschulen und Fakultäten, an denen jede landes- und hochschulrechtliche Regelung oder eigenes Bemühen zur emanzipatorischen Gleichstellungspolitik fehlt. Das wird von der jeweiligen Institution nicht etwa als Defizit begriffen, sondern als angemessener Ausdruck von Wissenschaftlichkeit. Dieselbe Haltung haben in der Regel auch jene Institutionen, die in der Gleichstellung von Wissenschaftlerinnen etwas weiter sind; sie haben nur den »modischen Einflüssen« weniger widerstanden, oder sie haben zu deren Abwehr auf Alibistrategien gesetzt.

An diesen anderen gibt es *zweitens* Bestimmungen in Verlautbarungen, Beschlüssen, Satzungen, Richtlinien und/oder Gesetzen, wonach man auffordert, kann, sollte, plant, beabsichtigt, Frauen angemessen zu berücksichtigen. Dann gibt es *drittens* Regelungen des Bundes und einiger Länder, die einen Nachteilsausgleich zugunsten der Frauen beabsichtigen. Diese sind teils in Hochschulgesetzen, teils in Gleichberechtigungsgesetzen welchen Namens auch immer zu finden, teils in beiden, ohne daß niedergelegt ist, welches Gesetz Vorrang haben soll. Beschränkt auf individuellen Nachteilsausgleich sind das Hochschulrahmengesetz (HRG), die Gesetze der CDU (oder früher CDU)-regierten Länder sowie die von Nordrhein-Westfalen, Schleswig-Holstein und auch von Bremen. Hinzu kommen verschiedene Förderprogramme zum Nachteilsausgleich.

Die Frauenförderungsgesetze und -programme, die an den sogenannten »Defiziten« der Frauen ansetzen, gehen in der Regel davon aus, daß es den Frauen an Qualifikationen mangelt, wenn und weil sie sich der Familienarbeit gewidmet und sich um Kinder gekümmert haben. Sie bieten hier Nachhilfe und Unterstützung an. Das andere »Defizit« der Frauen soll sein, daß Frauen nie Zeit haben. Da werden dann Regelungen über die sogenannte »Vereinbarkeit von Beruf und Familie« geschaffen oder bereits existierende erweitert.

In einigen Bundesländern und in mehr und mehr Hochschulen soll *viertens* emanzipatorische Gleichstellungspolitik dadurch stattfinden, daß Frauen dann berücksichtigt werden sollen, wenn sie mit männlichen Mitbewerbern gleich qualifiziert sind. Noch wenig verbreitet hingegen sind *fünftens* Regelungen, die anordnen, bei der Vergabe von Geldern und bei Stellenbesetzungen in den verschiedenen Hierarchiestufen der Hochschulen einen bestimmten Anteil für Frauen vorzusehen. Schließlich gibt es *sechstens* eine emanzipatorische Gleichstellungspolitik dergestalt, daß bestimmte Positionen und Mittel ausschließlich für Frauen bestimmt sind, die sogenannte Sonderförderung.

Zu allen diesen Gleichstellungspolitikformen haben wir mittlerweile mehr oder weniger umfangreiche Erfahrungen sammeln können, zu den erstgenannten viel, sehr wenig noch zu den letztgenannten. Die Chancen und Nachteile der genannten sechs Modelle für Gleichstellungspolitik möchte ich im folgenden kurz skizzieren.

Gleichstellungspolitik durch Appelle

Alle Bestimmungen, in denen aufgefordert wird, Frauen angemessen zu berücksichtigen, sind in der Vergangenheit ohne jede Auswirkung geblieben. Das ist nicht verwunderlich. Denn effektiv hätten sie nur sein können, wenn die Benachteiligung der Frauen in der Wissenschaft in spezifischer Weise stattfände: Wenn nämlich die entscheidenden Männer entweder grundlos und ohne jedes Bewußtsein davon Frauen diskriminieren oder dies zwar ebenso grundlos, aber gezielt, vermutlich aus sadistischer Lust täten. Jene Appelle würden sie dann aufrütteln, und sie erlebten eine Katharsis, durch die sie zu Männern mutierten, die mit klarem Blick für die Leistungen von Frauen und ihrem Recht auf Anderssein eine veränderte Personalpolitik betrieben. Diese Katharsis ist ausgeblieben und ist auch nicht zu erwarten. Denn die Benachteiligung von Frauen im Wissenschaftsbetrieb entbehrt weder der Begründungen noch bedarf sie gezielten diskriminierenden Handelns.

Im männerdominierten Wissenschaftsbetrieb werden Frauen meist folgendermaßen wahrgenommen: Sie sind in ihrer Mehrheit weniger als Männer daran interessiert, zu promovieren, wissenschaftlich zu forschen und zu arbeiten oder gar eine wissenschaftliche Laufbahn einzuschlagen. Sie brechen eher als Männer ein Studium oder eine wissenschaftliche Qualifikation ab. In bestimmten Fächern studieren keine oder jedenfalls kaum Frauen; für bestimmte Stellen bewerben sich keine oder nur ganz selten Frauen. Diese Wahrnehmungen treffen zu, allerdings nicht in demselben Ausmaß wie die Benachteiligung von Frauen.

Die Zeit, in der weitergehende wissenschaftliche Qualifikationen erworben werden, in der promoviert und habilitiert wird, ist notwendig auch die Zeit, in der Frauen einen Kinderwunsch realisieren müssen. Die Möglichkeit einer Schwangerschaft in dieser Phase ist sehr real – eine Tatsache, die Frauen in den Augen derer, die die Arbeit in der Lehre und in wissenschaftlichen Projekten organisieren, zu einem Risiko werden läßt. Es trifft zu, daß Frauen oft – im Gegensatz zu Vätern – durch das Muttersein in ihrer zeitlichen und örtlichen Flexibilität eingeschränkt sind – eine Tatsache, die bei den Anforderungen des wandernden Gewerbes Professur ins Gewicht fällt. Frauen, die sich um Wissenschaftsstellen bewerben, sind häufig älter als ihre männlichen Konkurrenten oder haben noch nicht so viel geschrieben, sei es, daß sie wegen Familienpflichten mehr Zeit für die Qualifikation gebraucht haben, sei es, daß sie erst Sozialisationsschäden abschütteln mußten. Oft haben sie sich mehr als männliche Kollegen in der Lehre engagiert. Frauen sind darüber hinaus weniger häufig in Seilschaften integriert. Und schließlich ist – ganz entscheidend – der Wissenschaftsbetrieb auf Männer zugeschnitten, er ist schon so lange ein reiner Männerbund, daß Frauen wahrhaftig ein störendes Element darstellen. Dies gilt um so mehr, als einige von ihnen dazuhin Wissenschaft anders betreiben und betreiben wollen, als Männer es herkömmlich tun.

Frauen sind also ein Fremdkörper in den Strukturen des Wissenschaftsbetriebs, der auf sie, ihre Lebensmuster und Werthaltungen nicht eingestellt ist. Die entscheidenden Männer haben also durchaus Gründe, Frauen anders zu behandeln als Männer. Dabei ist es ganz üblich, Frauen nicht individuell zu beurteilen, sondern Urteile und Vorurteile, die gegenüber der Gruppe bestehen, auf alle Individuen der Gruppe zu übertragen, so daß auch Frauen mit ganz männlichem Lebens- und Verhaltensmuster wie »die Frauen« behandelt werden. Gegen strukturelle Diskriminierung richten Appelle gar nichts aus. Auf die Katharsis zu hoffen, ist vergebens.

Gleichstellungspolitik durch Nachteilsausgleichs- und Vereinbarkeitsprogramme

Programme mit dem Ziel, die Defizite bei den Frauen auszugleichen, indem sie die Vereinbarkeit von wissenschaftlicher Arbeit und Familie fördern wollen, greifen einen Teil dieser weiblichen Realität auf, die zu einem Ungleichsein und einer Ungleichbehandlung führt. Die finanziellen Zusagen sind höchst unzureichend. Gravierender aber ist, daß die Förderung zwar in Einzelfällen hilfreich sein mag, im Ansatz aber fehlgeht und notwendig sehr beschränkt sein muß.

Die Programme folgen nämlich nicht einer emanzipatorischen Gleichstellungspolitik, betreiben nicht etwa »Frauenförderung«, sondern sind höchstens ein positiver Beitrag zur Familienförderung und Bevölkerungsentwicklung. Sie reagieren positiv darauf, wenn Frauen ganz den männlichen Idealen von Weiblichkeit gefolgt sind, denn sie sind vorzugsweise Wiedereinstiegsprogramme nach der »Familienphase«, mildern also die Nachteile der besonders verheerenden Variante der sogenannten »Vereinbarkeit von Familie und Beruf« etwas ab.

Alle diese Programme sind darauf angelegt oder laufen zumindest Gefahr, das Phasenmodell zu unterstützen und Familienarbeit und Kinderbetreuung als eine von Frauen privat zu erledigende Aufgabe festzuschreiben oder hinzunehmen. So, wie die Programme ausgestaltet sind, werden weiterhin Männer von ihren Familienpflichten entlastet, und die Forderung nach außerhäuslicher Kinderbetreuung bleibt unerfüllt. Die traditionelle Rollenzuweisung an Frauen wird aufrechterhalten, und gleichzeitig wird die Auffassung von ihrer Unzulänglichkeit und besonderen Kostenträchtigkeit auf dem Arbeitsmarkt gleichermaßen wie im Wissenschaftsbetrieb bestätigt.

Regelungen, die die Vereinbarkeit von Beruf und Familie verbessern sollen, sind zwar notwendig, um Frauen vergleichbare Erwerbschancen zu geben. Sie dürfen aber nicht so ausgestaltet sein wie die heutigen, durch die der geschlechtsspezifisch geteilte Arbeitsmarkt verfestigt wird und Frauen als diejenige Personengruppe gelten, die mit Familienarbeit belastet und nicht kontinuierlich erwerbstätig sind. Vielmehr müssen sie so ausgeformt sein, daß sie Familienarbeit *neben* der wissenschaftlichen Arbeit ermöglichen und – ganz wichtig – von Männern rechtlich nicht nur in Anspruch genommen werden *können*, sondern tatsächlich gleichermaßen in Anspruch genommen werden. Davon sind wir weit entfernt.

Gleichstellungspolitik durch qualifikationsabhängige Entscheidungsquoten

Am meisten Arbeit, aber wenige Erfolge haben jene Regelungen gebracht, die vorschreiben, Frauen seien in Besetzungsverfahren dann vorrangig zu berücksichtigen, wenn sie gleich qualifiziert sind wie männliche Mitbewerber. Mannigfache Erfahrungen belegen, daß die Feststellung der Qualifikation für die Reihung von Bewerberinnen und Bewerbern für eine Position derart beliebig und dehnbar ist, daß sich bestenfalls die Begründungen für die Bevorzugung von Männern gewandelt, nicht aber Frauen gleiche Chancen bekommen haben.

Einige Gleichstellungsgesetze der Länder haben Veranlassung gesehen zu betonen, daß die Anforderungen an die BewerberInnen mit der zu besetzenden Stelle im Zusammenhang stehen müssen. Selbst wenn dies eingehalten wird, ist nicht viel geholfen. Wie oft wird schon eine Stellenbeschreibung auf eine bestimmte Person hin formuliert, die sich der Integration in eine Seilschaft erfreuen kann und also mit großer Wahrscheinlichkeit männlichen Geschlechts ist. Die Auswahlkriterien sind vage Generalklauseln, ihre je einzelne Gewichtung und ihr Verhältnis zueinander bleiben unbestimmt. Angelika Wetterer (1994) hat sich in eindrucksvoller Weise mit Funktion und Geschichte des Qualifikationsbegriffs in der Wissenschaft auseinandergesetzt. Ohne ihre Ergebnisse im einzelnen zu wiederholen, bleibt festzuhalten: Jene Funktion der Qualifikationsanforderung im Kooptationsverfahren, die Individuen und Gruppen von der Profession ausschließen soll, wirkte und wirkt sich immer noch besonders nachteilig für Frauen aus.

Es ist Illusion zu meinen, Abhilfe könnte eine ausreichend präzise Beschreibung der jeweiligen Qualifikationsanforderungen bringen. Ich will nicht bestreiten, daß mit Strategien zur Definition des Qualifikationsbegriffs zugunsten von Frauen die Entscheidung für einen Mann hie und da gewaltig erschwert werden kann. Aber: Die subjektiv wertenden Elemente werden aus den Entscheidungen nicht entfernt werden können, sie werden nicht gänzlich

»rational« werden. Das heißt, bei Regelungen, die auf den Vergleich der Qualifikationen setzen, ist nur dann eine emanzipatorische Gleichstellungspolitik möglich, wenn die Männer in ihrer Mehrheit dies zulassen – und das tun sie in aller Regel nicht nur auf der Basis guter Argumente. Ganz besonders ärgerlich ist es, wenn es innerhalb der Hochschule schließlich gelungen ist, eine Frau für den ersten Platz einer Berufungsliste zu benennen, die zuständige politische Instanz aber dann das, was sie als »Bestenauslese« begreift, zugunsten von Männern durchsetzt. WissenschaftsministerInnen der Länder bieten dafür zahlreiche Beispiele.

Emanzipatorische Gleichstellungspolitik durch Zielvorgaben

Bringen also qualifikationsabhängige Entscheidungsquoten nichts, ist es umso wichtiger, ja unverzichtbar, andere Regelungen einzuführen oder anzuwenden, die aus dem Dilemma herausführen. Das sind Regelungen, die anordnen, bei Besetzungen und bei der Vergabe von Geldern einen bestimmten Anteil für Frauen vorzusehen.

Das »Hessische Gleichberechtigungsgesetz« z.B. schreibt dies für Frauenförderpläne vor. Für den Bereich der Hochschulen ist geregelt, daß *Qualifikationsstellen* mindestens mit dem Anteil an Frauen zu besetzen sind, den sie an den Absolventinnen und Absolventen des jeweiligen Fachbereichs stellen. Einige Frauenförderpläne in Hochschulen gehen diesen vorgeschlagenen Weg. Der wesentliche Fortschritt dieser Regelung liegt auf der Hand: Es kommt zumindest in dem festgelegten, Frauen vorbehaltenen Anteil nicht mehr zu Qualifikationsvergleichen mit Männern. Entsprechend unerfreuliche Diskussionen, in denen die Anforderungen und Bewertungen so lange gedreht und gewendet werden, bis nur die Entscheidung für den Mann übrig bleibt, fallen weg. Statt dessen wird die Anzahl der durch Frauen zu besetzenden Stellen errechnet und danach nur noch die Auswahl unter Bewerber*innen* getroffen. Für Stellen, die nicht der Qualifikation dienen, schreibt das »Hessische Gleichberechtigungsgesetz« Frauenförderpläne mit einer Laufzeit von sechs Jahren vor, in die verbindliche Zielvorgaben für einen Planungszeitraum von zwei Jahren aufzunehmen sind. Der Frauenförderplan muß jeweils für mehr als die Hälfte der Personalstellen, die besetzt werden, Frauen vorsehen. Nur wenn glaubhaft gemacht werden kann, daß nicht genügend Frauen mit der notwendigen Qualifikation zu gewinnen sind, dürfen es weniger als die Hälfte sein. Insofern kann der Plan flexibel auf die schon vorhandenen oder zu erwerbenden Qualifikationen von Frauen reagieren, er ist also nicht abgehoben, sondern bleibt realitätsnah und erfüllbar, ohne zugleich an Verbindlichkeit zu verlieren.

Für eine emanzipatorische Gleichstellungspolitik an den Hochschulen heißt das, daß zwar bei *jeder* Stellenbesetzung intensiv zu prüfen ist, ob eine Frau berücksichtigt werden kann. Aber für eine bestimmte Anzahl von Stellen – angesichts der wohl immer geringen Zahl gilt einschränkend: für bestimmte Stellen – wird von vornherein festgelegt, daß sie für die Besetzung mit einer Frau vorgesehen sind. Wieviel das sind, ist anhand der Zahl der Frauen, die bundesweit über die erforderliche Qualifikation bereits verfügen oder diese im Zeitablauf erwerben können, zu ermitteln. Welche Stellen das im einzelnen sind oder sein können, wird durch die Regelung selbst nicht festgelegt; sie gilt es auszuhandeln. Können die Herren Kollegen Frauen nicht vermeiden und wissen sie das, werden sie sich an diesem Aushandlungsprozeß dergestalt beteiligen, daß auch sie nicht diejenigen Stellen zur Besetzung mit Frauen vorschlagen, in denen die Auswahl unter Frauen besonders klein ist. Diese Festlegung der Zielvorgaben geschieht am besten in einem Gleichstellungsplan des einzelnen Fachbereichs, der wiederum durch einen solchen der Hochschule getragen sein sollte.

Von ausschlaggebender Bedeutung ist die Regelung dessen, was passiert, wenn der festgelegte Anteil der Stellen nicht mit Frauen besetzt worden ist, also der Gleichstellungsplan nicht eingehalten wird. Dies ist eine Entwicklung, mit der nach aller Erfahrung zu rechnen ist, um so mehr, wenn für die Mißachtung des Frauenförderplans keine Sanktion droht. Keinesfalls darf als Sanktion die Pflicht eingeführt werden, daß die Nichterfüllung der Zielvorgaben und die Besetzung mit einem Mann begründet werden muß oder besser: darf. Denn dann sinnieren die Personalentscheider nur über eine triftige Begründung für die Bevorzugung des Mannes nach, eine Tatsache, die heute bei qualifikationsabhängigen Entscheidungsquoten zur massiven Abqualifikation von Bewerberinnen führt. Zielvorgaben sollen sie vielmehr dazu veranlassen, darüber zu grübeln, wie und wo sie eine qualifizierte Bewerberin herkriegen, die allen Bewerbern die Stirn bieten kann. Zielvorgaben sollen weiterhin bewirken, daß Fakultäten langfristige Qualifizierungsprogramme entwickeln, mit deren Hilfe sie zur rechten Zeit die passenden Kandidatinnen präsentieren können.

Unverzichtbar ist daher die Regelung, daß Stellen *gar nicht* mehr besetzt werden dürfen, wenn keine qualifizierte Frau gefunden wird, der Gleichstellungsplan aber durch eine Besetzung mit einem weiteren Mann verletzt würde. Die Regelung, wie sie etwa in Bremen gilt, daß die Stellen dann dem Fachbereich weggenommen und dahin gegeben werden, wo sie mit Frauen besetzt werden können, dürfte sehr hilfreich sein.

Soweit heute schon in dieser Richtung emanzipatorische Gleichstellungspolitik betrieben wird, werden unterschiedliche Wege eingeschlagen, um die Besetzung mit Frauen abzusichern. So z.B. indem bereits in die Ausschreibung Qualifikationsanforderungen aufgenommen werden, die gerade Frauen besser erfüllen, wie etwa die Beratung von Studentinnen. Jedoch ist dies kein Allheilmittel. Es ist unvermeidlich, daß die Frauenförderpläne mit Zeit- und Zielvorgaben irgendwann zu der Entscheidung führen, eine bestimmte Stelle direkt für Frauen auszuschreiben und ganz bewußt und öffentlich nur nach Bewerber*innen* zu suchen.

Gleichstellungspolitik durch Sonderprogramme

Das gibt Veranlassung klarzustellen, daß diese Art emanzipatorischer Gleichstellungspolitik nicht identisch ist mit den »Sonderprogrammen für Frauen«. Frauen haben mit dieser Sonderförderung große Hoffnungen verbunden. Jedoch sind die Erfahrungen nicht ermutigend. Nur in wenigen Bereichen und Regionen ist es gelungen, über diese Sonderprogramme den Anteil der Frauen leicht – ganz leicht! – zu steigern. Überwiegend führten sie dazu, daß der Frauenanteil lediglich nicht gesunken ist. Denn in der Regel wurden Bewerberinnen auf die Stellen der Sonderförderung abgedrängt; die regulären Stellen wurden wie bisher mit Männern besetzt. Das bedeutet eine weitere Marginalisierung der Frauen.

Sonderförderung von Frauen ist demnach nur dann emanzipatorisch, wenn es gelingt, gleichzeitig die Besetzung regulärer Stellen mit Frauen durch entsprechende Programme und Pläne voranzutreiben. Eine emanzipatorische Gleichstellungspolitik an den Hochschulen durch Zielvorgaben kann und sollte also durch Sonderprogramme ergänzt, aber nicht durch sie ersetzt werden. Sonderförderstellen dürfen vielmehr auf die Frauenanteile in Gleichstellungsplänen nicht angerechnet werden.

Selbst wenn Gleichstellungspolitik durch Zielvorgaben keine »Sonderförderung« ist, kann sie dennoch dazu führen, daß bestimmte Stellen nur für Frauen ausgeschrieben werden. Wird einem solchen Vorgehen nicht Verfassungswidrigkeit vorgeworfen werden? Selbstverständlich! So unbefragt gültig und akzeptiert Quoten zugunsten von Männern waren und sind – und wir haben da eine Fülle von Beispielen –, so ungebremst ist der Vorwurf der

Verfassungswidrigkeit, wenn effektiv zugunsten von Frauen eingegriffen werden soll, ja sogar schon dann, wenn ein leicht zu umgehendes Mittel der Gleichstellungspolitik auf dem Prüfstand steht: die qualifikationsabhängige Entscheidungsquote.

Ganz wesentlich ist es, in derlei Diskussionen immer wieder auf folgendes hinzuweisen: Es geht nicht um die Zurücksetzung eines einzelnen konkreten Mannes, und es geht auch nicht um die Bevorzugung einzelner konkreter Frauen. Es geht um die *Gruppe der Frauen*, der endlich dieselben Chancen eingeräumt werden soll. Und *die* Männer sind ebenfalls nur als Teil einer Gruppe betroffen, deren Bevorzugung anders nicht abgebaut werden kann.

Eine Auseinandersetzung mit den der juristischen Diskussion zugrundeliegenden Normen für eine emanzipatorische Gleichstellungspolitik kann ich hier aus Platzgründen nicht leisten[1]. Ich möchte zum Abschluß deshalb nur kurz präzisieren, welche Voraussetzungen meiner Ansicht nach erfüllt sein müssen, wenn festgelegt wird, für einen bestimmten, der Situation angemessenen Anteil zu besetzender Stellen auf einen Qualifikationsvergleich mit männlichen Bewerbern zu verzichten oder diese Stellen von vornherein für die Besetzung mit qualifizierten Frauen zu reservieren.

Erstens: In dem für diese Art geschlechtsspezifischer Besetzung vorgesehenen Bereich müssen über einen längeren Zeitraum hinweg erheblich weniger Frauen als Männer beschäftigt gewesen sein. Diese Formulierung soll zufällige Unterrepräsentanz ausschließen.

Zweitens: Die vorgesehene geschlechtsspezifische Stellenbesetzung ordnet sich in eine gezielte, kontrollierte, bedingte oder befristete Frauenförderung ein, in der andere Vorgehensweisen nicht effektiv genug wirkten. Diese Formulierung soll auch willkürlichen Parameterwechsel ausschließen.

Drittens: Der Ausschluß männlicher Bewerbungen darf nur einen Teil der Stellen erfassen und muß sich differenzierend auf die Angebotsseite bei den Frauen beziehen. Das bedeutet: flexible Zielvorgaben, die die Anzahl der Stellen, die Fluktuation und die bereits vorhandenen oder im Planungszeitraum erwerbbaren Qualifikationen bei der Gruppe der Frauen als Basis haben.

Ich ende mit einer Forderung und einer Frage: Maßnahmen für eine emanzipatorische Gleichstellungspolitik an den Hochschulen sind notwendig, die Formulierung effektiver Instrumente ist möglich. Die heute verbreiteten Vorgehensweisen in der Frauenförderung jedoch sind nicht effektiv und tragen zum Teil zur Marginalisierung von Wissenschaftlerinnen bei. Reform ist dringend angesagt. Gibt es dazu irgendwo einen politisch relevanten Willen?

Anmerkungen

1 An anderer Stelle habe ich mich mit der Quotenfrage ausführlich befaßt (vgl. Pfarr 1994 und 1995).

Literatur

Pfarr, Heide M. (1994), Verfassungsmäßigkeit von Quoten im Öffentlichen Dienst, in: *Quoten und Grundgesetz*, veröffentlicht durch das Frauenbüro der Universität Göttingen, Göttingen, 1994.

Pfarr, Heide M. (1995), Frauenquoten – pro und contra, in: *Neue Zeitschrift für Arbeitsrecht* 17, S. 809.

Wetterer, Angelika (1994), Rhetorische Präsenz – faktische Marginalität. Zur Situation von Wissenschaftlerinnen in Zeiten der Frauenförderung, in: *Zeitschrift für Frauenforschung 1*.

Gleichstellungspolitik

Ein nachgeordnetes Problem im Umstrukturierungsprozeß ostdeutscher Hochschulen?[1]

Helga Adler

Wenn ich hier über Gleichstellungspolitik an Hochschulen in den neuen Bundesländern schreibe und die Frage »Strukturen ändern und/oder Sonderprogramme fordern?« zu beantworten suche, so befinde ich mich in einer paradoxen Situation: Ich schreibe über einen Bereich, in dem gerade nicht nur schlechthin Strukturen verändert wurden, sondern ein ganzes Struktursystem neu implementiert wurde, und dies geschah ohne Sonderprogramme für Frauen und/oder ohne verbindliche Zielquoten für den Frauenanteil an den Hochschulen.

Wann, wenn nicht in einer Situation, in der alte Strukturen zerfallen und neue geschaffen werden, bietet sich die Chance, sie so zu verändern, daß der Anspruch auf Gleichstellung der Geschlechter eingelöst werden kann?
Da »Umbau und Neustrukturierung der Hochschullandschaft in den neuen Ländern a priori unter Vorgabe einer ›Einpassung‹ in die im Westen bestehenden föderalen Strukturen« standen, schreibt der Generalsekretär des Wissenschaftsrates, blieb »so gut wie kein Spielraum für echte Alternativen zum westdeutschen Hochschulsystem oder für dritte Wege« (Benz 1994:30).

Die Frage ist, hätte die Neustrukturierung des Hochschulsystems in den neuen Bundesländern nicht auch ein Innovationsschub für strukturelle Veränderungen der altbundesdeutschen patriarchalen Institution Hochschule sein können? Ein Blick auf die Akteure des Umstrukturierungsprozesses beantwortet die Frage: Als Akteure mit Gestaltungsmacht standen den Landesregierungen in den neuen Bundesländern die Wissenschaftseliten und -träger des altbundesdeutschen Hochschulsystems zur Seite. Sie entzogen sich einem Innovationsschub schon deshalb, weil sie an einer Besitzstandswahrung eigener wissenschaftlicher Identität interessiert waren. Daß diese Eliten fast ausschließlich männlichen Geschlechts waren, bedarf hier wahrscheinlich keiner Erläuterung.

Allerdings hatte die Ausgrenzung von Frauen aus diesen Eliten und Trägern des Wissenschaftssystems in diesem Fall die fatale Konsequenz, daß sich männliche Definitionsmacht fast ungehindert in der Schaffung der ostdeutschen Hochschulstrukturen entfalten konnte. Angefangen von den Landeshochschulstrukturkommissionen über Gründungsbeauftragte und -dekane der Fachbereiche und Fakultäten bis hin zu Struktur-, Berufungs- oder auch Besetzungskommissionen – die männliche Dominanz war auf allen Ebenen gesichert. Insbesondere in den Fachbereichen, die abgewickelt und/oder neugegründet wurden, bildeten sich aus den gut funktionierenden männlichen Kommunikationssträngen und wissenschaftlichen Schulen sehr rasch »Gestaltungseliten« heraus, die die einmalige Chance hatten, eine ganze Hochschullandschaft nach ihrem Bilde zu formen.

Wie und mit welchem Ergebnis solche »frauenlose« Implementationen verliefen, möchte ich hier am Beispiel der Soziologie demonstrieren. Obwohl die soziologische Fachgesellschaft, die Deutsche Gesellschaft für Soziologie (DGS), in ihrem Leitungsgremium quotiert zusammengesetzt ist, gehörten Frauen nicht zu dem kleinen exklusiven Kreis, der unter Führung eines bekannten Professors den Neuaufbau in den neuen Bundesländern übernahm. Einer meiner Interviewpartner schilderte mir den Vorgang aus seinen Insiderkenntnissen heraus:

»Wie es zu den Gründungskommissionen kam, sieht keiner durch. Als etwas erfahrener Mensch sieht man, wer wo besetzt hat ... Das wichtigste war, was Herr X. über den Wissenschaftsrat an Professionspolitik gemacht hat. Seine neue Orthodoxie der 4-Einigkeit der Lehrstühle (Theorie, Methodik, Makro- und Mikrosoziologie, H.A.) ... wurde durchgepowert bis in den letzten Winkel der ostdeutschen Hochschulen ... Vor zwei Jahren auf dem Konzil der DGS kam Frau Y. und stellte fest, da sind keine Frauen (als soziologischer Gegenstand, H.A.) drin. Darauf wurde gar nicht geachtet, es wurde sich nur an diesen Säulen festgehalten und da liegt gender studies quer dazu ... Die qualitativen Sozialforscher beschweren sich auch, daß sie darin nicht vorkommen.« (EI)[2]

In diesen Konstellationen hatten die männlichen Akteurseliten die Möglichkeit, ihr in Strukturen gegossenes eigenes (auch inhaltlich frauenloses) Wissenschaftsverständnis personell umzusetzen, mit dem bezeichnenden Ergebnis, daß sich unter den bis 1993 vergebenen 24 sogenannten Eckprofessuren in der Soziologie an ostdeutschen Hochschulen lediglich eine Frau befindet (Kreckel 1994: Tafel V) und zwischenzeitlich auch keine weitere hinzugekommen ist. Ich will damit deutlich machen, daß hier in den neuen Bundesländern Strukturen etabliert wurden, die die männliche Dominanz in diesem Wissenschaftssystem für Jahre verfestigt und gestärkt haben.

Ganz besonders in den neugegründeten Fächern wie z.B. der Politikwissenschaft, deren Implementation der damalige Vorsitzende des Politologenverbandes Gerhard Lehmbruch (1995: 7) als »Landnahme im herrenlosen Land« bezeichnet, in denen die Akteure unbehelligt »gestalten« konnten, haben sich neue, stark geschlechtshierarchische Strukturen mit einer zudem deutlichen West-Ost-Asymmetrie herausgebildet. Eine neuberufene Professorin aus den alten Bundesländern schildert die Situation in ihrem Fachbereich folgendermaßen:

»Je teurer, um so mehr Männer aus dem Westen, je weiter runter, umso mehr aus dem Osten... Das Ergebnis ist eine eindeutige hierarchische Struktur und an der Spitze stehen Westmänner. D.h. es gibt eine Ost-West-Konstruktion, die eine Machtkonstruktion zwischen Männern und abhängigen Frauen ist.« (EI)

In dieser Machtkonstellation konnten sich autoritäre Tendenzen etablieren, die nicht zuletzt durch jene neuberufenen westlichen Professoren vermittelt werden, die als langwartende Privatdozenten in den neuen Bundesländern eine einmalige und kaum noch erhoffte Lebenschance erhielten. Gerade sie, die »jetzt Chef sind und über Macht verfügen« (EI), bringen eine Persönlichkeitsstruktur mit, die durch einen sehr harten individuellen Konkurrenzkampf und wenig kooperative Erfahrungszusammenhänge geprägt ist sowie autoritäre Handlungsmuster bedient, wie sie der »Akt der Landnahme« bereits beinhaltet.

Ich will nicht unerwähnt lassen, daß die westlichen männlichen Gestaltungseliten auf eine zumeist sehr willige Akzeptanz bei den ebenfalls männlichen ostdeutschen Akteuren stießen. Sozialisiert in einem ebenfalls patriarchalen Hochschul- und zudem zentralistischen Gesellschaftssystem und – da kaum von feministischer Kritik behelligt – in ihrem patriarchalen Selbstverständnis noch weniger gebrochen als ihre westlichen Kollegen, adaptierten sie nicht nur diese sie priviligierenden Strukturen sehr rasch, sondern brachten zusätzlich ein beträchtliches Maß an autoritärem Machtbewußtsein in die Neuordnung und Neuverteilung von universitären Einflußpositionen ein.

Im Selbstverständnis dieser Akteure erscheint Gleichstellung von Frauen als ein der Etablierung der Hochschulstrukturen unter- und nachgeordnetes Problem im doppelten Sinne: in seiner Bedeutung und in der Zeit. Dies beschreibt folgende Interviewsequenz:

»Das ist anders, wenn ich eine feste, klare Struktur schon habe. Da scheiden Leute aus. In X (einer westdeutschen Universitätsstadt, H.A.), da könnte das anders gemacht werden, daß man die Institute quotenorientiert verändert. Da sagt man, hier, da sind zu wenig Frauen. Da muß man jetzt mal richtig einsteigen.« (EI)

Das Prinzip: erst die Strukturen, dann Gleichstellungspolitik, hat sich in den fehlenden Frauensonderprogrammen im Institutionentransfer auch offiziell niedergeschlagen und durch den weitestgehenden Frauenausschluß aus den strukturbildenden Prozessen eine zusätzliche Dimension erhalten. Unter diesen Bedingungen wurde die schon früh geäußerte Befürchtung realer, daß mit der Transferierung des westdeutschen Hochschulsystems auch dessen im Vergleich zur DDR gravierendere Marginalisierungsstruktur transferiert und zu einer massiven Ausgrenzung ostdeutscher Wissenschaftlerinnen führen würde.

Gleichstellungspolitik in seiner institutionalisierten Form wurde in dieser Situation zu einem wichtigen Instrument, um Fraueninteressen zunächst einmal in die Debatte hineinzutragen und die männlichen Akteure unter Legitimationsdruck zu stellen. Die lediglich konsultativen und partizipativen Rechte in den personellen Veränderungsprozessen, in Berlin durch ein aufschiebendes Vetorecht ergänzt, die den Gleichstellungs- bzw. Frauenbeauftragten gesetzlich »gewährt« werden, stehen allerdings in deutlichem Kontrast zu den Entscheidungskompetenzen der Implementeure. Die Eingriffschancen und -grenzen von Gleichstellungsbeauftragten waren nicht nur von den verschiedenen gesetzlichen Regelungen zur Gleichstellungs- und Frauenförderungspolitik abhängig, sondern – und das muß betont werden – auch von dem jeweils vorhandenen frauenpolitischen Druckpotential.

Im Vergleich zu den anderen neuen Bundesländern trafen in Berlin verschiedene Faktoren zusammen, die eine günstigere Ausgangsposition für den Eingriff der Frauenbeauftragten in die Umstrukturierungsprozesse schufen. Dies spiegelt sich bei aller Begrenztheit auch in den Ergebnissen dieses Prozesses wider. Zum einen übernahmen die ostdeutschen Hochschulen durch die Vereinigung der Stadt das Westberliner Regelwerk, in dem mit den Frauenförderrichtlinien, dem Berliner Hochschulgesetz und dem Landesantidiskriminierungsgesetz ein relativ fortschrittlicher gesetzlicher Rahmen für eine aktive Frauenförderpolitik durchgesetzt worden ist. Zum anderen konnte sich Gleichstellungspolitik auf eine verhältnismäßig starke frauenpolitische Akteurinnenkonstellation stützen. Es existierte nicht nur an den Westberliner Hochschulen ein erfahrenes Potential hauptamtlicher Frauenbeauftragter. Auch an der Humboldt-Universität war auf Initiative einer seit der Wende aktiven Frauengruppe bereits im April 1990 quasi »von unten« das Amt der hauptamtlichen Gleichstellungsbeauftragten eingeführt worden. Mit einer noch präsenten Frauenbewegungstradition in beiden Teilen der Stadt verfügten sie zudem über einen außerparlamentarischen und parlamentarischen Rückhalt.Ihnen gelang es, durch relativ frühes Eingreifen zumindest partiell in das männliche Definitions- und Entscheidungsmonopol einzubrechen und die in der Berliner Gesetzgebung verankerten Gleichstellungsbestimmungen einzuklagen.

Als nach einem halben Jahr Tätigkeit der ersten fünf Struktur- und Berufungskommissionen (SBK), denen nur jeweils eine Frau in zwei Kommissionen angehörte, lediglich zwei von fünfzig C4-Professuren mit Frauen besetzt wurden, schlugen die Berliner Frauen Alarm. Mit parlamentarischen Initiativen forderten sie die Einhaltung der gesetzlichen Bestimmungen des Landesantidiskriminierungsgesetzes (LADG), wonach »Gremien, insbesondere solche, die zu beruflich relevanten Fragen entscheiden und beraten, ... geschlechtsparitätisch besetzt sein« sollen (15 LADG). Sie erreichten, daß durch einen Beschluß des Abgeordnetenhauses der Wissenschaftssenator verpflichtet wurde, keine Neuberufungen auszusprechen, die nicht entsprechend dem LADG bzw. dem Berliner Hochschulgesetz zustandegekommen sind. Damit wurden die weiteren Entscheidungen in den Berufungsverfahren zumindest unter einen stärkeren Legitimationsdruck gesetzt.

Die eingeforderte geschlechtsparitätische Zusammensetzung der Struktur- und Berufungskommissionen konnte zu keinem Zeitpunkt erreicht werden. In den bis März 1994 an der Humboldt-Universität arbeitenden 24 Kommissionen (ohne Medizin) waren allein in acht keine Frauen vertreten.

Einen partiellen Erfolg erzielte auch die Intervention zur Zusammensetzung der Landeshochschulstrukturkommission (LHSK), durch die die Landessprecherin der Frauenbeauftragten als beratendes Mitglied nachträglich aufgenommen wurde. Damit waren insgesamt drei Frauen an deren Arbeit beteiligt. Ein Erfolg – frau wird ja bescheiden – angesichts der Tatsache, daß mit der zweiten Ausnahme in Brandenburg (eine Frau) die Landesstrukturkommissionen anderer neuer Bundesländer frauenlos blieben – trotz Interventionen von Gleichstellungsbeauftragten.

Da sich lediglich in den Berliner und Brandenburger LHSK-Empfehlungen spezielle Abschnitte zur stärkeren Berücksichtigung von Frauen in den Umstrukturierungsprozessen und zur Frauenförderung finden, ist der Zusammenhang mit der Repräsentanz von Frauen nicht zu übersehen (vgl. Zimmermann 1995: 21). In den Empfehlungen der Berliner LHSK wird mit Bezugnahme auf den hohen Anteil promovierter und habilitierter Frauen an Ostberliner Hochschulen ausdrücklich darauf hingewiesen, daß dieser Anteil erhalten bleiben sollte (vgl. Landeshochschulkommission 1992: 124f.). Diese Empfehlung wurde allerdings vom Gesetzgeber ebenso wenig in verbindliche Regelungen umgesetzt wie die zur Schaffung eines Sonderprogramms zur Erweiterung der Qualifikation für Wissenschaftlerinnen im Ostteil der Stadt.

Bei all dem muß berücksichtigt werden, daß sich hinter dem Begriff Umstrukturierung an ostdeutschen Hochschulen massive Stellenkürzungen des Mittelbaus, politische und fachliche Evaluierungsverfahren aller Mitarbeiter, Personalüberleitungs- und Berufungsverfahren verbergen. Diese Prozeduren liefen in einem sich überstürzenden Tempo und unter Außerkraftsetzung der Autonomie der Hochschule ab; dies bedeutete, daß der Wissenschaftssenator selbst der Personalkommission, einem Selbstverwaltungsgremium der Universität, vorstand.

Auch wenn Berliner Frauenbeauftragte das Privileg genießen, hauptamtlich arbeiten zu können und an der Humboldt-Universität relativ rasch ein fast vollständiges Netz von dezentralen Frauenbeauftragten an Fakultäten und Fachbereichen entstand, war das Unterfangen, diese verschiedensten Anforderungen zu bewältigen und dann vielleicht noch an bestimmten Schwerpunkten zu powern, um Frauen durchzubekommen, ein schier aussichtsloses.

Nicht unerwähnt sollte hier bleiben, daß sowohl 1991 als auch 1992 für je ein halbes Jahr keine hauptamtliche Frauenbeauftragte an der Humboldt Universität arbeitete. Im Frühjahr 1991 war der Stelleninhaberin gekündigt worden, weil ihre frühere Tätigkeit im Prorektorat vor der Vereinigung formal als Stelle bei der Sektion Marxismus-Leninismus geführt wurde. Pikanterweise war durch diese Kündigung die Humboldt-Universität ausgerechnet in der Zeit ein halbes Jahr ohne Frauenbeauftragte, in der die »Männer der ersten Stunde« in den SBKs ihre Strukturen entwickelten und personell in den Berufungen umzusetzen begannen.

Da hier die Gleichstellungspraxis von Interesse ist, zitiere ich aus dem Alltag der jetzigen Frauenbeauftragten der Humboldt-Universität, als sie im Jahre 1993, aus Oldenburg kommend, ihre Tätigkeit in der Personalkommission aufnahm:

> »Das war zu dem Zeitpunkt, wo die Struktur- und Berufungskommissionen in den Fächern die Gesamtpakete fertig gemacht haben, wer kommt auf eine C1-Stelle, wer kommt auf die Mittelbaustelle bis max. 98, welche glücklichen Menschen kriegen die wenigen Funktionsstellen als Dauerstelle, welche unglücklichen Menschen fliegen sofort raus. Und diese Pakete, (...) das waren praktisch Aktenordner. Ich war völlig irritiert, weil ich eine Universität kannte, wo man sich ausführlich über Einzelfälle gestritten hatte. Ich dachte, das kann doch nicht wahr sein, wie kann man 45 Entscheidungen an einem Nachmittag abhandeln (...). Ich hatte manchmal das Gefühl, daß man sich da etwas leichenfledderisch verhalten und aufpassen mußte, daß man diese Sache wenigstens für Frauen genutzt hat (...). Wenn man irgendwo praktisch überhaupt keinen Einfluß hatte, dann war das da (...). Man konnte was zu Protokoll geben, nicht mehr.« (EI)

In diesen Kommissionen aber wurde die veränderte Personalstruktur an der Universität umgesetzt, mit der sich die Position der Frauen an den ostdeutschen Hochschulen durch fast zwei Drittel Reduzierungen, den hohen Anteil befristeter Stellen und neue hierarchische Abhängigkeitsstrukturen verschlechtert hat. Marianne Kriszio hat dazu ausführlich in einem Artikel geschrieben (1994).

Der hier in den neuen Bundesländern durchgesetzte Anteil von fast 80% unbefristeter Stellen im Mittelbau auf der einen und der unangefochten privilegierten Position der Ordinarien auf der anderen Seite ergeben eine Struktur, die die Barrieren für Frauen an den ostdeutschen Hochschulen höherzieht.

Wissenschaftlerinnen, die zu den insgesamt acht Prozent neuberufener Frauen an ostdeutschen Universitäten gehören, reflektieren diese Reorganisation in der Ordinarienuniversität sehr kritisch. Ich zitiere hier eine frühere Dekanin, die aus Protest über die Oktroyierung dieser Strukturen 1991 von diesem Amt zurücktrat:

»(...) diese Ordinarienuniversität, die alles zwangsweise in kleine Einheiten zerhackt. Ich war an anderen Universitäten (in den alten Bundesländern, H.A.), da ist das durchaus nicht so. Ich sehe dort eine bessere Atmosphäre an den Fachbereichen, also so ähnlich wie das früher bei uns gewesen ist, daß es im Fachbereich einen Zusammenhalt gab. Das ist jetzt verlorengegangen. Und die Mitarbeiter betrifft das natürlich besonders, die haben weniger Kompetenzen, weniger Freiheiten in dem, was sie machen. Die werden immer mehr zu wissenschaftlichen Hilfsarbeitern und stark in Abhängigkeit gebracht.« (EI)

Dieser Typus von Universität mit seiner ausgeprägt hierarchischen und zugleich geschlechtsspezifischen Struktur hat unter den Bedingungen des Umstrukturierungsprozesses und seiner westlich und männlich dominierten Gestaltungseliten eine spezifische Ausprägung erhalten:

»Diese Strukturen sind in ihrer Hierarchie eindeutig. Das bedeutet, daß die Mittelzuweisungen eindeutig sind. Da es sehr wenig Frauen gibt, die auf einem solchen Lehrstuhl sitzen, ist das klar. Viele junge Frauen, die wissenschaftlich arbeiten wollen, würden auch zu Frauen gehen, das soll man nicht unterschätzen. Und so ist die Reproduktion alter Strukturen immer wieder gegeben (...) Die Übernahme der westdeutschen Hochschulstrukturen ist sowas von antiquiert, das wissen alle, wissen die Westdeutschen schon lange, trotzdem wurden diese Strukturen bei uns eingeführt.« (EI)

Und hier kann ich auf den Anfang meines Beitrages zurückkommen: Die frauenlosen Gestaltungseliten haben in den neuen Bundesländern einen Hochschultyp nach ihrem männlichen Bilde geprägt.

Angesichts dieser Strukturen, innerhalb derer sich institutionalisierte Gleichstellungspolitik zu bewegen hat, erscheint auch Gleichstellungsbeauftragten »Frauenförderung als etwas hilfloses Instrument« (EI). Insofern ist meine Position klar: Diese Strukturen müssen verändert werden. Wir brauchen eine Novellierung des Hochschulrahmengesetzes und eine demokratische Hochschulreform – dieses Mal in geschlechtsparitätischer Zusammensetzung der »Gestaltungseliten«.

Anmerkungen

1 Der Beitrag stützt sich auf Untersuchungen zur Implementation und Workungsweise von Gleichstellungspolitik im Umstrukturierungsprozeß ostdeutscher Hochschulen, die im »Rahmen des Forschungsprojekts Das ›sichtbar Unsichtbare‹. Frauen in der Wissenschaft. Folgen des Transformationsprozesses in Wissenschaftsinstitutionen der neuen Bundesländer«, gefördert durch das Förderprogramm Frauenforschung der Senatsverwaltung für Arbeit und Frauen, durchgeführt wurden. Projektteilbericht, Berlin 1995, vgl. auch Projektbericht Karin Zimmermann (1995).

2 EI steht für ExpertInneninterviews.

Literatur

Adler, Helga (1995), *Das »sichtbar Unsichtbare«: Frauen in der Wissenschaft.* Folgen des Transformationsprozesses in Wissenschaftsinstitutionen der neuen Bundesländer. Projektteilbericht: Implementation und Wirkungsbedingungen von Gleichstellungspolitik an ostdeutschen Universitäten. Projektbericht für die Förderkommission Frauenforschung, Senatsverwaltung für Arbeit und Frauen, Berlin (unveröffentlichtes Manuskript).

Benz,Winfried (1994), Hochschulerneuerung zwischen Anpassung und Innovation, in: Gertraude Buck-Bechler/Heidrun Jahn (Hg.), *Hochschulerneuerung in den neuen Bundesländern*, Weinheim, S. 40-48.

Kreckel,Gerhard (1994), Soziologie an ostdeutschen Universitäten. Abbau und Neubeginn, in: *Der Hallesche Graureiher* 2.

Kriszio, Marianne (1994), Hochschulerneuerung an der Humboldt-Universität. Umbau der Personalstruktur und Auswirkungen auf Wissenschaftlerinnen, in: *Berliner Debatte/Initial* 4, S. 45-52.

Landeshochschulstrukturkommission Berlin (1992), *Stellungnahmen und Empfehlungen zur Struktur und Entwicklung der Berliner Hochschulen*, Berlin.

Lehmbruch, Gerhard (1995), Die Politikwissenschaft und die deutsche Vereinigung, in: *Berliner Debatte/Initial 3*, S. 84-115.

Zimmermann, Karin (1995), *Das »sichtbar Unsichtbare«: Frauen in der Wissenschaft.* Folgen des Transformationsprozesses in Wissenschaftsinstitutionen der neuen Bundesländer. Projektbericht für die Förderkommission Frauenforschung, Senatsverwaltung für Arbeit und Frauen, Berlin (unveröffentlichtes Manuskript).

Frauenförderung ist Wissenschaftsreform

Erfahrungen mit dem niedersächsischen Modell der Frauenförderung

Helga Schuchardt

Ich möchte zunächst eine Definition des Zieles von Frauenförderung voranstellen: Frauenförderung sollte nicht mit dem Anspruch betrieben werden, es müsse ein »Defizit« von Frauen ausgeglichen werden. Es geht vielmehr darum, das Potential von Frauen zu nutzen und auszuschöpfen. Wissenschaft, Forschung und Lehre an den Hochschulen können nicht ohne diese Ressourcen ins nächste Jahrtausend geführt werden. Wer hier den Zugang für Frauen verhindert, handelt unverantwortlich und – im Hinblick auf die Inhalte – unwissenschaftlich. Allein das Verhältnis von Professorinnen und Professoren an den Hochschulen belegt allerdings, daß wir ohne Druck nichts erreichen: Hochschulen sind, im Vergleich zu anderen gesellschaftlichen Institutionen, kaum bereit und fähig, Frauen an Lehre und Forschung angemessen zu beteiligen. Aus diesem Grunde wurde in Niedersachsen ein Bündel von Maßnahmen verabschiedet, das *strukturell* und *inhaltlich* Frauen den Weg in die »Männerdomäne« ebnet.

Strukturveränderungen an niedersächsischen Hochschulen

Seit 1993 existiert in Niedersachsen ein flächendeckendes Netz von Frauenbüros. D. h. an jeder Hochschule sind Frauenbüros eingerichtet, die mit einer – an kleineren Hochschulen einer halben – Stelle BAT IIa sowie jeweils einer Sachbearbeitungsstelle BAT VIb ausgestattet sind. Diese Frauenbüros werden von der Frauenbeauftragten geleitet und unterstützen ihre Arbeit. In Niedersachsen haben sich unterschiedliche Modelle der Bestellung von Frauenbeauftragten herausgebildet, die in drei wesentlichen Varianten auch im 1994 novellierten »Niedersächsischen Hochschulgesetz« (NHG) abgebildet sind:

– *Erste Alternative*: Es wird eine Frauenbeauftragte aus dem Kreis der weiblichen Hochschulmitglieder aufgrund eines Vorschlags der Frauenversammlung der Hochschulen vom Senat gewählt.

- *Zweite Alternative*: Statt einer Frauenbeauftragten können auch mehrere Hochschulfrauen verschiedener Mitgliedergruppen als Frauenbeauftragte bestellt werden.
- *Dritte Alternative*: Die Hochschulen können für die Frauenbeauftragte einen eigenen Dienstposten oder Arbeitsplatz ausweisen und diesen unabhängig von einer Mitgliedschaft in der Hochschule ausschreiben und besetzen. In diesem Fall wird die Frauenbeauftragte nicht gewählt. Darüber hinaus können weitere Frauenbeauftragte für die Fachbereiche und zentralen Einrichtungen bestellt werden.

Alle Frauenbeauftragten einer Hochschule bilden zur gegenseitigen Abstimmung und Unterstützung den »Rat der Frauenbeauftragten« und vertreten sich gegenseitig.

Die Rechte der Frauenbeauftragten sind durch das »Niedersächsische Hochschulgesetz« kodifiziert und gestärkt worden. Die Frauenbeauftragte hat danach umfangreiche Informations- und Beteiligungsrechte. Sie kann zur Erfüllung ihrer Aufgaben an allen Sitzungen von Gremien und Kollegialorganen mit Antrags- und Rederecht teilnehmen. Sie ist wie ein Mitglied zu laden und zu informieren. Sie hat ein Widerspruchsrecht gegen Entscheidungen eines Hochschulorgans, die gegen ihre Stellungnahme getroffen worden sind. Eine erneute Entscheidung dieses Organs ist erst nach einem besonderen Einigungsversuch zulässig. Besonders hinweisen möchte ich darauf, daß auch in Berufungsverfahren die Frauenbeauftragte wie ein Mitglied der Berufungskommission zu informieren und zu laden ist. Sie hat Antrags- und Rede-, allerdings kein Stimmrecht. Ihre Stellungnahme ist jedoch dem Berufungsvorschlag, den die Hochschule dem Ministerium vorlegt, beizufügen.

Ein weiteres strukturbildendes Element ist die Vorschrift, daß von der Hochschule ein Frauenförderplan als Teil der Entwicklungsplanung der Hochschule aufzustellen ist. In diesem Frauenförderplan sind Festlegungen insbesondere über die Mittel und Stellen zu treffen, die vorrangig der Verwirklichung der Aufgabe nach § 2 Abs. 3 NHG – der Generalklausel der Gleichberechtigung – gewidmet sind. Der Frauenförderplan ist von der Kommission für Frauenförderung und Gleichberechtigung zu entwerfen. Diese Kommission ist neben der Haushalts- und der Planungskommission als eine der drei ständigen zentralen Kommissionen der Hochschule zwingend zu bilden. Aufgabe dieser Kommission ist es, insbesondere für die Leitung der Hochschule und den Senat Vorschläge für die Wahrnehmung der Aufgaben nach § 2 Abs. 3 NHG zu erarbeiten. Im einzelnen legt der Senat die Aufgaben der Kommission auf Vorschlag der Frauenbeauftragten fest.

Als weiteren strukturellen Mosaikstein möchte ich die Einrichtung eines Referates Frauenförderung in meinem Hause erwähnen. Damit wurde eine der Empfehlungen des Berichtes »Frauenförderung ist Hochschulreform - Frauenforschung ist Wissenschaftskritik. Bericht der niedersächsischen Kommission zur Förderung von Frauenforschung und zur Förderung von Frauen in Lehre und Forschung« (1994) umgesetzt. Dieses Referat ist als Querschnittsreferat angelegt, d. h. es ist für die Belange der Frauenförderung im gesamten Bereich Wissenschaft und Kultur zuständig. Der Schwerpunkt liegt allerdings zur Zeit auf dem Hochschulbereich, insbesondere bei der rechtlichen Beratung der Hochschulfrauenbeauftragten, da sich dort am meisten Probleme zeigen. Das Referat ist z. B. zu beteiligen, bevor mir strittige Berufungsvorschläge vorgelegt werden, d. h. solche, bei denen die Hochschulfrauenbeauftragte ein abweichendes Votum abgegeben hat. Mit der Anlage als Querschnittsreferat soll das Ziel des »Mainstreaming« unterstützt werden, d. h. es kommt darauf an, Frauenbelange in alle Bereiche zu integrieren, auf Frauenbelange in möglichst vielen Zusammenhängen aufmerksam zu machen.

Inhaltliche Maßnahmen in der Hochschulpolitik

Auch bei der Novellierung des »Niedersächsischen Hochschulgesetzes« (NHG) haben wir versucht, an möglichst vielen Punkten Regelungen zu treffen, die die Lebenssituation von Frauen erfassen bzw. mit berücksichtigen, in jedem Fall aber ihren Interessen nicht zuwiderlaufen. Ich möchte hierzu einige Beispiele anführen: Zunächst enthält § 2 Abs. 3 NHG eine allgemeine Generalklausel, die über die doch recht allgemeine und nichtssagende Formulierung des § 2 Abs. 2 im Hochschulrahmengesetz hinausgeht. Die niedersächsische Vorschrift formuliert das Leitmotiv, Interessen von Frauen auf allen Ebenen und in allen Bereichen verstärkt einzubringen: zum einen im Bereich des wissenschaftlichen Personals durch Ausgleich der Unterrepräsentanz – dazu gehört auch die Änderung der frauenbehindernden Rahmenbedingungen des Wissenschaftsbetriebes; zum anderen durch Berücksichtigung der Lebenssituation von Frauen in Forschung und Lehre, Studium und Weiterbildung; schließlich durch die Förderung von Frauenforschung und Frauenstudium. Im Bereich Studium und Lehre ist die Erleichterung des Zugangs zum Studium zu nennen. So kann der Erwerb der Zugangsberechtigung für einen bestimmten Studiengang auch durch verantwortliche Betreuung einer erziehungs- oder pflegebedürftigen Person erfolgen; insoweit ist eine Gleichstellung mit beruflicher Vorbildung gegeben. Ferner werden die Hochschulen verpflichtet, bei der Studienberatung und Studienbetreuung Frauen über jene Bereiche besonders zu informieren, in denen sie unterrepräsentiert sind. Die Studienberatungsstellen sind verpflichtet, mit der Frauenbeauftragten zusammenzuarbeiten sowie Vorschläge zur Verbesserung des Studiums unter Berücksichtigung *verschiedener Lebenssituationen* vorzuschlagen. Das Wort »Lebenssituation«, das an verschiedenen Stellen im NHG auftaucht, signalisiert immer, daß hierunter auch und gerade die besonderen Situationen von Frauen – mit Kindern – berücksichtigt werden sollen.

Ein Schwerpunkt der frauenfreundlichen Regelungen im NHG bezieht sich auf das (wissenschaftliche) Personal. Zentrale Vorschrift ist § 47 Abs. 3 NHG, der die *bevorzugte Berücksichtigung* von Frauen bei Berufungen, Einstellungen und Beförderungen bei gleichwertiger Qualifikation fordert, sofern Unterrepräsentanz besteht. Unterrepräsentanz heißt, daß in der jeweiligen Berufsgruppe des wissenschaftlichen Personals, unterteilt nochmals nach Besoldungs- und Vergütungsgruppen, bezogen auf den jeweiligen Fachbereich bzw. die zentralen Einrichtungen, der Frauenanteil weniger als 50% beträgt. Ferner wird eine generelle Ausschreibungspflicht von Stellenanzeigen festgelegt, d. h. in der Regel *ist* auszuschreiben.

Aber es reicht nicht aus, *daß* man(n) ausschreibt, es kommt darauf an, *wie* man(n) ausschreibt. Hier haben wir – gerade für den Fachhochschulbereich, in dem es besonders wenige Professorinnen gibt – weitere Vorgaben (per Erlaß) gemacht: Die Fachhochschulen schreiben in Fachbereichen, in denen es noch keine Professorinnen gibt, Stellen, die ab 1993 im Rahmen des Fachhochschulentwicklungsprogramms und des Landesüberlastprogramms zur Verfügung gestellt werden, gezielt für Frauen aus. Dabei gelten für Frauen in bzw. nach der Familienphase folgende Regelungen:

- Zwecks Promotion, die familienbedingt nicht abgeschlossen werden konnte, kann zunächst ein Auftrag zur Verwaltung der Professur erteilt werden; eine Berufung zur Professorin erfolgt bei Bewährung nach Erbringung der noch ausstehenden Promotionsleistungen.
- Beim Erfordernis der dreijährigen Berufspraxis außerhalb des Hochschulbereichs werden familienbedingte Teilzeitbeschäftigungen großzügig angerechnet.

Erst wenn auch nach einer zweiten Ausschreibung keine qualifizierten Bewerbungen von Frauen vorliegen, kann »normal« ausgeschrieben werden. Darüber hinaus sind diese Regelungen auch dann anzuwenden, wenn bei »normalen« Bewerbungsverfahren sich eine Frau als qualifizierteste Bewerberin herausstellt, ihr aber noch ein Qualifikationselement fehlt, und zwar auch dann, wenn dies nicht familienbedingt ist.

Das Konzept, Frauenbelange auf allen Ebenen zur Geltung zu bringen, liegt auch dem bereits erwähnten Bericht der Frauenforschungskommission (Frauenförderung ist Hochschulreform 1994) zugrunde, auf den ich nun etwas näher eingehen möchte. Diese Kommission, die Anfang 1993 eingerichtet wurde und innerhalb eines knappen Jahres (als Vorbild für viele von Männern betriebene Kommissionen!) ihren umfassenden Bericht vorgelegt hat, begreift Frauenförderung als ein wesentliches Moment zur Reform der Hochschulen insgesamt. Sie hat ihren Blick auf alle Ebenen der Hochschule gelenkt und eingehende Empfehlungen zum Bereich Studium, Lehre, Förderung des wissenschaftlichen Nachwuchses, Gewinnung von Frauen als Professorinnen gegeben. Ich möchte diese Empfehlungen hier nicht im einzelnen wiederholen. Sie haben bereits Eingang gefunden in die weitere Diskussion um Frauenförderung; viele Punkte finden sich auch in dem Berliner Positionspapier »Wissenschaftlerinnen 2000 – Berliner Perspektiven für die Gleichstellung von Frauen in der Wissenschaft« wieder (vgl. Anhang).

Einige Empfehlungen der Frauenforschungskommission haben wir bereits bei der Novellierung des NHG aufgenommen oder dort zumindest den Grundstein dafür gelegt, daß entsprechende Maßnahmen durchgeführt werden: Zu nennen sind die Flexibilisierung des Prüfungsverfahrens oder die Möglichkeit, das Studium auch als Teilzeitstudium zu gestalten. Um der von der Kommission kritisierten »Reproduktion patriarchaler Strukturen durch Selbstrekrutierung« entgegenzuwirken, ist im NHG vorgesehen, daß in Berufungskommissionen von sechs Mitgliedern mindestens zwei Frauen sein müssen, eine davon soll Professorin sein. Hiervon kann die Leitung der Hochschule im Benehmen mit der Frauenbeauftragten eine Ausnahme zulassen. Stimmt die Frauenbeauftragte allerdings nicht zu und läßt die Hochschulleitung gleichwohl eine Ausnahme zu, so muß letztere die Gründe hierfür schriftlich mitteilen und hochschulöffentlich bekanntmachen. Um dem Klagelied – »Wir haben ja keine Frauen, die wir in Berufungskommissionen entsenden könnten« bzw. »Unsere Frau ist so überlastet« – entgegenzuwirken, ist die Möglichkeit eröffnet, auch Personen, die nicht Mitglied der Hochschule sind, in eine Berufungskommission zu bestellen, soweit eine »gleichwertige« Qualifikation vorliegt. Hierbei ist eine nicht allzu enge Auslegung wünschenswert. Es soll also in keinem Fall ein Quasi-Berufungsverfahren für Berufungskommissionsmitglieder durchgeführt werden. Ferner sind die Hochschulen aufgefordert, bei den Berufungen ihr besonderes Augenmerk auf die Erfahrungen in der Lehre zu legen und hierbei dem Votum der Studentinnen und Studenten besonderes Gewicht beizumessen, um die Berufungsfähigkeit von Frauen zu verbessern.

Damit aber nicht genug. Es sollen auch die weiteren Empfehlungen des Berichts umgesetzt werden. Deshalb wurde erstens eine ständige Arbeitsgruppe »Frauenförderung an Hochschulen« eingerichtet, in der Vertreterinnen und Vertreter der Landeshochschulkonferenz, der Landeskonferenz der niedersächsischen Hochschulfrauenbeauftragten, der ehemaligen Kommission und des Ministeriums darauf hinarbeiten, die Empfehlungen zu operationalisieren, d.h. in konkrete einzelne Schritte umzusetzen. Zweitens ist, insbesondere um die Empfehlungen der Kommission zum Bereich Frauenforschung in Naturwissenschaft, Technik und Medizin zu vertiefen, eine weitere Frauenforschungskommission eingerichtet worden, deren Vorsitz wiederum Aylâ Neusel übernommen hat.

Schließlich möchte ich noch einige konkrete Maßnahmen erwähnen, die wir aus dem Hochschulsonderprogramm II (HSP II) entwickelt haben. Von den zur Verfügung stehenden 40 Fiebiger-Professorenstellen sind 16 ausschließlich für die Besetzung mit Wissenschaftlerinnen ausgeschrieben worden. Bei der Besetzung dieser Stellen (die noch nicht abgeschlossen ist), hat es nicht unerhebliche Schwierigkeiten gegeben. Zum Teil haben Wissenschaftlerinnen den Ruf mit dem Argument abgelehnt, sie wollten nicht auf eine »Frauenprofessur« berufen werden. Zum anderen haben einige Hochschulen kein übermäßiges Interesse an diesen Professuren bzw. deren Besetzung gezeigt. In einigen Fällen entsteht sogar der Eindruck, daß die Besetzung dieser Professuren verhindert werden sollte.

Ferner haben wir die HSP II-Mittel schwerpunktmäßig dafür eingesetzt, Teilzeitstellen zu schaffen, die Frauen nach einer familienbedingten Unterbrechungsphase die Rückkehr an die Universität ermöglichen sollen. Dazu stehen in Niedersachsen 31 Stellen (halbe BAT IIa-Stellen befristet auf zwei Jahre, mit Verlängerungsmöglichkeit um ein Jahr) zur Verfügung, die auf die Hochschulen verteilt worden sind und jeweils von den Frauenbüros vergeben werden.

Schließlich wurde für die post-doc-Phase das »Dorothea Erxleben-Programm« aufgelegt, in dessen Rahmen 1994 15 Stellen vergeben wurden, 1995 sollen es nochmals acht Stellen sein. Gefördert werden Wissenschaftlerinnen und Künstlerinnen, um in der Regel unmittelbar nach der Promotion, der Meisterklasse, dem Konzertexamen oder einer entsprechenden besonderen künstlerischen Qualifikation für eine begrenzte Zeit in der Forschung oder in einem künstlerischen Projekt und auch in der Lehre an einer niedersächsischen Hochschule tätig zu werden. Die Förderung soll dazu benutzt werden, sich auf eine

Habilitation vorzubereiten oder auf andere Weise durch gleichwertige wissenschaftliche oder künstlerische Leistungen einen entsprechenden Nachweis zu erbringen. Gefördert wird im Rahmen von Teilzeitarbeitsverhältnissen (2/3 BAT IIa für drei Jahre mit der Verlängerungsmöglichkeit um zwei Jahre).

Auch die Fachhochschulen sind am »Dorothea Erxleben-Programm« beteiligt worden. Gefördert werden Frauen, die zwar schon eine dreijährige Berufspraxis aufweisen können, aber noch nicht promoviert sind. Sie bekommen ebenfalls eine 2/3 BAT IIa-Stelle für die Dauer von drei Jahren; innerhalb dieser Frist müssen sie die Promotion abschließen. Die Hochschulen, die eine solche Stelle bekommen, haben sich durch Fachbereichsbeschlüsse verpflichten müssen, eine in zwei bis drei Jahren freiwerdende Stelle zur Verfügung zu stellen, auf die sich dann die entsprechend qualifizierte Frau bewerben kann. Für das Jahr 1996 streben wir an, weitere fünf Stellen aus dem Fachhochschulentwicklungsprogramm zur Verfügung zu stellen und in ähnlichem Rahmen zu ermöglichen, daß die noch fehlende Berufserfahrung bei vorhandener Promotion nachgeholt wird. Beschränkt ist dieses Programm zunächst auf ingenieurwissenschaftliche Fachbereiche, da es dort besonders an Professorinnen mangelt.

Ferner fördern wir aus den Mitteln des HSP II zwei Modellversuche an der Technischen Universität Braunschweig (»Technik zum Begreifen« speziell für junge Frauen) sowie an der Fachhochschule Oldenburg in Verbindung mit den Fachhochschulen in Wilhelmshaven, Emden und Osnabrück (»Motivation von Mädchen und jungen Frauen für ein Ingenieurstudium«). Die kürzlich vorgelegten Zwischenberichte dieser Modellversuche sind äußerst aufschlußreich. Sie betonen die Wichtigkeit der Ansprache gerade junger Frauen bereits in der Schule, vor der Entscheidung für die Kurswahl in der Oberstufe. Das Projekt in Oldenburg hat im wesentlichen den Ansatz, die Öffentlichkeit breit über die Möglichkeiten von Mädchen in Männerberufen, speziell im Ingenieurstudium zu informieren. Im Rahmen dieses Projekts werden an den beteiligten Hochschulen auch Ingenieurinnen-Netzwerke gegründet. Diese haben zum einen die Funktion, den jungen Frauen und Mädchen Rollenmodelle vorzustellen und zu zeigen, daß es auch Frauen in diesen Berufsfeldern gibt. Zum anderen können sie den im Beruf tätigen Frauen Sicherheit bei ihrer Berufsausübung geben und sie zum Verbleiben im Beruf ermutigen. Das Braunschweiger Projekt ist darauf ausgerichtet, ein durch intensive Tutorinnenarbeit begleitetes Betriebspraktikum von drei Wochen – sei es in der Universität, sei es in einem Industriebetrieb der Region – durchzuführen. Gemeinsam haben die Modellvorhaben die Erkenntnis befördert, daß junge Frauen zwar den speziellen »Frauenförderaspekt« ablehnen, da sie sich als fachlich gleich betrachten, bei näherer Diskussion aber sehr wohl die soziale Ungleichheit thematisieren, die in der Problematik der Vereinbarkeit von Familie und Beruf liegt. Hier gilt es gerade auch in Zusammenarbeit mit den Schulen, noch wesentlich breiter anzusetzen, um Verhaltensänderungen zu bewirken.

Abschließend möchte ich folgendes festhalten: Es kann nicht nur darum gehen, Frauen in Männerberufe zu bringen. Denn dies bringt auch Probleme mit sich. Die Erfahrungen einer Absolventin der Technischen Universität Braunschweig sind sicher keine Ausnahme. Sie hat über 200 Bewerbungen in zwei Jahren geschrieben, hat aber als junge Frau offenbar keine Chance, einen entsprechenden Arbeitsplatz zu finden. Es kommt also darauf an, daß wir auch auf das berufliche Umfeld einwirken und allgemein breitere gesellschaftliche Akzeptanz für Frauen in Männerberufen bewirken. Gleichzeitig aber, um nicht immer nur die eine Seite der Ungleichung zu betrachten, müssen wir auch Männer dazu ermutigen, sogenannte Frauenberufe zu ergreifen. Es ist nicht zuträglich, wenn Kinder im Kindergarten nur Erzieherinnen und in der Grundschule auch fast nur Lehrerinnen begegnen – ausgenommen vielleicht in der Gestalt des oftmals männlichen Rektors. Darüber hinaus hilft es auch nicht weiter, nur die Vereinbarkeit von Beruf und Familie – im wesentlichen aus der Frauenperspektive – zu propagieren, vielmehr kommt es auch darauf an, die Familienfähigkeit der Männer zu stärken. Hier ist ein Paradigmenwechsel nötig. Letztendlich kommt es darauf an, das Potential von Frauen nicht als Reserve zu begreifen, sie nicht mit Frauenförderpolitik in ausgewählte Reservate zu stecken, sondern sie als wesentliche Ressource bei der weiteren Entwicklung unserer Gesellschaft zu erkennen und in diesem Sinne zu fördern – und zu fordern.

Literatur

Niedersächsisches Ministerium für Wissenschaft und Kultur (Hg.) (1994), *Frauenförderung ist Hochschulreform - Frauenforschung ist Wissenschaftskritik.* Bericht der Niedersächsischen Kommission zur Förderung von Frauenforschung und zur Förderung von Frauen in Lehre und Forschung, Hannover 1994.

Frauenförderung an der Freien Universität Berlin

Zur Umsetzung des Hochschulsonderprogramms II

Angelika Schaser

Rahmenbedingungen

Am 2. Oktober 1990 einigten sich der Bund und die Länder nach längeren Debatten auf ein »Gemeinsames Hochschulsonderprogramm II« (HSP) zur Förderung des wissenschaftlichen Nachwuchses an den Hochschulen der Bundesrepublik. Das Vier-Milliarden-Mark-Programm wurde auf zehn Jahre angelegt und mit 60% vom Bund und 40% von den Ländern finanziert. Der weibliche Nachwuchs wurde separat bedacht. Die »besonderen frauenfördernden Maßnahmen« und die »Frauenförderung allgemein« schlugen im Programm mit 212 und 700 Millionen zu Buche. Denn kurz zuvor, im Frühjahr 1990, hatte die Westdeutsche Rektorenkonferenz eine Erhebung zur Situation von Frauen an den Hochschulen vorgelegt und auf die Notwendigkeit von Frauenförderungsmaßnahmen hingewiesen.

Von diesen Geldern aus dem »Möllemann-Sonderprogramm« entfielen für die erste Hälfte der Laufzeit auf die Freie Universität (FU) Berlin etwas mehr als 18 Millionen Mark, die Frauenförderung wurde mit ca. 18% auf 3,35 Millionen Mark festgesetzt. Die Universität hatte in Sachen Frauenförderung damals durchaus einiges vorzuweisen. Sie konnte auf den legendären »Frauenförderbeschluß« vom 2. Juli 1980 zurückblicken und schickte sich an, ihre erste hauptamtliche zentrale Frauenbeauftragte zu wählen. Zudem wurden im November/Dezember 1990 an der FU die ersten der insgesamt 43 C1- und C2-Stellen besetzt, die vom Berliner Abgeordnetenhaus im Dezember 1989 im Rahmen eines Sonderprogrammes zur Förderung von Wissenschaftlerinnen ausschließlich für die Besetzung mit Frauen genehmigt worden waren. In dieser Aufbruchstimmung konnte man über die Tatsache, daß zehn Jahre verbale Frauenförderung keinen vorweisbaren Erfolg mit sich gebracht hatten, generös und optimistisch hinweggehen und die Zukunft planen. Mit dem Berliner Sonderprogramm und dem Hochschulsonderprogramm II gab es für Wissenschaftlerinnen an der FU Berlin erstmals materielle Ressourcen, die es zu verteilen galt.

Ich werde zunächst die Umsetzung des Hochschulsonderprogrammes II an der FU Berlin kurz skizzieren. Da das von der Universität gewählte Stipendienprogramm als Frauenfördermaßnahme jedoch in einem engen Zusammenhang mit dem sogenannten C1-/C2-Programm, dem Sonderprogramm des Berliner Abgeordnetenhauses zur Frauenförderung (vgl. Abgeordnetenhaus von Berlin: 1ff.; Böhmer 1993: 147ff.), steht und mit diesem auch oft verglichen wird, werde ich zum Schluß auch kurz auf dieses Programm eingehen.

Drei Ziele sollten mit den Geldern des »Möllemann-Programms« erreicht werden: erstens die Intensivierung der wissenschaftlichen Nachwuchsförderung, zweitens die verstärkte Teilnahme der FU Berlin an den europäischen Forschungs- und Studienprogrammen und drittens die Forcierung der Frauenförderung[1]. Der Löwenanteil, nämlich 70%, wurde für den ersten Punkt veranschlagt, 10% waren für die Europaaktivitäten und 18% für die Frauenförderung vorgesehen. Dabei wurde nicht vergessen darauf hinzuweisen, daß sich der Prozentsatz für die Frauenförderung ja durch die »Vergabe von zusätzlichen unter Punkt 1 genannten Stellen nochmals erhöht«. Innerhalb der Fächergruppen richtete sich der Anteil der zugewiesenen Mittel nach der Zahl der StudienanfängerInnen, so daß die Fächergruppe I 12%, die Fächergruppe II 42%, die Fächergruppe III 31% und die Fächergruppe IV 14% zu erwarten hatte[2]. Da nicht exakt festzustellen ist, zu welchen Teilen Frauen unter den beiden erstgenannten Punkten von den Geldern des Sonderprogrammes profitierten, werde ich mich auf den Punkt drei konzentrieren[3]. Hier liegen Daten in Form von Semesterberichten vor sowie neuerdings eine Gesamtauswertung, die an der Zentraleinrichtung zur Förderung von Frauenstudien und Frauenforschung an der FU Berlin vorgenommen wurde (vgl. Bock 1995).

Die Kommission zur Förderung von Nachwuchswissenschaftlerinnen (KFN)

An der FU wurde beschlossen, die im Hochschulsonderprogramm II vorgesehene Förderung von Frauen über ein Stipendienprogramm zu realisieren. Der Akademische Senat beschloß in seiner 416. Sitzung am 10. Juli 1991 eine »Ordnung für die Vergabe von Stipendien und Werkverträgen«, die von der Senatsverwaltung für Wissenschaft und Forschung in einer modifizierten Form bestätigt wurde. Fünferlei Förderarten sind darin enthalten: Kontaktstipendien, Wiedereinstiegsstipendien, Werkverträge, Promotions- und Habilitationsstipendien. Der Zweck dieses Stipendienprogramms war und ist es, Frauen die »wissenschaftliche Qualifizierung mit familiärer Aufgabenstellung vereinbar zu machen und der Wissenschaft und Forschung die Begabtenpotentiale von Frauen besser zu erschließen.«[4]

Höhe und Dauer der Förderung sind in dieser Ordnung ebenso festgelegt worden wie die Ausschlußbedingungen. Als großer Vorteil der Ordnung hat sich, das sei hier vorausgeschickt, die vom Partnereinkommen unabhängige Förderung erwiesen. Vergeben werden die Stipendien vom Präsidenten der FU, der dabei gewöhnlich den Empfehlungen einer im August 1991 neugeschaffenen Kommission folgt, der »Kommission zur Förderung von Nachwuchswissenschaftlerinnen«, kurz KFN genannt.

Diese Kommission setzt sich aus vier Professorinnen (eine Professorin pro Fächergruppe), vier Wissenschaftlichen Mitarbeiterinnen bzw. Assistentinnen (ebenfalls je eine pro Fächergruppe), einer Studentin und einer Sonstigen Mitarbeiterin zusammen. Die beiden letzteren haben nur beratende Stimme. Noch bevor die Haushaltsabteilung durchgerechnet hatte, wieviel Stipendien der Segen von 3,35 Millionen Mark für die erste Hälfte der Laufzeit, von 1991 bis 1995, ergab, wurde in der Presse eifrig auf die im Überfluß zu erwartenden Gelder hingewiesen.

Die Kommission sah sich zu den beiden ersten Antragsterminen 1991 mit einer Flut von 248 Anträgen und einer nicht funktionierenden Geschäftsstelle konfrontiert. Hier schlug nun dies zu Buche, was in der Ordnung zur Vergabe der Stipendien festgehalten ist: »Die Vergabe von Mitteln aus dem HSP II (...) richtet sich danach, ob die vorhandenen Mittel eine Förderung erlauben und ob der jeweilige Antrag sich als besonders förderungswürdig erweist«. Die förderungswürdigen Anträge überstiegen bei weitem die finanziellen Fördermöglichkeiten: Nur 22 Stipendien konnten vergeben und 33 Werkverträge gefördert werden, da die für 1991 zu Verfügung stehenden Mittel nicht auf das Haushaltsjahr 1992 übertragen werden konnten. Die daraufhin einsetzende Kritik an der Umsetzung des Programmes an der FU und an der Arbeit der KFN war zum größten Teil dem geringen Finanzvolumen und den durch die Presse geweckten hohen Erwartungen sowie dem überstürzten Förderungsbeginn geschuldet (so wurde die Ordnung viel zu spät und in zwei verschiedenen Varianten veröffentlicht), zielte aber auch auf prinzipielle Probleme.

Folgendes hatte sich bereits nach der ersten Ausschreibung gezeigt: Es gab (und gibt) unter den Frauen an der FU Berlin ein hohes förderungswürdiges wissenschaftliches Potential. Die überwiegende Zahl der Antragstellerinnen trieb ihre Weiterqualifikation zügig im Anschluß an die vorhergehende Qualifikation voran; deshalb wurden die Kontakt- und Wiedereinstiegsstipendien kaum nachgefragt. Eine bereits erhaltene Förderung durch eine andere Institution sowie frühere oder noch bestehende Beschäftigungsverhältnisse als Wissenschaftliche Mitarbeiterin führten zum formalen Ausschluß einer ganzen Reihe von Anträgen[5].

Nach diesen ersten Erfahrungen präzisierte die KFN die Förderziele. Da der wesentlichste Rückgang des Wissenschaftlerinnenanteils an den Hochschulen in der Phase nach der Promotion zu verzeichnen ist und qualifizierte Anträge auf Promotionsförderung von Frauen in anderen, finanziell weit besser ausgestatteten Programmen (wie z.B. die Förderung durch das Berliner Nachwuchsförderungsgesetz, NaföG), größere Chancen haben, entschied sich die Kommission, vorrangig Postdoktorandinnen zu fördern. In Zahlen schlägt sich das folgendermaßen nieder: Von 1991 bis 1995 wurden 62 Habilitations-, 393 Promotions-, 10 Wiedereinstiegs-, 2 Kontaktstipendien und 82 Werkverträge beantragt[6]. Gefördert werden konnten in diesem Zeitraum 19% der Anträge auf Stipendien: 22 Habilitationsprojekte und 60 Promotionsprojekte wurden bewilligt. Außerdem wurden vier Wiedereinstiegsstipendien und ein Kontaktstipendium vergeben. Die Stipendien wurden relativ gleichmäßig auf die vier Fächergruppen verteilt. Nebenbei sei hier noch bemerkt, daß 11% der genehmigten Arbeitsprojekte dem Bereich Frauenforschung zugeordnet werden können (vgl. Bock 1995: 46).

Insgesamt kamen also nur 87 Frauen in den Genuß einer längerfristigen Förderung. Von den finanzierten Projekten konnten bis Juni 1995 einige wenige Dissertationen abgeschlossen werden; drei Habilitandinnen haben nach Ablauf des KFN-Habilitationsstipendiums ein Stipendium der Deutschen Forschungsgemeinschaft (DFG) erhalten. Für eine abschließende Beurteilung des Erfolgs des Programms ist es momentan noch zu früh, da in allen Stipendienprogrammen nur eine verschwindende Minderheit in der Zweijahresfrist eine Promotion bzw. Habilitation abschließen kann. Beim NaföG z.B. erreichen weniger als 5% der StipendiatInnen während der Förderungszeit das Promotionsexamen, was allerdings nicht heißt, daß nur 5% der Arbeiten tatsächlich abgeschlossen werden. Nach einer NaföG-Erhebung haben »nach Ablauf von sechs Jahren nach Förderbeginn zwischen 55% und 60% der NaföG-Stipendiaten das Doktorexamen erfolgreich abgelegt« (Vock 1991: 339f.). Die bekannte Tatsache, daß auf der einen Seite in der Zweijahresfrist Promotionen heutzutage kaum mehr fertiggestellt werden können, auf der anderen Seite der Erhalt eines Stipendiums es sehr schwierig macht, im Anschluß an die Regelförderzeit ein weiteres Abschlußstipendium zu bekommen (Ausschluß wegen »Vorförderung«), ist nicht nur bei der KFN eines der Hauptprobleme. Es wäre dringend geboten, die Vergabefrist bei Promotions- und Habilitationsstipendien auf drei Jahre zu erhöhen, um den Stipendiatinnen die Chance zu geben, innerhalb des Förderzeitraumes ihre Arbeit abzuschließen.

Die Kommission bemühte sich, die wenig flexiblen Vorgaben der Ordnung im Interesse der Stipendiatinnen modifizieren zu lassen. 1993 gelang es, das Frauenförderungsprogramm in entscheidenden Punkten zu verbessern: Die Habilitationsstipendien wurden in der finanziellen Ausstattung und im Begutachtungsverfahren den DFG-Habilitationsstipendien angepaßt, und bei den nur zwölfmonatigen Wiedereinstiegsstipendien wurde die Verlängerung um ein weiteres Jahr ermöglicht[7].

Fünf Jahre KFN-Stipendien
Der Versuch einer vorläufigen Bilanz

Die Bilanz, die ich hier abschließend ziehen will, kann angesichts der kurzen Laufzeit des Programms nur eine vorläufige sein. Sie beruht im wesentlichen auf den Ergebnissen, die Ulla Bock bei der Evaluierung des KFN-Programms gewonnen hat (vgl. Bock 1995: 44ff.) sowie auf meinen Erfahrungen als KFN-Mitglied.

Sind die Frauen, die über die KFN Stipendien erhalten haben, in ihrer wissenschaftlichen Karriere gefördert worden? Am wenigsten dürfte dies bei den Werkverträgen der Fall gewesen sein, bei denen die KFN öfter vermuten mußte, eher den antragstellenden (in der Regel männlichen) Professor als die Werkauftragsnehmerin gefördert zu haben. Da dies von einer zehnköpfigen Kommission für den ganzen Universitätsbereich letztlich nicht zu kontrollieren ist, steht die Kommission der Vergabe von Werkverträgen nach den bisherigen Erfahrungen sehr kritisch gegenüber und sieht in ihnen bestenfalls einen Notbehelf. Nicht verschwiegen werden soll allerdings, daß den Abschlußberichten in einzelnen Fällen doch auch immer wieder zu entnehmen war, daß der Werkvertrag erfolgreich als Einstieg in ein Qualifikationsprojekt genutzt werden konnte.

Bei den Promotionsstipendien ist die Förderung durch die KFN sicherlich genauso effektiv oder genauso wenig effektiv wie die Stipendienvergabe an DoktorandInnen generell eben sein kann. Da die Promotionsstellen im Mittelbau der Universitäten sehr knapp sind und wohl noch weiter reduziert werden, sind diese Stipendien für viele WissenschaftlerInnen eine erfolgversprechende Alternative, eine Promotion zu erlangen.

Bei den Anträgen auf Habilitationsstipendien zeigt sich deutlich, daß die Antragstellerinnen Habilitationen erst in fortgeschrittenem Alter planen bzw. planen können und daß ihre Anbindung in den geistes- und sozialwissenschaftlichen Fächern oft erschreckend gering ist. Meine eigene Auswertung der Anträge auf Habilitationsstipendien zu den ersten vier Ausschreibungsterminen (September 1991 bis September 1992) hat ergeben, daß das Durchschnittsalter bei Antragstellung bei 39 Jahren lag und daß von den 22 Antragstellerinnen 16 keinerlei berufliche Anbindung an die FU Berlin hatten, also nicht einmal einen Lehrauftrag in dem Fach nachweisen konnten, in dem sie die Venia legendi erwerben wollten. In der Praxis hatten dann auch einige dieser Frauen Probleme, die geforderten Gutachten beizubringen. Wie es um die Chancen solcher sogenannten »kalten Habilitationen« steht, darüber war im Zusammenhang mit dem Urteil des Bundesverwaltungsgerichts zu dem Habilitationsverfahren an deutschen Universitäten in der Presse viel zu lesen[8]. Von Seiten der Professorenschaft besteht auch vier Jahre nach der Etablierung des KFN-Stipendienprogramms weitgehende Ignoranz. Meist sind es wohl die Antragstellerinnen selbst, die ihre BetreuerInnen auf diese Förderungsmöglichkeit aufmerksam machen (vgl. Bock 1995: 18, 36 und 41). Von denen, die davon wissen, wird dieses Frauenfördermodell nicht selten als Stipendium zweiter Wahl betrachtet. In einem Gutachten aus dem Frühjahr 1995 geht ein Professor davon aus, daß die KFN als oberstes Kriterium für die Vergabe von Stipendien das soziale Engagement der Antragstellerinnen »in bester Frauentradition« berücksichtigt. Die Stipendiatinnen selbst schätzen die KFN-Förderung zum Teil als minderwertig bzw. der wissenschaftlichen Reputation abträglich ein (vgl. Bock 1995: 48ff.). Frauen, die sich erfolgreich parallel bei mehreren Stipendiengeber um Förderung bemüht haben, geben zum Teil das KFN-Stipendium zugunsten eines anderen zurück.

Sehen sich Bewerberinnen gar vor die Alternative gestellt, das genehmigte Stipendium anzutreten oder eine inzwischen angebotene Stelle anzunehmen, ziehen sie das Beschäftigungsverhältnis vor. Diese Entscheidung zeugt von einem hohen Realitätssinn, denn in der Tat ist die Einbindung in die Universität durch eine Stelle bei weitem besser gewährleistet als bei der Wahrnehmung eines Stipendiums. Hier könnte eine Langzeitstudie über den Karriereverlauf der Frauen an der FU, die eine C1- oder C2-Stelle im Rahmen des Landesförderungsprogramms bekommen haben, im Vergleich mit dem wissenschaftlichen Werdegang der KFN-Habilitationsstipendiatinnen weitere Aufschlüsse liefern. Bedenklich muß in diesem Zusammenhang stimmen, daß von den 1991/92 38 befragten C1-/C2-Stelleninhaberinnen 13 den »Ausschluß aus informellen Diskussionsprozessen, die mittelbar auf die berufliche Entwicklung begünstigend wirken«, beklagten[9].

Haben schon die Stelleninhaberinnen Probleme, in die männlich dominierten Wissenschaftsdiskussionen einzudringen, so dürften die Habilitationsstipendiatinnen einen noch weit höheren Zeit- und Energieaufwand zu leisten haben, um sich und ihre Forschungsergebnisse bekannt zu machen. Von den 39 C1-/C2- Stelleninhaberinnen haben fünf bereits einen Ruf auf eine Professur erhalten, vier weitere Wissenschaftlerinnen sind bereits habilitiert und 15 hoffen, ihre Habilitationsarbeit noch innerhalb der Stellenfrist oder kurz nach Auslaufen der Stelle zum Abschluß zu bringen[10].

Wenn auch die unzureichende Ausstattung (an Derartiges wurde bei der Etablierung des Programms nämlich nicht gedacht) und die fehlende Integration von einzelnen Frauen auf diesen Stellen immer wieder beklagt wird, scheint doch eine solche Stelle eine größere Garantie für eine erfolgreiche Habilitation zu bieten als ein Habilitationsstipendium. So wird bei den Habilitationsstipendien, die die KFN vorrangig vergibt, besonders deutlich, was für Frauenförderung generell gilt: Die Stellenvergabe an Frauen ist einem Stipendienprogramm für Frauen allemal vorzuziehen. Dabei muß immer wieder darauf hingewiesen werden, daß die gezielte Vergabe von Stellen an Frauen keine »Frauenförderung«, sondern die Gleichstellung von Frauen auf dem hart umkämpften Markt der wenigen Mittelbaustellen bedeutet. Trotz der Gefahr, daß unter Hinweis auf bestehende Sonderprogramme Frauen in manchen Bereichen der Universität zunehmend ungern auf reguläre Stellen gesetzt werden, sind angesichts der Unterrepräsentanz von Frauen an der Universität und angesichts der mentalen Strukturen der Professorenschaft Förderprogramme m.M.n. weiterhin notwendig. Es ist sehr unwahrscheinlich, daß Männer in Zeiten aberwitziger Sparmaßnahmen freiwillig zunehmend Frauen als Mitarbeiterinnen akzeptieren werden. Zu solchen Hoffnungen gibt weder die Haushaltssituation der FU Berlin noch die unter dem männlichen wissenschaftlichen Nachwuchs um sich greifende Paranoia wegen des Geredes um die Frauenförderung Anlaß. Frauen werden gut beraten sein, wenn sie auf »Fördermaßnahmen« bestehen und versuchen, über Frauenbeauftragte die Gleichstellung von Frauen in der Universität mittels eines Anreiz- und Sanktionssystems kontrollieren zu lassen.

Anmerkungen

1 So der Präsident der Freien Universität in seinem Schreiben vom 22.März 1991 an den Senator für Wissenschaft und Forschung.

2 Vgl. ebd. Fächergruppe I umfaßt die Fachbereiche Humanmedizin, Zahn-, Mund- und Kieferheilkunde sowie Veterinärmedizin. Zur Fächergruppe II gehören die Fachbereiche Rechtswissenschaft, Wirtschaftswissenschaft, Geschichtswissenschaften, Politische Wissenschaft, Philosophie und Sozialwissenschaften I sowie das Osteuropa-Institut, das Lateinamerika-Institut und das Zentralinstitut für Sozialwissenschaftliche Forschung. Zur Fächergruppe III zählen die Fachbereiche Erziehungswissenschaft, Psychologie und Sportwissenschaften, Altertumswissenschaften, Germanistik, Neuere Fremdsprachliche Philologien, Philosophie und Sozialwissenschaften II sowie das John-F.-Kennedy-Institut für Nordamerikastudien und das Zentralinstitut für Fachdidaktiken. Fächergruppe IV umfaßt die Fachbereiche Mathematik und Informatik, Physik, Chemie, Pharmazie, Biologie und Geowissenschaften.

3 Laut den »Berliner Perspektiven für die Gleichstellung von Frauen in der Wissenschaft« (1995) (vgl. Anhang) sollen bis August 1994 aus dem Hochschulsonderprogramm II an der FU Berlin insgesamt 139 Stellen geschaffen worden sein: 35 für Hochschullehrer (Frauenanteil 9%) und 65 »für sonstiges wissenschaftliches Personal« (Frauenanteil 32%).

4 Aus dem noch nicht genehmigten Beschlußprotokoll der 416. Sitzung des Akademischen Senats vom 10. Juli 1991.

5 § 7 der Ordnung für die Vergabe von Stipendien und Werkverträgen gemäß Hochschulsonderprogramm II des Bundes und der Länder vom 2. Oktober 1990: »Eine Förderung durch ein Promotions-/Habilitationsstipendium ist ausgeschlossen, wenn die Stipendiatin für denselben Zweck bereits ein Stipendium durch Dritte erhält oder erhalten hat, in einem Beschäftigungsverhältnis steht oder in einem Wissenschaftlichen Mitarbeiterinnen-Verhältnis stand.« (Die Ordnung ist in den KFN-Berichten und bei Bock (1995) im Anhang abgedruckt).

6 Diese und die folgenden Zahlen nach Bock (1995: 8). Die Vergabe von Werkverträgen wird hier nicht behandelt, da die KFN diese Art der Förderung von Frauen als sehr wenig effektiv erachtet. Aus haushaltstechnischen Gründen wurden in den ersten beiden Antragsrunden 33 Werkaufträge zur Förderung empfohlen. Die KFN versucht seitdem konsequent, die Gelder für die längerfristigen Stipendien zu empfehlen. Seit 1993 wurde aus den regulären Mitteln des HSP II kein Werkvertrag mehr durch die KFN empfohlen.

7 Siehe »Änderungen der Ordnung« im 5. Bericht der KFN (1994: 1f.).

8 Zum Urteil des Bundesverwaltungsgerichts für die rechtliche Gestaltung des Habilitationsverfahrens als »berufsbezogene Prüfung« vom 16. 3. 1994; siehe Hochschulrecht (1995: 40ff.). Die Diskussion fand in der FAZ, in der »Zeit« und in der SZ statt. Siehe z.B. den Artikel »Die Vertreibung aus dem Elfenbeinturm« von Poliwoda(1995).

9 Böhmer (1193: 152); zu demselben Ergebnis kommt auch Baus (1994: 128).

10 Für diese Auskunft habe ich Elisabeth Böhmer zu danken, die Anfang des Jahres 1996 die C1-/C2-Stelleninhaberinnen (und die sie betreuenden ProfessorInnen) nach dem Qualifizierungsstand und den Bedingungen des wissenschaftlichen Fortkommens befragte.

Literatur

Abgeordnetenhaus von Berlin, *12. Wahlperiode*, Drucksache 12/427, S. 1-4.

Baus, Magdalena (1994), *Professorinnen an deutschen Universitäten.* Analyse des Berufserfolgs, Heidelberg.

Bock, Ulla (1995), *»Frauengeförderte Menschen«.* Hochschulsonderprogramm II des Bundes und der Länder zur Förderung von Nachwuchswissenschaftlerinnen an der FU Berlin. Evaluation 1991-1995 (Extra-Info 19 der Zentraleinrichtung zur Förderung von Frauenstudien und Frauenforschung an der FU Berlin), Berlin.

5. Bericht der KFN (1994), Berichtszeitraum Oktober 1993 bis März 1994, Berlin.

Böhmer, Elisabeth (1993), Wissenschaftliche Werdegänge von Frauen an der Freien Universität Berlin. Erfolgsfaktoren und -hemmnisse für Wissenschaftlerinnen im Sonderprogramm des Berliner Abgeordnetenhauses zur Frauenförderung, in: Marlies Arndt u.a. (Hg.), *Ausgegrenzt und mitttendrin. Frauen in der Wissenschaft*, Berlin, S. 147-159.

Hochschulrecht (1995), Entscheidungen, in: *Juristische Zeitschrift* 1, S. 40-45.

Poliwoda, Sebastian (1995), Die Vertreibung aus dem Elfenbeinturm, in: *Süddeutsche Zeitung* vom 14./15. Januar.

Vock, Rainer (1991), *Die Förderung des wissenschaftlichen Nachwuches durch das Nachwuchsförderungsgesetz (NaföG) im Land Berlin (West).* Eine empirische Untersuchung der Förderungspraxis der Jahre 1985-1990, durchgeführt im Auftrag der Geschäftsstelle der universitätsübergreifenden Kommission zur Vergabe von Promotionsstipendien. Auszug. O. O. (Berlin).

II.

Hochschule als System der Männerförderung?

Bedingungen eines geschlechtergerechten Studiums

Gleichheit auf dem Campus?

Erfahrungen von Studentinnen in den 90ern

Stefanie Marggraf

Vorbemerkung

Die Studentin als das »Noch-Nicht-Wesen«, als »Noch-Nicht-Wissenschaftlerin«, deren Beiträge häufig wohlwollend auf- und so manches Mal durchaus ernstgenommen werden, mit der gar heftigst, selten jedoch gleichberechtigt diskutiert wird – so läßt sich der Eindruck beschreiben, den ich in diversen Diskussionen mit Wissenschaftlerinnen gewonnen habe. Ein Eindruck, der wohl nicht untypisch für eine (engagierte) Studentin sein dürfte. Denn anscheinend nimmt uns gerade auch so manche Geschlechtsgenossin im wissenschaftlichen Bereich zunächst als etwas »Defizitäres« wahr, dem die höheren Weihen der Wissenschaft noch nicht zuteil geworden sind. Wenn so das Examen zum Initiationsritus gerät, ist es nicht verwunderlich, daß etwa auf Tagungen (zum Ort der Frauen in der Hochschule oder zu ähnlichen Fragestellungen) die immer wieder gleiche »Arbeitsteilung« anzutreffen ist: Studentinnen sind für eine kurze Skizze ihrer Situation und ihrer Strategien zuständig – »muß nicht analytisch bzw. theoretisch sein« – die anschließende, profunde Analyse wird dann von einer Wissenschaftlerin geleistet.

Die universitäre Hierarchie, die Studierende unter WissenschaftlerInnen stellt, strukturiert fast jede Diskussion zwischen diesen Gruppen auf ähnliche Weise, stellt Asymmetrien immer wieder neu her. Dabei gehen Wissenschaftlerinnen zuweilen mit Studentinnen nahezu exakt so um, wie sie es ihren männlichen Kollegen im Umgang mit ihnen selbst vorwerfen. Um es provokativ auf den Punkt zu bringen: Die Frage »Können Frauen denken?« wird zunehmend mit »ja« beantwortet. Hingegen wird die Frage »Können Studentinnen denken?« auch von manchen Wissenschaftlerinnen noch negativ beschieden. Ich hege allerdings die Hoffnung, daß auch hier in näherer Zukunft ein Bewußtseinswandel zu verzeichnen sein wird.

Studentinnen an der Freien Universität Berlin

Die Freie Universität Berlin (FU) gilt im allgemeinen als eine »frauenfreundliche Hochschule«, da der Frauenanteil unter den Studierenden mit knapp über 50% um einiges über dem Bundesdurchschnitt liegt. Nun ist der hohe Frauenanteil jedoch vor allem der starken sozial- und geisteswissenschaftlichen Ausrichtung der FU geschuldet und keineswegs mit der vermeintlich »langen Tradition der Frauenförderung« zu erklären, die gerade auch von seiten der Hochschulleitung immer wieder gerne herausgestellt wird.

Auch an der FU ist die »traditionelle« Aufteilung zu finden, derzufolge Frauen überwiegend in pädagogischen und sprachwissenschaftlichen Fächern zu finden sind, während Teile der Natur- und Sozialwissenschaften nach wie vor männerdominiert sind. Auch die Stellenpyramide des wissenschaftlichen Personals der FU ist der anderer Universitäten nur zu ähnlich: An der FU sind lediglich 4% der C4-Professuren mit Frauen besetzt.

Gleichwohl scheint die Legende von der »frauenfreundlichen« FU durchaus Rückwirkungen auf die hier studierenden Frauen zu zeitigen: Obwohl es den meisten Frauen schwer fällt, sich die erfahrene geschlechtsspezifische Diskriminierung überhaupt einzugestehen und sie daher bei Problemen eher an ein individuelles Versagen glauben, scheint die Erkenntnis, ausgerechnet an der doch »frauenfreundlichen« FU Opfer von Frauendiskriminierung geworden zu sein, doppelt schwer. Dies gilt auch für die vielen jüngeren Studentinnen, die mit der »Neuen Frauenbewegung« groß geworden sind; besonders sie scheinen Schwierigkeiten zu haben, ihr Eigenbild als selbstbewußte und emanzipierte Frau, die sich gegen Diskriminierung zur Wehr setzt, mit den Erfahrungen in der Hochschule in Einklang zu bringen. In vielen Fällen entsteht so die vermeintlich paradoxe Situation, daß eine Studentin sich außeruniversitär feministisch engagiert und sich zudem theoretisch mit der »Männerdomäne Hochschule« beschäftigt, eigene Studienschwierigkeiten aber dennoch nicht – oder nur in geringem Maße – auf die strukturelle Diskriminierung an der Hochschule zurückführt.

Auch mir erging es da nicht anders: Ich schimpfte zwar häufig und ausgiebig über meinen Fachbereich (Geschichte), eine gestandene Männerrunde, die blendend ohne Professorin auskam und fast durchweg Frauenforschung/Geschlechtergeschichte für un- bzw. vorwissenschaftlich hält. Ich hatte somit gegenüber manch anderer Studentin den erkenntnisfördernden »Vorteil«, an einem offenkundig alles andere als frauenfreundlichen Fachbereich zu studieren und hätte theoretisch leichter zu der Erkenntnis gelangen können, daß die strukturelle Diskriminierung nicht ohne Auswirkung auf mein Studienverhalten bleiben würde. Dennoch brauchte ich mehrere Semester, um mir einzugestehen, daß seit Beginn meiner Universitäts»karriere« der Glaube an meine intellektuellen Fähigkeiten grundlegend erschüttert, ich daher in den Seminaren immer stiller geworden war. Dies ist zwar nicht alleiniges Resultat der strukturellen Diskriminierung durch Dozenten und Studenten, doch haben diese einen entscheidenden Beitrag dazu geleistet, mich zu demotivieren und an mir selbst zweifeln zu lassen.

Fast allen betroffenen Studentinnen ergeht es in dieser Hinsicht ähnlich. Sie kommen erst nach einigen Semestern (wenn überhaupt) und durch Gespräche mit Freundinnen zu der Erkenntnis, daß sie ihre vermeintlich individuellen Probleme mit der Mehrzahl der Kommilitoninnen teilen und auch mit dem Gefühl der Inkompetenz – das besonders ehemals gute Schülerinnen »überraschend« befällt – nicht alleine stehen. Diese Blockaden und Diskriminierungen führen bei vielen Studentinnen dazu, daß sie nicht nur die Laufbahn als Wissenschaftlerin von vornherein als eigene Berufsperspektive ausschließen, sondern relativ häufig an Studienabbruch denken bzw. in nicht geringem Maße tatsächlich abbrechen, da sie sich für nicht kompetent genug halten. Den spezifischen Diskriminierungen, denen manche Frauen aufgrund ihrer Hautfarbe, sexuellen Orientierung oder auch ihrer Herkunft aus bildungsfernen Haushalten ausgesetzt sind, ist mit dieser Darstellung noch nicht Rechnung getragen.

Androzentrische Lehrinhalte

Die Vorbehalte der meisten männlichen Professoren (und auch vieler Dozenten) gegen Frauenforschung/Geschlechtergeschichte sind bekannt. Doch im Studienalltag kommen Studierende kaum mit dieser »Ab«Art der Geschichte in Berührung. Geschichte wird noch immer als Geschichte großer Männer gelehrt bzw. – da letzteres wohl tatsächlich langsam aus der Mode kommt – landet auch unter Einbeziehung von struktur-, mentalitäts- und sonstigen geschichtlichen Ansätzen immer wieder bei geschichtsmächtigen Männern und Meisterdenkern. So besuchte ich beispielsweise in einem meiner ersten Semester ein Seminar über die Französische Revolution. Neben den unterschiedlichsten Männern der verschiedenen Stände und der konfligierenden politischen »Parteien« tauchten auch zwei Frauen auf: die »arme« Königin Marie Antoinette und die »verrückte« Charlotte Corday – wobei letztere eben nicht als Person dargestellt wurde, sondern als Mörderin des »großen« Marat. Damit war der Vorrat an »Frauentypen« anscheinend erschöpft. Denn wiewohl wir in diesem Seminar ausführlichst die einzelnen Etappen der Revolution unter die Lupe nahmen, einzelne Jakobiner näher betrachteten und analysierten, warum wann wer von wem auf die Guillotine geschickt wurde: Die ebenfalls hingerichtete Olympe de Gouges fand ebensowenig Erwähnung wie ihre »Déclaration des droits de la femme et de la citoyenne«. Es wurde nicht einmal ansatzweise thematisiert, ob die vielzitierten Menschenrechte ein Geschlecht haben.

Inzwischen ist am Fachbereich eine Professur mit dem Schwerpunkt Geschlechtergeschichte/historische Frauenforschung eingerichtet und besetzt worden – nach langen Kämpfen, versteht sich. Dennoch finden laut der im Vorlesungsverzeichnis für das Wintersemester 1995/96 angelegten Extrasparte, die die Veranstaltungen zur Frauenforschung gesondert aufführt, ganze zwei Seminare zur Frauenforschung statt. Das ist nun aus verschiedenen Gründen eine ebenso falsche wie symptomatische Auflistung. Falsch bzw. unlogisch, weil hier die geschlechtergeschichtlich orientierte Veranstaltung »Sexualität in der Antike« unter der Rubrik Frauenforschung aufgelistet wird, nicht aber die Vorlesung und der ergänzende Grundkurs zu »Armut und Hunger im frühneuzeitlichen Europa« – beides Veranstaltungen unserer einzigen hauptberuflichen Professorin, in denen sich, wie aus dem Vorlesungsverzeichnis ersichtlich ist, auch ganz explizit »mit der Bedeutung der Kategorie Geschlecht im Kontext von Hunger- und Armutserfahrungen« beschäftigt werden wird. Ist Frauenforschung nur »drin«, wo auch Frau/Weib bzw. Sexualtität (die scheinbar immer mit Frauen assoziiert wird) »draufsteht«?

Und eben diese Frage bzw. die Antwort, die der Fachbereich darauf zu geben scheint, ist symptomatisch. Noch immer sind Frauen und ihre Themen die Ausnahme von der männlichen Regel; »Frauenthemen« müssen gesondert abgehandelt werden. Noch immer sollen Frauen eine Ghetto-Existenz in der Wissenschaft fristen. Explizite Frauenseminare wie »Die Frauen der Französischen Revolution« sind einerseits wichtig, um blinde Flecken aufarbeiten zu können. Aber umgekehrt sollte ein allgemeines Seminar zur Französischen Revolution ohne die Erwähnung von Olympe de Gouges und der Deklaration der Frauenrechte nicht mehr möglich sein.

Sexuelle Diskriminierung und Gewalt

Doch die Studiensituation vieler Studentinnen ist nicht nur geprägt durch androzentrische Lehrinhalte, Seminare, in denen sie weniger zu Wort kommen etc., sondern auch durch Erfahrungen sexueller Diskriminierung und Gewalt. Unter sexueller Diskriminierung verstehe ich alle verbalen, nonverbalen und bildlichen Äußerungen, mit denen gesellschaftlich oder individuell Frauendiskriminierung, Frauenmißachtung und Frauenverachtung sexualisierend, also auf die Sexualität und die Körperlichkeit der Frau zielend, zum Ausdruck gebracht wird (vgl. Katz/Vieland 1993:213). Unter diesen Begriff der sexuellen Diskriminierung fallen auch jene tätlichen Übergriffe – unerwünschte intime Umarmungen, Küsse, Po-Betatschen etc. – die unterhalb der strafrechtlichen Ebene der Körperverletzungen und sexuellen Nötigungen angesiedelt sind. Strafrechtlich sind diese Übergriffe tätliche Beleidigungen, alltagssprachlich werden sie zumeist »sexuelle Belästigung« genannt.

Kaum ein Thema ist an den Hochschulen noch immer derart tabuisiert, um so mehr, wenn es sich um sexuelle Diskriminierungen von Studentinnen durch Dozenten (Professoren und Mittelbauer) handelt. Tabuisierung meint nicht, daß über dieses Thema nicht gesprochen wird, sondern daß verschiedene Gruppen unterschiedliche Rhetoriken über den Tatbestand entwickelt haben, die mit dazu beitragen, ein effektives Vorgehen gegen Täter und Strukturen zu erschweren.

Doch sexuelle Diskriminierung von Studentinnen durch Lehrende ist keine Randerscheinung. Eine im Auftrag der Zentralen Frauenbeauftragten der FU Berlin durchgeführte (nichtrepräsentative) Studie (Färber 1992) kommt gar zu dem Ergebnis, daß Studentinnen am häufigsten von Lehrenden »belästigt« werden. Sexuelle Belästigung ist ein Element der Binnendifferenzierung: je höher in der Hierarchie, desto häufiger wird sexuell »belästigt«.

Ich möchte im folgenden etwas genauer auf das Problem der sexuellen Diskriminierung durch Lehrende eingehen – denn noch immer wird das Thema zumeist unterschlagen bzw., weil sehr heikel, nur am Rande erwähnt. An der Freien Universität Berlin hat daher das Büro der Frauenbeauftragten neben der oben genannten quantitativen Untersuchung noch eine qualitative Studie durchgeführt (Dreyer/Toelle 1994). Christine Dreyer und Claudia Toelle kommen aufgrund ihrer Interviews, die sie mit von Lehrenden sexuell diskriminierten Studentinnen geführt haben, zu folgenden Ergebnissen – Ergebnisse, die ich aus der Studienerfahrung von Freundinnen, aus meiner Arbeit als studentische Frauenbeauftragte und Mitglied der AG gegen sexuelle Belästigung bestätigen kann:

Für alle interviewten Studentinnen hatte die sexuelle Diskriminierung sowohl persönliche Auswirkungen als auch negative Konsequenzen hinsichtlich des weiteren Studien- und Berufsverlaufs – wobei beides nicht völlig voneinander getrennt werden kann. So durchlebten viele zunächst das Gefühl der Verunsicherung und bemerkten den Verlust von Selbstsicherheit – Emotionen, die sich erst allmählich in Wut und Ärger umwandelten. Viele Studentinnen berichteten auch, daß ihre Konzentrations- und Arbeitsfähigkeit aufgrund der sexuellen Diskriminierung zeitweilig so eingeschränkt war, daß sie den Anforderungen des Studiums kaum noch nachkommen konnten. Hinzu kommt, daß das Erlebnis der sexuellen Diskriminierung durch einen wissenschaftlichen Mitarbeiter oder Professor teilweise zu einem Vertrauensverlust auch gegenüber anderen männlichen Lehrenden geführt hat und die Studentinnen aus Furcht vor weiteren Übergriffen Situationen vermieden, die mit einer relativ engen Zusammenarbeit mit Lehrenden verbunden waren. Viele von ihnen verzichteten daher zum Beispiel auf eine Mitarbeit in Projekten oder eine Beschäftigung als Tutorin oder studentische Hilfskraft – Tätigkeiten, die in der Regel eine Voraussetzung für eine spätere wissenschaftliche Laufbahn sind. Einige Studentinnen gaben ihre Interessenschwerpunkte im Studium auf, sofern diese nur von dem betreffenden Dozenten angeboten wurden, andere mußten neue Betreuerinnen bzw. Betreuer und damit einhergehend manchmal auch neue Themen für Diplom-, Magister- oder Doktorarbeiten suchen, und manche wechselten die Hochschule und den Studienort oder brachen gar das Studium ab. Die Konsequenzen einer sexuellen Diskriminierung durch einen Lehrenden sind für die betroffenen Studentinnen also zumeist sehr weitreichende; Studienverlauf bzw. -abschluß und damit auch das spätere Berufsleben werden ganz massiv und direkt beeinflußt.

Wenn es zu einer sexuellen Diskriminierung gekommen ist, dann steht die betreffende Studentin zusätzlich vor dem Problem, an wen sie sich wenden soll – insbesondere, wenn sie eine Beschwerde erwägt. Die Hochschulhierarchie ist für die meisten Studentinnen – und nicht nur für sie – ein völlig undurchsichtiges Kompetenzwirrwarr, die eigenen Rechte scheinen ungeklärt. Und in der Tat sind die Beschwerdewege für solche Fälle recht unklar – was größtenteils dem Unwillen von Hochschulleitungen und anderen Zuständigen geschuldet ist, sexuelle Diskrimierungen als existentes Problem wahrzunehmen. Falls es eine Studentin dennoch wagen sollte, den Täter beim Namen zu nennen, so muß sie in den allermeisten Fällen die Erfahrung machen, daß zunächst sie es ist, die mit Sanktionen – bis hin zur Verleumdungsklage – zu rechnen hat. Denn wiewohl durchaus Sanktionsmöglichkeiten gegen Lehrende, seien sie nun wissenschaftliche Mitarbeiter oder Professoren, existieren, werden sie äußerst selten genutzt. Und wenn es dann doch unumgänglich scheint, sind die »Strafen« meist derart wohlwollend, daß es einer Ohrfeige für die betroffenen Frauen gleichkommt. Wie anders sollte man die Tatsache interpretieren, daß ein Professor, der wiederholt seine Sekretärin sexuell diskriminiert und auch bei Studentinnen »zugelangt« hat, mit einem Freisemester – er wollte schon immer mal wieder ins Ausland – und einer für ihn geringen Geldbuße bestraft wurde? Zu dieser Bestrafung kam es wohl auch nur, weil er auf die Vorwürfe hin seine »Fehltritte« eingestanden hatte. Die Signale, die Studentinnen hier empfangen sind deutlich: Die Institution Hochschule ist gegenwärtig nicht in der Lage bzw. willens, ein Studium frei von sexueller Diskriminierung zu gewährleisten.

Die Studiensituation an der FU ist somit für Frauen in vielerlei Hinsicht prekär; androzentrische Lehrinhalte, strukturelle Benachteiligung und sexuelle Diskriminierung gehören zum Alltag vieler Studentinnen. Gleichwohl ist die Lage bei weitem nicht so trist, wie sie sich nach der Lektüre der letzten Seiten darstellen mag. Zwar haben Studentinnen auch in den neunziger Jahren noch immer nicht die gleichen Chancen wie ihre männlichen Kommilitonen – doch vieles hat sich bereits zum Positiven verändert.

Studentische Selbsthilfe und institutionalisierte Antidiskriminierungspolitik – inneruniversitäre Handlungsoptionen für ein geschlechtergerechtes Studium

Es gibt diverse Möglichkeiten, gemeinsam mit anderen Studentinnen (und Studenten) gegen Diskriminierungen im Studium vorzugehen; studentische Selbstorganisation ist elementar. Um jedoch tatsächlich und vor allem langfristig Erfolg zu haben, braucht es zumeist auch institutioneller Unterstützung – und auf Forderungen an die Institution Universität werde ich daher meinen Schwerpunkt legen. Insbesondere möchte ich darauf eingehen, wie eine Einrichtung wie das Büro der Frauenbeauftragten Bemühungen von Studentinnen, gegen Diskriminierung aktiv zu werden und in die Offensive zu gehen, unterstützen kann.

Studentische Selbsthilfe kann an vielen Orten beginnen. Häufig sind es ganz einfache und vermeintlich banale Dinge, die unerwartet große positive Effekte haben, wie etwa der Beschluß, gemeinsam mit Freundinnen/Kommilitoninnen in Seminare zu gehen und sich dort gegenseitig den Rücken zu stärken. Aus eigener Erfahrung kann ich berichten, daß sich dies für Seminare, in denen Studentinnen quantitativ deutlich unterrepräsentiert sind, bewährt hat. Für »Frauenfächer« wie Germanistik dürfte sich diese Strategie wohl eher erübrigen. Wenn in einem Seminar immer wieder die Redebeiträge von Frauen unter den Tisch fallen, so kann es – um den Beitrag von Frauen zum Seminar deutlich zu machen – recht wirkungsvoll sein, sich in den eigenen Redebeiträgen auf die Vorrednerinnen zu beziehen. Bei der Vorstellung des Seminarprogramms zu Semesterbeginn sollte darauf geachtet werden, ob und wie Frauen/weibliche Lebenswelten/Fragen nach dem Geschlechterverhältnis im Stoff vorkommen. In meinem Fachbereich haben wir zusammen mit Kommilitonen und wissenschaftlichen Mitarbeiterinnen eine Universitätsvorlesung zur Geschlechtergeschichte organisiert, um auf das Defizit in unserem Fachbereich hinzuweisen.

Es existieren selbstverständlich auch andere, teils weniger moderate Mittel und Strategien. Doch scheinen Streiks, Institutsbesetzungen und -blockaden derzeit »out« zu sein. Auch kollektive »Besuche« von Seminaren von Lehrenden, die sich als besonders frauenfeindlich hervorgetan haben, sind aus der Mode gekommen. Ich erwähne das, weil all dies zu meiner Studienanfangszeit noch durchaus verbreitete Praktiken waren.

Hingegen gibt es heute zahlreiche Möglichkeiten zur institutionellen Unterstützung von engagierten/aktiven Studentinnen durch das Büro der Frauenbeauftragten. Wie oben angerissen, machen sehr viele Studentinnen die Erfahrung, daß in gemischtgeschlechtlichen Seminaren Männer häufiger und länger reden, Frauen somit weniger in Erscheinung treten. Das gilt häufig auch für Seminare, in denen Männer quantitativ die Minderheit stellen. Um eben diese Struktur aufzubrechen, können Rhetorik- bzw. Selbstbehauptungsseminare hilfreich sein, wobei ich letzteren Begriff vorziehen würde, da es auch in den meisten Seminarsituationen vorrangig nicht um gute Rhetorik (können denn die männlichen Seminarteilnehmer wirklich besser reden?), sondern um Machtfragen geht: Wer häufiger und länger zu Wort kommt, schafft sich mehr Raum und somit mehr (Gesprächs)Macht. Und auch das allseits bekannte Beispiel vom Umgang mit Diskussionsbeiträgen – von einer Studentin artikuliert, wird ein Argument ignoriert, um kurze Zeit später, von einem Kommilitonen erneut in die Diskussion gebracht, viel Beachtung zu finden – zeigt, worum es wirklich geht.

Ich gehe in der Tat davon aus, daß Selbstbehauptungskurse in Zeiten, in denen Frauen und Männer in Seminaren noch immer ein derart geschlechtsspezifisches (Rede)Verhalten an den Tag legen, von nicht zu unterschätzender Bedeutung sind. Wobei entscheidend ist, daß es in solchen Kursen nicht darum gehen soll, Frauen männliches Redeverhalten inklusive der Technik des häufigen Unterbrechens, der in die Länge gezogenen Rede etc. beizubringen. Es geht auch keineswegs darum, »defizitären« Studentinnen auf die Sprünge zu helfen, sondern darum, Studentinnen zu unterstützen, selbstbewußt mit männerdominierten Situationen umzugehen. Die Langzeitperspektive sollte selbstverständlich sein, Ghetto-Kurse überflüssig zu machen und zu einem demokratischen (Rede)Verhalten an Hochschulen zu gelangen.

Das Büro der Frauenbeauftragten an der FU Berlin hat in den letzten Semestern wiederholt Selbstbehauptungskurse angeboten, die alle erfolgreich verliefen und sich vor Teilnehmerinnen nicht retten konnten. Gleiches gilt für die Seminare zum Bewerbungstraining für Absolventinnen. Es hat sich gezeigt, daß ein enormer Bedarf sowohl an Rhetorik- bzw. Selbstbehauptungskursen als auch an Bewerbungsworkshops besteht. Seminare zu kreativem Schreiben in der Wissenschaft wurden ebenso häufig nachgefragt wie Examensbegleitgruppen ausschließlich für Frauen als überfachliches Zusatzangebot zu den Colloquien – letzteres scheint in vielen Fachbereichen besonders benötigt zu werden. Die Universitäten sollten daher dazu verpflichtet werden, regelmäßig und in weitaus größerem Umfang als bisher Veranstaltungen zur überfachlichen Qualifizierung von Studentinnen anzubieten.

Ich habe diese Schwerpunkte herausgegriffen, weil sie relativ kurzfristig und unbürokratisch umsetzbar sind. Sie erfordern lediglich politischen Willen und (für die Workshops) die Umschichtung eines nicht allzu großen Teils des Hochschuletats. Es gibt noch viele weitere Punkte dieser Art, darunter einige, für die zwar Studien- und Prüfungsordnungen geändert oder interne Vereinbarungen geschlossen werden müssen, die aber alle hochschulintern zu realisieren sind. Ein paar Beispiele möchte ich hier noch anführen:

- Es ist unbedingt erforderlich, für alle Studentinnen spezifische Informations- und Beratungsangebote zur Studien- und Berufsplanung bereitzustellen, die insbesondere auch eine wissenschaftliche Laufbahnberatung einschliessen. Geradezu hervorragend wäre es, wenn jede Universität ein Handbuch für Studentinnen herausgeben würde – wie an der FU geschehen. Das von der Zentraleinrichtung Studienberatung und Psychologische Beratung und der Zentraleinrichtung zur Förderung von Frauenstudien und Frauenforschung gemeinsam herausgegebene Studentinnenhandbuch »UniKunde« sei nicht nur allen FU-Studentinnen wärmstens ans Herz gelegt (ZE Studienberatung 1993).
- Es kommt in Prüfungen immer wieder zu geschlechtsspezifischen Diskriminierungen, insbesondere an Fachbereichen, in denen *keine* Frau bzw. nur *eine* Frau prüfungsberechtigt ist. So ist es kein Einzelfall, daß eine Studen-

tin, die ihr Prüfungsthema aus dem Bereich der Frauenforschung ausgewählt hat, damit konfrontiert wird, daß ihr männlicher Prüfer dieses Thema ablehnt oder in der Prüfung durch komplette Unkenntnis auffällt (eine Einarbeitung in ein »Frauenthema« erscheint vielen unzumutbar) und daher lediglich Fragen zu benachbarten Themen stellt. Entsprechend willkürlich fallen konsequenterweise auch die Noten aus. Wiewohl eine Prüferin noch nicht gleich Kompetenz in Frauen- bzw. Geschlechterforschung bedeutet, so ist hier die Bereitschaft, das Thema als wissenschaftliches anzuerkennen, deutlich höher. Zudem kommt es in Anwesenheit einer Prüferin sehr selten zu direkten Diskriminierungen à la »aber das werden Sie als Frau ja sowieso nicht wissen«. Vorschläge von Studentinnen bei der Bestellung von Prüferinnen und Prüfern sollten daher besonders berücksichtigt werden.

- Das Problem der sexuellen Diskriminierung habe ich bereits thematisiert. Es müssen dringend klare Beschwerdewege installiert bzw. Richtlinien nach amerikanischem Vorbild erlassen werden, die auch anonyme Beschwerden ermöglichen. Die Hochschulen müssen präventiv tätig werden – z.B. durch Weiterbildungsmaßnahmen – und deutliche Signale setzen, daß sie sexuelle Diskriminierungen sanktionieren werden. Sexuelle Diskriminierung muß für den Verursacher Konsequenzen haben. Langfristig wäre die Einrichtung einer (hochschulübergreifenden) Arbeitsstelle nach dem Modell der ADE (Arbeitsstelle gegen sexuelle Diskriminierung und Gewalt am Ausbildungs- und Erwerbsarbeitsplatz) in Bremen, die u.a. eine kostenlose, anonyme, vertrauliche und parteiliche Beratung für Betroffene anbietet, sinnvoll. Auch über die Installierung einer »Ethikkomission« nach amerikanischem Vorbild sollte an den Hochschulen nachgedacht werden.

Zukunftsoptionen – Demokratisierung durch umfassende Hochschulreform

»Studentinnen sehen ihre Universität wohl manchmal als eine ihnen feindlich gesonnene, ihnen mit Abwehr begegnende Institution an. Doch das läßt sich auch anders sehen, und zwar in einer Weise, die der Wahrheit etwas näher kommt. All die Zwänge, von denen sich Studentinnen in eine ganz bestimmte Richtung gedrängt sehen – entweder durch Beeinflussung der Art, wie Frauen sich selbst sehen (sollen), oder durch das Plazieren bestimmter Hindernisse auf ihrem Weg – sind nichts anderes als die Gewohnheiten eines großen, trägen Organismus, der darauf aus ist, seine Organe in der üblichen Weise arbeiten zu lassen, d.h. so wie zu Zeiten, als man sich noch nicht um die Interessen von Frauen kümmern mußte.« (Katz/Vieland 1993: 223)

Nachdem ich im letzten Kapitel einige inneruniversitäre Handlungsmöglichkeiten umrissen habe, möchte ich nun etwas weiter ausholen und die allgemeineren Rahmenbedingungen und damit die überfällige Reform des »trägen Organismus« Universität ins Auge fassen.

Und sie bewegt sich doch!? Diese Frage stellen sich »progressive« StudierendenvertreterInnen wohl mit der gleichen Regelmäßigkeit wie etwa universitäre Frauenbeauftragte. Überhaupt weisen die Probleme und die Ziele beider »Gruppen« strukturell – bei allen nicht zu verleugnenden Differenzen – weitgehende Übereinstimmungen auf: Studierende wie Frauen gelten als Störfaktoren und kämpfen beide auf ihre Art um gleichberechtigte Teilhabe an der Institution Hochschule. Studierende als Störfaktoren – das mag zwar auf den ersten Blick paradox erscheinen, da es (vermeintlich) eine der Hauptaufgaben der Institution Hochschule ist, eben diese auszubilden. Doch der Satz des genervten Dozenten, demzufolge die Universität ohne Studierende ein ganz passabler Ort wäre, ist symptomatisch. Zum einen hält Lehre von der »reinen Wissenschaft« (dem ungestörten Forschen) ab, und zum anderen wollen Studierende ständig mitbestimmen: über Lernformen, Lehrinhalte und gar Berufungen. Und einige ganz Verwegene wollen dies gar gleichberechtigt tun. So stören denn sowohl Studierende (als Statusgruppe) wie Frauen (als Geschlecht) die Bahnen jener männlichen Ordinarien, die gerne so weiter machen würden wie die letzten Jahrhunderte – wer gibt schon gerne Privilegien auf? Zwar gibt es weder *die* Studierenden noch *die* Frauen. Entscheidend ist aber, daß die Institution Universität (bzw. deren Entscheidungsträger) zumeist genau so agiert, als wäre dies der Fall: Frauen wird aufgrund ihrer Geschlechtszugehörigkeit der Zugang zumindest erschwert (sie sind nach wie vor die Ausnahme von der männlichen Regel) und Studierenden wird aufgrund ihrer Statuszugehörigkeit die Möglichkeit genommen, über die Wege und Zukunft »ihrer« Institution gleichberechtigt mitzuentscheiden. Das Urteil des Bundesverfassungsgerichts (zur Mitbestimmung an Hochschulen von 1973) hat nachdrücklich dafür gesorgt, daß die Professorenmehrheit in allen Entscheidungsgremien gesichert ist.

Für Studierende wie Frauen muß es somit prinzipiell um das gleiche gehen: um eine grundlegende Demokratisierung der Hochschule, um eine Hochschule, die in der Lage ist und sich verpflichtet fühlt, dem gesellschaftlichen Reformbedarf Rechnung zu tragen. Was genau unter einer demokratischen Hochschule zu verstehen ist und wie der Weg dorthin aussehen könnte, darüber ließe sich wohl trefflich streiten – und ich hoffe sehr, daß es bald zu einem breit geführten und fruchtbaren Diskurs über eben diese Frage kommt.

Ich möchte an dieser Stelle nur zwei Punkte nennen, die aus meiner Sicht Essentials sind:

1. »Die hierarchisch korporative Personalstruktur der Universität bildet eine der größten Barrieren für die Erneuerung der Institution. Die persönliche Abhängigkeit bei Existenz-Unsicherheiten wirkt bei der Qualifizierung des wissenschaftlichen Nachwuchses als Disziplinierungsinstrument. Entgegen den eigenen Idealen der deutschen Universität, freie Entfaltung von Geist und Vernunft, »Fähigkeit zur Skepsis, Resistenz gegenüber Rhetorik, Verblüffungsfestigkeit (...) als kulturelle Wirkung der Erziehung durch Wissenschaft« (Lübbe), werden in der Universität Anpassungs- und Unterwerfungsverhalten eingeübt«. So die Hochschulforscherin Aylâ Neusel (1994: 85), die ob dieser Situation zu dem Schluß kommt, daß die »Forderung an die Hochschule der Zukunft (...) eine vollständige Überholung der Personalstruktur und die Abschaffung des Beamtenstatus im Hochschulbereich sein (muß)«. (ebd.:85f.) Statt dessen müsse eine einheitliche Personalstruktur mit laufbahnähnlichen, leistungsbezogenen Aufstiegsmöglichkeiten geschaffen werden – wobei die Leistungen in der Lehre und in der Forschung gleich bewertet werden. Ziel wäre ein einheitlicher Lehrkörper, bei dem lediglich die Eingangsstufe als Qualifizierungsstufe zeitlich befristet wäre (ebd.: 86)[1].

Im Kontext der Reform der Personalstuktur muß auch das zutiefst undemokratische Kooptationssystem ausgehebelt werden, das nicht nur durch eben diese Selbstrekrutierung für eine beständige Reproduktion patriarchaler Strukturen sorgt, sondern auch entscheidend dazu beiträgt, daß mißliebige/kritische Personen wie Inhalte ausgeschlossen bleiben.

Aus studentischer Perspektive sei an dieser Stelle darauf hingewiesen, daß das Kooptationsprinzip nicht erst bei der Besetzung von Mittelbaustellen greift, sondern bereits bei den studentischen Hilfskräften zum Tragen kommt – d.h. bei Stellen, die für viele den ersten Schritt in die Wissenschaft bedeuten. Denn wiewohl für diese Stellen eigene Besetzungskommissionen existieren, in denen auch StudierendenvertreterInnen Sitz und Stimme haben, so ist das Verfahren dennoch zumeist eine reine Farce: Die Befragung der BewerberInnen führt fast immer ausschließlich der Professor/die Professorin durch, bei dem/der die Stelle angesiedelt ist, um dann anschließend seine/ihre Wahl zu treffen – eine Wahl, die in nahezu allen Fällen bereits vor der Sitzung feststand. Die anderen Kommissionsmitglieder sind im Prinzip nichts weiter als eine demokratische Verbrämung einer Einzelentscheidung.

2. Das Prinzip der akademischen Selbstverwaltung – als wichtiger Eckpfeiler der Hochschulautonomie – ist durch die Dominanz der Gruppe der HochschullehrerInnen und die zunehmende Verrechtlichung und Zentralisie-

rung von Entscheidungsebenen weitgehend entwertet worden. Dies hat zur Konsequenz, daß die Bereitschaft zur Mitarbeit in den Selbstverwaltungsgremien bei den nicht-professoralen Gruppen in nur geringem Maße vorhanden ist. Zur Sicherstellung der Selbstverwaltung ist es daher unabdingbar, eine grundlegende Demokratisierung hochschulischer Entscheidungsstrukturen herbeizuführen. Dazu ist eine Novellierung des Hochschulrahmengesetzes zugunsten paritätischer Entscheidungsstrukturen notwendig.

Als Studentin bin ich zunächst automatisch eine Schnittmenge zweier als Störfaktoren wahrgenommener Gruppen. Gleichberechtigte Teilhabe meiner beiden »Teilidentitäten« ist nur über eine grundlegende Hochschulreform möglich. Für mich als weibliche Studierende ist es von elementarer Bedeutung, daß der Frauenanteil unter den wissenschaftlichen MitarbeiterInnen und ProfessorInnen (auf mindestens 50%) erhöht und Frauen-/Geschlechterforschung in allen Studien- und Prüfungsordnungen verankert wird. Durch eine verstärkte Infragestellung des männlichen Wissenschaftsverständnisses, eine Korrektur der androzentrischen Lehrinhalte und durch die dann endlich vorhandenen Identifikationsmöglichkeiten wäre vielleicht wirklich ein Ende der geschlechtsspezifischen Diskriminierung im Studium in Sicht.

Als Angehörige der Statusgruppe der Studierenden wäre ich damit jedoch noch nicht zufriedengestellt, da ich das Postulat »Frauenforschung ist Wissenschaftskritik« immer als sehr viel weitgehender verstanden habe. Die feministische Forschung hat viel Energie darauf verwendet nachzuweisen, daß die überkommene Wissenschaft nicht objektiv ist, daß sie männlich ist, eine Herrschaftswissenschaft ist. Sie hat blinde Flecken in der Geschichte aufgedeckt und in der Geschichtswissenschaft aufgezeigt, daß das in der Aufklärung »entstandene« Subjekt ebenfalls ein Geschlecht hat, daß bspw. der Mensch männlich ist. Bei aller Kritik der Inhalte scheint die Kritik der Form, der Art des »Wissenschaft-betreibens«, in den letzten Jahren jedoch wieder arg in den Hintergrund getreten zu sein. Das gilt sowohl für die Forderung des enthierarchisierten Lernens und Lehrens wie auch für den Kampf gegen die Zugrundelegung einer »männlichen Normalbiographie«.

So wird zwar – insbesondere von Frauen, die an den Hochschulen gegen Diskriminierungen von Wissenschaftlerinnen in Stellenbesetzungsverfahren kämpfen – darum gerungen, die männliche (Noch)Normalbiographie nicht mehr als Basis der Bewertung gelten zu lassen, doch bleibt dies meines Erachtens Stückwerk, solange nicht radikal mit der Vorstellung von »Wissenschaft-Treiben« als arbeitsintensivem Geniewerk (an sich ohnehin schon ein Widerspruch) gebrochen wird. Aus meinen Studienerfahrungen kann ich leider nur berichten, daß auch recht viele Wissenschaftlerinnen den »Männermythos

Wissenschaft« fleißig reproduzieren. Ich will überhaupt nicht bestreiten, daß Wissen auch Arbeit voraussetzt, doch das Stereotyp des asketischen, in seine Bücher versunkenen Studenten (!), der dann später mal ein brillanter Wissenschaftler wird, hat fatale Konsequenzen.

Zudem ist die Lehre nach wie vor auf einen Normalstudenten ausgerichtet, d.h. auf einen jungen (männlichen) Menschen etwa Anfang zwanzig, der von seinen Eltern ausreichend Geld erhält, um nicht lohnarbeiten zu müssen, und für den das Studium/die Hochschule den Lebensmittelpunkt darstellt. Studierende mit Kindern, Menschen, die mindestens die Hälfte ihrer Zeit mit Lohnarbeiten verbringen, Studierende aus »bildungsfernen« Haushalten – sie alle und noch ganz andere Gruppen stellen Fremdkörper an der Universität dar. Doch dieser Normalstudent, auf den alles ausgerichtet ist, existiert nicht – oder bildet doch zumindest die bekannte Ausnahme von der Regel. Denn wiewohl der Anteil der Studierenden aus ArbeiterInnenfamilien bzw. Familien mit geringem Einkommen seit einigen Jahren kontinuierlich schrumpft, gehört es zum Alltag der meisten Studierenden, nebenher zu jobben. Lebensmittelpunkt – das ist die Uni für die wenigsten Studierenden. Die Gründe hierfür sind vielfältig, doch ist es beispielsweise in einigen Geistes- und Sozialwissenschaften nahezu elementar, bereits während des Studiums im angestrebten späteren Berufsfeld zu arbeiten, hier Qualifikationen zu sammeln und sich bekannt zu machen, da die Berufsaussichten nicht gerade günstig sind und etwa ein Magistraabschluß in Geschichte zunächst einmal für garnichts qualifiziert. Sicher, HistorikerInnen arbeiten im Museum, als LektorInnen in Verlagen, als JournalistInnen bei Zeitungen etc. – ein erfolgreicher Einstieg in eben diese Berufe erfolgt aber zumeist bereits durch »Jobs« während des Studiums. Es ist dringend notwendig, daß sich die Institution Hochschule auf diese Realitäten einstellt und zu einer »Offenen Hochschule« wird, die den verschiedenen Lebenssituationen und Anspruchsprofilen gerecht werden kann. Denn

> »eine von kontinuierlichen Bildungsphasen unterbrochene Berufstätigkeit (sollte) in der Hochschule der Zukunft nicht die Ausnahme, sondern der Alltag sein.« (Neusel 1994: 85)

Die »neue« Studentinnengeneration

Nach den Anmerkungen zu der leider wohl noch in etwas weiterer Ferne liegenden »Hochschule der Zukunft«, in der letztendlich auch keine »Frauenfrage« mehr existieren würde, die also auch Frauenuniversität wäre, möchte ich zum Schluß nochmals auf die Eingangsschilderung zurückkommen, rekurrieren darauf, daß ich selber längere Zeit brauchte, um mich als Individuum diskriminiert zu fühlen. Mir scheint, daß sich die Situation für die meisten der heutigen Erstsemesterstudentinnen in noch viel drastischerer Weise darstellt, denn während ich immerhin abstrakt von noch vorhandenen Vorurteilen ausging und prinzipiell bereit war, gegen geschlechtsspezifische Diskriminierungen zu kämpfen, so ist das vermeintliche »Gejammer frustrierter Feministinnen über das böse Patriarchat« zur Zeit »megaout«. Die neue Frau kommt mit den »alten Säcken« irgendwie schon alleine klar – davon bin ich allerdings zu Beginn meiner Universitäts»karriere« auch ausgegangen. Was ja teilweise auch durchaus nicht falsch ist. Ich finde es positiv, daß die von Teilen der Frauenbewegung oft hochstilisierte Opferrolle durch diese Frauen jetzt radikal in Frage gestellt wird. Und auch die von vielen jüngeren Studentinnen begeistert aufgenommenen Thesen Judith Butlers (1991) zur Dekonstruktion der Geschlechter ist in der Tat Anlaß für spannende Diskussionen über die Mitwirkung von Frauen an der täglichen Wiederherstellung der Geschlechterdifferenz. Es ist auch wichtig, zu überprüfen, inwieweit Frauenförderprogramme (insbesondere jüngere Studentinnen stören sich – zu Recht – an diesem Begriff mit der Konnotation »defizitär/unzureichend«) terminologisch und inhaltlich zur Festigung der Nischensituation beitragen.

Problematisch ist nur, daß viele dieser Frauen für aktive Antidiskriminierungspolitik nicht mehr ansprechbar sind oder diese zum Teil gar explizit ablehnen. So konsequent dies einerseits sein mag, so gefährlich finde ich es andererseits, denn in der momentanen Situation wird die Verweigerung der Annahme einer Geschlechtsidentität als Frau kaum dazu führen, nicht als eben solche diskriminiert zu werden – wobei ich besagten Frauen keineswegs eine derartige Naivität unterstelle. Dennoch, das Dilemma scheint klar. Und, wie schon oben angedeutet: Ich stelle es mir heute als noch schwerer vor, sich einzugestehen, daß die strukturelle Diskriminierung an der Hochschule nicht ohne Auswirkungen geblieben ist.

Anmerkungen

1 Der Blick, mit dem ich die Situation von Studentinnen an der Hochschule betrachte, ist kein »rein« studentischer, sondern zugleich auch von meinen Erfahrungen als Stellvertreterin der Zentralen Frauenbeauftragten der Freien Universität Berlin geprägt. In dieser Funktion habe ich 1993 für den obligatorischen zweijährigen Bericht der Zentralen Frauenbeauftragten einen Part über die Studiensituation von Frauen an der FU und meine Arbeit als studentische Frauenbeauftragte verfaßt. Ich habe mich aus diesem Anlaß zum ersten Mal ernsthafter mit meinen eigenen Diskriminierungserfahrungen an der FU beschäftigt –

und mir wohl auch zum ersten Mal selbst eingestanden, wie nachhaltig die Diskriminierung auch auf mich gewirkt hatte. Als ich nun im Zusammenhang dieses Aufsatzes meine damaligen Ausführungen (auch in Färber u.a. 1993 veröffentlicht) wiedergelesen habe, stellte sich mir die Frage, inwieweit die Absätze zur Studiensituation nach diesen zwei Jahren noch zutreffen bzw. was ich heute anders schreiben würde. Da die Antwort »(fast) nichts« lautete, habe ich einige Absätze dieser Schilderung übernommen.

2 Ein Variante im Umgang mit diesem »Problem« besteht am Fachbereich darin, in jedem Seminar exakt eine »Frauensitzung« aufzunehmen, die dann eine Studentin (nicht Sippen-, sondern Geschlechterhaft) übernehmen muß. So glaubt man(n), Kritik vorbeugen zu können.

3 Was einen seiner Kollegen veranlaßte, öffentlich kundzutun, es sei ja schön blöd, das überhaupt zugegeben zu haben.

4 So hatten wir beispielsweise über das Büro der Frauenbeauftragten einen Kurs angeboten, der sich explizit an Studentinnen richtete, die Interesse an Gremienarbeit zeigten. Dieser Schwerpunkt erschien uns insofern sinnvoll, als fast alle Gremien (und insbesondere die zentralen wie der Akademische Senat) hoffnungslos männerdominiert waren. Es war – und ist, da sich die Situation bisher nicht grundlegend geändert hat – also dringend nötigt, Frauen zu motivieren, für Gremien zu kandidieren, um dort ihre eigenen Interessen zu vertreten. So versuchten wir, die Seminarteilnehmerinnen mit den Gremien, ihrem Aufbau, ihrer Arbeitsweise, aber auch mit ihren Geschäftsordnungstricks und Gruppenmechanismen vertraut zu machen. Wir wollten Hilfestellung geben, in Gremiensituationen zu bestehen, da die subtilen oder manchmal auch ganz offenen Machtspiele qua Gesprächsführung für Studentinnen besonders schwierig zu bewältigen sind – wie ich aus eigener (negativer) Erfahrung nur allzu gut weiß. Denn so wichtig die Präsenz von Frauen in Gremien ist, so skandalös ist die Strategie, sie zu verheizen. So ist die Suche nach Frauen für (vordere) Listenplätze – denn das gehört schon zum guten Ton und bringt Wählerinnenstimmen – ein regelmäßig vor den Wahlen zu beobachtendes Ritual; der Mangel an Frauen in der eigenen Fraktion scheint einigen Männern nur alle zwei Jahre bewußt zu werden. Während dieser Phase werden mit der gleichen Regelmäßigkeit Frauen unter Vorspiegelung völlig falscher Informationen über Arbeitsaufwände und mit funktionalisierten Emanzipationsargumenten für Gremien geködert, in denen sie sich dann plötzlich ohne Rückhalt ihrer Gruppe wiederfinden. Frust und Selbstzweifel lassen somit nicht lange auf sich warten, sind quasi vorprogrammiert. Dem wollten wir entgegenwirken.

5 Dieser Katalog ließe sich fortsetzen. Weder habe ich bisher die Situation von Studierenden mit Kindern thematisiert, noch bin ich auf die Benachteiligung von Frauen durch die bevorzugte Zulassung von Wehr- und Ersatzdienstleistenden zum Studium eingegangen. Es ist im Rahmen dieses Beitrags unmöglich, all das zu benennen, was reformbedürftig ist. Deshalb möchte ich an dieser Stelle auf die in den »Berliner Perspektiven für die Gleichstellung von Frauen in der Wissenschaft« (vgl. Anhang) und die in dem »Bericht der niedersächsischen Kommission zur Förderung von Frauenforschung und zur Förderung von Frauen in Lehre und Forschung« formulierten Empfehlungen verweisen und mich ihnen anschließen.

6 Vgl. zur Reform der Personalstruktur auch den Bericht der Niedersächsischen Kommission zur Förderung von Frauenforschung und zur Förderung von Frauen in Lehre und Forschung (1994).

7 Ich erinnere mich noch gut an eines meiner ersten Seminare in Geschichte, als der Professor vor den Kurs trat und verkündete, daß, wer neben seinem Studium arbeite, um sich

Reisen oder ein Auto zu finanzieren, bei ihm im Seminar falsch sei. Wer sich seinen Lebensunterhalt selbst (mit)verdienen müsse, nun da könne man dann nichts machen ...

8 Ich habe diesen Wandel in den Einstellungen – den man allerdings auch nicht überbewerten sollte – hier deshalb erwähnt, weil ich denke, daß es grundfalsch ist, auf die ach so unpolitischen und unengagierten jüngeren Studentinnen zu schimpfen. Das tue ich zwar eingestandenermaßen zuweilen selber gerne und ausgiebig, dennoch: Es ist wichtig zu schauen, wie mit den hier vorhandenen Einstellungen produktiv umgegangen werden kann, wie diese auch universitäre Frauen- bzw. Gleichstellungs- bzw. Antidiskriminierungspolitik positiv beeinflussen können.

Literatur

Butler, Judith (1991), *Das Unbehagen der Geschlechter,* Frankfurt/M.

Dreyer, Christine/Claudia Toelle (1994), *Sexuell belästigt. Studentinnen berichten über ihre Erfahrungen mit Dozenten,* Berlin, (=Schriftenreihe der Frauenbeauftragten der Freien Universität Berlin, Bd. 6).

Färber, Christine (Hg.) (1992), *Dokumentation der Zentralen Frauenbeauftragten der Freien Universität Berlin: Sexuelle Diskriminierung und Gewalt gegen Frauen an der Hochschule,* Berlin.

Färber, Christine/Vera Reiß-Jung/Brigitte Vollmer-Schubert/Ingeborg Wender (Hg.) (1993), *Handbuch für aktive Frauenarbeit an Hochschulen,* Marburg.

Katz, Montana/Veronica Vieland (1993), *Uni-Knigge für Frauen.* Wegweiser durch den patriarchalen Hochschuldschungel, Frankfurt/M., New York.

Neusel, Aylâ (1994), Hochschule der Zukunft, in: Landeskonferenz der Hochschulfrauenbeauftragten Schleswig-Holstein (Hg.), *Vom Garten des Wissens zur Massenhochschule.* Dokumentation der hochschulpolitischen Tagung vom Dezember 1993, Kiel, S. 81-87.

Niedersächsisches Ministerium für Wissenschaft und Kultur (Hg.) (1994), *Frauenförderung ist Hochschulreform – Frauenforschung ist Wissenschaftskritik.* Bericht der niedersächsischen Kommission zur Förderung von Frauenforschung und zur Förderung von Frauen in Lehre und Forschung, Hannover.

Zentraleinrichtung Studienberatung und Psychologische Beratung/Zentraleinrichtung zur Förderung von Frauenstudien und Frauenforschung Freie Universität Berlin (Hg.) (1993), *UniKunde.* Ein Handbuch für Studentinnen, Berlin.

Die soziale Lage von Studentinnen

Möglichkeiten eines geschlechtergerechten Studiums

Rosita Lohmann

Für ein tatsächlich geschlechtergerechtes Studium müßten nicht nur einzelne Bedingungen und Aspekte in der Organisation von Forschung und Lehre an den Hochschulen verändert werden. Das bundesrepublikanische Ausbildungssystem vermittelt von der Schule bis zur Hochschule seit langem vorrangig abstraktes Wissen, ohne Zusammenhänge zu hinterfragen und Lebenswirklichkeiten zu erfassen. Als problematisch erweist sich auch, daß der Umgang miteinander immer wettbewerbsorientierter und konkurrenzbetonter wird, so daß Teamfähigkeit als Indikator für gesellschaftlich erfolgreiches Verhalten wenig entwickelt werden kann. In meinen Ausführungen möchte ich das Augenmerk auf einen Aspekt lenken, der nicht so offenkundig den universitären Alltag bestimmt: Er betrifft die sozialen Voraussetzungen, die die Chancendifferenzierung der Geschlechter mitbestimmen und die Frage, was für ein geschlechtergerechtes Studium unter sozialen Gesichtspunkten getan wird bzw. getan werden muß.

Die soziale Lage von Studentinnen

Spezielle Untersuchungen zur sozialen Situation weiblicher Studierender gibt es nicht. Es liegen als statistische Erhebungen die in der Regel alle drei Jahre im Auftrag des Deutschen Studentenwerks durchgeführten Untersuchungen des Hochschulinformationssystems Hannover zur sozialen Situation von Studierenden vor. Die letzte Veröffentlichung ist die 13. Erhebung *(Bundesministerium für Bildung, Wissenschaft, Forschung und Technologie 1992)*, von der 14. Sozialerhebung liegt ein erster Vorbericht *(Bundesministerium für Bildung, Wissenschaft, Forschung und Technologie 1995)* vor. Es gibt darüber hinaus Sonderauswertungen zu speziellen Themen wie z.B. Studierende mit Kind (*Kahle 1991*) und regionale Auswertungen (*Studentenwerk Berlin 1993*). Das Studentenwerk Berlin hat eine solche Erhebung für Berlin durchgeführt und wird auch 1996 wieder eine Sonderauswertung herausbringen (*Studentenwerk Berlin 1996*). Ich beziehe mich im folgenden auf diese Untersuchungen.

Bevor ich einzelne beispielhafte Fakten und Trends beschreibe, möchte ich auf einige bemerkenswerte Unterschiede von weiblichen und männlichen Studierenden hinweisen:

- In Berlin verfügen weibliche Studierende im Durchschnitt über DM 100,— weniger monatliches Einkommen als männliche Studierende (Männer West: 1.273 DM, Frauen West 1.190 DM, Männer Ost: 706 DM, Frauen Ost 660 DM) bare und unbare Leistungen (*Studentenwerk Berlin 1993*).
- Studienabbruch und Studienunterbrechung werden häufiger von weiblichen Studierenden vorgenommen.
- Studentinnen nehmen ihr Studium häufig später auf als ihre männlichen Kommilitonen. 40% bemühen sich erst um eine andere Ausbildung, so daß Frauen lebensgeschichtlich häufiger mit der Frage der Vereinbarkeit von Studium und Familiengründung konfrontiert sind als Studentinnen früherer Generationen.
- Weibliche Studierende wohnen häufiger alleine und häufiger als männliche Studierende in ihrer Ursprungsfamilie; sie sind sozialisationsbedingt mehr beziehungsorientiert und häufiger mit dem Problem der Abhängigkeit und Ablösung vom Elternhaus beschäftigt.

Geschlechtsspezifische Unterschiede bei Studierenden aus der Sicht der Psychologisch-Psychotherapeutischen Beratungsstelle des Studentenwerks Berlin

In Gesellschaft und Hochschule wird der Bedeutung, die den psychologischen Beratungsstellen als Einrichtungen gerade für Studentinnen zukommt, nicht angemessen Rechnung getragen. Nach der statistischen Auswertung der Klienten unserer Beratungsstelle aus den Jahren 1988 - 1994 ergibt sich, daß unser Klientel zu 60% weiblich und zu 40% männlich ist. Vergleicht man diese Verteilung mit dem Anteil weiblicher und männlicher Studierender an den Hochschulen Berlins, so fällt auf, daß das Geschlechterverhältnis in etwa *umgekehrt* ist. Studentinnen haben einen subjektiv höheren Leidensdruck als ihre männlichen Kommilitonen; sie suchen mehr Hilfe und sie tun dies zu einem früheren Zeitpunkt als Männer. Insgesamt gilt für beide Geschlechter, daß Studien-, Lern- und Leistungsprobleme als Anlaß für das Aufsuchen der Beratungsstelle zugenommen haben (42% aller Ratsuchenden geben dies an). Im Unterschied zu früheren Auswertungen gilt dies auch für Studentinnen, von denen immerhin 37,8% Probleme mit dem Studium angeben. An zweiter Stelle stehen nach wie vor Partnerprobleme mit 34%, gefolgt von Selbst- und Selbstwertproblemen. Studentinnen setzen sich insgesamt häufiger mit Beziehungsproblemen auseinander: So geben sie doppelt so häufig wie ihre männlichen Kommilitonen Probleme mit den Eltern an (22% gegenüber 11%). Auch Partnerprobleme sind für Studentinnen häufiger Anlaß einer Beratung. Fragen der eigenen Identität, z.B. die Auseinandersetzung mit dem Selbstbild und Selbstwertthemen, sind typisch frauenspezifische Anliegen. Im Unterschied hierzu nennen männliche Studierende als Anlaß ihrer Beratungssuche häufiger Kontaktprobleme (21,4% gegenüber 14,6%) und Leistungsprobleme (47,5% gegenüber 37,8%).

Unter dem Gesichtspunkt eines geschlechtergerechten Studiums lassen sich im Detail immer noch beachtliche Geschlechtsunterschiede bei den zu bewältigenden Problemen aufzeigen, mit denen Ratsuchende in die Beratungsstelle kommen. Das individuelle Leiden von Männern und Frauen, Bedingungen, die sich für die einzelnen oft zu persönlichen Krisen zuspitzen, verweisen darauf, daß es für beide Geschlechter eine schwierige Aufgabe ist, sich als Erwachsener persönlich zu verwirklichen und gesellschaftliche Verantwortung zu übernehmen.

Besonders kraß zeigt sich die soziale Chancenungleichheit für Frauen in einer der lebensgeschichtlich schwierigsten Entscheidungssituationen: im Schwangerschaftskonflikt. 90% der Studentinnen, die bei einer Schwangerschaft unsere Stelle aufsuchen, fühlen sich überfordert und alleingelassen und geben Existenzängste sowie ihre finanzielle Situation als Motive für ihren Abbruchwunsch an.

Und in der Tat haben Studentinnen mit Kind besondere Anforderungen zu bewältigen. Nach der Sonderauswertung aus dem Jahr 1991 haben in Berlin/West 9,1% der Studierenden Kinder und in Berlin/Ost 15,8% (Kahle 1991). Die Psychologisch-Psychotherapeutische Beratungsstelle des Studentenwerks Berlin führt zur Zeit mit Unterstützung der Hochschulen eine Befragung aller Berliner Studierenden durch, wobei vor allem die momentane Betreuungssituation im Zentrum der Erhebung steht. Aus überregionalen Studien wissen wir, daß es bundesweit 135.000 Studierende mit Kind gibt, davon 11.000 Alleinerziehende (ebd.).

Wie sehen die besonderen *Schwierigkeiten* für Studierende und insbesonders Studentinnen mit Kind aus?

Erstens: Studierende mit Kind *wechseln häufiger ihr Studienfach*, und zwar vorzugsweise von sogenannten harten Fächern in weiche Fächer (von Natur-, Ingenieur- oder Wirtschaftswissenschaften zu Geistes- und Sozialwissenschaften). Dies betrifft in der Regel eher weibliche Studierende, die mit 31% als Gründe für ihren Studienfachwechsel persönliche Motive und eine Änderung der Lebenssituation angeben.

Zweitens: Signifikant *häufiger finden Studienunterbrechungen* bei Studierenden mit Kind statt. Fünfmal häufiger unterbrechen Studentinnen mit Kind als Studentinnen ohne Kind ihr Studium. 15% der West-Studentinnen und 7% der Ost-Studentinnen unterbrechen ihr Studium (ebd.). In den alten Bundesländern unterbrechen ein Drittel der Studierenden mit Kind ihr Studium für durchschnittlich 4 Semester. In den neuen Bundesländern ist der Anteil deutlich geringer und die Unterbrechungen betragen durchschnittlich nur 2 Semester. Bei den Studienabbrechern (West 9%, Ost 3%) geben 38% der Studentinnen familiäre Gründe an, und bei den Studierenden mit ernsthaften Abbruchgedanken nennen 40% (44% West, 39% Ost) finanzielle Probleme.

Drittens: Studierende mit Kind haben besondere Probleme hinsichtlich der ihnen zur Verfügung stehenden Zeit, hinsichtlich ihrer finanziellen Lage und ihrer Wohnsituation sowie mit der Kinderbetreuung.

Zur finanziellen Situation von Studierenden

In den alten Bundesländern bestreiten Studierende mit Kind ihr Einkommen in erster Linie durch eigene Erwerbstätigkeit, nur noch 25 % erhalten BAföG *(Bundesministerium für Bildung, Wissenschaft, Forschung und Technologie 1995)*. Hier sollten erweiterte Härtefallregelungen für schwangere und alleinerziehende Studentinnen im Rahmen des BAföG geschaffen sowie die entsprechenden Regelungen im Bundessozialhilfegesetz geändert werden.
In Berlin liegt der Anteil der Studierenden, die laufend jobben, mit 32% deutlich über dem Bundesdurchschnitt von 24%. Immerhin 74% der Westberliner und 28% der Ostberliner Studierenden verdienen parallel zum Studium zumindest einen Teil ihres Lebensunterhalts. Alleinerziehende verfügen mit einem Durchschnittseinkommen von monatlich DM 1 400 über einen Betrag, der noch unter dem Sozialhilfesatz für Alleinerziehende mit Kind liegt. Aufgabe der Studentenwerke muß es deshalb sein, im Bereich Sozialberatung die Probleme Studierender mit Kind verstärkt öffentlich zu machen und gezielte Unterstützung anzubieten.

Das Studentenwerk Berlin gibt eine Broschüre zum Thema »Studierende mit Kind« heraus, die fortlaufend aktualisiert wird. Hier sind alle relevanten Informationen und Adressen zusammengetragen, die in Berlin Hilfestellung für Studierende mit Kind geben können. Neben den Beratungsleistungen sind dies Möglichkeiten der finanziellen Unterstützung in Notlagen insbesondere für alleinerziehende Studentinnen.

Die Wohnsituation von Studierenden

Die Inanspruchnahme von Wohnheimplätzen mit 60% männlichen und 40% weiblichen Studierenden entspricht in etwa dem Verhältnis von weiblichen und männlichen Studierenden an den bundesdeutschen Hochschulen. Wir haben in Berlin zur Zeit 119 Wohneinheiten, in denen ausdrücklich ein Wohnheimplatz für Kinder vorgesehen ist. Offiziell wohnen 112 Kinder in unseren Wohnheimen, vermutlich liegt die tatsächliche Zahl zwischen 200 und 300. Genaueres werden die Umfrageergebnisse erbringen. Bislang hat zwar jede zweite alleinerziehende Studentin in den neuen Bundesländern einen Wohnheimplatz, jedoch leben lediglich 3% der Alleinerziehenden in den alten Bundesländern in einem Studentenwohnheim. Es gilt, nicht nur verstärkt familien- und kindergerechte Appartements zu schaffen, sondern auch für deren Inanspruchnahme durch Frauen zu sorgen.

Ungenügende Kinderbetreuung für Studentinnen mit Kind

Nach den Ergebnissen der 13. Sozialerhebung wünschen sich 90% der studentischen Eltern in den alten und 64% in den neuen Ländern eine Verbesserung des Betreuungsangebots an den Hochschulen (Bundesministerium für Bildung, Wissenschaft, Forschung und Technologie 1992). Nur ein Viertel der Studenteneltern in den alten Bundesländern haben einen Kindergartenplatz, wobei die Betreuungsangebote für Kinder unter drei Jahren besonders ungenügend sind. Nur 4% der Kinder dieser Altersgruppe finden ein Betreuungsangebot. Dagegen haben mehr als drei Viertel der Studenteneltern in den neuen Ländern noch einen Krippen- oder Kindergartenplatz.

In Berlin gibt es zur Zeit 324 Plätze für Kinderbetreuung an den Hochschulen; daneben haben sich studentische Selbsthilfeinitiativen an einzelnen Hochschulen gebildet. Benötigt wird neben der Vergrößerung des Platzangebots eine größere Differenzierung der Angebote insbesondere für die Betreuung der unter dreijährigen Kinder sowie eine größere Flexibilität in den Öffnungszeiten und im Betreuungsumfang.

Auf die Frage nach der subjektiven Einschätzung der Vereinbarkeit von Studienorganisation und Kinderbetreuung antworteten lediglich 22% der Frauen im Westteil der Stadt, es ginge gut (41% geben »mittelmäßig« und 37% »schlecht« an; vgl. Kahle 1991). Den »Westvätern« scheint die Vereinbarkeit von Kind und Studium vergleichsweise besser zu gelingen: 38% sagten, es ginge gut (35% »mittel«, 27% »schlecht«). Die Einschätzung der Ost-Studierenden ist insgesamt günstiger, wobei auch hier Geschlechtsunterschiede vorliegen (Frauen: 47% »gut«, 41% »mittel«, 12% »schecht«; Männer 62% »gut«, 31% »mittel«, 7% »schlecht«). Auf die Frage, wie die Studierenden die Doppelbelastung von Kinderbetreuung und Studium bewältigen, gaben 61% der Studentinnen an Westberliner Hochschulen an, daß sie das Studium hintanstellen oder mit halber Kraft studieren. 35% sagen, sie beschränken sich auf das Nötigste und nur 4% äußern, daß sie normal studieren.

Schluß

Die Auseinandersetzung mit Studium/Karriere und/oder Realisation des Kinderwunsches stellt sich bei der Identitätsfindung von Studierenden und durch gesellschaftliche Rollenzuschreibungen immer noch als ausschließlich subjektive, zutiefst persönliche Entscheidung dar. Die Tatsache, daß Frauen die Kinder bekommen, bedeutet immer noch geradezu schicksalhaft, daß gesellschaftliche Rollenverteilung und patriarchalische Familienkonzepte eine Chancenungleichheit für Frauen mit sich bringen.

Welche konkreten Hilfen und Veränderungen brauchen Frauen, um Chancengleichheit während der Ausbildung an der Hochschule vorzufinden? Unter sozialen Gesichtspunkten müssen Nachteilsausgleiche vor allem in finanzieller Hinsicht verbessert und Kinderbetreuungsangebote ausgebaut werden. Studentinnen brauchen verstärkt Unterstützung und Hilfestellung bei der Bewältigung der Doppelbelastung, und zwar so lange, wie sich die Frage »Kind *oder* Studium « stellt und nur mit persönlichen Nachteilen, Verzicht, Dauerbelastung und Schuldgefühlen individuell beantwortet werden kann.

Literatur:

Bundesministerium für Bildung, Wissenschaft, Forschung und Technologie (Hg.) (1992), *Das soziale Bild der Studentenschaft in der Bundesrepublik Deutschland.*13. Sozialerhebung des Deutschen Studentenwerks, Bonn.

Bundesministerium für Bildung, Wissenschaft, Forschung und Technologie (Hg.) (1995), *Das soziale Bild der Studentenschaft in der Bundesrepublik Deutschland* 14. Sozialerhebung des Deutschen Studentenwerks, Bonn.

Kahle, Irene (1993), *Studierende mit Kind.* Die Studiensituation sowie die wirtschaftliche und soziale Lage der Studierenden mit Kindern in der Bundesrepublik Deutschland. Ergebnisse der 13. Sozialerhebung des DSW, Bonn.

Studentenwerk Berlin (Hg.) (1993), *Das soziale Bild der Studierenden in Berlin*, Ausgewählte Ergebnisse der 13.Sozialerhebung des Deutschen Studentenwerks im Jahre 1991, Berlin.

Studentenwerk Berlin (Hg.)(1995), *Studieren mit Kind in Berlin.* Ein Wegweiser für studierende Eltern und solche die es werden wollen, Berlin.

Studentenwerk Berlin (Hg.) (1996), *Das soziale Bild der Studierenden in Berlin*, Ausgewählte Ergebnisse der 14. Sozialerhebung des Deutschen Studentenwerks im Jahre 1995, Berlin.

Die kollektive Abwertung von Sozial- und Erziehungswissenschaftlerinnen

Individuelle und strukturelle Gegenmaßnahmen

Monika Klinkhammer

Fächerspezifische Diskriminierung von Erziehungswissenschaftlerinnen

Werden Wissenschaftlerinnen der verschiedenen Fächergruppen im gleichen Ausmaß und in der gleichen Art und Weise diskriminiert? Oder gibt es diesbezüglich fächerspezifische Unterschiede? Man/frau kann diese Fragen mit »sowohl als auch« beantworten: Denn die strukturelle Benachteiligung von Frauen, die Situation, als Frau in wissenschaftlichen Führungspositionen an Hochschulen, bei Tagungen, in Gremien in der Minderheit zu sein, ist für Wissenschaftlerinnen aller Fachbereiche – wie für Frauen in Führungspositionen generell – gleichermaßen berufliche Realität. Diesbezüglich unterscheiden sich Sozial- und Erziehungswissenschaftlerinnen von anderen Fächergruppen also nicht und sind – wie andere Wissenschaftlerinnen auch – von struktureller Diskriminierung aufgrund ihres Geschlechts betroffen. Sozial- und Erziehungswissenschaftlerinnen werden jedoch darüber hinaus dadurch diskriminiert, daß die ihnen zugeteilte gesellschaftliche Wertschätzung im Vergleich zu anderen akademischen Bereichen wie z.B. Medizin, Jura und Ingenieurwissenschaften geringer ist. Ich verweise beispielsweise auf den Numerus Clausus und die geringere finanzielle Ausstattung insbesondere zur Forschung. Soziale und erzieherische Berufe sind zudem tendenziell Frauenberufe. Dies ist auch historisch bedingt und läßt sich z.B. anhand der Geschichte der Sozialarbeit nachweisen (Brehmer 1990; Breuer 1994; Sachße 1986). Entsprechend sind die Einkommens- und Gehaltsgruppen im sozialen Bereich – im Vergleich zu den naturwissenschaftlich-technischen Berufen – auffällig niedrig, und die Rate unbezahlter, ehrenamtlicher (Frauen-)Arbeit ist sehr hoch.

Diese doppelte Abwertung läßt sich für die Erziehungswissenschaften auch bei der Neubesetzung von Professuren in den alten Bundesländern belegen. So ist zum Beispiel zum einen ein Trend zur Abschaffung von C4-Stellen zugunsten von C3-Stellen festzustellen. Dazu ist in den Jahren zwischen 1991 und 1993 im Vergleich zu 1987 und 1989 eine prozentuale Abnahme der Besetzung der Professuren mit Frauen erfolgt (Deutsche Gesellschaft für Erziehungswissenschaft 1994: 8)[1]. Auch hier fand also neben der fachspezifischen zusätzlich eine geschlechtsspezifische Abwertung statt. Ich ziehe deshalb den Schluß: Erziehungswissenschaftlerinnen werden doppelt abgewertet: einmal aufgrund des weiblichen Geschlechts und des weiteren kollektiv aufgrund ihres Faches[2].

Der Prozeß der kollektiven Abwertung der Erziehungswissenschaftlerinnen läßt sich auch bei der Umstrukturierung der Hochschulen in den neuen Bundesländern nachweisen, bei der die Ostwissenschaftlerinnen eindeutig die Verliererinnen sind. Bei den C4-Professuren wurden nur 13% Frauen, davon nur 1% aus den neuen Bundesländern berufen! Bei den C2/C3-Professuren waren es immerhin 31% Frauen und davon 17% aus den neuen Bundesländern. Bezüglich aller Berufungen läßt sich folgendes feststellen:

»Es kann von einer Rangfolge bei den Berufungen gesprochen werden, bei der westdeutsche männliche Wissenschaftler mit 56% den Hauptanteil stellen, an zweiter Stelle sind ostdeutsche männliche Wissenschaftler berufen worden (24%), an dritter Stelle sind westdeutsche Wissenschaftlerinnen mit 13% und an letzter Stelle ostdeutsche Wissenschaftlerinnen mit 7% (11 Professuren). Dabei rangieren weibliche westdeutsche Kolleginnen noch hinter den ostdeutschen Kollegen. Ostdeutsche Frauen haben bisher kaum eine Chance gehabt, auf Professuren berufen zu werden. Dies ist für ostdeutsche qualifizierte Bewerberinnen in den Erziehungswissenschaften, die durch die hohe Habilitationsquote in der DDR zahlreich vorhanden sind, ein herber Rückschlag gegenüber den 8%-12% der Professuren (je nach Hochschultyp), die sie in der DDR stellten.« (Macha/Klinkhammer/Hildebrandt 1994: 235f.)[3]

Als Fazit ist festzuhalten, daß Ostwissenschaftlerinnen sogar dreifach abgewertet werden: als Frauen, als Erziehungswissenschaftlerinnen und als Ostdeutsche. Die historisch einmalige Chance zur realen Frauenförderung in den Erziehungswissenschaften wurde vertan. Weitere strukturelle und inhaltliche Unterschiede zwischen den Erziehungswissenschaften und anderen Disziplinen will ich im folgenden aufzeigen.

Strukturelle Unterschiede zwischen den Erziehungs- und Sozialwissenschaften und anderen Disziplinen

Strukturelle Unterschiede zwischen den Erziehungs- und Sozialwissenschaften und anderen Disziplinen möchte ich insbesondere anhand der geschlechtsspezifischen Besetzung der Studienplätze, der Doktorandenstellen und Professuren aufzeigen, indem ich den statistischen »Karriereverlauf« vom Beginn des Studiums bis zur Professur darstelle. Weitere Punkte wie Finanzausstattung oder Anzahl der Institute aufzuzeigen, würde hier zu weit führen. Nach Berechnungen des Statistischen Bundesamtes ergibt sich für die Erziehungswissenschaften sowie für die Politik- und Sozialwissenschaften im Vergleich zu den Ingenieurwissenschaften folgendes Bild[4]:

Tabelle 1: Anteil der Studentinnen im WS 1991/92 und im WS 1994/95

	Anteil weiblicher Studierender (Studierende aller Semester = 100%)		Anteil der Studienanfängerinnen (alle Studienanfänger = 100%)	
	WS 1991/92	**WS 1994/95**	**WS 1991/92**	**WS 1994/95**
Sprach- und Kulturwissenschaften	63,0%	64,5% West 63,9% Ost 71,3%	70,4%	72,5% West 72,3% Ost 73,7%
Erziehungswissenschaften[5]	70,0%	–	77,9%	–
Politik- und Sozialwissenschaften	44,6%	–	51,3%	–
Ingenieurwissenschaften	13,0%	15% West 14,6% Ost 18,7%	13,5%	17,4% West 16,8% Ost 20,4%
alle Fächergruppen insgesamt	38,7%	40,7%	41,0%	44,8%

Quelle: Statistisches Bundesamt 1995: 399 und Statistisches Bundesamt 1993: 429

Wie Tabelle 1 zu entnehmen ist, gab es im WS 1991/92 für alle Semester einen Studentinnenanteil in den Erziehungswissenschaften von 70,0% (Ingenieurwissenschaften: 13%). Der Anteil der Studienanfängerinnen in den Erziehungswissenschaften lag sogar bei 77,9% (Ingenieurwissenschaften: 13,5%) und ist demzufolge ansteigend. Dieser Trend wird bestätigt, wenn frau/man die Studienrangfolge im WS 1992/93 betrachtet: Bei den Studentinnen (=100%) rangiert die Erziehungswissenschaft auf Rang 5 (sowohl bei den Studentinnen aller Semester als auch bei den Studienanfängerinnen), bei den Studenten aller Semester (=100%) hingegen auf Rang 18 und bei den Studienanfängern (=100%) sogar auf Rang 31 (Statistisches Bundesamt 1995: 402). In den Politik- und Sozialwissenschaften gab es im WS 1991/92 einen 51,3%igen Anteil von Studienanfängerinnen und einen 44,6%igen Frauenanteil bezogen auf alle Semester, also ungefähr die Hälfte. Der Frauenanteil bei allen abgeschlossenen Prüfungen (Tabelle 2) betrug 1992 in den Erziehungswissenschaften 71,3%

(Politik- und Sozialwissenschaften: 44,1%, Ingenieurwissenschaften: 12%), bei den Diplomprüfungen 69,6% (Politik- und Sozialwissenschaften: 43,6%, Ingenieurwissenschaften: 10,7%). In den Erziehungswissenschaften konnten die Frauen ihren Anteil an den Prüfungen relativ gesehen im Vergleich zum Anteil der Studentinnen leicht steigern, in den Politik- und Sozialwissenschaften und in den Ingenieurwissenschaften fand ein leichter Rückgang statt. Frauen absolvieren also in den Erziehungswissenschaften – im Gegensatz zu den Politik- und Sozialwissenschaften sowie den Ingenieurwissenschaften – etwas häufiger ihre Abschlußprüfungen als Männer. Bei den Doktorprüfungen liegt der Frauenanteil in den Erziehungswissenschaften nur noch bei 39,9% und in den Politik- und Sozialwissenschaften nur noch bei 23,8% (Ingenieurwissenschaften: 4,3%). Statistisch gesehen findet hier der große Karrierebruch für Frauen statt, welcher in den Erziehungswissenschaften relativ gesehen geringer ist. Bedenkenswert ist aber, daß bei einem fast gleichbleibenden Studentinnenanteil der Anteil der Frauen an den Doktorprüfungen in den Erziehungswissenschaften von 1991 bis 1992 um 5% auffällig gesunken ist!

Tabelle 2: Studienabschluß und Promotionen von Frauen 1991 und 1992

	Frauenanteil bei bestandenen Prüfungen		Frauenanteil bei Diplomprüfungen		Frauenanteil bei Doktorprüfungen	
	1991	**1992**	**1991**	**1992**	**1991**	**1992**
Sprach- und Kulturwissenschaften	63,9%	65,9%	61,1%	63%	37,1%	38,9%
Erziehungswissenschaften	72,6%	71,3%	70,4%	69,6%	44,7%	39,3%
Politik- und Sozialwissenschaften	41,9%	44,1%	42,8%	43,6%	25,9%	23,8%
Ingenieurswissenschaften	11,9%	12,0%	11,0%	10,7%	4,6%	4,3%

Quelle: Statistisches Bundesamt 1995: 402f. und Statistisches Bundesamt 1993: 433

Bei den abgeschlossenen Habilitationen in den Sprach- und Kulturwissenschaften (Tabelle 3) im Jahr 1993 haben Frauen nur noch einen Anteil von 19,4% (Rechts-, Wirtschafts- und Sozialwissenschaften: 17,7%, Ingenieurwissenschaften: 3,4%); hier ist der zweite Einbruch in der Karriereentwicklung von Frauen festzustellen[6]. Bei den hauptberuflichen wissenschaftlichen Stellen gab es in den Erziehungswissenschaften 1991 insgesamt einen Frauenanteil von 27,9% (Politik- und Sozialwissenschaften: 21,6%, Ingenieurwissenschaften: 5,2%), bei den Dozenturen und Assistenzstellen von 33,8% (Politik- und Sozialwissenschaften: 18,9%, Ingenieurwissenschaften: 5,1%) und bei den Professuren von 13,7% (Ingenieurwissenschaften: 1,3%, vgl. Tabelle 4)[7]. Der Frauenanteil an den Professuren lag 1991 in den Politik- und Sozialwissenschaften bei 6,3%, ist also nur geringfügig über dem des Durchschnitts aller Fächer, der bei 5,6% lag. Im Vergleich zu den Erziehungswissenschaften ist auch der Professorinnenanteil in den Politik- und Sozialwissenschaften relativ gesehen geringer.

Tabelle 3: Anteil weiblicher Habilitanden 1991 und 1993[8]

	Anteil der weiblichen Habilitanden (100% = alle Habilitationen)	
	1991	**1993**
insgesamt bezüglich alle Fächergruppen	9,8%	12,1%
Sprach- und Kulturwissenschaften	16,0%	19,4%
Rechts-, Wirtschafts- und Sozialwissenschaften	10,6%	17,7%
Ingenieurwissenschaften	2,6%	3,4%

Quelle: Statistisches Bundesamt 1993: 435 und Statistisches Bundesamt 1995: 405

Betrachtet frau/man diesen Karriereweg von Frauen in den Erziehungswissenschaften, so stellt sich »eine einfache Rechenaufgabe«, wie Gisela Schütz-Gmeineder es kürzlich formulierte[10]: Warum werden aus den 77,9% Studienanfängerinnen, 39,9% Doktorandinnen nur 19,4% Habilitandinnen (in den Sprach- und Kulturwissenschaften zusammen) und nur noch 13,7% Professorinnen? Oder auf die *Männer* bezogen: Wie ist zu erklären, daß vom Beginn des Studiums, bei dem es einen Anteil von 22,1% Studenten gibt, sich der Anteil auf 60,7% Doktoranden, 80,6% männliche Habilitanden (in den Sprach- und Kulturwissenschaften zusammen) und 86,3% Professoren erhöht? Oder noch anders formuliert: Warum ist nur etwa jede siebte Professur mit einer Frau besetzt, wenn doch der Anteil der Frauen bei den Studienanfängern vier Fünftel beträgt? Im Vergleich dazu die Ingenieurwissenschaften, in denen der

Anteil der Frauen noch geringer ist: Jeder siebte Studierende ist weiblich, aber Professorinnen sind hier »auf der Roten Liste«.

Tabelle 4: Anteil der Frauen am hauptberuflichen wissenschaftlichen Personal 1991[9]

100% = alle Stellen je Bereich	insgesamt (gesamtes wissenschafticher Personal)	Dozentinnen und Assistentinnen	Professorinnen
insgesamt bezüglich aller Fächergruppen	18,0%	18,0%	5,6%
Sprach- und Kulturwissenschaften	25,2%	24,1%	9,3%
Erziehungswissenschaften	27,9%	33,8%	13,7%
Politik- und Sozialwissenschaften	21,6%	18,9%	6,3%
Ingenieurwissenschaften	5,2%	5,1%	1,3%

Quelle: Statistisches Bundesamt 1995: 406 und Statistisches Bundesamt 1993: 436.

Aus den 17,4% Studienanfängerinnen werden nur 4,3% Doktorandinnen, nur 3,4% Habilitandinnen und nur noch 1,3% Professorinnen. Warum kann der Anteil der Männer vom Beginn des Studiums, bei dem es 82,6% Studenten gibt, noch auf 98,7% Professoren gesteigert werden? Warum wird aus dem fast paritätischen Anteil der Studentinnen in den Politik- und Sozialwissenschaften nur noch ein Viertel bei den Doktorprüfungen und lediglich ein Sechzehntel bei den Professuren? Bei diesem Vergleich des statistischen Karriereweges ist die Situation für die Erziehungswissenschaftlerinnen relativ gesehen besser, denn die Chance auf eine Professur ist größer. Die Lösung der »einfachen Rechenaufgabe« – das prozentuale Verschwinden der Frauen, die gesamtgesellschaftlich ca. 52% der Bevölkerung stellen – scheint komplizierter zu sein und ist noch nicht in Sicht.

Ein wesentlicher Faktor der strukturellen Diskriminierung von Frauen ist das Verhältnis der besetzten Professuren zur Zahl der Studierenden. Vergleicht frau/man die Disziplinen geschlechtsunabhängig miteinander, so ist dieses in den Erziehungswissenschaften und in den Ingenieurwissenschaften erstaunlicherweise gleich (1:48) und in den Sozial- und Politikwissenschaften (1:59) ungünstiger. Im Vergleich zur Humanmedizin (1:35), zu den Agrarwissenschaften (1:39) oder zu der Fächergruppe der Naturwissenschaften/Mathematik insgesamt (1:43) ist die Situation ungünstiger. Das Verhältnis der Professuren zur Anzahl der Studierenden und damit die Lehr- und Lernbedingungen sind in den Erziehungswissenschaften, aber auch in den Politik- und Sozialwissenschaften wesentlich vorteilhafter im Vergleich innerhalb der Sprach- und Kulturwissenschaften z.B. mit der Psychologie (1:60), mit der Romanistik (1:90) oder gar mit der Germanistik (1:121).

Betrachtet frau/man aber das Verhältnis Studierende und Professuren nach Geschlecht, wie es in Tabelle 5 dargestellt wird, ergibt sich ein anderes Bild: In den Erziehungswissenschaften ist das Verhältnis 245 Studentinnen zu 1 Professorin. Hingegen ist das Verhältnis bei den Männern 14 Studenten zu 1 Professor. Bei den Ingenieurwissenschaften sieht das Verhältnis folgendermaßen aus: 458 Studentinnen zu 1 Professorin und 42 Studenten zu 1 Professor. Eine Professorin der Politik- und Sozialwissenschaften steht im Verhältnis zu 409 Studentinnen und ein Professor zu 54 Studenten.

Tabelle 5: Verhältnis Studierende und Professuren nach Geschlecht[11]

	Erziehungswissenschaften	Ingenieurwissenschaften	Politik- und Sozialwissenschaften
ProfessorInnen (1991)	1 074	7 142	813
StudentInnen (WS 1991/92)	51 860	346 276	47 714
Verhältnis	1 : 48	1 : 48	1 : 59
Professorinnen (1991)	148	98	52
Studentinnen (WS 1991/92)	36 303	44 974	21 266
Verhältnis	1 : 245	1 : 458	1 : 409
Professoren (1991)	1 074	7 142	434
Studenten (WS 1991/92)	15 557	301 302	23 448
Verhältnis	1 : 14	1 : 42	1 : 54

Quelle: Statistisches Bundesamt 1993: 429 und 436 und Statistisches Bundesamt 1995: 399

Auch hier ist das Verhältnis für die Erziehungswissenschaften wesentlich besser. Als Fazit stelle ich fest: Erziehungswissenschaftlerinnen haben im Vergleich zu anderen Disziplinen – relativ gesehen – noch gute Chancen zum Aufstieg. Oder auf *Männer* bezogen: Männer, die eine wissenschaftliche Karriere machen wollen, haben auch in den Erziehungswissenschaften statistisch betrachtet noch optimalere Voraussetzungen zur persönlichen Förderung durch Professoren.

Zur Vorbildfunktion von Professorinnen

Wir gehen in dem Forschungsprojekt »Zur beruflichen Sozialisation von Wissenschaftlerinnen in Ost- und Westdeutschland« davon aus, daß die Vorbildfunktion, die Professorinnen für Studentinnen haben, enorm ist[12]. Das Verhältnis der Anzahl von Studentinnen zu Professorinnen – wie oben dargestellt – ist daher ein zentraler Aspekt, wie auch folgendes Zitat aus dem Forschungsprojekt zeigt:

> »Also die Kluft zwischen den vielen Studentinnen, (...) und den wenigen Frauen, die dann an der Universität (...) sind, außer jetzt Sekretärinnen, solange da nichts gesamtgesellschaftlich (...) im Hirn abläuft und auch im politischen Bereich, da wird sich wahrscheinlich nichts ändern.« (1: 864)[13]

Professorinnen als weibliche Vorbilder und Modelle sind nicht zu unterschätzen: Zu sehen, daß auch andere Wissenschaftlerinnen Konflikte wie z.B. Vereinbarkeit von Beruf und Kindern hatten und haben und trotzdem erfolgreich sind, oder zu erfahren, daß auch Frauen sich durchsetzen und erfolgreich sein können, ohne ihre Weiblichkeit zu verlieren, sind wichtige Orientierungspunkte für Nachwuchswissenschaftlerinnen. Aber gerade an diesen weiblichen Modellen und Vorbildern mangelt es. Das ist um so fataler in einem Bereich mit einem hohen Studentinnenanteil, der traditionell eher für »Frauenberufe« ausbildet. Professorinnen als Vorbilder sind für Nachwuchswissenschaftlerinnen von zentraler Bedeutung bei der Suche nach beruflicher Identität. Dies ist um so wichtiger, da differenztheoretisch betrachtet Wissenschaftlerinnen sich von Wissenschaftlern in ihrer beruflichen Identität unterscheiden:

> «Männer und Frauen sind qua sozialem Geschlecht gesellschaftliche Gruppen, auch wenn sie aufgrund unterschiedlicher Klassen- und Ethnienzugehörigkeiten ihrer Mitglieder nicht homogen sind.« (Becker-Schmidt 1995: 11)

Dies zeigt sich in der bisherigen Auswertung in unserem Projekt deutlich. Hier einige kurze, tendenzielle Zwischenergebnisse (Macha 1995b):

- Wissenschaftlerinnen gestalten ihren Beruf selbst: Die aktive Gestaltung bestätigt sich im Bezug auf Lehre (»gute« Lehre ist sehr wichtig für Frauen), auf die Forschungsziele (Frauen ist der Lebensbezug und der Transfer auf die Praxis wichtig) und auf Macht und Kommunikation.

- Wissenschaftlerinnen haben die Tendenz, Macht im männlich dominierten Hochschulsystem zu leugnen oder zu verdrängen, es findet z.T. aber auch eine kreative Machtausübung und Delegation von Macht statt.
- Wissenschaftlerinnen »machen es sich schwer«, sie gehen in der Zusammenarbeit, Forschung und Lehre nicht den geradlinigen Weg des geringsten Widerstandes.
- Der Einfluß der primären Sozialisation auf die berufliche Identität und Leistung ist groß. Wissenschaftlerinnen haben oft schon früh ein »Gefühl des Andersseins« entwickelt.
- Wissenschaftlerinnen suchen eher selten eine Abgrenzung zwischen Privatleben, Familienleben und Beruf, sondern legen großen Wert auf Vereinbarkeit.
- Wissenschaftlerinnen entwickeln individuelle Strategien, um dem Streß und den Belastungen des Berufes gewachsen zu sein und haben z.T. eine fürsorgliche Haltung gegenüber sich selbst, indem sie z.B. eine aktive Gesunderhaltung betreiben.
- Wissenschaftlerinnen aus den neuen Bundesländern erlebten die Wende allgemein als berufliche Lebenskrise und Bruch, die es zu verarbeiten galt bzw. gilt.
- Im Vergleich zwischen Ost und West ergeben sich bis zur Wende folgende Unterschiede: In der DDR gab es kaum (feministische) Frauenforschung, dagegen eine Zusammenarbeit mit Männern. Die Existenz war gesichert. In der BRD war die Frauenforschung etabliert. Es gab eine Unsicherheit in den Karrierezielen, die Karriereplanung war kurzfristig und geradlinige Berufsverläufe waren selten.

Netzwerke und Seilschaften

Zurück zum strukturellen Bereich: Ein anderer struktureller Faktor sind berufliche Netzwerke und Seilschaften. Diese sind im wissenschaftlichen Bereich in allen Disziplinen existentiell, da sie beispielsweise für Veröffentlichungsmöglichkeiten, Wissen über Stellen und Erlernen des Habitus bedeutsam sind. Ein wesentlicher Bereich der Diskriminierung von Wissenschaftlerinnen aller Fachbereiche ist der überwiegende Ausschluß von Frauen aus formellen – besonders aber aus informellen – männlichen Seilschaften und Netzwerken. Dieser Ausschluß kann grundsätzlich sein, ist aber auch bei nicht grundsätzlichem Ausschluß immer in Form der zahlenmäßigen Minderheitensituation von Frauen feststellbar. Im Bewußtsein über die große Macht und den Einfluß männlicher Seilschaften und Netzwerke haben Wissenschaftlerinnen eigene Netzwerke etabliert, die Frauen und ihre Forschungsarbeit fördern.[14] Viele Wissenschaftlerinnen, die in überwiegend männlichen Kontexten arbeiten, suchen hier persönliche und fachliche Unterstützung. Dabei kann ein »Teufelskreis« – oder sollte ich es einen »Hexenkreis« nennen?– entstehen: Wissenschaftlerinnen, die von dem männlichen »mainstream« abweichen, suchen in Frauennetzwerken Unterstützung und finden eine Anerkennung ihrer Person und Arbeit. Wird dies den sie umgebenden Männern deutlich, kann es zu einer Zunahme der Abwertung der Arbeit der Wissenschaftlerin kommen. Diese wird sich vermutlich um noch mehr Unterstützung durch die »weibliche Seilschaft« bemühen und gerät so immer mehr ins Abseits[15]. Dieser Prozeß ist in den Erziehungs- und Sozialwissenschaften stärker ausgeprägt, denn in diesen wurden früher und in größerem Ausmaß Frauenforschung und »weibliche Netzwerke und Seilschaften« aufgebaut als in anderen Disziplinen.

Dies hat Vorteile, bringt aber auch neue Konflikte: Erst kürzlich stellte die AG Frauenforschung der DGfE bei ihrer Jahrestagung fest, daß der Anteil der Professorinnen in der AG deutlich spürbar gestiegen ist[16]. Dadurch verändern sich die Beziehungen innerhalb von Frauennetzwerken selbst. Aus der Schwesternschaft von gleichgesinnten Frauen mit vergleichbarem Status, die sich gegen »die Männer« durchsetzen müssen, entwickelt sich eine hierarchische Struktur zwischen solchen Frauen, die es nach »oben« geschafft haben, und Frauen, die auf dem Weg dahin sind. Dabei kommt es zu neuen Konkurrenzen und Konflikten, die vorher eher zwischen Männern und zwischen Männern und Frauen vorhanden waren. Sigrid Metz-Göckel (1995) beschrieb diesen Prozeß im Rahmen der genannten Tagung als Konkurrenz zwischen Frauen und Generationen, bei dem es sich nicht mehr um einen Streit unter stellenlosen Wissenschaftlerinnen um einen besseren Feminismus handle, sondern um eine Konkurrenz um reale Stellen. Die hier gemachten schmerzlichen Erfahrungen und Lösungen könnten wertvolle Impulse für andere Disziplinen geben, in denen diese Entwicklung erst beginnt.

Inhaltliche Unterschiede zwischen den Sozial- und Erziehungswissenschaften und anderen Disziplinen

Aufgrund des Gegenstandes von Sozial- und Erziehungswissenschaften, der grundsätzlich das Individuum und die Gesellschaft auf allen Ebenen umfaßt, ist – trotz der beschriebenen Überrepräsentanz von Professoren und damit männlicher Themen und Denkmodelle – die Beschäftigung mit der Geschlechterproblematik unausweichlich. So kommt diesen Disziplinen zentrale Bedeutung bei der Veränderung der sozialen Geschlechterrollen zu, die Voraussetzung der realen und nicht nur rhetorischen Gleichstellung von Mann und Frau ist. Gerade die Bereiche, in denen – unbewußt oder fahrlässig – die Geschlechtsstereotypen unaufhörlich in unterschiedlichster Weise und auf verschiedenen Ebenen weiter tradiert werden – wie in der Früherziehung z.B. durch die frühe geschlechtsspezifische Sozialisation, in der Schule durch die mittlerweile wieder insbesondere in naturwissenschaftlichen Fächern umstrittene Koedukation (Horstkemper 1987; 1995), in der Jugendarbeit oder in der Familienerziehung (Macha 1994) – bedürfen dringend der weiteren Reform und Umsetzung neuer Kenntnisse der Geschlechterforschung[17]. Dies wird auch in unserer Untersuchung immer wieder geäußert:

»(Ich denke) daß es aber auch irgendwo immer noch ein ganz starkes, ein gesellschaftliches Grundproblem ist durch diese extreme Rollenverteilung oder eben speziell der Rolle, die man eben der Frau zugewiesen hat in der Gesellschaft.(...) Ich meine, es gibt sicherlich sehr positive (...) Möglichkeiten und Wege, die auch individuell von einigen Frauen gegangen werden, aber solange sich da grundsätzlich nichts ändert, wird sich wahrscheinlich auch die ganze Situation nicht verbessern.« (10: 862f.)

Die Sozial- und Erziehungswissenschaften haben demzufolge insbesondere aufgrund ihres Inhaltes und ihrer Methoden eine Schlüsselfunktion bei der Realisierung der Gleichstellung von Frauen und Männern in unserer Gesellschaft.

Es ist zu wünschen, daß durch den Gegenstand der Sozial- und Erziehungswissenschaften einerseits ein stärkeres Bewußtsein für die Auswirkungen der geschlechtsspezifischen Sozialisation und Diskriminierung bei den Studierenden und Lehrenden innerhalb der Disziplin gegeben ist als in den Naturwissenschaften. Andererseits ist es wahrscheinlich, daß Männer sich bezüglich ihres »Führungsanspruches« eher bedroht fühlen als in den Natur- und Ingenieurwissenschaften, da der Frauenanteil zumindest bis zur ersten Qualifikationsstufe durchgängig bis zur Promotion die Hälfte und mehr ausmacht. Vermutlich sind die Abwehr- und Abwertungsformen in den Sozial- und Erziehungswissenschaften gegenüber Frauen sehr groß – vielleicht sogar größer als in anderen Disziplinen. Wie sonst sollte aus dem 30%igen bzw. 50%igen Anteil an Studenten ein 90%iger Anteil an Professoren werden?

Daher meine These: Durch die relativ stärkere Präsenz von Frauen in den Sozial- und Erziehungswissenschaften – insbesondere in den Führungspositionen – fühlen sich Männer stärker bedroht und reagieren mit zunehmenden Abwehr- und Abwertungshaltungen gegenüber Frauen und Frauenforschung. In den Ingenieurwissenschaften haben dagegen Studentinnen wie Professorinnen eher noch Alibifunktion und einen – für Männer weniger bedrohlichen – Exotinnenstatus.

Eine äußerst wirksame, aber selten nachweisbare Form der Abwehr und Abwertung von Frauen geschieht in Form von sexueller Belästigung und Diskriminierung[18]. Von diesem Thema wird in Deutschland – anders als z.B. in den USA – erst die Spitze des Eisbergs anhand von Einzelfalldarstellungen wahrgenommen (vgl. Gerstendörfer 1994; Bußmann/Lange 1996; Degen 1996). In der Bundesrepublik Deutschland gaben in einer branchenübergreifenden Studie des Bundesministerium für Jugend, Familie, Frauen und Gesundheit (1991) 93% der befragten Frauen an, Erfahrungen mit sexueller Belästigung am Arbeitsplatz zu haben. 72% haben sogar Situationen erlebt, die mehrheitlich von den Befragten als sexuelle Belästigung eingestuft wurden (vgl. Bundesministerium für Jugend, Familie, Frauen und Gesundheit 1991: 274f.). 53% der Befragten waren unter 30 und 19% unter 40 Jahren. Kinderlose, unverheiratete Frauen und Frauen in ungesicherten Arbeitsverhältnissen (!) oder zu Beginn einer Berufstätigkeit sind vermehrt betroffen. Kriterien, die gerade auf Frauen, die sich im Hochschulbereich qualifizieren, zutreffen. Auch Frauen, die in »Männerdomänen« – wie z.B. dem Hochschulbereich – arbeiten, sind häufiger betroffen (vgl. ebd.: 274 und 293ff.):

> »Frauen, die eine Vorgesetzten- oder Leitungsfunktion angeben oder über ein eigenes Arbeitsgebiet mit Weisungsmöglichkeiten für andere Mitarbeiter/innen verfügen, haben ebenfalls besonders häufig sexuelle Übergriffe am Arbeitsplatz erlebt (...). Hierbei sind wiederum die Frauen weniger betroffen, die ein Hochschulstudium absolviert haben; Belästigungen werden häufiger von Frauen angegeben, die eine Fachschule oder Fachhochschule besucht haben. (...) Die Angaben weisen darauf hin, daß Frauen dann häufiger zu Belästigungsopfern werden, wenn sie (...) in einem ungeschützten Arbeitsverhältnis tätig sind, d.h., wenn sie sich innerhalb eines Betriebes in einer untergeordneten und möglicherweise leicht austauschbaren Position befinden.« (ebd.: 281)

Frauen scheinen ebenfalls dann vermehrt sexuellen Belästigungen ausgesetzt zu sein, wenn sie versuchen, sich auf einer mittleren Hierarchieebene gegenüber ihren Mitstreitern zu behaupten. Frauen, die sich in einer beruflichen Position befinden, in der sie Aufgaben an andere MitarbeiterInnen vergeben können, sie somit zu hierarchisch höher gestellten Vorgesetzten werden, sind in besonderem Maß betroffen. Sexuelle Belästigungen scheinen hier u.a. als Mittel eingesetzt zu werden, um Frauen in ihrem Karrierestreben zu verunsichern und auf weniger verantwortliche Positionen zu verweisen (vgl. ebd.: 281f.).

Obwohl nur drei Prozent der befragten Frauen der repräsentativen, branchenübergreifenden Studie im Hochschulbereich tätig waren, dürften die Ergebnisse dennoch für den Hochschulbereich zutreffen, denn nur 0,12% der erwerbstätigen Frauen insgesamt arbeiten als hauptberuflich-wissenschaftliches Personal (vgl. ebd: 254 und Statistisches Bundesamt 1995: 103 u. 406). Somit ist der Hochschulbereich in der Untersuchung sogar überproportional vertreten. Die Feststellung der repräsentativen Studie, Hochschulabsolventinnen seien weniger betroffen, ist relativ und nur im Vergleich zu sonstigen Berufstätigen zu sehen, bedeutet aber keinesfalls, daß es hier keine sexuelle Belästigung gibt. Monika Gerstendörfer (1994) beschreibt die Problematik auch für Studentinnen. Vielleicht ist mancher Karriereknick von Frauen an der Hochschule auch durch Sexismus und sexuelle Belästigung verursacht? Ich würde sexuelle Belästigung als eine gut verdeckbare und damit schwer zu beweisende, äußerst wirksame, sozusagen »nachhaltige« Form der Diskriminierung von Frauen bezeichnen. Die Äußerung einer Erziehungswissenschaftlerin bestätigt diese Sichtweise:

«Das habe ich bei Berufungsverfahren häufig erlebt, daß nachher Professoren kamen und versucht haben, also ich sage Unzucht mit Abhängigen zu treiben, indem sie also mit mir einen Kaffee trinken gehen wollten oder sonst was. Und ich denke, ich strahle das überhaupt nicht ab. Und das finde ich sehr überraschend, das fand ich so überraschend, daß ich das gar nicht begreifen konnte (und) (...) auch nur schwer darauf reagieren (konnte).« (18: 283ff.)

Sexuelle Belästigung hat nichts mit Erotik zu tun, sondern ist ein Instrumentarium zur Machtausübung, wie auch folgendes Zitat belegt:

«Ich habe zum Beispiel zweimal erlebt, daß Institute versuchen wollten, mich zu verheiraten, um Leute auf mich abzulenken, über die sie sich geärgert haben.« (7: 1326)

Eine umfassende Untersuchung zu sexueller Belästigung an Hochschulen unter Berücksichtigung fächerspezifischer Aspekte, aber auch Aufklärungsarbeit sind dringend erforderlich.

Ein weiterer wesentlicher Unterschied der Sozial- und Erziehungswissenschaften – im Vergleich zu anderen, vor allem naturwissenschaftlich-technischen Fachbereichen – ist aus meiner Sicht die Etablierung der Frauenforschung. Auch wenn die Forschungsthemen und Lehrinhalte, die sich in Studienordnungen niederschlagen, immer noch größtenteils durch männliche Sichtweisen geprägt sind, ist es der Frauenforschung zu verdanken, daß die

Geschlechterproblematik und weibliche Sichtweisen langsam Wurzeln schlagen[19]. Wir sind aber von einem ausgeglichenen Diskurs und der wirklich gleichberechtigten Etablierung von wissenschaftlichen Inhalten und Methoden der Frauen- und Geschlechterforschung noch weit entfernt.

In den Sozialwissenschaften gibt es eine Reihe von Frauen, die die Qualifizierung über frauenrelevante Themen erreicht haben und z.T. sogar Frauenforschungsprofessuren innehaben, von denen es 1993 bundesweit 76 gab, davon 40 allein in Nordrhein-Westfalen (Zentraleinrichtung zur Förderung von Frauenstudien und Frauenforschung 1994: 16ff.). Nun sollte frau/man meinen, daß Frauen hier eine Verbesserung ihrer Chancen erfahren, indem sie sich inhaltlich mit der Geschlechterproblematik auseinandersetzen können und so in ihren persönlichen Fähigkeiten, z.B. im Selbstbewußtsein, wachsen, andererseits auch die notwendigen Qualifikationen aufweisen können. In unserer Untersuchung raten aber einige Wissenschaftlerinnen dringend davon ab, sich eine Qualifizierung durch Frauenforschung zu erhoffen, wie folgendes Zitat belegt:

»Also (...) was ich nicht machen würde, wäre, zu versuchen, mich so als Frauenforscherin zu profilieren.(...) Das ist dann eine Sackgasse. Eigentlich kann ich nur so einen negativen Rat geben, eher in die Felder zu gehen, die klassische Männerdomänen sind, und versuchen, sich da durchzusetzen, auch sich nicht durch irgend (ein) (...) verkorkstes Examen sofort abbringen zu lassen.« (16: 1220 ff.)

Schlimmer noch: Die Qualifizierung durch Frauenforschung wird teilweise sogar als nachteilig erlebt:

»Ich finde, sie sollten sich auf ein Fachgebiet stürzen und Frauenforschung als ihr Hobby betrachten, als ihr geheimes Hobby. (...) Also, sie schaffen es auch, (...) aber sie müssen eben erst Felsblöcke wegräumen, die sie sich vielleicht vorher selber in den Weg geräumt haben« (2: 1000ff.).

Frauenforschung als möglicher Forschungsbereich zur Qualifizierung für Wissenschaftlerinnen ist demnach eher in den Sozial- und Geisteswissenschaften möglich, aber nicht unbedenklich.

Ost-West-Unterschiede

Die Wende in Deutschland hat in den neuen Bundesländern zu einer Verschlechterung der beruflichen Situation von Wissenschaftlerinnen geführt, die als regelrechte Ausgrenzung von Frauen, insbesondere aus Führungspositionen, bezeichnet werden kann. Über den generellen Bruch hinsichtlich des Lebenskonzeptes und der beruflichen Situation hinaus, der gekennzeichnet ist durch eine bis dahin ungekannte berufliche und soziale Unsicherheit mit kurzen Arbeitsverträgen, unklaren Zukunftsperspektiven sowie mit drohendem Arbeitsplatzverlust und damit verbundenem sozialen und ökonomischen Abstieg, der unabsehbare Folgen für das Selbstwertgefühl und für die psychosoziale Situation generell hat, fand in den Erziehungs- und Sozialwissenschaften ein historisch einmaliger fachlicher Bruch statt. War Wissenschaft in das politische System auch ideologisch eingebunden, so galt dies für die Sozial- und Erziehungswissenschaften in besonderem Maße. Durch den Wegfall der einseitig ideologischen Ausrichtung und dem damit verbundenen Rechtfertigungszwang der Existenz der Erziehungswissenschaft überhaupt eröffnete sich nach der Wende ein völlig neues inhaltliches Spektrum für die Erziehungswissenschaftlerinnen und Erziehungswissenschaftler aus den neuen Bundesländern. Diese inhaltliche Neuorientierung und die damit verbundenen Probleme und Belastungen dürften in den Erziehungswissenschaften ausgeprägter sein als in anderen Fächern. Darüber hinaus sind Erziehungs- und Sozialwissenschaftlerinnen – in weitreichenderer Form als ihre männlichen Kollegen – durch die Wende mit der westdeutschen Frauenforschung konfrontiert worden. Dies löste vielfach eine grundlegende Auseinandersetzung mit der individuellen und kollektiven Situation der Frauen aus. Die Diskriminierung als Frau – auch in der DDR – wurde vielen erst dadurch bewußt. Die als überwiegend sicherer Boden erlebte begrenzte oder gar scheinbare Solidarität zwischen den Geschlechtern in der DDR ging vielen nach der Wende – wenn auch für manche nur vorübergehend – spätestens im Zuge der Transformation der Wissenschaftslandschaft in den neuen Bundesländern verloren. Denn die grundlegende Transformation der Erziehungswissenschaften wurde stark von den aus dem Westen stammenden Gründungsdekanen an den Hochschulen und den neu berufenenen Wissenschaftlern bestimmt[20].

Der beruflichen und geschlechtsspezifischen Abwertung konnte von ostdeutschen Erziehunsgwissenschaftlerinnen weder Solidarität mit Ostwissenschaftlern noch mit Westfrauen entgegengesetzt werden, da beide Gruppen – wie bereits dargestellt – eindeutig bei der Stellenbesetzung vorgezogen wurden. Aber gerade Erziehungswissenschaftlerinnen aus den neuen Bundesländern werden in der Bildungs- und Fortbildungsarbeit in den nächsten Jahren dringend gebraucht, um die Folgen der Wende insbesondere für Frauen und Mädchen zu analysieren: Wer sonst kann den historisch einmaligen Identitätswandel von Frauen aus den neuen Bundesländern verstehen und deren Schock und psychosoziale Krisen aufarbeiten und überwinden helfen? Wer sonst sollte in der Mädchenbildungsarbeit in den neuen Bundesländern die Selbstverständlichkeit der Berufstätigkeit und der Berufswahl auch für »Männerberufe«

– nach westdeutschem Verständnis – vermitteln? Denn daß Frauen aus den neuen Bundesländern die durch die Wende versuchte zweite »Hausfrauisierung« (von Werlhof/Mies/Bennholdt-Thomsen 1983) nicht dauerhaft hinnehmen und daß dies auch Konsequenzen für die Identität von Mädchen und Frauen der nächsten Generation haben wird, ist naheliegend[21]. Dieser Prozeß ist nicht auf die neuen Bundesländer beschränkt, so daß Hildegard Maria Nikkel von einer »zweifachen Transformation« spricht (Nickel 1995: 23), obgleich er in den neuen Bundesländern verstärkte Auswirkungen auf die Frauen hat.

Zusätzlich zur grundlegenden Transformation der Inhalte, Methoden und Strukturen der Erziehungswissenschaften – und vielleicht durch diese ausgelöst – änderte sich nach der Wende der Anteil der Frauen an den Studierenden signifikant. In der DDR wurden männliche Studienbewerber für die Pädagogik geworben. Dies änderte sich aber nach der Wende schlagartig, und der Frauenanteil der Studienanfänger nahm rapide zu:

«Ja, (...) der Mädchenanteil in Pädagogikrichtungen ist größer geworden, also es studieren mehr Mädchen Pädagogik als vorher.« (1: 839).

Karin Reiche hat dies beispielsweise für die TU Dresden explizit belegt (1994: 41-49). So stieg der Studentinnenanteil (Erstsemester) in den Erziehungswissenschaften von 48% im Jahr 1988 auf 96% im Jahr 1992 an; in allen technisch-naturwissenschaftlichen Disziplinen hingegen sank der Studentinnenanteil, z.T. sogar erheblich wie in der Mathematik (1988: 30%, 1992: 5%), in der Elektrotechnik (1988: 9%, 1992: 6%) oder im Maschinenwesen (1988: 18%, 1992: 4%). Vor dem Hintergrund der durch kleine mühevolle Schritte in den letzten Jahrzehnten gekennzeichneten Erhöhung des Studentinnenanteils in den männerdominierten Studiengängen in den alten Bundesländern ist dieser enorme Rückgang in den neuen Bundesländern ein nicht revidierbarer historisch einmaliger Rückschritt von besonderer Tragweite.

Individuelle Gegenmaßnahmen

In unserer Untersuchung wurde gefragt, welche Grundbedingungen sich ändern müßten, damit mehr Frauen Wissenschaftlerinnen werden könnten, und was jungen Nachwuchswissenschaftlerinnen geraten werde. Von allen Befragten werden sowohl individuelle als auch strukturelle Veränderungen als notwendig erachtet. Interessanterweise wird hier nicht der Leistungsbereich genannt, obgleich eine positive Einstellung zur Leistung und die Bereitschaft, sich diesbezüglich der Konkurrenz zu stellen, bei den befragten Wissenschaftlerinnen offensichtlich ist. Der Nachweis der fachlichen Kompetenz wird von den meisten Befragten als selbstverständlich vorausgesetzt. Auf der individuellen Ebene wird vor allem die Stärkung von Selbstbewußtsein, Selbstdarstellungsfähigkeiten und Durchsetzungsstrategien, also Fähigkeiten, die in der weiblichen Sozialisation weniger gefördert werden, genannt:

»Und dann ist es auch ganz wichtig, persönliche Fähigkeiten zu haben, wie Gespräche zu führen, in denen Machtkonstellationen sind, sich nicht unterbuttern zu lassen von Leuten, die rhetorisch zum Beispiel besser sind. Also da ein Selbstbewußtsein zu kriegen im Umgang mit Kollegen und Kolleginnen so auf der persönlichen und sozialen Ebene. Und dann gehört für mich auch dazu, ein guter Durchblick und auch eine Fähigkeit, im Bereich (...) Hochschulpolitik mitzumachen« (8: 218ff.).

Soziale Kompetenz und vor allem Kenntnisse über karrierewirksame Strukturen und Machtkonstellationen, insbesondere aber über die Wirkung von »Seilschaften« und universitären Gremien, werden als ebenso wichtig erachtet wie die bewußte und realistische Karriereplanung vor dem Hintergrund des Frauseins:

»Sie sollen sich auf jeden Fall immer wieder überlegen, wohin sie wollen. (...) Und dann (...) lesen oder sprechen mit Frauen, die die berufliche Laufbahn machen, die sie anstreben, (...) sich immer wieder zu informieren, damit sie wissen, was auf sie zukommt. Das ist wichtig. Und zum zweiten, sich mit sich selber als Frau zu befassen, also was jetzt so läuft mit Frauenstudien und Rhetorikkursen und Präsentationsübungen und so etwas, finde ich auch wichtig. Ich denke, daß viele Chancen besser gewahrt, besser genutzt werden können, wenn die Frauen lernen können, selbstbewußt aufzutreten und zu sich zu stehen« (8: 809ff.).

Die von Regina Becker-Schmidt (1987) und Gudrun-Axeli Knapp (1990) beschriebene »doppelte Sozialisation« bzw. »doppelte Vergesellschaftung« von Frauen verlangt ein sich Einlassen und Leben mit widersprüchlichen Situationen und Lebenswelten von Familie und Beruf. Frauen, die in ihrer Sozialisation lernten, fürsorglich und rücksichtsvoll zu sein, müssen sich z.B. im Beruf durchsetzen, um Erfolg zu haben. Diese Ambivalenzen werden auch in unserer Untersuchung in oberflächlich scheinbar widersprüchlichen Aussagen deutlich, die aber bei weiterer Analyse als Konzept weiblicher Identität zu erkennen sind. Wissenschaftlerinnen haben bzw. entwickeln hinter allen Selbstzweifeln und Ambivalenzen eine Identität, die auf einer inneren Identifikation ihres »Kerns des Ich« mit den äußeren Schichten basiert (Macha 1989: 330; 1992;1995a)[22]. Diese innere Identifikation ist eine – oft unbewußte – Kraft, die vergleichbar mit einem »Spinnennetz« ist. Frauen in der Wissenschaft »spinnen« also wirklich: Unaufhörlich werden die verschiedensten, teils gegensätzlichen Lebenswelten miteinander verknüpft, werden Einbrüche in Form von Niederlagen, Lebenseinschnitten wie Mutterschaft, Diskriminierungserfahrungen usw. verkraftet und so der Lebenslauf weitergesponnen. Manche Brüche brauchen Zeit zur Reparatur, andere bleiben offen, aber das Netz, der seidene, fast unsichtbare Faden zwischen »innen« und »außen«, Körper und Geist, Familie und Beruf, der Männerwelt und dem Frausein gibt den Halt zur weiteren Existenz. Der biographische »Stoff«, aus dem dieser Faden stammt, ist in frühen Sozialisationserfahrungen zu finden:

»Ja, ich habe mich einfach erwachsen gefühlt, ab 10, (...) also nicht jetzt erwachsen in dem Sinne – aber ich hatte also zu diesem Zeitpunkt so ungefähr das Gefühl, also jetzt eine voll ausgereifte selbstbewußte Persönlichkeit zu sein. (...) Das erzähle ich unseren Studenten auch immer wieder, also wenn es sich mal anbietet. Und diese Ruhe in sich selbst zu haben und zu finden, die war sicherlich auch dafür verantwortlich, selbst also in den Zeiten, wo es mir äußerlich nicht gut ging, doch der Überzeugung war, daß ich letzten Endes aus diesem ganzen Schlamassel eher gestärkt hervorgehen werde« (31: 467ff.).

Einerseits lernen Frauen aufgrund der »doppelten Sozialisation« also mit den Widersprüchlichkeiten zu leben, diesen standzuhalten und sie in ihrer Identitätsstruktur zu verarbeiten. Andererseits entstehen dadurch aber auch immer wieder Selbstzweifel und Doppelbelastungen, bei denen Frauen das Gefühl haben, weder dem Beruf noch der von ihnen erwarteten und internalisierten Frauenrolle gerecht zu werden: »Ich bin keine richtige Frau, wenn ich Kompetenz zeige, mich durchsetze, in Konkurrenz gehe«. Internalisierte Angriffe dieser Art laufen dann »automatisch« in Gedanken ab. Dies ist verstärkt der Fall, wenn Wissenschaftlerinnen Kinder haben. Um diesem sich Zerrissen- oder Ver-rückt-fühlen entgegenzuwirken, ist es unabdingbar, daß Frauen die Erfahrung machen, daß nicht sie persönlich versagen, sondern daß die Ursachen ihrer Konflikte struktureller Art sind, also in der gesellschaftlichen Arbeitsteilung und in den Auswirkungen der »doppelten Vergesellschaftung« liegen. Frauen »spinnen« also nicht im psychopathologischen Sinn, wenn sie das Gefühl haben, den widersprüchlichen Anforderungen nicht gerecht zu werden. Dies auszuhalten, bedeutet für Frauen, auf die Suche nach dem eigenen, individuellen »Faden« zu gehen, Ermutigung und Unterstützung zum Weitermachen zu suchen und zu finden, auch wenn es oberflächlich als nicht stimmig erscheint. Dazu bedarf es der vertieften Selbsterfahrung der Wissenschaftlerinnen, der Unterstützung für ihren individuellen Weg, aber auch des Austausches mit älteren, erfahreneren Wissenschaftlerinnen als weiblichen Vorbildern.

Strukturelle Gegenmaßnahmen und Forderungen

Die Notwendigkeit der Veränderung im individuellen Bereich, wie sie hier an einigen Aspekten dargestellt wurde, verlangt die Bereitschaft und den Einsatz für persönliches Wachstum der einzelnen Wissenschaftlerin. Dennoch ergeben sich hieraus auch Notwendigkeiten der Veränderung im strukturellen Bereich, wenn man/frau die geforderte Frauenförderung nicht als individuell zu lösendes Problem betrachtet. Die individuellen Veränderungen könnten durch regelmäßige universitäre Angebote der persönlichen Weiterbildung für Frauen initiiert werden. Hier bieten sich z.B. praxisorientierte Veranstaltungen und Trainings zu Themenstellungen wie Rhetorik, Selbstsicherheitstraining, Kommunikations- und Durchsetzungsstrategien, Konfliktverhalten und universitäre Karriereberatung an. Daß nicht alleine mit universitätsüblichen wissenschaftlichen Methoden gearbeitet werden kann, wurde ja bereits in den Anfängen der feministischen Frauenforschung festgestellt (Mies 1984). Diesbezüglich bietet der erziehungswissenschaftliche Bereich Vorteile, da Methoden der humanistischen Erwachsenenbildung ein wichtiger theoretischer, manchmal auch praktischer Bestandteil des Studiums sind.

Die Problematik der Vereinbarkeit von Beruf und Familie ist zwar alt, aber immer noch ungelöst, obwohl die Lösungen sehr wohl und seit längerem bekannt sind. Diese Problematik ist struktureller Art, wie uns die DDR bewies: Dort gab es eine beinahe 100%ige Betreuung von Kindern, wobei 75,6% der Frauen im erwerbsfähigen Alter berufstätig und 90% der berufstätigen Frauen Mütter waren (Nickel 1994: 5f.). Um die Bedeutung der Problematik zu vertiefen, möchte ich hier ein Zitat einer Naturwissenschaftlerin in der Habilitationsphase – eine schwangere Mutter von drei Kindern – anfügen, das stellvertretend die Bedeutung der Kinderbetreuung für die Hochschulkarriere aufzeigt:

> »Und dann sollten Kinder kein Grund sein, daß man eine universitäre Laufbahn irgendwie unterbrechen muß. Daß heißt, ich denke, es ist total wichtig, daß man nicht – wie ich jetzt auch im Moment – nicht weiß, wo stecke ich die Kinder denn hin? Daß das allen Ernstes ein Grund ist, daß ich für fünf Tage lang gedacht habe: ‚Jetzt kannst Du nicht habilitieren!' weil ich ein Kind kriege. Das ist grotesk, aber es ist so. Und das muß man vorher wissen« (12: 1911ff.).

Diese Thematik wird von Ost- und Westwissenschaftlerinnen gleichermaßen als problematisch betrachtet und als grundlegender belastender Faktor bei der Karriereentwicklung gewertet, wie das folgende Zitat einer Naturwissenschaftlerin aus den neuen Bundesländern belegt:

»Was noch wichtig ist, ist natürlich, daß staatlicherseits die Möglichkeit der Kinderbetreuung, die muß unbedingt da sein, also als Voraussetzung für Arbeitsabläufe. (...) Nein, wenn das Kind schlecht betreut ist, damit kann man als Mutter sich nicht abfinden« (1: 809ff.).

Die Gebärfähigkeit von Frauen ist auch heute noch ein, in Westdeutschland meist unausgesprochenes, in Ostdeutschland vielfach noch offen artikuliertes, wirksames Hindernis bei der Einstellung oder Weiterbeschäftigung von Wissenschaftlerinnen. Die gesamtgesellschaftliche Problematik der Vereinbarkeit von Beruf und Kindern ändert sich aus Sicht der meisten von uns Befragten erst, wenn sich die geschlechtsstereotype Rollenerwartung ändert. Dazu gehört auch, daß die jungen Männer – nicht nur die Frauen – als potentielle Nutzer des Erziehungsurlaubes angesehen und sozial akzeptiert werden:

»Und die sollen gefälligst auch mal diese jungen Väter oder die jungen Männer als potentielle Väter ansehen. Das halte ich also wirklich für den Knackpunkt, (...) wenn die Arbeitgeber, und das betrifft die Universitäten genauso, wenn die bei jedem jungen Menschen, den sie einstellen, damit rechnen müssen, daß die also Väter und Mütter werden können und nicht nur Mutterschaftsurlaub, sondern auch ein Vaterschaftsurlaub oder ein Erziehungsurlaub, der auch wirklich von beiden in Anspruch genommen wird, gewährt werden muß, da werden wir mal sehen, was sich dann ändert!« (16: 1233f.).

Zur Veränderung der universitären Strukturen müssen also gesamtgesellschaftlich und damit politisch die Rahmenbedingungen für Frauen verbessert werden. Um Wissenschaftlerinnen aller Disziplinen in Führungspositionen der Universitäten zu bringen, ist die Durchsetzung folgender politischer Maßnahmen unerläßlich:

- Bei der Besetzung von Lehrkräften muß eine Quotierung auf allen Ebenen, möglichst entsprechend dem Anteil der Studentinnen, mindestens aber bis zu einem Anteil der Frauen von 50% Prozent eingeführt werden, die mittels rechtlich verbindlicher – positiver wie negativer – Sanktionen realisiert werden sollte.
- Es sollte eine Reform der Studien- und Prüfungsordnungen und der Lehrpläne entsprechend der Ergebnisse von interdisziplinärer Geschlechterforschung stattfinden, um gerade in den Erziehungs- und Sozialwissenschaften ein Bewußtsein für Zusammenhänge und Auswirkungen der geschlechtsspezifischen Sozialisation auf den Lebenslauf und auf Berufs- und Karrierekonzepte bewußt zu machen.
- Zusätzlich sollten die Institute für interdisziplinäre Geschlechter- und Frauenforschung weiter auf- und ausgebaut werden. Die Ergebnisse der Frauen- und Geschlechterforschung müßten dann selbstverständlich in konkrete politische Maßnahmen oder Projekte münden.

- Zur individuellen Förderung von Wissenschaftlerinnen sollten frauenbezogene, regelmäßige Fortbildungsmaßnahmen wie Rhetorik, Selbstbehauptungs- und Selbstsicherheitstraining, Kommunikations- und Durchsetzungsstrategien und Konfliktverhaltenstraining sowie universitäre Karriereberatung organisiert und finanziert werden. Wissenschaftlerinnen, die ihre Krisen managen lernen, brauchen ihre Karriere dann nicht mehr aufzugeben!

Auch wenn es wie ein monotoner Chor erscheint, es ist die notwendige Antwort zur Realisierung der Vereinbarkeit von Familie und Beruf auf die »Rhetorik der Gleichberechtigung«: Der gesetzlich gegebene Anspruch auf einen Kindergartenplatz für jedes Kind ab drei Jahren muß nun auch realisiert werden. Zudem ist es notwendig, die Kinderbetreuungseinrichtungen möglichst in Hochschulnähe und mit flexiblen Öffnungszeiten auch für kleinere Kinder auszustatten. Die Wertigkeiten und Hierarchien in der Wissenschaftslandschaft bezüglich der Fächer, des Geschlechts – vielleicht auch bezüglich des Alters und der ethnischen Herkunft (Schultz 1994) – müßten reformiert werden: Mit welcher Begründung und mit welchem Recht werden denn naturwissenschaftliche und technische Fächer als wichtiger erachtet? Sind nicht die Erziehung, menschliches Wachstum, mehr Mitmenschlichkeit – um nur einige Bereiche zu nennen – im Zeitalter der globalen Zerstörung wenigstens genauso wichtig wie z.B. Kenntnisse der Flugsicherheit oder der Nahrungsmittelsicherung? Ich plädiere für eine Aufwertung der Erziehungs- und Sozialwissenschaften – und damit der sozialen Berufe allgemein. Denn wenn diesen Berufen der gleiche soziale und ökonomische Status zuerkannt wird wie den naturwissenschaftlich-technischen, dann werden mehr Männer diese Berufe ergreifen. Wenn reproduktive Arbeit – Beziehungsarbeit – den gleichen Stellenwert in unsere Gesellschaft hat wie produktive Lohnarbeit, dann sind wir der Utopie der Gleichberechtigung und Gleichstellung von Mann und Frau näher. Quotierung ist ein schmerzvoller, aber absolut notwendiger Schritt in diese Richtung.

Anmerkungen

1 Bei der Neu- bzw. Wiederbesetzung der Professuren lag der Frauenanteil zwischen 1987 und 1989 bei den C3-Stellen bei 60% und bei den C4-Stellen bei 33%. Dagegen betrug der Frauenanteil zwischen 1991 und 1993 nur noch 47% bzw. 12%.

2 Vergleichbare Zahlen zu den Sozialwissenschaften liegen mir nicht vor.

3 Die Zahlen beziehen sich auf den Stand vom 31.3.1994 und sind folgenden Quellen entnommen: Statistisches Bundesamt (1991: 402f.) und Burkhardt (1993).

4 Zum Vergleich der Erziehungswissenschaften und der Sozialwissenschaften werden die Ingenieurwissenschaften herangezogen, die eine übergeordnete Fächergruppe bezeichnen. Im Statistischen Jahrbuch werden Politik- und Sozialwissenschaften zusammengefaßt und daher auch hier zusammen genannt. Im folgenden beziehe ich mich jedoch inhaltlich nur auf die Sozialwissenschaften, nicht auf die Politikwissenschaft. Im Statistischen Jahrbuch werden Zahlen je nach Bereich einmal differenziert nach Fach und weiter nach übergeordneter Fächergruppe aufgezeigt. Die Erziehungswissenschaften sind der Fächgruppe der Sprach- und Kulturwissenschaften zugeordnet, die Politik- und Sozialwissenschaften der Fächergruppe der Rechts-, Wirtschafts- und Sozialwissenschaften. Eine Differenzierung bezüglich der Ingenieurwissenschaften schien hier, obwohl möglich, zum Vergleich nicht notwendig. Im Statistischen Jahrbuch 1995 erfolgt – im Gegensatz zu den Statistischen Jahrbüchern der Vorjahre – keine Aufschlüsselung nach Geschlecht und Disziplin mehr, sondern lediglich nach Geschlecht und übergeordneten Fächergruppen. Deshalb wurden die Studentinnenzahlen für die Erziehungswissenschaften und für die Politik- und Sozialwissenschaften aus dem Statistischen Jahrbuch 1993 aufgeführt.

5 Im Statistischen Jahrbuch 1995 ist der weibliche Anteil an den Studierenden nur für übergeordnete Fächergruppen und nicht nach einzelnen Disziplinen aufgeführt. Deshalb sind für die Erziehungswissenschaften und die Politik- und Sozialwissenschaften nur Angaben zum WS 1991/92 möglich.

6 Der Anteil von Habilitandinnen wird im Statistischen Jahrbuch 1995 nur unter Sprach- und Kulturwissenschaften insgesamt und nicht für Erziehungswissenschaften im besonderen ausgewiesen. Absolut waren demzufolge von 278 Habilitanden 54 weiblich. Kuckarz und Lenzen (1994: 16) geben als absolute Zahl für die Habilitationen in den Erziehungswissenschaften in der BRD für 1991 und 1992 je 33 an. Auch hier ist der Frauenanteil nicht gesondert ausgewiesen.

7 Im Statistischen Jahrbuch 1995 sind zur Stellensituation nur Daten von 1991 ausgewiesen. Dies erschwert insbesondere den Vergleich der Stellensituation vor und nach der Wende und die Auswirkungen der Transformation des Hochschulwesens in den neuen Bundesländern.

8 Die Anzahl der Habilitationen sind im Statistischen Jahrbuch nur nach Fächergruppen aufgezeigt und nicht nach einzelnen Disziplinen. Die Erziehungswissenschaften sind der Fächergruppe der Sprach- und Kulturwissenschaften zugeordnet, die Politik- und Sozialwissenschaften der Fächergruppe der Rechts-, Wirtschafts- und Sozialwissenschaften. Die Ingenieurwissenschaften bezeichnen eine eigene Fächergruppe.

9 Das Statistische Jahrbuch 1995 weist keine aktuellen Daten zum hauptberuflichen wissenschaftlichen Personal aus, sondern lediglich die Zahlen von 1991. Dies erschwert einen Vergleich der Stellensituation vor der Wende in der DDR und nach der Transformation des Hochschulwesens in den neuen Bundesländern.

10 Gisela Schütz-Gmeineder, Frauenbeauftragte der Universität Augsburg, formulierte dies anläßlich der Jahrestagung der Kommission Frauenforschung der Deutschen Gesellschaft für Erziehungswissenschaft am 15.6.1995 in Augsburg. Die Prozentangaben beziehen sich jeweils auf 100% der Studienanfänger, der abgeschlossenen Habilitationen und Professuren.

11 Da zum hauptberuflichen wissenschaftlichen Personal nur Zahlen von 1991 vorliegen, werden auch bei der Anzahl der Studentinnen und Studenten die Zahlen vom WS 1991/92 zur Berechnung verwendet.

12 In diesem Projekt »Zur beruflichen Sozialisation von Wissenschaftlerinnen in Ost- und Westdeutschland« – unter der Leitung von Frau Professorin Dr. Hildegard Macha, Universität Augsburg – wurden, aufbauend auf eine Pilotstudie von 21 Interviews, die 1991 durchgeführt wurden, weitere 34 qualitative, teilstrukturierte, biographische Interviews mit Wissenschaftlerinnen geführt, davon 16 aus den alten und 18 aus den neuen Bundesländern. In der Hauptuntersuchung wurden je 17 Naturwissenschaftlerinnen (7 Ost, 10 West) und 17 Geisteswissenschaftlerinnen (11 Ost, 6 West) ausgewählt, von denen einige Erziehungswissenschaftlerinnen sind.

13 Die folgenden Zitate stammen, falls nicht anders gekennzeichnet, aus dem genannten Forschungsprojekt. Es werden jeweils die Interviewnummern und Zeilennummern in Klammern genannt.

14 Beispielhaft seien hier nur der Deutsche Akademikerinnenbund e.V. als fächerübergreifender Zusammenschluß, die Arbeitsgruppe »Frauenforschung« in der Deutschen Gesellschaft für Erziehungswissenschaft (DGfE) oder die »Sektion Frauenforschung« der Deutschen Gesellschaft für Soziologie erwähnt.

15 Ein vergleichbarer Effekt wurde gesamtgesellschaftlich durch die Frauenbewegung ausgelöst und von Susan Faludi (1993) für die USA detailliert beschrieben.

16 Es handelt sich um die situative Einschätzung, die Mitglieder während der Jahrestagung der Kommission Frauenforschung der DGfE vom 15.-17.6.1995 in Augsburg äußerten. Konkrete Zahlen liegen hier noch nicht vor.

17 Die Wandlungen der Familienerziehung, die insbesondere auch durch den Wandel der Geschlechterbeziehungen bedingt sind, und deren Konsequenzen für die schulische Erziehung sind in Macha (1994) dargestellt.

18 Die juristische Definition nach § 2 Abs. 2 des Beschäftigtenschutzgesetzes vom 24.6.1994 (BGBl. I S. 1412) lautet:
»Sexuelle Belästigung am Arbeitsplatz ist jedes vorsätzliche, sexuell bestimmte Verhalten, das die Würde von Beschäftigten am Arbeitsplatz verletzt. Dazu gehören: 1. sexuelle Handlungen und Verhaltensweisen, die nach den strafgesetzlichen Vorschriften unter Strafe gestellt sind, sowie 2. sonstige sexuelle Handlungen und Aufforderungen zu diesen, sexuell bestimmte körperliche Berührungen, Bemerkungen sexuellen Inhalts sowie Zeigen und sichtbares Anbringen von pornographischen Darstellungen, die von den Betroffenen erkennbar abgelehnt werden.« Diese nach langer politischer Diskussion festgelegte juristische Definition geht vielen Feministinnen, aber auch dem Bundesfrauenministerium nicht weit genug.

19 Es gibt kaum noch pädagogische oder sozialwissenschaftliche Lehrstühle, die nicht wenigstens eine geschlechtsspezifische Lehrveranstaltung im Semester anbieten. Ein weiterer Beleg ist, daß selbst in Bayern kürzlich eine Professur für Frauenforschung genehmigt worden ist.

20 Eine umfassende Analyse der Auswirkungen der »Wende« auf die Erziehungswissenschaften findet sich in Macha/Klinkhammer/Hildebrandt (1994).

21 Die radikale Verdrängung der Frauen der neuen Bundesländer vom Arbeitsmarkt nach der Wende bezeichne ich als zweite »Hausfrauisierung« in Anlehnung an die genannten Autorinnen.

22 Zugrundegelegt wird hier der systemische Sozialisationsbegriff von Macha (1995a) in der ersten und zweiten Sozialisation in Kindheit und Beruf: »Grundgedanken sind: Autopoiese, Selbstorganisation, Systembegriff und Lebenslauf nach ›innerem Bauplan‹. Eine weitere Analyse der Situation von Wissenschaftlerinnen, in der auch zur weiblichen Berufsidentität Bezug genommen wird, findet sich in Macha (1992).

Literatur

Baus, Magdalena (1994), Professorinnen an deutschen Universitäten. Analyse des Berufserfolgs, Heidelberg.

Becker-Schmidt, Regina (1987), Die doppelte Vergesellschaftung, die doppelte Unterdrükkung: Besonderheiten der Frauenforschung in den Sozialwissenschaften, in: Ina Wagner/ Lilo Unterkirchner (Hg.), *Die andere Hälfte der Gesellschaft*, Wien, S. 10-29.

Becker-Schmidt, Regina (1995), Transformation und soziale Ungleichheit – soziale Ungleichheit und Geschlecht, in: *Neue Impulse* 3, S. 6-13.

Brehmer, Ilse (Hg.) (1990), *Mütterlichkeit als Profession?* Lebensläufe deutscher Pädagoginnen in der ersten Hälfte dieses Jahrhunderts, Pfaffenweiler.

Breuer, Julietta (1994), Unbezahlt und unbezahlbar? Ehrenamtliche Arbeit von Frauen, in: *Geschichte lernen* 39, S. 54-61.

Beschäftigtenschutzgesetz vom 24.6.1994, BGBl I S. 1412.

Bundesministerium für Jugend, Familie, Frauen und Gesundheit (Hg.) (1991), *Sexuelle Belästigung am Arbeitsplatz*, Bonn.

Burkhardt, Anke (1993), (K)ein Platz für Wissenschaftlerinnen an ostdeutschen Hochschulen? In: *Beiträge zur Hochschulforschung* 3, S. 339-371.

Burkhardt, Anke/Doris Scherer (1993), *Habilitierte Wissenschaftlerinnen in Ostdeutschland – ein Berufungsreservoir?* Projektberichte 6 der Projektgruppe Hochschulforschung, Berlin-Karshorst.

Burkhardt, Anke (1995), »Besser als befürchtet, schlechter als erhofft«, Zum Stand des Berufungsgeschehens an ostdeutschen Hochschulen aus Frauensicht, in: *Hochschule Ost*, März/April, S. 107-121.

Bußmann, Hadumod/Katrin Lange (Hg.) (1996), *Peinlich berührt*. Sexuelle Belästigung von Frauen an Hochschulen, München.

Degen, Barbara (1996), Universität Hohenheim: Beschwerden wegen sexueller Übergriffe am Arbeitsplatz führen zur Suspendierung eines Professors, in: *Neue Impulse* 2, S. 3-5.

Faludi, Susan (1993), *Die Männer schlagen zurück*, Reinbek bei Hamburg.

Gerstendörfer, Monika (1994), *Sine Laude! Sexismus an der Hochschule*, Metzingen.

Hildebrandt, Karin (1989) Wissenschaftlerinnen im Hochschulwesen der DDR. Ergebnisse einer Befragung, *Berichte und Information zur Hochschulentwicklung*, Zentralinstitut für Hochschulbildung, Berlin.

Hildebrandt, Karin (1992), Die berufliche Situation in der DDR, in: Geiling-Maul, Barbara/ Hildegard Macha u.a .(Hg.), *Frauenalltag,* Köln, S. 215-230.

Horstkemper, Marianne (1987), *Schule, Geschlecht und Selbstvertrauen*. Eine Längsschnittstudie der Mädchensozialisation, Weinheim.

Horstkemper, Marianne, (1995), Lehren und Lernen im koedukativen Unterricht, in: *PZ-Nachrichten* 1, S.19-21.

Klinkhammer, Monika (1994), »...und raus bist Du!«, Zur massiven Ausgrenzung von Ost-Professorinnen in der Erziehungswissenschaft, in: *Konsens* 4, Informationen des Deutschen Akademikerinnenbundes e.V., S. 9-12.

Knapp, Gudrun-Axeli (1990), Zur widersprüchlichen Vergesellschaftung von Frauen, in: Ernst-H. Hoff, (Hg.), *Zum Verhältnis von beruflichem und privatem Lebensstrang*, Weinheim, S. 17-52.

Kuckarz, Udo/Dieter Lenzen (1994), Daten zur Stellensituation in der deutschen Erziehungswissenschaft und den Chancen des wissenschaftlichen Nachwuchses, in: *Erziehungswissenschaft* 5, Berlin.

Macha, Hildegard (1989), *Pädagogisch-anthropologische Theorie des Ich*, Bad Heilbrunn.
Macha, Hildegard (1992), Wissenschaftlerinnen in der Bundesrepublik, in: Barbara Geiling-Maul, Hildegard Macha, Heidi Schrutka-Rechtenstamm, Anne Vechtel (Hg.), *Frauenalltag*. Weibliche Lebenskultur in beiden Teilen Deutschlands, Köln, S.189-214.
Macha, Hildegard (1994), Wandlungen der Familienerziehung heute und ihre Auswirkungen auf die Schule, in: *Schulpädagogik heute – Probleme und Perspektiven*, S. 161-182.
Macha, Hildegard (1995a), *Sozialisation im Lebenslauf*, Augsburg, unveröffentlichtes Manuskript.
Macha, Hildegard (1995b), *Zur beruflichen Sozialisation von Wissenschaftlerinnen in Ost- und Westdeutschland.* Ausgewählte Forschungsergebnisse, unveröffentliches Manuskript, vorgestellt im Rahmen der Jahrestagung der Kommission Frauenforschung der Deutschen Gesellschaft für Erziehungwissenschaft am 16.6.95 in Augsburg.
Macha, Hildegard/Monika Klinkhammer, Karin Hildebrandt (1994), Zur Lage der Erziehungswissenschaftlerinnen an den Universitäten der neuen Länder, in: Adolf Kell (Hg.), *Erziehungswissenschaft im Aufbruch?* Weinheim, S. 222-276.
Metz-Göckel, Sigrid (1995), *Die Lust an der Macht und Konkurrenz unter Frauen*, unveröffentlichter Tagungsbeitrag 16.6.95, Augsburg.
Mies, Maria (1984), Frauenforschung oder feministische Forschung? Die Debatte um die feministische Wissenschaft und Methodologie, in: *beiträge zur feministischen theorie und praxis* 11, S. 40-60.
Nickel, Hildegard Maria (1994), Mit dem DDR-Gleichstellungsvorsprung in die bundesdeutsche Modernisierungsfalle? In: *Berliner Debatte/Initial 4*, S. 3-14.
Nickel, Hildegard Maria (1995), Frauen im Umbruch der Gesellschaft. Die zweifache Transformation in Deutschland und ihre ambivalenten Folgen, in: *Aus Politik und Zeitgeschichte* B36-37, S. 23-33.
Onnen-Isemann, Corinna (1988), Hochschullehrerinnen – Stand der Forschung, in: *Informationsdienst Frauenforschung* 1 und 2, S. 54-73.
Reiche, Karin (1994), *Studie zur Gleichstellung von Mann und Frau an der TU Dresden*, Frauenbericht, Dresden.
Sachße, Christoph (1986), *Mütterlichkeit als Beruf*, Frankfurt/M..
Schultz, Dagmar (1991), *Das Geschlecht läuft immer mit ...* , Pfaffenweiler.
Statistisches Bundesamt (Hg.) (1990), *Statistisches Jahrbuch 1990*, Stuttgart.
Statistisches Bundesamt (Hg.) (1991), *Statistisches Jahrbuch 1991*, Stuttgart.
Statistisches Bundesamt (Hg.) (1993), *Statistisches Jahrbuch 1993*, Stuttgart.
Statistisches Bundesamt (Hg.) (1995), *Statistisches Jahrbuch 1995*, Stuttgart.
Von Werlhof, Claudia/Maria Mies/Veronika Bennholdt-Thomsen (1983), *Frauen, die letzte Kolonie*. Zur Hausfrauisierung der Arbeit, Reinbek bei Hamburg.
Wermuth, Nanny (1992), Frauen an Hochschulen. Statistische Daten zu den Karrierechancen, in: Bundesminister für Bildung und Wissenschaft (Hg.), Schriftenreihe Studien zu Bildung und Wissenschaft 105. Bad-Honnef.
Wetterer, Angelika (1988), »Man marschiert als Frau auf Neuland« – Über den schwierigen Weg der Frauen in die Wissenschaft, in: Gerhardt, Uta, Schütze, Yvonne (Hg.): *Frauensituationen. Veränderungen in den letzten zwanzig Jahren*, Frankfurt/M., S. 273-291.
Young, Brigitte (1993), Deutsche Vereinigung. Der Abwicklungsskandal an ostdeutschen Universitäten und seine Folgen für Frauen, in: *Feministische Studien* 1, S. 8-20.
Zentraleinrichtung zur Förderung von Frauenstudien und Frauenforschung (1994), *Frauenforschungsprofessuren an deutschen Universitäten/Gesamthochschulen und Hochschulen* (ausgenommen Fachhochschulen), Berlin.

Geschlechtergerechtes Studium

Defizite und Forderungen[1]

Christine Färber

Seit über einhundert Jahren studieren Frauen an deutschen Hochschulen. Dennoch bilden sie inzwischen noch nicht einmal 40 Prozent der Studierenden. Damit sind Frauen im Studium immer noch deutlich unterrepräsentiert. Dieser strukturelle Ausschluß von Frauen hat zur Folge, daß ihre Chancen auf hochqualifizierte Arbeitsplätze und auf hohe Verdienstmöglichkeiten deutlich schlechter sind als die von Männern. Für die deutsche Gesellschaft und die Produktivität in Deutschland hat dieser Ausschluß von Frauen ebenfalls negative Folgen: Es wird ein gesellschaftlich und wirtschaftlich wichtiges Potential vergeudet, wenn wir Frauen unsere Kreativität, unsere Intelligenz und unser Innovations- und Leistungspotential nicht so wie Männer ausschöpfen dürfen.

Das Studium ist ein System der Männerförderung geblieben. Dies betrifft alle Stufen einer Hochschulausbildung, vom Studienzugang bis hin zu den Berufschancen und dem Verdienst der Absolventinnen. Selbst in Studiengängen, in denen Frauen inzwischen die erhebliche Mehrheit der Studierenden bilden, sind Frauen aufgrund der erheblichen Unterrepräsentanz beim wissenschaftlichen Personal kaum an der inhaltlichen und organisatorischen Gestaltung des Studiums beteiligt. Studentinnen haben nur die Alternative, sich an männergeprägte Strukturen anzupassen oder aus den Vorteilen des Systems ausgeschlossen zu werden.

Unser Ziel ist es, daß Frauen unter den Studierenden eine Beteiligung erreichen, die dem Anteil von Frauen in der Bevölkerung entspricht. Unser Ziel ist es auch, daß die Gestaltung des Studiums in inhaltlicher, didaktischer und organisatorischer Hinsicht den Ansprüchen von Frauen gerecht wird und beide Geschlechter optimal fördert. Unsere Forderungen beziehen sich auf eine Veränderung der Studienstrukturen vom Studienzugang bis zur Absolventinnenförderung. Eine hohe Repräsentanz von Frauen bei den Professuren wäre der wichtigste Beitrag zur Förderung von Frauen im Studium. Frauen müssen einen gleichberechtigten Einfluß auf die Studiengestaltung erhalten wie Männer. Lehrinhalte müssen Leistungen von Frauen und Ergebnisse der Frauenforschung wesentlich berücksichtigen. Die soziale Lage von Studentinnen und die Vereinbarkeit von Familie und Studium sind deutlich zuverbessen. Frauen müssen auf dem akademischen Arbeitsmarkt Männern gleichgestellt werden.

Studienstrukturreform aus der Perspektive der Frauenförderung

Eine erhebliche Steigerung des Frauenanteils bei Professuren ist erforderlich

Die eklatante Marginalisierung von Frauen in der Wissenschaft, vor allem bei den Professuren, wirkt sich für Frauen im Studium dreifach negativ aus: Zum ersten fehlt es Studentinnen an weiblichen Vorbildern für ihre Lebens- und Karriereplanung. Zweitens haben ausschließlich Männer die Lehrinhalte und die Didaktik sowie die Studienorganisation geprägt, während Frauen mit ihren fachlichen wie organisatorischen Interessen und Bedürfnissen nicht vorkommen. Schließlich achten Männer vom Student bis zum Professor darauf, daß die Zukunft der Wissenschaft männlich bleibt: Frauen werden schon im Studium aufgrund ihres Geschlechts nicht in die wichtigen Netzwerke einbezogen und sind deshalb von Informationen und Beziehungen abgeschnitten. Um die Voraussetzungen für eine angemessene Berücksichtigung und Förderung von Frauen im Studium sicherzustellen, muß der Frauenanteil beim Lehrpersonal an Hochschulen erheblich erhöht werden. Ein Frauenanteil von 50 Prozent unter den Lehrenden ist die wichtigste und beste Voraussetzung für ein frauengerechtes Studium.

Nachteile für Frauen beim Studienzugang sind abzubauen

Die Bildungschancen für junge Frauen sind schlechter als die von jungen Männern, obwohl Frauen die besseren schulischen Leistungen erbringen. Schon der Studienzugang von Frauen wird durch Ausnahmeregelungen zum numerus clausus, die fast ausschließlich für Männer wirksam werden, behindert. So ist die bevorzugte Zulassung nach einem sozialen Jahr und nach einer Kinderbetreuungsphase ein zahlenmäßig unbedeutender Vorgang im Verhältnis zur Bevorzugung von Wehr- und Ersatzdienstleistenden. Dies führt dazu, daß in manchen Studiengängen alle Studienbewerberinnen selbst mit einem Notendurchschnitt von 1,0 abgewiesen werden, während Männer mit einer Abiturnote von 3,5 zugelassen werden. Regelungen zum Studienzugang ohne Abitur berücksichtigen darüber hinaus bisher nicht die Leistungen von Familienarbeit.

Bei der Entscheidung für die eigene Karriere beginnen Frauen nach der (Fach)Hochschulreife seltener als Männer ein Studium, häufiger eine Berufsausbildung. Die Gründe hierfür liegen zum einen in der realistischen Antizipation der schlechten Berufschancen von Frauen auf dem akademischen Arbeitsmarkt, zum anderen an der schlechten sozialen Lage von Frauen im Studium.

Es ist davon auszugehen, daß eine Verknappung von Studienplätzen dazu führt, daß die Studierneigung von Frauen drastisch zurückgeht. Ein hoher Bildungsstand allein reicht bei Frauen zwar nicht aus, um ihnen qualifizierte Arbeitsplätze zu sichern, stellt aber insbesondere für Frauen eine unabdingbare Voraussetzung für einen qualifizierten Arbeitsplatz dar.

Forderungen:

- Eine gleichberechtigte Partizipation an Entwicklungschancen, die in einem Studium erworben werden können, setzt vor allem angemessene quantitative Partizipation von Frauen voraus. Wenn die Anzahl der weiblichen Studienbewerbungen ausreicht, müssen 50 Prozent der Studienplätze eines Faches für Frauen reserviert werden.
- Es ist bei allen Maßnahmen der Studienstrukturreform dringend darauf zu achten, daß die Studienbeteiligung von Frauen ihrer Repräsentanz in der Bevölkerung angeglichen wird. In jedem Fall müssen bei Anzeichen eines Rückgangs des Frauenanteils bei den StudienbewerberInnen wirksame Maßnahmen eingeführt werden, um dieser Entwicklung unmittelbar zu begegnen. Beim Studienzugang ohne Abitur müssen Familienphasen gleichwertig zur Erwerbsarbeit als qualifizierend gelten.

Der geschlechtsspezifischen Studienfachwahl ist entgegenzuwirken

In technischen Fächern und in Physik ist in Deutschland die Studiennachfrage von Frauen besonders gering. Diese geschlechtsspezifische Studienfachwahl führt zu einem Qualitätsdefizit dieser Wissenschaftszweige und zu einer nicht geschlechtergerechten Arbeitsmarktperspektive von Akademikerinnen und Akademikern. Den Ursachen kann im Bereich der Hochschulen auf zweifachem Weg begegnet werden: Zur Zeit erweisen sich Lehrer und Lehrerinnen als nicht kompetent, Schülerinnen qualifiziert für Technik zu interessieren. Die Aus- und Weiterbildung von Lehrerinnen und Lehrern muß einen Schwerpunkt in Fragen der Koedukation und der Technikbildung von Mädchen erhalten. Zum zweiten ist die Lehre an den Hochschulen in technischen Fächern eher abschreckend organisiert und fördert die Ausgrenzung der vereinzelten Studentinnen. Aus diesem Grund brechen junge Frauen, die ein solches Studienfach wählen, das Studium häufiger ab als Männer. Die Studienstruktur in technischen Fächern ist deshalb grundlegend zu reformieren. Ein Schwerpunkt muß auf Kleingruppenarbeit und auf praktische Bezüge zu den Lerngegenständen gelegt werden. Um das technische Interesse von Mädchen zu fördern, sollten die Hochschulen spezielle Informations- und Beratungsangebote für Schülerinnen einrichten. Für Frauen in technischen Studiengängen müssen gesonderte Lehrveranstaltungen im regulären Angebot offeriert werden.

Insbesondere negativ bewerten wir die stark sinkende Studiennachfrage von Frauen im Bereich ingenieurwissenschaftlicher Fächer in den neuen Bundesländern. Es ist davon auszugehen, daß nicht nur die Studienfachlenkung der DDR einen hohen Frauenanteil bei den Studierenden dieser Fachrichtungen erzeugte. Eine Reihe weiterer Faktoren, die positive Maßnahmen zur Förderung von Frauen darstellen, fielen in den vergangenen Jahren weg. So war es üblich, daß Betriebe ihre technisch-naturwissenschaftlich interessierten Mitarbeiterinnen für ein Studium oder eine wissenschaftliche Weiterqualifizierung freistellten, was mit einer Arbeitsplatzgarantie bei Rückkehr in den Betrieb verbunden war. Anders als im westlichen System erhielten Ingenieurinnen in der Regel ebenso wie Männer nach dem Studium qualifizierte Arbeitsplätze. Die Absolventinnen technischer Studienrichtungen haben traditionell in den alten Bundesländern erheblich schlechtere Berufschancen als ihre männlichen Kollegen. Es sind unterstützende Maßnahmen für die gezielte Integration von Ingenieurinnen in technisch leitende Berufe durchzuführen.

Forderungen:

- Regelungen zum Studienzugang in Fächern, in denen Frauen drastisch unterrepräsentiert sind, müssen Mindestquoten für die Zulassung von Frauen festlegen, die nicht unter 20 Prozent liegen dürfen. Nur wenn Studienbewerberinnen nicht in der Lage sind, diese Anzahl reservierter Plätze aufzufüllen, sollen männliche Bewerber die freien Plätze erhalten.

Strukturdefizite sind zu beheben

Strukturen und Inhalte der Studiengänge an deutschen Hochschulen sind von Männern geprägt. Frauen erscheinen dabei als Zusatz, als Ausnahme, als Gäste. Das Studium an deutschen Hochschulen muß grundlegend verändert werden, soll es für Frauen attraktiv sein und soll es im gesellschaftlichen Interesse die Leistungsfähigkeit von Frauen ebenso fördern wie die von Männern.

Grundsätzlich gilt für alle Fächer, daß das Studium Frauen eher demotiviert, Männer dagegen fördert. Ein geringer Frauenanteil führt zu anderen Formen der Ausgrenzung als ein hoher Frauenanteil im Studium, aber in allen Fächern wird Frauen in Lehrveranstaltungen häufiger als Männern die Kompetenz abgesprochen. Studentinnen erhalten weniger Redezeit, weniger Aufmerksamkeit und weniger materielle und intellektuelle Förderung als ihre männlichen Kommilitonen. Frauen erfahren unmittelbare Diskriminierungen qua Geschlecht über geringere Wertschätzung ihrer Leistungen, durch Benachteiligungen im Kommunikationsverhalten und durch sexuelle Belästigung. Frauen brechen deshalb an Universitäten häufiger als Männer ihr Studium ab.

Forderungen:

- Zur Beseitigung von Diskriminierungen von Frauen im Studium müssen wirksame Kontrollinstanzen eingerichtet werden. Kontinuierliche Lehr- und Studienevaluationen durch die Studierenden, die Geschlechtsspezifika als Analysekategorien wesentlich berücksichtigen, sind erforderlich. Maßnahmen zur Studienreform müssen sich an geschlechterdifferenzierten Bedarfserhebungen und Folgeabschätzungen orientieren.
- Ein wirksamer Einfluß von Frauen auf eine frauengerechte Studiengestaltung setzt zusätzlich zu diesen Kontrollmechanismen eine wirksame Interessenvertretung von Frauen an den Hochschulen voraus. Dies bedeutet neben einer erheblichen Steigerung des Frauenanteils beim wissenschaftlichen Personal vor allem auch eine stärkere Beteiligung derjenigen Statusgruppen an den wissenschaftlichen und wissenschaftspolitischen Entscheidungsinstanzen, in denen Frauen stark repräsentiert sind. Für die Repräsentanz von Frauen in Hochschulgremien muß eine 50-Prozent-Quote eingeführt und durch geeignete Vorschriften zum Wahlmodus unterstützt werden.
- Das Studium und die Studienorganisation müssen flexibler gestaltet werden, um unterschiedlichen Gruppen von Studierenden gerecht zu werden. Einzubeziehen sind jedoch auch Fragen der Schicht, des Bildungswegs der Studierenden, der Ethnizität und Staatszugehörigkeit sowie von Behinde-

rungen, familiären Verpflichtungen oder sexuellen Orientierungen. Die Hochschulen müssen sich an den spezifischen Bedürfnissen einzelner Gruppen von Studentinnen und Studenten ebenso ausrichten wie an der Forschung und am akademischen Arbeitsmarkt.

Die Didaktik an Hochschulen ist grundlegend zu reformieren

Die wenigsten Lehrenden an Hochschulen haben eine qualifizierte didaktische Ausbildung oder Weiterbildung absolviert. Die herrschenden Lehrmethoden an Hochschulen berücksichtigen in keiner Weise wichtige Methoden der Koedukation. Dadurch werden Geschlechtsrollenstereotype gestärkt und Frauen demotiviert.

Forderungen:

- Lehrende sollen sich in Zukunft bezüglich ihrer didaktischen Kompetenz, insbesondere auch zu geschlechterspezifischem Lernen und zur Koedukation ausweisen müssen. Hierzu müssen geeignete didaktische Methoden entwickelt und regelmäßig Ausbildungs- und Weiterbildungsveranstaltungen für Wissenschaftlerinnen und Wissenschaftler durchgeführt werden.
- Lehrmaterialien sind auf diskriminierende Inhalte zu untersuchen, und sie müssen Frauen und ihre wissenschaftlichen und auf das Fach bezogenen Leistungen wesentlich berücksichtigen.

Studieninhalte sind neu zu gestalten

Der weibliche Lebenszusammenhang wird in Lehre und Studienorganisation fast völlig ausgeblendet. Ergebnisse der Frauenforschung sind nicht Bestandteil der Kernveranstaltungen in den einzelnen Curricula.

Die Hochschulen müssen dringend ihre Defizite in der Ausbildung ihrer Studentinnen anerkennen und wirksame Maßnahmen zur Abhilfe institutionalisieren. Um die Chancen von Frauen auf dem akademischen Arbeitsmarkt zu erhöhen und damit strukturelle Defizite für Frauen zu kompensieren, die nicht von Studentinnen verschuldet werden, ist es insbesondere notwendig, überfachliche Curricula als Qualifizierungsangebote für Frauen anzubieten.

Forderungen:

- Die Lehrinhalte des Studiums müssen die Ergebnisse der Frauenforschung integrieren, was eine völlige Umstrukturierung bisheriger Curricula bedeutet.
- Die Hochschulen sollen regelmäßig Kurse in Rhetorik, Studien- und Karriereplanung, Zeitmanagement und Bewerbungstraining für Frauen anbieten. Spezielle Tutorien, Lehrveranstaltungen und Colloquia für Studentinnen müssen Frauen fachlich fördern.
- Hochschulen und Beratungsinstitutionen wie das Studentenwerk müssen für Frauen spezifische Beratungsangebote schaffen. Die Organisation von Praktikumsplätzen für Frauen durch die Hochschulen soll den Übergang auf den Arbeitsmarkt erleichtern. Im Medizinstudium muß beispielsweise sichergestellt werden, daß Frauen entsprechend ihrem Anteil an den Studierenden an den Hochschulen Qualifizierungsplätze im Praktischen Jahr erhalten und daß bei Ärztinnen und Ärzten im Praktikum und in der fachärztlichen Ausbildung eine Beteiligung von Frauen entsprechend ihrem Anteil an den Staatsexamina erreicht wird.

Soziale Lage von Studentinnen

Studentinnen sind finanziell schlechter gestellt als Studenten

Das Studium von Frauen und der Erfolg der Absolventinnen auf dem akademischen Arbeitsmarkt ist nicht in erster Linie ein soziales Problem, aber die sozialen Rahmenbedingungen bestimmen wesentlich die Erfolgschancen für Studentinnen im Studium. Die Sozialerhebungen des Deutschen Studentenwerks zeigen, daß Frauen im Studium finanziell deutlich schlechter gestellt sind als Männer. Zwei Drittel aller Studentinnen sind neben dem Studium erwerbstätig. Dabei verdienen Frauen in diesen Nebentätigkeiten weniger als Männer, weil typische Frauenjobs schlechter bezahlt sind als typische Männerjobs. Männer sind tendenziell eher in qualifizierenden Nebentätigkeiten, besonders in Hilfstätigkeiten an den Hochschulen, beschäftigt. Hilfskraft- und Tutorienpositionen müssen zu jeweils 50 Prozent an Frauen und an Männer verteilt werden.

Stipendien zur Studien- und Promotionsförderung werden nur zu geringen Teilen an Frauen vergeben. Bei fast allen Stiftungen liegt der Frauenanteil bei den Geförderten deutlich unter dem Frauenanteil bei den Studierenden. Dieser Mißstand muß dringend durch Vorgaben der Kultusministerkonferenz behoben werden.

Vor diesem Hintergrund ist es besonders für Frauen problematisch, daß das BAföG nicht den Lebensunterhalt deckt. Ein Studium wird heute wesentlich vom Elternhaus finanziert. Die geringe Studierneigung von Frauen kann ihren Grund auf zweifache Weise in der mangelhaften staatlichen Unterstützung für Studentinnen haben: Zum einen ist davon auszugehen, daß Eltern tendenziell eher bereit sind, eine Hochschulausbildung für junge Männer zu finanzieren als für junge Frauen. Zum zweiten ist anzunehmen, daß junge Frauen stärker als junge Männer finanzielle Unabhängigkeit vom Elternhaus anstreben und deshalb eine Berufsausbildung bevorzugen.

Forderungen:

- Es ist für einen geschlechtergerechten Zugang zum Studium unabdingbar, daß die Ausbildungsförderung unabhängig vom Einkommen des Elternhauses und vom Einkommen eines Partners gestaltet wird.
- Stipendien müssen zu gleichen Teilen an Frauen und Männer vergeben werden. Die Kultusministerkonferenz (KMK) muß für die Studienstiftungen und die Promotionsstiftungen verbindliche Vorgaben zur Vergabe von Stipendien an beide Geschlechter machen.

Das Studium von Frauen darf keine finanzielle Belastung für eine Partnerschaft sein

Stipendien werden in ihrer Höhe abhängig vom Einkommen der Eltern oder des Lebenspartners bemessen, so daß nicht vorrangig die Leistung gefördert wird. Für Studentinnen, die in Partnerschaften leben, ist es ein Problem, wenn herausragende Leistungen im Studium finanziell keine Wertigkeit besitzen. Das Studium einer Frau wird zu einer starken finanziellen Belastung der Partnerschaft. Dies führt zu geringerer Studienmotivation und damit zu weniger ambitionierten Karriereplanungen.

Forderungen:

- Die Vergabe von Studien- und Promotionsstipendien ist dringend unabhängig vom Einkommen eines Partners und möglichst auch vom Einkommen der Eltern zu gestalten.

Beratungsangebote verbessern

In sozialen Fragen ratsuchende Studentinnen sind häufig gegenüber männlichen Kommilitonen benachteiligt. So sind psychologische und soziale Beratungsinstitutionen in der Regel nicht auf eine Beratung von Frauen vorbereitet und schlecht informiert über besondere Bedingungen des Studiums von Frauen. Für Studentinnen sollte beispielsweise an jedem Hochschulort vom Studentenwerk eine Schwangerschaftskonfliktberatung nach § 218 StGB angeboten werden.

Studium mit Kind bringt Benachteiligungen vor allem für Frauen

Kinderbetreuungsangebote sind zu verbessern

Über 10 Prozent der Studentinnen, aber nur 8 Prozent der Studenten an deutschen Hochschulen haben Kinder. Die überwiegende Last der Betreuung liegt auch im studentischen Milieu bei den Müttern. Eine Vereinbarkeit von Elternschaft und Studium ist gesellschaftlich unabdingbar notwendig, insbesondere wenn Frauen gleiche Chancen im Studium erhalten sollen.

Die Kinderbetreuungsangebote decken den Bedarf für studierende Eltern nicht annähernd. Fast keine Betreuungsplätze gibt es für Kinder von 0-3 Jahren, obwohl die institutionelle Betreuung dieser Altersstufe für studierende Mütter besonders wichtig ist: Eine lange, durch Erziehungszeiten in den ersten drei Lebensjahren des Kindes verursachte Pause führt dazu, daß große Mengen des Stoffs wiederholt werden müssen. Kinderbetreuungseinrichtungen sind in ihren Öffnungszeiten gegenüber dem Lehrbetrieb Hochschule nicht flexibel genug, kurzzeitige Betreuungsangebote fehlen ganz. Daneben steht das Lehrangebot mit seinen familienfeindlichen Zeiten; vor allem Veranstaltungen am späten Nachmittag und am Abend sind für Studierende mit Kindern unzumutbar.

Bei der kommunalen Kinderbetreuung sind studierende Eltern benachteiligt. Wartelisten für die Vergabe der Plätze in Kindertagesstätten, Krippen und bei Tagesmüttern werden nicht mit derselben Priorität an Studierende vergeben wie an Erwerbstätige. Dies führt zu sehr langen Wartezeiten auf einen Betreuungsplatz.

Forderungen:

- Es müssen bedarfsdeckend Kinderbetreuungseinrichtungen an den Hochschulen geschaffen werden, auch für Kinder im Alter von 0-3 Jahren, und zwar sowohl mit ganztägiger als auch flexibler, stundenweiser Betreuung.
- Bei den Wartelisten für kommunale Kinderbetreuung müssen studierende Eltern gleichbehandelt werden wie erwerbstätige Eltern.

Zeitliche Gestaltung des Lehrangebots flexibilisieren

Vielfach sind Studiengänge für studierende Eltern überhaupt nicht belegbar. Lange Praktikumszeiten, strenge Fehlzeitenregelungen und eine Konzentration von Pflichtveranstaltungen zu äußerst ungünstigen Tageszeiten schließen Eltern von diesen Lehrveranstaltungen aus. Besonders negativ auf den Studienerfolg wirkt sich die Krankheit von Kindern aus. Es gibt keine Fehlzeitenregelung und keinerlei Ansprüche für studierende Eltern.

Schwangere oder stillende Studentinnen sind in vielen Studiengängen völlig von der Qualifizierung ausgeschlossen, wenn sie dort mit Schadstoffen umgehen müssen. Für diese Gruppe von Frauen ist es in streng verschulten Studiengängen nicht möglich, diejenigen Lehrveranstaltungen vorzuziehen, in denen der Kontakt zu Schadstoffen vermieden werden kann. In der DDR gab es für Studierende mit familiären Verpflichtungen und für schwangere Studentinnen die Möglichkeit einer individuellen Studien- und Prüfungsplanung. Diese Möglichkeit haben studentische Eltern nach der deutschen Vereinigung verloren.

Forderungen:

- Die Studienorganisation muß so gestaltet werden, daß Pflichtlehrveranstaltungen innerhalb von Kernzeiten, in denen Kindertagesstätten geöffnet sind, besucht werden können. Durch Maßnahmen im Hochschulbau müssen dazu die räumlichen Voraussetzungen geschaffen werden. Werden mehrere inhaltsgleiche Veranstaltungen (z.B. Praktika) in einem Semester angeboten, so sind sie zeitlich unterschiedlich zu legen. Studierende Eltern sind bei der Wahl der Veranstaltungstermine zu bevorzugen.
- Die Hochschulen müssen es in stark verschulten Fächern studierenden Eltern ermöglichen, einen individuellen Studienplan zu beantragen; die AntragstellerInnen sollen bei der Erarbeitung unterstützt werden. Eine individuelle Studienplanung muß auch für Frauen angeboten werden, die aus

Gründen des Mutterschutzes in bestimmten Zeiten den Umgang mit Gefahrstoffen meiden müssen.

Finanzielle Absicherung studierender Eltern verbessern

BAföG und Stipendien sind für studentische Eltern zu knapp bemessen. Familienzuschläge bei Stipendien belohnen eine Ehe und erhöhen sich nicht bei der Geburt von Kindern. Die finanzielle Situation alleinerziehender Studierender, dies sind fast ausschließlich Frauen, ist schlechter als die von Sozialhilfeempfängerinnen in vergleichbarer Situation. Dies erleben viele Studentinnen unmittelbar, wenn sie nach einer Beurlaubungspause im Anschluß an die Geburt eines Kindes wieder in den Status als Studentin eintreten: Sie sind dann von wesentlichen Zusatzleistungen der Sozialhilfe ausgeschlossen.

Forderungen:

- Die Sozialleistungen für studentische Eltern dürfen nicht schlechter sein als für Sozialhilfeempfängerinnen und -empfänger. Sie müssen existenzsichernd sein und berücksichtigen, daß studierende Eltern neben der Erziehung eine mit Erwerbsarbeit vergleichbare fachliche Qualifizierungsleistung erbringen.
- Familienzuschläge bei Stipendien dürfen nicht mehr einen Trauschein honorieren, sondern sie müssen die Versorgung und Betreuung von Kindern entgelten.

Regelungen zum Teilzeitstudium schaffen

Ein Teilzeitstudium kann bei den oben genannten Belastungen Erleichterung schaffen. Praktisch ist aber weder nach den konkreten Studienordnungen noch nach der Lehrveranstaltungsorganisation in stark verschulten Studiengängen der Status der/des Teilzeitstudierenden abgesichert. Vor allem fehlen finanzielle Sicherheiten durch BAföG, Sozialhilfe, Wohngeld und Ermäßigungen.

Forderungen:

- Dringend muß an den Hochschulen und vom Bundesgesetzgeber der Status für Teilzeitstudierende geregelt und abgesichert werden.

Wohnraum für studentische Eltern schaffen

Es steht für studentische Eltern kaum geeigneter billiger Wohnraum zur Verfügung. Da Mutterschaft, Schwangerschaft und Kinderbetreuung sowie andere familiäre Verpflichtungen bei Frauen häufige Gründe für einen Studienabbruch sind, muß ausreichend günstiger und geeigneter Wohnraum für studierende Eltern zur Verfügung gestellt werden, auch wenn nur ein Elternteil studiert.

Vom Studium zum akademischen Arbeitsmarkt

Erwerbschancen frauentypischer akademischer Berufe erhöhen

Die Erwerbschancen auf dem Arbeitsmarkt und die Wertigkeit von geschlechtstypischen akademischen Berufsfeldern bringen erhebliche Nachteile für Frauen mit sich. Die Arbeitslosigkeit von Akademikerinnen ist deutlich höher als die von Akademikern. Frauen verdienen in akademischen Berufen wesentlich weniger als ihre männlichen Kollegen.

Ein Beispiel für die geringe Bewertung eines typischen akademischen Frauenberufs ist die Situation von Diplombibliothekarinnen. Das Studium ist zwar in der Regel an Universitäten angesiedelt, bezahlt wird im Öffentlichen Dienst jedoch unter dem Niveau von Fachhochschulabsolventinnen.

Nach der Vereinigung der deutschen Staaten faßte die KMK im Oktober 1991 einen Beschluß zur Feststellung der Gleichwertigkeit von Bildungsabschlüssen der DDR. Der Beschluß eröffnete Absolventen und Absolventinnen von DDR-Fachschulen die Möglichkeit, einen Fachhochschuldiplomgrad zuerkannt zu bekommen. Voraussetzung war eine mindestens dreijährige Berufserfahrung und eine Nachqualifizierung über Brückenkurse. Diese Regelung betraf nur ausgewählte Fachrichtungen, wobei Frauen strukturell erheblich benachteiligt wurden.

Insgesamt führte der KMK-Beschluß zu einer dramatischen Abwertung der beruflichen Qualifikation von Frauen. 1990 waren in der DDR 74 Prozent aller Fachschulabsolventen Frauen. Unter den Absolventen, für die der KMK-Beschluß eine Fachhochschulzuerkennung aussprach, lag der Frauenanteil nur bei 40 Prozent. So wurde für circa 90 Prozent der AbsolventInnen ingenieurwissenschaftlicher Fachrichtungen die Möglichkeit einer Gleichwertigkeitsanerkennung und Nachqualifizierung eröffnet. Der Frauenanteil lag dort bei 30 Prozent. In Medizin und im Gesundheitswesen lag der Frauenanteil bei 96

Prozent. Diese Fachrichtungen wurden nicht als gleichwertig zu einem Fachhochschulabschluß anerkannt. Gleichzeitig bemühen sich die Bundesländer intensiv um den Aufbau qualifizierter Fachhochschulstudiengänge für Pflegewissenschaften – eine paradoxe Situation.

Forderungen:

– Die Wertigkeit frauentypischer Studiengänge auf dem Arbeitsmarkt muß der von männertypischen Studiengängen angeglichen werden. Hierfür muß der Öffentliche Dienst eine Vorreiterfunktion übernehmen.

Gleichstellung von Fachhochschulabschlüssen

Absolventen und Absolventinnen von Fachhochschulen werden in der Privatwirtschaft meist ebenso entlohnt wie AbsoventInnen einer Universität. Insbesondere der Öffentliche Dienst bietet dagegen Absolventinnen von Fachhochschulen nicht dieselben Entwicklungsmöglichkeiten wie Universitätsabsolventinnen. Da frauentypische Fachhochschulstudiengänge besonders häufig in eine Tätigkeit im Öffentlichen Dienst münden – z.B. Sozialarbeit und Sozialpädagogik –, haben insbesondere Frauen durch diese Regelung schlechtere berufliche Perspektiven. Ingenieure dagegen sind selten im Öffentlichen Dienst tätig.

Forderungen:

– Fachhochschulabsolventinnen und -absolventen sollten in ihren Verdienstchancen im Öffentlichen Dienst und auch in bezug auf eine wissenschaftliche Karriere den Absolventinnen und Absolventen von Universitäten gleichgestellt werden.

Anmerkungen

1 Der vorliegende Beitrag diente als Grundlage eines Positionspapiers der Bundeskonferenz der Frauen- und Gleichstellungsbeauftragten an Hochschulen zum Thema »frauengerechtes Studium«.

III.
Forschungsförderung für Frauen in außeruniversitären Institutionen und in der Europäischen Union

Wissenschaftlerinnen in Deutschland und Europa

Mary Osborn

Obwohl junge Wissenschaftlerinnen genauso gut sind wie die entsprechenden jungen Wissenschaftler, haben Frauen in der Bundesrepublik nicht die gleichen Chancen in der Wissenschaft. Dies sieht man an den Prozentzahlen weiblicher Abiturienten, Studenten und Professoren (Onnen-Isemann/Oswald 1991; Wermuth 1992) (Abb. 1). Wenn man diese Daten nach einzelnen Disziplinen aufschlüsselt, erhält man das Ergebnis in Abb. 2. Es ist gleichwohl intellektuell nicht akzeptabel, sich hinter existierenden gesellschaftlichen und sozialen Problemen zu verstecken und mit endlosen Argumenten zu legitimieren, warum diese Situation so sei und daß es ungeheuer schwierig sei, sie zu verändern (Osborn 1992). Viel wichtiger ist es, sich zu fragen, wie wir aktiv und gleichzeitig im Sinne der Wissenschaft versuchen können, die Situation von Frauen in der Wissenschaft zu verbessern. Nur dadurch können die Universitäten und wissenschaftlichen Einrichtungen aus dem Zustand eines trägen Reagierens auf drohenden politischen und möglicherweise juristischen Druck befreit werden und selbst endlich aktiv und produktiv agieren.
Ich werde mich deshalb auf jene Maßnahmen konzentrieren, die innerhalb einer vernünftigen Zeit – etwa in fünf bis zehn Jahren – zu Chancen-Gleichheit für Frauen führen können, die eine ernsthafte Karriere in der Wissenschaft suchen. Ich werde argumentieren, daß wir Taten auf zwei Ebenen brauchen (Osborn 1992; 1993; 1994a; 1995). Vorrangig stehen wir vor der Herausforderung, mehr Wissenschaftlerinnen, die für Spitzenpositionen qualifiziert sind, zu identifizieren und zu berufen. In den USA wird dies wie folgt begründet: »Women are needed as role models and confidence builders for young female students, staff scientists and faculty.« In den unteren Positionen muß über eine bestimmte Zeit ein unterstützendes Programm den Pool vergrößern, aus dem zukünftige Kandidatinnen für Top-Positionen in der Wissenschaft ausgewählt werden können.

Abb. 1: Frauenanteil bei Abiturienten, Studierenden und Professoren 1910 - 1990 in Deutschland (Wermuth 1992:1).

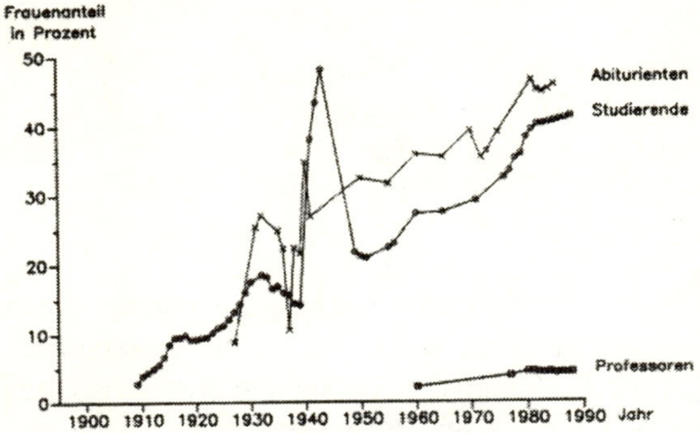

Abb. 2: Frauenanteil nach Wissenschaftsbereichen und Karriereebenen in Deutschland (Daten von Wermuth 1992, vgl. auch Aldhous 1994).

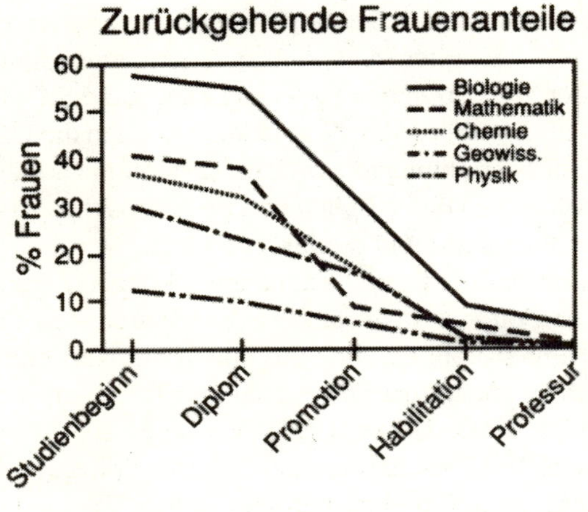

Die Prozentzahlen für Frauen bei allen akademischen Stellen in den deutschen Universitäten werden aus Tabelle 1 ersichtlich. Man erkennt drei klare Trends. *Erstens*: je höher die Stelle, desto geringer ist der Anteil von Frauen. *Zweitens*: Der prozentuale Anteil von Frauen auf C2- bis C4-Stellen hat sich in den letzten zehn Jahren kaum verändert. *Drittens*: Der Anteil der Frauen bei Habilitationen hat sich von 1980 bis 1994 zwar fast verdreifacht, trotzdem stammten selbst im Jahr 1994 nur 13,5% der Habilitationen von Frauen. Es ist eine relativ kleine Zahl, die den Weg zur Habilitation sucht; die meisten Frauen werden von einer Karriere als Professorin ausgeschlossen.

Tabelle 1: Frauenanteil (in %) am wissenschaftlichen Personal der Hochschulen (Alte Bundesländer)

	1980	1985	1990	1993
C4-Professuren	2,5	2,3	2,6	3,7*
C3-Professuren	6,7	6,2	7,3	6,7*
C2-Professuren	7,9	8,9	8,9	
Assistenten (C1)	8,6	11,4		
Mittelbau (A13-H2)	12,9	11,7		
Wissenschaftliche Angestellte (BAT I, II)	17,6	20,1	24,2	
Habilitationen	4,5	7,1	10,0	13,5

Quelle: Statistisches Bundesamt, Wiesbaden; Bund-Länder-Kommission für Bildungsplanung und Forschungförderung 1989, 1992, 1993.
* Alte und Neue Bundesländer gesamt

Tabelle 2: Wissenschaftlerinnenanteil (in %) der gemeinsam von Bund und Ländern finanzierten Forschungseinrichtungen (ohne MPG) Stichtag 30.6.1989

Rang	# w/Total	% w	davon im Fach	% w
C4	0/268	0		
C3, BAT I	4/582	0,7		
C1, C2	237/4252	5,6	Human-/Veterinärmedizin	18,9
BAT Ia, Ib			Math/Naturwissenschaften	5,6
			Ingenieurwissenschaften	1,5
BAT IIa, III	560/2992	18,7	Human-/Veterinärmedizin	35,6
			Math/Naturwissenschaften	19,1
			Ingenieurwissenschaften	5,4

Quelle: Antwort der Bundesregierung (1989), Situation der Wissenschaftlerinnen an den vom Bund geförderten außeruniversitären Wissenschaftseinrichtungen; Tabelle 3a, S. 30; Großforschungseinrichtungen, Fraunhofer Gesellschaft, HIB, Wissenschaftszentrum Berlin GmbH, Deutsches Primatenzentrum.

Tabelle 2 zeigt die entsprechende Situation in den Großforschungseinrichtungen der Bundesrepublik. Die gleichen Trends wie an den Universitäten sind klar erkennbar: Je niedriger angesiedelt die Wissenschaftlerstelle ist, desto höher ist der Anteil der Frauen. Im Jahr 1993 hat sich die Situation kaum verbessert. Auf der C4-Ebene sind weiterhin keine Frauen zu finden. Eine Aufschlüsselung nach einzelnen Instituten zeigt einen deutlich niedrigeren prozentualen Anteil von Wissenschaftlerinnen an Instituten mit dem Forschungsschwerpunkt Physik als an Instituten mit dem Forschungsschwerpunkt Biologie. So arbeiten in den Berliner Großforschungsinstituten 7,4% Frauen bei der Stiftung Geoforschungszentrum und im Hahn-Meitner-Institut gegenüber 26% im Max-Delbrück-Centrum für molekulare Medizin.

Tabelle 3 zeigt die entsprechende Situation in der Max-Planck-Gesellschaft. Wiederum ist deutlich zu erkennen: je höher die Position, um so geringer der Anteil an Frauen. Obwohl sich die Anzahl von Frauen zwischen 1991 und 1995 auf BAT IIa- bis C3-Ebene kaum erhöhte, brachte das Jahr 1995 drei zusätzliche Berufungen von Frauen auf C4-Stellen. Trotzdem hat die Max-Planck-Gesellschaft nur drei Direktorinnen in der Biologisch-Medizinischen-Sektion und zwei in der Geisteswissenschaftlichen Sektion. Im Bereich der Chemisch-Physikalisch-Technischen Sektion gibt es keine Frau auf einer Direktorenstelle.

Tabelle 3: Anteil der Wissenschaftlerinnen in der MPG

Vergütungs- bzw. Besoldungsgruppe	Stand 1.1.1991 #w/total	% w	Stand 1.1.1995 #w/total	% w
C4	2/210	1	5/234	2,1
C2/3	8/198	4	6/174	3,4
BAT I	1/58	2	0/54	0
W I a	28/383	7	25/418	6
W I b	121/935	13	164/1085	19
BAT und W II a	210/880	24	215/1003	21
Fortbildungsstipendiaten	98/330	29	*142/584	24
Doktoranden	293/1265	23	*454/1937	23
Studentische Hilfskräfte	179/590	30	*279/853	33
Nachwuchsgruppenleiter	2/26	7,7	0/19	0
Fünf-Jahresgruppen in den Neuen Ländern (1991)	0/28	0		

Quelle: MPG 1991; MPG 1995a. *Stichtag 1.1.1994

Es gibt zwei weitere Wissenschaftlergruppen, die die MPG unterstützt. In den Nachwuchsgruppen wird ein Wissenschaftler fünf Jahre lang großzügig gefördert, um die eigene Forschung voranzutreiben. Hier waren 1991 und 1993 zwei der 24 Stellen oder 8% von Frauen besetzt, aber im Jahre 1995 hatte keine Frau eine solche Stelle inne. Weiterhin hat die MPG positive Maßnahmen getroffen, um 28 Wissenschaftler aus der Ex-DDR zu fördern. Diese Wissenschaftler wurden für fünf Jahre mit Forschungsgruppen inklusive Personal- und Forschungsmitteln ausgestattet. Die Auswahl dieser 28 Forscher erfolgte auf Grund von Vorschlägen von Max-Planck-Instituten. Alle 28 im Jahre 1991 ausgewählten Personen waren Männer. Zum 1.1.1993 war die Situation in den Neuen Ländern nicht viel besser (Munz 1994): z.B. auf der C4-Ebene 9 Männer und 0 Frauen, auf der C3/A11-Ebene 4 Männer und 0 Frauen, auf der W1a-Ebene 57 Männer und 1 Frau, auf der W1b-Ebene 123 Männer und 23 Frauen. Die MPG-Wissenschaftlerin ist generell jünger als ihr männlicher Kollege und seltener verheiratet. Unabhängig vom Alter hat diese Wissenschaftlerin seltener einen unbefristeten Vertrag. Diese Daten zeigen auch ganz klar, daß die These, daß »die momentan ungleichgewichtige Lage der Geschlechter ein Relikt der Vergangenheit ist und daß nur gewartet werden muß, bis die jüngere Generation nachrückt«, nicht zutrifft (Munz 1994: 85).

Ein weiterer Punkt in diesen Tabellen ist nicht direkt offensichtlich. Wissenschaftlerinnen werden häufiger durch zeitlich limitierte, projektorientierte Forschungsmittel unterstützt als durch echte Personalstellen der Universitäten, der Großforschungseinrichtungen oder der Max-Planck-Institute. Beispielsweise sind nur 11% der normalen Max-Planck-Stellen mit Frauen besetzt, während bei Drittmittelpositionen Frauen 23% der Wissenschaftlerstellen einnehmen. Einige dieser Drittmittelprojekte laufen nur über zwei Jahre, und das ist eine sehr kurze Zeit, um etwas Vernünftiges zu etablieren.

Lassen Sie mich drei weitere Punkte betrachten:

Erstens: Zugang zu Forschungsmitteln

Wahrscheinlich mehr als in anderen Ländern sind Forschungsmittel in Deutschland häufig an eine Position gebunden. Direktoren oder Leiter von Forschungsgruppen in größeren Instituten haben Stellen für wissenschaftliches und technisches Personal sowie Haushalte für Geräte und Verbrauchsmittel, die mehr oder weniger zur Berufung gehören. Entsprechende Wissenschaftler an den Universitäten müssen wesentlich mehr ihrer Haushalte durch Drittmittel bei der Deutschen Forschungsgemeinschaft (DFG) oder beim Bundesministerium für Forschung und Technologie (BMFT) einloben.

Betrachtet man die relative finanzielle Unterstützung von Männern und Frauen in den verschiedenen Programmen der DFG, so war schon 1988 klar, daß eine Antragstellerin auch eine äquivalente Chance hat, unterstützt zu werden (Tabelle 4). Der Vergleich der DFG-Daten für die Jahre 1988 und 1993 zeigt aber auch extreme Unterschiede für die Anteile von Frauen in verschiedenen Wissenschaftsbereichen (Tabelle 5). In Biologie und Medizin ergeben sich ähnliche Anteile für die Unterstützung von Frauen im Normalverfahren und durch Schwerpunktprogramme. Der Anteil der Unterstützung von Frauen durch Sonderforschungsbereiche (SFB) ist deutlich kleiner. Dies mag damit zu tun haben, daß eine Beteiligung am SFB eine Einladung zu einem Antrag erfordert und daher zweifelsohne den niedrigen Anteil von Frauen an akademischen Universitätsstellen reflektiert.

Tabelle 4: Förderung durch die DFG im Jahre 1988 nach Verfahren und Geschlecht

	Anträge		Bewilligungen		Erfolgsquoten	
	Total	% w	Total	% w	% w	% m
Normalverfahren	6661	8,7	4699	7,7	62	71
Schwerpunktverfahren	2048	2,7	1644	3,3	98	80
Sonderforschungsbereich	2713	3,1	2440	3,2	93	90
Postdoktorandenprogramm	226	21,7	166	19,3	65	72
Heisenberg-Stipendien	130	10,8	65	10,8	50	50

Quelle: modifiziert nach: Antwort der Bundesregierung (1989), Situation der Wissenschaftlerinnen an den vom Bund geförderten außeruniversitären Wissenschaftseinrichtungen.

Zweitens: Zugang zu wissenschaftlichen Preisen und den deutschen wissenschaftlichen Akademien

Deutsche Frauen erhielten 6% (8/130) der Leibniz-Preise, die zwischen 1986 und 1995 vergeben wurden (DFG 1994) und 1,2% der Humboldt-Preise, die bis 1.1.1993 vergeben wurden. Im Jahre 1990 waren nur 2% der Mitglieder der wissenschaftlichen Akademien Frauen. Die Akademie der Wissenschaften der Ex-DDR in Berlin hatte 3,5% Frauen. Ermutigend ist die Tatsache, daß – nach einigen Anfangsschwierigkeiten – im Juni 1995 von 96 Mitgliedern der Berlin-Brandenburgischen Akademie der Wissenschaften acht Frauen sind.

Tabelle 5: Bewilligung durch die DFG 1988 und 1993 nach Wissenschaftsbereich, Verfahren und Geschlecht (% weiblich)

	Geistes- u. Sozialwissenschaften		Biologie/ Medizin		Naturwissenschaften		Ingenieurwissenschaften	
	1988	1993	1988	1993	1988	1993	1988	1993
Normalverfahren	11	11	12	11	2,5	3,9	0,8	1,4
Schwerpunktverfahren	8	12	11	12	1,7	1,7	0,3	1
Sonderforschungsbereich	4	9	6	8,4	0,6	1,7	0,6	1
Postdoktorandenprogramm	23	42	24	27	11	18	16	10
Heisenberg-Stipendien	15	18	10	20	5	5	0	0
Habilitations-Stipendien (HSP/HEP)		38		38		14		13

Quellen: DFG, Information und quantitative Analysen 11.11.1994 (modifiziert); vgl. auch Osborn 1995.

Wesentlich wichtiger ist der dritte Punkt: Zugang von Frauen zu einflußreichen Positionen der Wissenschaftspolitik und zu Beurteilungskommissionen:

Für 1988/1989 ergeben sich beispielsweise folgende Zahlen (Antwort der Bundesregierung 1989)

- *Wissenschaftsrat:*
  - 8% Frauen im wissenschaftlichen Ausschuß,
  - 17,6% Frauen im Verwaltungsausschuß
- *Wissenschaftlicher Beratungsausschuß des BMFT:* 1,2% Frauen
- *Max-Planck-Gesellschaft:*
  - Senat: 5,5% Frauen,(1995: 5,1%, d.h. 3 von 58 Mitgliedern (MPG 1995b))
  - Verwaltungsrat: keine Frau (1995: keine Frau)
  - Beiräte der einzelnen Institute: 2,9% Frauen
- *Deutsche Forschungsgemeinschaft:*
  - Senat: 10% Frauen (3 von 30 Mitgliedern) (1994: 5%, 2 von 39 Mitgliedern) (DFG 1994)
  - Hauptausschuß (29 Mitglieder): keine Frau (1994: 13%, 5 von 37 Mitgliedern)

- Bewilligungsausschuß für die Förderung der Sonderforschungsbereiche: keine Frau (1994 2,2%, 1 von 45 Mitgliedern)
- Heisenberg-Auswahlausschuß: 7,4% Frauen (1994: 9%, 3 von 32 Mit gliedern)
- Nominierungsausschuß für das Leibniz Programm: 5,8% Frauen (1994: 14%, 2 von 14 Mitgliedern)
- DFG-Gutachter: 2,8% Frauen (13 von 459 Mitgliedern).

Auch in den Landeshochschulstrukturkommissionen (LHSK) der neuen Bundesländer waren nur 3,4% Frauen vertreten (4 von 116 Mitgliedern). Frauen sind noch heute in den entsprechenden Kommissionen des BMFT besonders schlecht repräsentiert. Das gleiche gilt für die Beiräte der Großforschungseinrichtungen und die Beiräte der einzelnen Max-Planck-Institute, obwohl 1995 eine Frau Generalsekretärin der MPG wurde. Frauen sind wesentlich stärker in den Gremien der DFG vertreten: 1994 besetzte eine Frau eine der sechs Vizepräsidenten-Stellen der DFG. 1996 wurde eine Frau Vorsitzende des Wissenschaftsrats.

Tabelle 6: Frauenanteil (in %) am wissenschaftlichen Personal der Hochschulen (alle Fachbereiche) ausgewählter Länder

Land	Jahr	C4	C3	C2
		Nordeuropa		
Irland	1992	3	10	20
Großbritannien	1987-1988	3	6	14
	1980	3	8	19
Niederlande	1988	2,1	4,6	14,7
	1980	2,2	8,9	15,0
BRD	1990	2,6	7,3	24,2
	1980	2,5	6,7	17,6
		Südeuropa		
Spanien	1990		7,4	28,2
Portugal	1984-1985	8,2	26,5	36,2
Türkei	1989	20	23	27
		andere Länder		
USA	1992-1993	14,4	28,9	42,3
	1982-1983	9,1	19,7	33,5

C4: Norwegen 6% (1987) Schweden 7% (1994) Australien 7% (1992) Kanada 8%
Quellen: Osborn 1994b; Logue/Talapessy 1993; Lie/O'Leary 1990; Stolte-Heiskanen 1991; Academe 1993

Was bedeuten die für die Bundesrepublik diskutierten Zahlen im internationalen Vergleich?

Im Jahr 1992/1993 war der Anteil der Frauen in den USA 14% bei C4-Professuren, 29% bei C3-Professuren und 42% bei Assistenzprofessuren (Annual Report on the Economic Status of the Profession 1993). Diese Zahlen zeigen in den USA einen 50%igen Zuwachs bei weiblichen C4- und C3-Professuren im Vergleich zu 1982/83 (Tabelle 6).

Im Vergleich zu diesen beeindruckenden Daten für die USA haben Länder wie Deutschland, England und die Niederlande nur sehr niedrige absolute Frauenanteile. Schlimmer noch, diese Anteile haben sich in den letzten zehn Jahren kaum verändert. Auch in Schweden und Norwegen sind nur 6-7% der C4-Professoren Frauen. Erstaunlicherweise scheint die Situation für Frauen in der wissenschaftlichen Forschung in den südlichen Ländern Europas besser als im Norden zu sein. Für diese Unterschiede gibt es eine Reihe möglicher Erklärungen, z.B.:

- der höhere soziale Status und das höhere Einkommen eines Professors im nördlichen Europa,
- die speziellen Hürden, die in die Hochschullaufbahn einiger nordeuropäischer Länder eingebaut sind, z. B. ist hier die Habilitation zu nennen,
- daß es einfacher ist, das Problem der Kinderbetreuung in südeuropäischen Ländern zu lösen,
- unterschiedliche Einstellungen gegenüber Frauenfragen in verschiedenen europäischen Ländern. Eine Studie der EU aus dem Jahr 1983 zeigt, daß in der Bundesrepublik und der Schweiz die Einstellungen am negativsten sind (Kaplan 1992).

Bezüglich der Teilnahme von Frauen in wichtigen wissenschaftlichen Gremien sind die prozentualen Anteile in der BRD und in England etwa gleich niedrig. In Deutschland sollten die Gleichstellungsgesetze auf Bundes- und Länderebene helfen, den Anteil von Frauen in bedeutenden Gremien zu erhöhen. Kürzlich begann in England eine Diskussion, für Frauen die Quote von 25% der Mitgliedschaften in Gremien bis zum Jahr 2000 anzustreben (The Rising Tide 1994).

In der Europäischen Union sind alle Kommissionen nach Ländern ausgewogen besetzt, aber es ist nur wenig auf ein Gleichgewicht zwischen Männern und Frauen geachtet worden. Im Jahr 1992 war unter 75 Mitgliedern von IRDAC (Industrial Research and Development Advisory Committee), CODEST (Committee for the Development of Science and Technology) und

CREST (Scientific and Technical Research Council) nur eine einzige Frau (Logue/Talapessy 1993). Nur vier der 100 Mitglieder der neuen European Science and Technology Assembly sind Frauen (Osborn 1994b). Im krassen Gegensatz hierzu sind in den USA in der neuen Präsidentenkommission für Wissenschaft und Technologie 6 der 19 Mitglieder, das heißt 31%, Frauen.

Maßnahmen in Deutschland

Welche Maßnahmen gibt es, um die Stellung von Frauen in der Wissenschaft in Deutschland zu verbessern? Resultate aus dem *HSPII-Programm* sind bisher nur für die ersten zwei Jahre der Laufzeit bekannt (Bund-Länder-Kommission für Bildungsplanung und Forschungsförderung 1989, 1992, 1993). Einige der Maßnahmen waren sehr erfolgreich: Beispielsweise erhöhte sich die Zahl der *Wiedereinstiegs-Stipendien* für Frauen im Jahr 1992 gegenüber 1991 um das Sechsfache. Unter den DFG-*Habilitations-Stipendiaten* waren 1993 etwa 38% Frauen. Die Resultate sind jedoch nicht so ermutigend, wenn man die Positionen betrachtet, die im Rahmen des HSP II an Frauen vergeben wurden. Im Jahr 1992 fielen 27 von 202 oder 13% der C2- bis C4-Professorenstellen an Frauen, während es 1991 immerhin 20% waren. Es ist daher wichtig, solche Programme genau zu verfolgen und darauf zu bestehen, daß sie wirklich zu einem realen Zuwachs von Frauen in Spitzenpositionen führen. Dieses Ziel ist in ausgezeichneter Weise im Berliner *C1/C2-Programm* erreicht worden.

Viele Universitäten haben die Vorschrift, daß Bewerberinnen, die für eine Stelle qualifiziert sind, auch interviewt werden sollen. Einige Länder wie Nordrhein-Westfalen gehen noch einen Schritt weiter. Hier gibt es ein Gesetz, das bei gleicher Qualifikation der Bewerberin in der Regel der Vorzug vor dem Bewerber gibt. In Hamburg besteht die Vorschrift, daß qualifizierten Frauen so lange der Vorzug gegeben werden soll, bis Geschlechterparität erzielt ist. Ob diese Gesetze vor dem Bundesverfassungsgericht Bestand haben werden, ist noch unbekannt. Jedoch sind ganz allgemein neue Bundes- und Landesgesetze zur Gleichstellung von Frauen sehr wichtig. Die vom jetzigen Bundesgleichstellungsgesetz geforderte Frauenförderung wird wahrscheinlich in Zukunft auch an Einfluß gewinnen.

Obwohl Generalisierungen schwer sind, erscheinen die nicht-universitären Forschungsinstitutionen konservativer als die Universitäten. Sie haben erst kürzlich Daten zur Frauenbeschäftigung zusammengestellt. Wenngleich häufig argumentiert wird, daß alle Stellen und Stipendien geschlechtsneutral vergeben werden, ist das wahrscheinlich nicht der Fall. Diese Institutionen schreiben ihre Stellen häufig nicht öffentlich aus. Dies gilt besonders für Spitzenstellungen.

In der Arbeitsgemeinschaft der Großforschungseinrichtungen (AGF) und der MPG wird weiter darüber diskutiert, wie der Frauenanteil bei Wissenschaftlern zu erhöhen sei. Ende 1992 hatten aber nur zwei AFG-Institute – die Stiftung Alfred Wegener Institut (AWI) und das Max-Planck-Institut für Plasma Physik (IPP) – eine Frauenbeauftragte. Außer AWI in Bremerhaven hat bislang keine Großforschungseinrichtung einen formalen Frauenförderplan. Eine Tagung der Beauftragten der AGF im Februar 1995 resultierte nur in der Gründung eines Arbeitskreises »Frauen in Wissenschaft und Forschung« (AGF Dokumentation 1995).

Kürzlich eingeführte bzw. zur Zeit noch diskutierte Maßnahmen der MPG sind ein Senatsbeschluß (1995) für frauenfördernde Maßnahmen, die Berufung einer zentralen Gleichstellungsbeauftragten (1995) und die Einrichtung von Vertrauenspersonen in den einzelnen Instituten (MPG 1995a). Besonders bemerkenswert ist der Plan, in den nächsten drei Jahren neun C3-Stellen für Frauen zur Verfügung zu stellen. Allerdings ist das benötigte Geld bis jetzt nicht bereitgestellt.

Um die Anzahl der Frauen in der Wissenschaft weiter zu erhöhen, sind auf verschiedenen Ebenen unterschiedliche Maßnahmen erforderlich. Auf allen Ebenen ist es wichtig, daß die zu besetzenden Stellen korrekt und öffentlich ausgeschrieben und nur nach Qualifikation vergeben werden. Objektive Kriterien, die bei Beförderung im akademischen Umfeld mit einbezogen werden sollten (Osborn 1993und 1995), sind:

- Originalität und Kreativität in der Forschung
- Produktivität in der Forschung
- Bedeutung der wissenschaftlichen Publikationen
- Befähigung und Erfahrung zur Lehrtätigkeit, wo das erforderlich ist
- Mitherausgeberschaft bei Fachjournalen
- Organisation nationaler und internationaler Konferenzen
- Drittmittel für die Forschung
- Forschungsstipendien, Begabtenstipendien, verliehene Preise
- Mitgliedschaft in Prüfungsorganen und Ausschüssen

Mit anderen Worten: Welche Stellung nimmt die Bewerberin unter den Wissenschaftlern auf ihrer Ebene ein?

Diese objektiven Kriterien sind geschlechtsneutral, wenn drei Bedingungen erfüllt sind:

- Frauen haben dieselben beruflichen Möglichkeiten und denselben Zugang zu Ressourcen wie Männer.
- Die Auswahl nach den o.g. Kriterien basiert auf individuellen wissenschaftlichen Leistungen ohne Berücksichtigung des Geschlechts.
- Offene Bewerbungen für freie Positionen sind möglich.

Wichtig für die C4/C3-Ebene sind z.B. :

- Suche nach Möglichkeiten, qualifizierte Frauen für Spitzenpositionen auszuwählen und zu berufen; beispielsweise sollten Spitzenpositionen ausgeschrieben werden;
- Berufungskommissionen müssen den schriftlichen Nachweis erbringen, daß sich keine gleichwertig qualifizierte Frau beworben hat;
- Wenn nötig, aktive Abwerbung von geeigneten Kandidatinnen aus dem Ausland;
- Flexibleres Denken hinsichtlich einzurichtender Arbeitsgruppen;
- Berufung einer größeren Zahl von Frauen in wichtige, die Wissenschaftspolitik beeinflussende Ausschüsse.

Für die unteren Ebenen sind aktive Maßnahmen zur Vergrößerung des zukünftigen Pools geeigneter Kandidatinnen sehr wichtig (Osborn 1993 und 1995):

- Es gibt bereits relativ gleiche Chancen bei Doktoranden und Postdocs, aber nur relativ wenig Stellen für Frauen, die es ihnen ermöglichen, zu Beginn ihrer Karriere unabhängige Forschung zu betreiben.
- Deshalb sollte man Möglichkeiten suchen, den »Pool« qualifizierter Wissenschaftlerinnen zu vergrößern, aus dem Frauen für zukünftige Spitzenpositionen hervorgehen können, und hier muß Geld investiert werden.
- Es sollten mehrere dotierte Stellen (auf jeweils fünf bis sieben Jahre) für dafür qualifizierte junge Wissenschaftlerinnen finanziert werden. Das bedeutet u.a. auch das Zahlen eines guten Gehalts, das Bereitstellen von Forschungsgeldern sowie von Stellen z.B. für einen technischen Assistenten und zwei Doktoranden.
- Die Auswahl sollte von einem mit Wissenschaftlerinnen und Wissenschaftlern besetzten Ausschuß getroffen werden.

Der heutige Einsatz zusätzlicher Gelder kann einen wesentlichen Einfluß auf die C3- und C4-Berufungen in acht bis zehn Jahren haben. Allein durch solche Maßnahmen wird der Pool qualifizierter Frauen auf mittlerem Niveau erhöht.

Maßnahmen im Rahmen der Europäischen Union

Im Februar 1993 unterstützte die Kommission der EU einen internationalen Workshop über »Frauen in der Wissenschaft« (Logue/Talapessy 1993). Diese Konferenz fand mit zwei Zielstellungen statt. Erstens sollte die gegenwärtige Situation von Frauen in der wissenschaftlichen und technischen Forschung in den verschiedenen EU-Staaten eingeschätzt werden. Zweitens sollten Möglichkeiten zur Verbesserung der Lage von Wissenschaftlerinnen diskutiert und eine mögliche Rolle der EU in diesem Prozeß festgelegt werden.

Die Empfehlungen dieses EU-Workshops sind zusammengefaßt (vgl. Logue/Talapessy 1993: 189-193; Färber/Henninger 1995: 257-261):

- Einbeziehung von Frauen in entscheidende Ausschüsse der EU;
- Sammlung statistischer Daten über Frauen in der Wissenschaft;
- Initiierung von Frauenförderungsprogrammen in der Wissenschaft;
- Verwendung von Sozial- und Strukturfonds der EU zur Motivierung von Frauen, die eine wissenschaftliche Laufbahn anstreben;
- Unterstützung EU-weiter Frauen-Netzwerke und von Frauenforschung in Wissenschaft und Technologie;
- Ausnutzung des 4. Rahmenprogramms zur Förderung der Gleichstellung von Frauen in Wissenschaft und Technologie;
- Überlegungen, ob weitere gesetzliche Maßnahmen und/oder finanzieller Druck notwendig sind, um die Gleichstellung von Frauen in der Wissenschaft durchzusetzen.

Ich möchte abschließend auf zwei Punkte hinweisen: Erstens ist die EU eine finanzstarke Institution, und das sollte benutzt werden, um zusätzliche Möglichkeiten für Wissenschaftlerinnen zu schaffen. Zweitens müssen europaweit eindeutige Beschlüsse zur Verbesserung der Lage der Frauen gefaßt werden. Falls durch Überzeugungsarbeit und die vorgeschlagenen Maßnahmen kein Fortschritt erzielt werden kann, müssen weitere juristische Schritte und finanzieller Druck angewendet werden, um den Prozeß voranzutreiben. Dies könnte nach dem Modell des Civil Rights Act der USA aus dem Jahr 1964 erfolgen. Dieses Gesetz hatte in der folgenden Zeit einen enormen Einfluß (Chamberlain 1988). Beispielsweise wäre es sehr effektiv, die Zuteilung von EU-Geldern an die Bedingung zu knüpfen, daß alle partizipierenden Industriefirmen und akademischen Institutionen Programme einrichten, die den Anteil von Frauen in der Forschung auf allen Ebenen erhöhen. Die Existenz dieser Programme müßte nachweisbar und juristisch bindend dokumentierbar sein. Selbstverständlich ist in Brüssel, ebenso wie in den einzelnen EU-Staaten, viel Überzeugungsarbeit notwendig, damit solche Empfehlungen ernst genommen werden und eine Chance haben, Realität zu werden.

Viele der von mir hier und früher gemachten Anregungen (Osborn 1992; 1993; 1994a; 1995) sind in Teil 1 der Empfehlungen der »Berliner Perspektiven« (vgl. Anhang) enthalten. Es ist dieser Teil der Empfehlungen, den ich stark unterstütze. Es ist äußerst wichtig, die Emeritierungswelle 1996-2005 zu nutzen, um den Prozentsatz der Professorinnen um einen Faktor von vier bis fünf zu erhöhen. Erreichen wir das nicht, ergibt sich die nächste große Chance erst 25 Jahre später. Anstelle von noch mehr Versprechungen brauchen wir nicht nur positive Aktionen in Form verstärkter Frauenförderungsprogramme, sondern auch die dafür notwendige Finanzierung!

Gleichwohl möchte ich trotz der teilweise deprimierenden Statistik ein bißchen Mut machen. Persönlich möchte ich betonen, daß eine Karriere in der Wissenschaft viel Freude machen und persönlich sehr befriedigend sein kann. Die neuen Gesetze und die zunehmende Teilnahme von Frauen in der nationalen Politik und im EU-Parlament (1995: 25%) sowie die Tatsache, daß fünf der 20 neuen EU-Kommissare Frauen sind, deuten darauf hin, daß sich auch für Frauen in der Wissenschaft die Situation verbessern kann!

Literatur

AGF Dokumentation 12 (1995), Workshop »*Gemeinsam mit den Frauen*«.

Aldhous, Peter (1994), The backbreaking work of scientist-homemakers, in: *Science* 263, S. 1475-1480.

Annual Report on the Economic Status of the Profession (1993), in: *Academe* 79, S. 8-93.

Antwort der Bundesregierung (1989), *Situation der Wissenschaftlerinnen an den vom Bund geförderten außeruniversitären Wissenschaftseinrichtungen*, Drucksache 11/5488, 26.10.89.

Bund-Länder-Kommission für Bildungsplanung und Forschungsförderung (1989, 1992, 1993), *Förderung von Frauen im Bereich der Wissenschaft*, Heft 19, 34 und 39, Bonn..

Chamberlain, Mariam K. (Hg.) (1988), *Women in Academe: Progress and Prospects*, Russell Sage Foundation, New York.

DFG *Jahrbuch* (1994), Bonn.

Färber, Christine/Annette Henninger (Hg.) (1995), *Frauenförderung an europäischen Universitäten,* Freie Universität, Berlin.

Forschung und Technologie Förderung der EG (4. Forschungs-Rahmenprogramm), Luxemburg. (Mögliche Kontaktstelle a) EG-Hochschulbüro oder b) Koordinierungsstelle EG der Wissenschaftsorganisationen, Godesberger Allee 127,D-53175 Bonn).

Kaplan, Gisela (1992) *Contemporary Western European Feminism*, Sydney.

Lie, Suzanne Stirer/Virginia O'Leary (Hg.) (1990), *Storming the Tower*, London.

Logue, Hugh A./Lily M. Talapessy (Hg.) (1993),*Women in Science. International Workshop, 15 and 16 February 1993,* European Commission, Directorate General XII for Science, Research and Development, Brussels.

MPG *Spiegel* (1991) 2, S. 18-20.

MPG *Spiegel* (1995a) 2, S. 18-21.

MPG (1995b), *Verzeichnis der Organe und Institute.*

Munz, Sonja (1994), *Eine empirische Untersuchung zur Beschäftigungssituation von Männern und Frauen in der Max-Planck-Gesellschaft.*

Onnen-Isemann, Corinna/Ursula Oßwald (1991), *Aufstiegsbarrieren für Frauen im Universitätsbereich.* Studien Bildung Wissenschaft Band 99, Bundesministerium für Bildung und Wissenschaft, Bonn.

Osborn, Mary (1992), Prospects for Women in Science, in: *Nature* 360, S. 101.

Osborn, Mary (1993), Women in Scientific and Technical Research in Germany, in: Hugh A. Logue /Lily M. Talapessy (Hg.), *Women in Science International Workshop*, a.a.O., S. 51-80.

Osborn, Mary (1994a), Status and Prospects of Women in Science in Europe, in: *Science* 263, S. 1389-1391.

Osborn, Mary (1994b), One step forward, two back? *In: Nature* 372, S. 720.

Osborn, Mary (1995), Frauen in Wissenschaft und Technik in Deutschland und Europa, in: *Kongreßband 6. Jahrestagung der Bundeskonferenz der Frauen- und Gleichstellungsbeauftragten an Hochschulen*, Kommission Klinika, Hannover.

Science (1992) 255, S. 1378.

Science (1993) 260, S. 495.

Stolte-Heiskanen, Veronica (Hg.) (1991), *Women in Science*, New York.

The Rising Tide (1994): *A Report on Women in Science, Engineering and Technology*, HMSO London.

Wermuth, Nanny (1992), *Frauen an Hochschulen.* Studien Bildung Wissenschaft Band 105, Bundesministerium für Bildung und Wissenschaft, Bonn.

Die Situation von Wissenschaftlerinnen in außeruniversitären Forschungseinrichtungen in den neuen Bundesländern

Marion Bimmler

Die derzeitige Situation der Wissenschaftlerinnen in außeruniversitären Forschungseinrichtungen in den neuen Bundesländern wird erst vor dem Hintergrund der Beschäftigungslage in der ehemaligen DDR verständlich. 1991 waren im Bereich Forschung und Entwicklung in der ehemaligen DDR etwa 14 000 Personen beschäftigt.

Beschäftigte im Bereich Forschung und Entwicklung nach Sektoren in der DDR im Jahr 1991

	absolut	%
Wissenschaftssektor	85 767	61,0
Industrie	74 052	52,7
übrige Wirtschaft	11 715	8,3
Universitäten und Hochschulen	16 696	11,9
Staatssektor	38 104	27,1
Akademie der Wissenschaften	19 735	14,0
Bauakademie	3 554	2,5
Akademie der Landwirtschaftswissenschaften	9 126	6,5
Sonstiges	5 689	4,0
Insgesamt	140 567	100,0

Quelle: Forschung und Entwicklung in der DDR; Diskussionspapier des Deutschen Instituts für Wirtschaftsforschung, Nr. 10, Juli 1990.

Im Bereich der Akademien – hierzu gehörten die Akademie der Wissenschaften, die Akademie der Landwirtschaftswissenschaften und die Bauakademie – waren mehr als 32 000 Personen beschäftigt. Diese Akademien deckten im Prinzip den Bereich der außeruniversitären Forschung in der ehemaligen DDR ab. Im industriellen Forschungsbereich waren im Jahr 1991 noch etwa 85 000 Arbeitnehmer angestellt. 1994 ist der Anteil der Arbeitsplätze in der Industrieforschung auf 16 000 gesunken. In den außeruniversitären Forschungseinrichtungen waren 1994 noch ca. 10 500 Beschäftigte in einem Anstellungsverhältnis. Von diesen 10 500 Arbeitnehmern befinden sich 1 750 im sogenannten Wissenschaftler-Integrations-Programm (WIP), davon etwas mehr als 500 allein in Berlin. Auf die Problematik des WIP werde ich später noch eingehen.

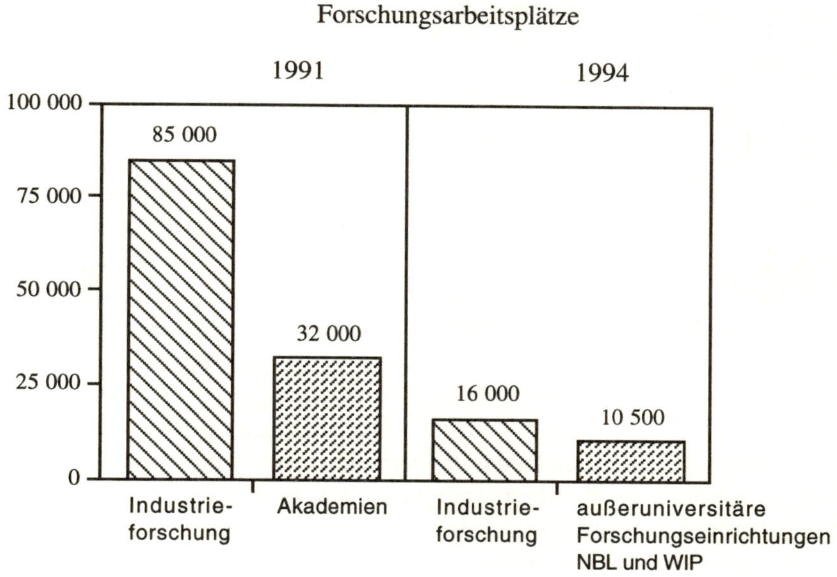

Quelle: Personalrat Max-Delbrück-Centrum 1994.

Die Vernichtung der Arbeitsplätze in den neuen Bundesländern hat dazu geführt, daß gegenwärtig 118 Beschäftigungsmöglichkeiten in Forschung und Entwicklung pro 100 000 Einwohner in den neuen Bundesländern im Gegensatz zu 433 Arbeitsplätzen pro 100 000 Einwohnern in den alten Bundesländern zu verzeichnen sind.

Die Evaluierung der ostdeutschen Forschungseinrichtungen durch den Wissenschaftsrat und die daraus erfolgten Empfehlungen zur Neugründung von Forschungseinrichtungen waren nicht an den Kriterien der alten Bundesländer ausgerichtet. Es wurden mit regionaler Diskrepanz und mit einer Diskrepanz bei den einzelnen Forschungsträgern neue Forschungseinrichtungen gegründet.

Die unterschiedlichen Ausstattungen der Forschungseinrichtungen in den neuen Bundesländern spiegeln sich auch in der unterschiedlichen Stellenverteilung bei den einzelnen Forschungsträgern wider. Verfügt die Max-Planck-Gesellschaft in den alten Bundesländern über etwa 8 000 Arbeitsplätze, so hat sie in den neuen Bundesländern nur etwa 800 Stellen geschaffen. Würde man das am Bevölkerungsanteil der neuen Länder messen, hätten etwa 1 800 Arbeitsplätze bei der Max-Planck-Gesellschaft entstehen müssen. Die Fraunhofer Gesellschaft, die mit 6 600 Arbeitsplätzen in den alten Bundesländern vertreten ist, schuf 1 000 Stellen in den neuen Bundesländern. Besonders gravierend sind die Unterschiede bei den Großforschungseinrichtungen. 21 000 Arbeitsplätze sind in den alten Bundesländern zu verzeichnen. In den neuen Bundesländern entstanden lediglich 1 600 institutionell geförderte Beschäftigungsmöglichkeiten. Im gleichen Zuge mußten in den alten Bundesländern mehr als 2 000 Stellen bei den Großforschungseinrichtungen abgebaut werden.

Arbeitsplätze in Forschung und Entwicklung pro 100 000 Einwohner

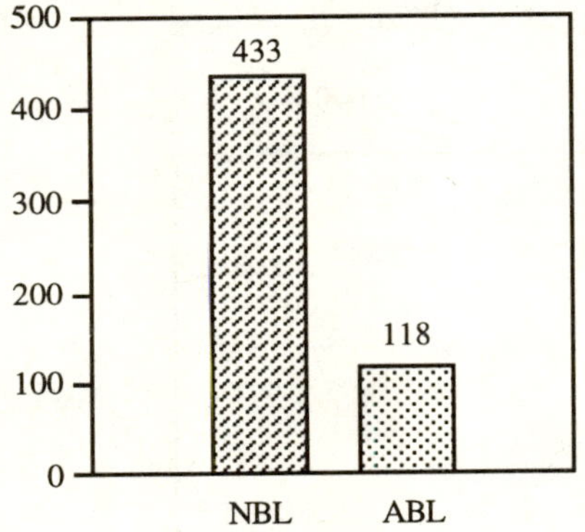

Quelle: Die Wirtschaft 10/95

Forschungsträger	alte Bundesländer	neue Bundesländer	theoretisches Soll gemessen am Bevölkerungsanteil der neuen Länder
Max-Planck-Gesellschaft	8 000	800	1 760
Fraunhofer-Gesellschaft	6 600	1 000	1 300
Großforschungseinrichtungen	21 000	1 600	4 200
Blaue-Liste-Einrichtungen	6 000	4 500	1 200

Quelle: Arbeitsgemeinschaft der Personal- und Betriebsräte außeruniversitärer Forschungseinrichtungen (Max-Planck-Gesellschaft, Fraunhofer-Gesellschaft, Großforschungseinrichtungen) 1992.

Institute der Blauen Liste entstanden in größerem Ausmaß. Benannt wurden diese Institute der »Blauen Liste« nach der Farbe des Papiers, auf dem die ursprüngliche Institutsliste als Anlage zu den entsprechenden Rahmenvereinbarungen zwischen Bund und Ländern gedruckt war. Gegenwärtig werden 82 Institute in Ost und West in dieser Form geführt. Sie haben jährlich einen gemeinsamen Zuwendungsbedarf von mehr als einer Milliarde DM. Fachlich sind diese Institute in den Geistes- und Sozialwissenschaften, den Wirtschaftswissenschaften, in den Erziehungwissenschaften, der Medizin und Biologie, in Information und Dokumentation sowie in anderen Naturwissenschaften und der Museumswissenschaft tätig. Hier hatten die alten Bundesländer einen Anteil von etwa 6 000 Arbeitsplätzen, und gemessen am Bevölkerungszuwachs hätten in den neuen Bundesländern etwa 1 200 Arbeitnehmerinnen und Arbeitnehmer eine neue Perspektive in Blaue Liste-Einrichtungen finden müssen. Es wurden aber 4 500 Arbeitsplätze in diesem Bereich eingerichtet. Prekär ist hierbei insbesondere, daß bei Instituten der Blauen Liste die Länder zu 50% an der Finanzierung beteiligt sind, was den Bestand dieser Institute gegenwärtig noch nicht langfristig sicherstellt.

Personalreduktion
Vergleich Berlin und Brandenburg

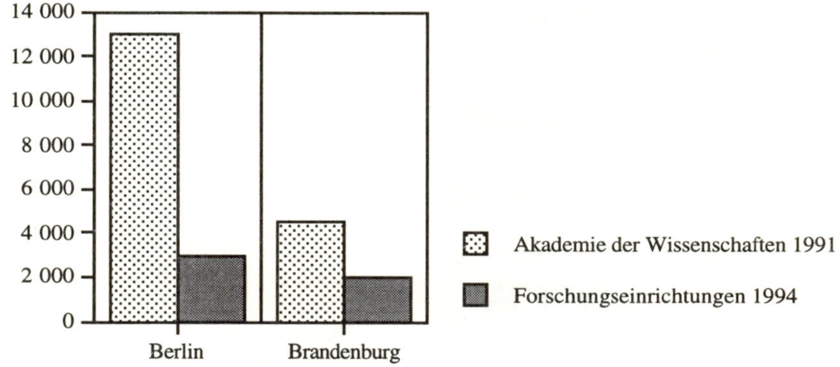

Quelle: Forschungsbericht der Senatsverwaltung für Wissenschaft und Forschung Berlin 1994/Personalrat Max-Delbrück-Centrum

Berlin trug im Bereich der Akademien vor 1992 die personelle Hauptlast der Beschäftigten. So waren etwa in Berlin 13 000 Arbeitsplätze in diesen Akademien vorhanden. Heute verfügt der Ost-Teil Berlins aber nur noch über circa

3 100 Stellen im außeruniversitären Bereich. Im Gegensatz dazu hatte Brandenburg 1991 etwa 4 500 Arbeitnehmer im Bereich der Akademien beschäftigt. Nach 1992 wurden dem Land Brandenburg mehr als 2 500 Beschäftigungspositionen mit institutioneller Finanzierung zur Verfügung gestellt. Nicht berücksichtigt wurde bei diesen Recherchen in beiden Bundesländern der Anteil an drittmittelfinanziertem Personal.

West Germans are taking most top jobs at eastern institutes

Who gets the top jobs in the east ?

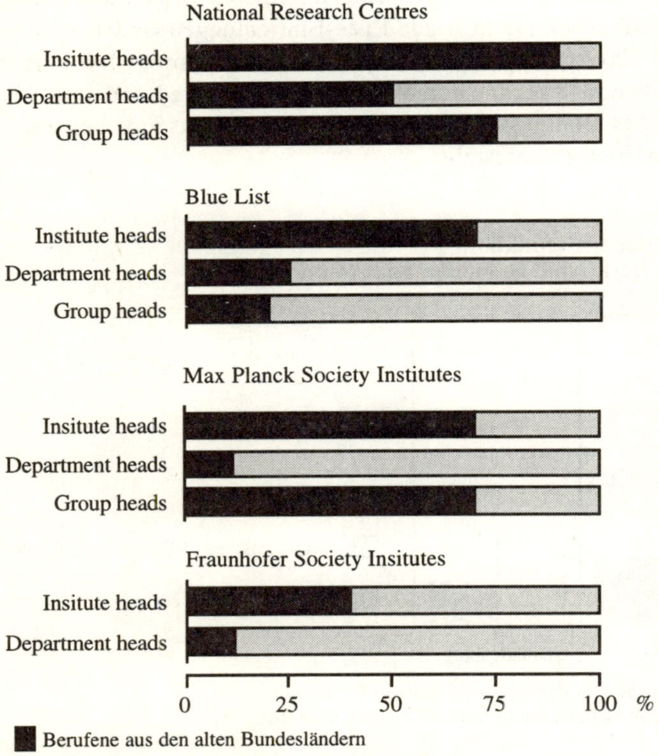

Quelle: Nature, Vol. 362, 22. April 1993, S. 685.

Betrachtet man die Vielzahl von Arbeitsplätzen, die in den neuen Bundesländern entstanden sind, sieht die Bilanz nicht schlecht aus. Doch diese Arbeitsplätze sind keineswegs nur Beschäftigten aus den neuen Bundesländern vorbehalten. Besonders groß ist der Andrang von Beschäftigten aus den alten Bundesländern und aus dem Ausland auf diese Arbeitsplätze. So wurden Leitungspositionen in den Großforschungseinrichtungen überwiegend an Wissenschaftler aus den alten Bundesländern vergeben. Bei der Blauen Liste beträgt der Anteil mehr als 50%, ebenso bei der Max-Planck-Gesellschaft, und nur die Fraunhofer Institute besetzten etwa 60% der Institutsleiterpositionen mit Personal aus den neuen Bundesländern.

Und so ist es auch nicht verwunderlich, daß viele Wissenschaftler und Wissenschaftlerinnen ihre Tätigkeit in Forschungs-ABM fortsetzen mußten. Zum Jahresanfang 1992 fanden in den neuen Bundesländern fast 3 000 ehemalige MitarbeiterInnen die Möglichkeit, eine ABM-Stelle zu besetzen. Unter ihnen waren etwa 2 100 weibliche Beschäftigte. Der Anteil an Wissenschaftlerinnen ist in diesen Arbeitsbeschaffungsmaßnahmen besonders hoch. Etwa 70% des wissenschaftlichen Personals in ABM ist weiblich, und wiederum circa 70% dieser Mitarbeiterinnen hatte das 45. Lebensjahr bereits überschritten. Die ABM-Förderung lief über zwei Jahre. Das dritte Jahr in ABM konnte nur noch wahrgenommen werden, wenn für das vierte Jahr dem Arbeitsamt eine Anstellungsgarantie von einem Institut oder einem ABM-Träger gegeben wurde. Dadurch verringerten sich die ABM-Stellen im Wissenschaftsbereich auf ein Sechstel. Nach dem Auslaufen des dritten ABM-Jahres zu Beginn des Jahres 1995 sind in der Regel keine Forschungs-ABM mehr von den Arbeitsämtern bewilligt worden. Die Bundesanstalt für Arbeit kann nicht allein die Arbeitsmarktpolitik für die Wissenschaft betreiben, sondern das Bundesministerium für Bildung, Wissenschaft, Forschung und Technologie (BMBF) und auch die Landesregierungen müssen arbeitsmarktpolitische Maßnahmen für wissenschaftliches Personal bereitstellen. Hilfreich in den vergangenen Jahren war auch die Tatsache, daß das BMBF Arbeitsbeschaffungsmaßnahmen mit 25% der Kosten kofinanzierte.

Aber nicht nur die Beschäftigungsmöglichkeiten in ABM sind weitestgehend ausgelaufen. Auch das Wissenschaftler-Integrations-Programm, in dem Mitarbeiter der ehemaligen Akademien an die Universitäten zurückgeführt werden sollen, um dort ihre wissenschaftliche Tätigkeit fortzusetzen und um die Wissenschafts- und Forschungstätigkeit an diesen Universitäten zu stärken, ist zeitlich befristet. Darüber hinaus wurde dieses Programm zu einem Zeitpunkt ins Lebens gerufen, als an den Universitäten bereits mehr als 50% des wissenschaftlichen Mittelbaus abgebaut worden war.

Stellen- und Personalabbau an den ostdeutschen Hochschulen (ohne Hochschulmedizin)

Personalgruppe	Bestand 1989	Bestand 1993	Verlust	Prozent
Professoren und Dozenten	7 325	6 400	925	12,3
Mittelbau	24 400	10 200	14 200	58,2
Nichtwiss. Personal	34 750	17 050	17 700	50,9
Gesamt	65 700	33 650	32 050	48,8

Quelle: Meyer, Hansgünter/Mehlis, Charles, Wissenschafts-Zentrum Berlin (1993).

Wissenschaftlerinnen und Wissenschaftler in Großforschungseinrichtungen der neuen Bundesländer

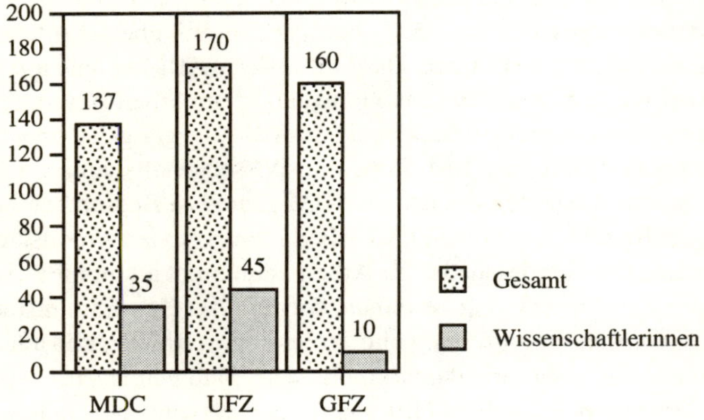

Quelle: Personalrat Max-Delbrück-Centrum
MDC: Max-Delbrück-Centrum für molekulare Medizin Berlin-Buch
UFZ: Umweltforschungszentrum Halle/Leipzig
GFZ: Geoforschungszentrum Potsdam

Der verbleibende Teil der Beschäftigten aus dem WIP wird überwiegend über Zeitverträge weitergeführt, die zu einem nicht unbeträchtlichen Prozentsatz auch 1996 enden. So ist es für diese Universitäten im Prinzip nicht möglich, Beschäftigte aus dem WIP langfristig zu integrieren. Letztlich bleibt zu befürchten, daß die Beschäftigung über dieses Förderprogramm unter Umständen nur von kurzer Dauer sein wird. Gegenwärtig sind im WIP insgesamt 1 363 wissenschaftliche Mitarbeiter beschäftigt, darunter 326 Wissenschaftlerinnen und 511 technische Mitarbeiterinnen. Finden sich keine neuen Förderrichtlinien oder Fördermöglichkeiten für diesen Personenkreis, so wird das Jahr 1994 nicht das Rekordjahr an Akademikerarbeitslosigkeit bleiben. Immerhin sind 1994 schon 156 000 Akademiker in der Bundesrepublik ohne Beschäftigung gewesen, 41% von ihnen sind jünger als 35 Jahre. Was ganz besonders verwundert, weil jüngere Frauen bekannterweise sehr viel innovativer und kreativer als ältere Männer sind.

Ich werde im folgenden darstellen, was aus den Mitarbeiterinnen und Mitarbeitern geworden ist, die eine Anstellung in einer der neugegründeten Forschungseinrichtung erhalten haben. Am Beispiel der drei neugegründeten Großforschungseinrichtungen werde ich zeigen, daß der prozentuale Anteil von Wissenschaftlerinnen je nach fachlicher Ausrichtung sehr unterschiedlich ist.

Die folgende Statistik zeigt, daß im Raum Berlin nur sehr wenig Frauen permanente Anstellungsverhältnisse in den Forschungseinrichtungen haben. In der Regel werden keine permanenten Arbeitsverhältnisse mehr geschlossen, sondern möglichst kurz befristete Verträge. Dies hat zur Folge, daß vielfach keine mittelfristige Personalplanung betrieben wird und statt dessen das Prinzip »hire and fire« regiert.

In Berlin-Buch waren 1991 circa 1 200 Beschäftigte im Wissenschaftsbereich tätig. Mit der Neugründung des MDC im Jahre 1992 konnte ein überwiegender Teil des Personals in Berlin-Buch verbleiben. Allerdings verfügte das neue Zentrum nur über 350 haushaltsfinanzierte Stellen. Etwa genauso viele MitarbeiterInnen fanden eine Anstellung in einer ABM und 86 Personen konnten im Wissenschaftler-Integrations-Programm weitergeführt werden. 1992 und 1993 wuchs das Personal des Forschungszentrums durch die Einrichtung eines sogenannten Verstärkungsfonds, aus dem Personal und Material zu bezahlen waren. Dieser Fonds sollte die Vorabfinanzierung von Drittmittelpersonal sicherstellen. Im Jahre 1995 wurde der Verstärkungsfonds finanziell erheblich reduziert, und er läuft mit dem Jahresende 1996 ersatzlos aus.

außeruniversitäre Forschungseinrichtungen Berlin/Ost 1993	beschäftigte WissenschaftlerInnen							
	unbefristet Beschäftigte		befristet Beschäftigte					
			auf Planstellen		außerhalb des Stellenplans		gesamt	
	gesamt	davon Frauen	gesamt	davon Frauen	gesamt	davon Frauen	gesamt	davon Frauen
Blaue-Liste-Einrichtungen	315	38	110	25	125	33	235	58
Fraunhofer-Gesellschaft	k.A.	k.A.	k.A.	k.A.	k.A.	k.A.	>80	k.A.
Max-Planck-Gesellschaft	195	50	162	49	31	5	193	54
Ressortforschungseinrichtungen des Bundes	20	6	11	3	3	1	14	4
Großforschungseinrichtungen	152	22	32	5	234	66	266	71
Sonstige Einrichtungen	17	2	k.A.	k.A.	k.A.	k.A.	k.A.	k.A.

Quelle: Erhebung der Bund-Länder-Kommission für Bildungsplanung und Forschungsförderung (BLK) 1993; BLK (durch Verwaltungsabkommen (1970) und Rahmenvereinbarung (1971/1975) errichtetes ständiges Gesprächsforum für alle Bund und Länder gemeinsam berührenden Fragen des Bildungswesens und der Forschungsförderung).

Die Zukunftsprognose für WissenschaftlerInnen am MDC muß deshalb düster ausfallen: Beschäftigungsmöglichkeiten über ABM bleiben ungewiß, und die Weiterführung des Wissenschaftler-Integrations-Programms ist bisher nicht gesichert. So verbleibt diesem neugegründeten Institut im ungünstigsten Fall nur das Personal auf Haushaltsstellen. Die Anzahl der eingeworbenen Drittmittelstellen kann derzeit nicht eingeschätzt werden.

Der nähere Blick auf die Personalentwicklung für das wissenschaftliche Personal des MDC zeigt, daß 1991 etwa 400 wissenschaftlich Beschäftigte in den drei Bucher Instituten der Akademien angestellt waren, darunter etwa 90 Wissenschaftlerinnen. Das wissenschaftliche Personal des Instituts belief sich 1994 auf 271 Personen, davon waren 121 ehemalig in Buch beschäftigte Wissenschaftler und Wissenschaftlerinnen. Wenn am 31.12.1996 die Zeitverträge, die für fünf Jahre geschlossen wurden, auslaufen werden, dann wird nach derzeitigem Stand im wissenschaftlich-experimentellen Bereich nur noch für 25 ehemalige Bucher Wissenschaftlerinnen und Wissenschaftler der Anstellungsvertrag gesichert sein. Sie haben einen permanenten Anstellungsvertrag bzw. einen Zeitvertrag, der über diese Zeit hinaus läuft.

Personalsituation Berlin-Buch
Vergleich AdW und MDC, ABM, WIP-Gesamtbeschäftigte

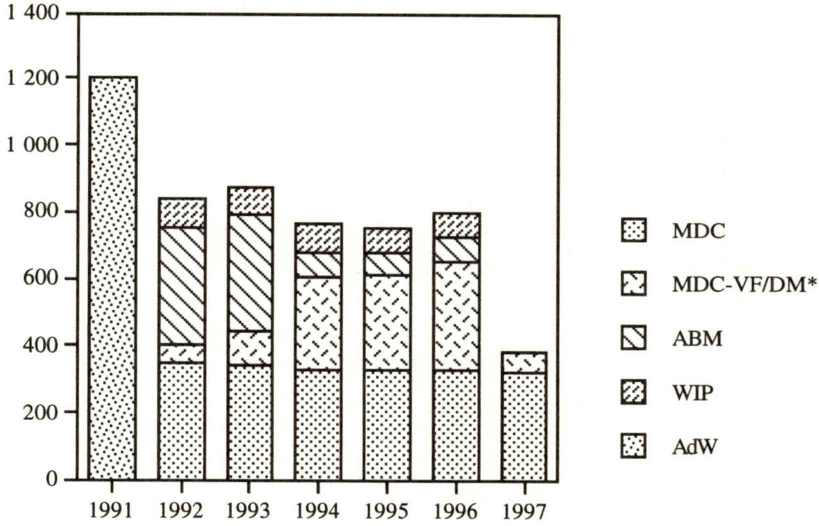

Quelle: Personalrat Max-Delbrück-Centrum 1995
(*Verstärkungsfonds & Drittmittel)

1991 waren 90 Wissenschaftlerinnen auf dem Bucher Institutsgelände beschäftigt. 1994 waren es noch 23 von ihnen (55 insgesamt), und zum gegenwärtigen Zeitpunkt wissen sechs von diesen Mitarbeiterinnen, daß sie einen festen Arbeitsvertrag haben und auch noch 1997 dort tätig sein werden.

Wissenschaftliche Angestellte Berlin-Buch
Perspektive 1997 (MDC-finanzierte Stellen)

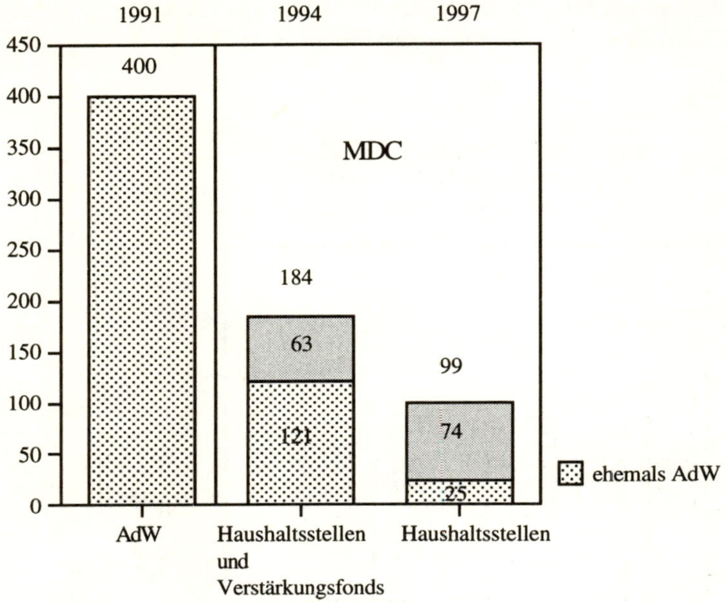

Quelle: Personalrat Max-Delbrück-Centrum

Diese ungünstige Stellensituation für Beschäftigte aus dem Beitrittsgebiet ist durch den Umstand mit verursacht, daß Berufungen fast ausschließlich an Bewerber aus den alten Bundesländern ergehen. Von 21 Berufungen, die am Max-Delbrück-Centrum ausgesprochen wurden, erfolgten 17 Berufungszusagen an Beschäftigte aus den alten Bundesländern und nur vier an ehemalige Bucher Mitarbeiter. Eine Frau wurde bisher berufen, allerdings ist diese Position vorerst befristet.

Diese Berufungspraxis zeitigte personalpolitische Effekte größeren Ausmaßes. Im Rahmen der Berufungszusagen konnten, wenn auch in begrenztem Maße, Mitarbeiter aus den ehemaligen Instituten der Berufenen mitgebracht werden, so daß innerhalb von zwei Jahren der Anteil an wissenschaftlichen Beschäftigten aus den alten Bundesländern und dem Ausland auf immerhin 42% angewachsen ist.

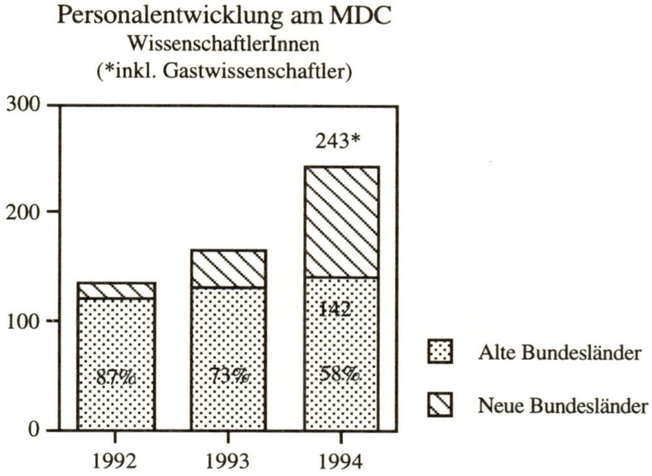

Quelle: Personalrat Max-Delbrück-Centrum; Personalstatistik der Verwaltung 1994.

Es muß der Behauptung des BMBF widersprochen werden, daß im Osten des Landes, in den fünf neuen Bundesländern, 10 500 neue Arbeitsplätze für die dort einst Beschäftigten geschaffen wurden. Leitungspositionen wurden, wie bereits dargestellt, überwiegend an Beschäftigte vergeben, die nicht Mitarbeiter dieser Akademien waren, so daß davon auszugehen ist, daß ein großer Teil der ehemaligen Mitarbeiter der Akademien heute nicht in wissenschaftsadäquaten Beschäftigungspositionen zu finden sind.

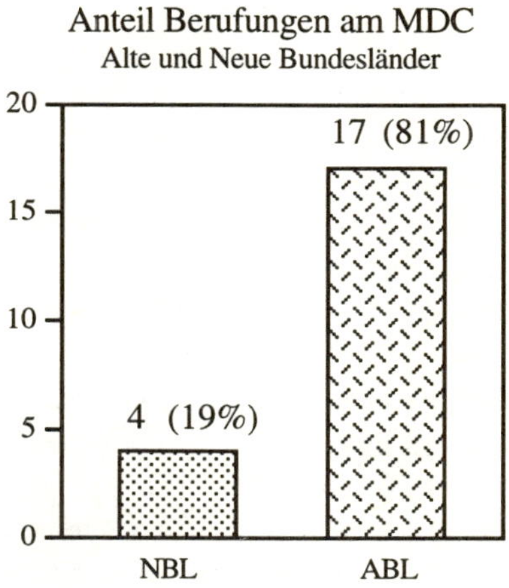

Quelle: Personalrat Max-Delbrück-Centrum

Personalentwicklung
von Wissenschaftlerinnen in Berlin-Buch

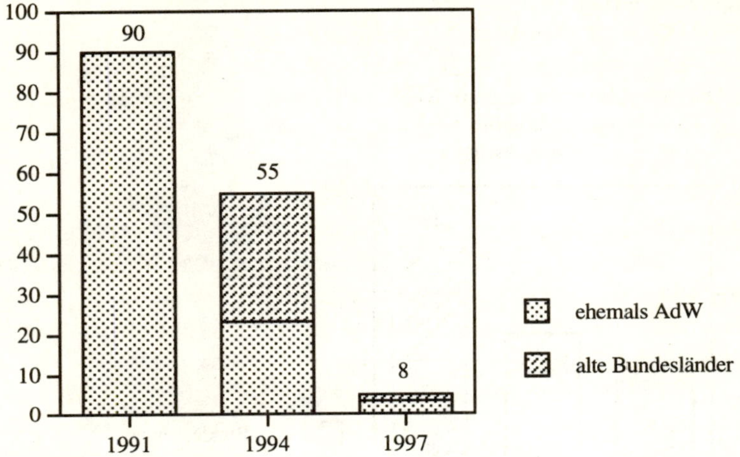

Quelle: Personalrat Max-Delbrück-Centrum

Besonders betroffen davon sind die Wissenschaftlerinnen, denn immerhin konnte fast jeder zweite Wissenschaftler seine wissenschaftliche Tätigkeit fortsetzen. Bei den Wissenschaftlerinnen trifft dies nur auf jede vierte bzw. regional sogar nur auf jede fünfte zu.

Durch die mehrmalige Novellierung des Arbeitsförderungsgesetzes – es gab vier Novellierungen innerhalb von 18 Monaten – ist es heute nicht möglich, Wissenschaft in ABM zu betreiben. Hier jedoch waren in überwiegender Zahl Wissenschaftlerinnen beschäftigt. Die Übertragung altbundesdeutscher Forschungsstrukturen und die Anwendung von Auswahlkriterien, die ausschließlich auf Biographien der alten Bundesländer zugeschnitten waren, haben inbesondere Frauen de facto, von wenigen Ausnahmen abgesehen, bei der Besetzung von Leitungspositionen im außeruniversitären Forschungsbereich in den neuen Bundesländern ausgeschlossen. Die Nichtanwendung von Landesgleichstellungsgesetzen in außeruniversitären Forschungseinrichtungen hat diese Praktiken besonders begünstigt. Mit Beschäftigten ohne Leitungsfunktion wurden überwiegend Zeitverträge geschlossen. Dies hat zur Folge, daß langfristig nur noch eine geringe Anzahl von Wissenschaftlerinnen in einem permanenten Arbeitsverhältnis stehen wird. Es muß davon ausgegangen werden, daß der Anteil von Arbeitsplätzen auf grundfinanzierten Stellen für Wissenschaftlerinnen nur noch circa 10% betragen wird.

Angesichts der Diskrepanz zwischen Stellenangeboten und Stellenbedarf im Wissenschaftsbereich ist der nur 10- bis 15%ige Anteil von Frauen an Bewerbungen auf ausgeschriebene Stellen unverständlich. Ein Grund wäre darin zu vermuten, daß die Arbeit als Wissenschaftlerin bzw. der Arbeitsplatz Wissenschaft in Deutschland zunehmend an Attraktivität für Frauen verliert. Dazu tragen unter anderem die ständig fortgeschriebenen Kürzungen von haushaltsfinanzierten Stellen, der übermäßig große Anteil von Zeitverträgen mit seinen gravierenden Auswirkungen auf die Lebensplanung, das Verbot der Hausberufungen, die Modalitäten der Stipendienvergabe sowie die geringe Präsenz von Frauen in den Gremien, die über Auswahl und Einstellungsverfahren entscheiden, bei.

Die Förderprogramme der Europäischen Union, speziell die Anträge für Mittelbereitstellungen aus dem Europäischen Sozialfonds, berücksichtigen die spezifische Situation der Forschung in den neuen Bundesländern nur unzureichend. Ein generelles Manko besteht vor allem darin, daß das mit der Wiedervereinigung entstandene Problem der strukturellen Arbeitslosigkeit eines hochqualifizierten innovativen Arbeitnehmerpotentials bei der Setzung der Schwerpunkte keine adäquate Widerspiegelung gefunden hat. Nach wie vor wird davon ausgegangen, daß Arbeitslosigkeit im wesentlichen auf mangelnde bzw. veraltete Qualifikation zurückzuführen ist. Festzustellen bleibt abschließend, daß der Mangel an Arbeitsplätzen auf wissenschaftlichem Gebiet im allgemeinen die Frauen in einem ganz besonderen Ausmaß von Arbeitsplätzen, die ihrer Qualifikation angemessen sind, verdrängt.

Literatur

Arbeitsgemeinschaft der Personal- und Betriebsräte außeruniversitärer Forschungseinrichtungen (AGBR), *Bericht* 1992.

Bund-Länder-Kommission für Bildungsplanung und Forschungsförderung (BLK), *Bericht* 1993.

Deutsches Institut für Wirtschaftsforschung (1990), *Diskussionspapier* Nr. 10, Juli.

Die Wirtschaft 10/1995.

Max-Delbrück-Centrum (1994), *Tätigkeitsbericht.*

Meyer, Hansgünter/Mehlis, Charles, *Wissenschaftszentrum Berlin*, interner Bericht.

Nature (1993), Vol. 362, Nr. 22, April.

Personalrat Max-Delbrück-Centrum, unveröffentlichte Quellen und Statistiken.

Senatsverwaltung für Wissenschaft und Forschung (1994), Forschungsbericht 1994, Berlin.

Gibt es einen europäischen Arbeitsmarkt für Wissenschaftlerinnen?

Barbara M. Kehm

Vorbemerkung

Ich möchte im folgenden einige Ergebnisse eines im Oktober 1994 abgeschlossenen Forschungsprojekts über die Teilnahme von Frauen an Förderprogrammen der Europäischen Union vorstellen. Das Projekt wurde im Sommer 1993 vom Bundesministerium für Bildung und Wissenschaft in Auftrag gegeben und hatte die Aufgabe, die Berücksichtigung und Beteiligung von Frauen – insbesondere von deutscher Seite – an insgesamt 24 verschiedenen Förderprogrammen der Europäischen Union zu untersuchen. In die Studie einbezogen waren 13 Programme aus dem Bildungsbereich, vier spezifische Programme des dritten Rahmenprogramms für Forschung und technologische Entwicklung sowie sieben Gemeinschaftsinitiativen, die mit Mitteln der drei Strukturfonds gefördert werden.

Nach einer kurzen Vorstellung der in die Studie einbezogenen Programme werde ich die Chancengleichheits- und Frauenförderpolitik der EU skizzieren und mich dann auf die Berücksichtigung und Beteiligung von Wissenschaftlerinnen an einigen Forschungs- und Technologieprogrammen konzentrieren. Den Abschluß bildet ein Fazit mit Empfehlungen und Ansätzen für Strategien der Verbesserung.

Gegenstandsbereich und Fragestellungen einer Studie zum Thema

Im Herbst 1993 hat das Bundesministerium für Bildung und Wissenschaft eine Studie in Auftrag gegeben, die sich mit der Beteiligung von Frauen in Förderprogrammen der Europäischen Union befassen sollte. Ziel der Studie war es, die Implementation von EU-Förderprogrammen in Deutschland im Hinblick auf (a) die Berücksichtigung von Frauen in den Zielsetzungen der Programme und (b) die tatsächliche Beteiligung von Frauen an den Programmen zu überprüfen. Dabei sollte eine Wirkungsanalyse mit einer Problemanalyse verbunden werden. Die Kriterien der Analyse waren folgende:

- eine Auswertung der frauenrelevanten Zielsetzungen und Aussagen in den Ratsbeschlüssen bzw. sonstigen rechtlichen Grundlagen der Programme;
- eine Analyse der Behinderungen einer Teilnahme von Frauen und der Strukturen, die die Teilnahme von Frauen erleichtern sollen;
- die Transparenz der Beratung, Berichterstattung und Information;
- und schließlich die Auswirkungen der Strategie des »mainstreaming«[1] auf die politische Koordinierung und organisatorische Umsetzung der Programme in Deutschland.

Die in diese Studie einbezogenen EU-Förderprogramme lassen sich drei Bereichen zuordnen, die ich der Vollständigkeit halber hier nennen möchte, von denen aber für die Frage nach einem europäischen Arbeitsmarkt für Wissenschaftlerinnen vorrangig der zweite Bereich relevant ist:

1. Aus dem Bereich der Bildung und Ausbildung wurden in die Studie einbezogen: ARION (Studienbesuchsprogramm von Schulverwaltungsbeamten und Fachleuten aus dem Schulbereich), COMETT (Förderung der Zusammenarbeit von Hochschule und Wirtschaft durch Austausch und gemeinsame Projekte), EU-Austauschprogramm für Sekundarschullehrerinnen und -lehrer (inkl. Schulpartnerschaften), EU-Studienbesuchsprogramm für Berufsbildungsfachleute, ERASMUS (Kooperation von Hochschulen und Austausch von Studierenden und Lehrenden), EUROTECNET (Netzwerk nationaler Demonstrationsprojekte zur Förderung von Innovationen in der Berufsbildung in der Folge des technologischen Wandels), FORCE (Förderung der beruflichen Weiterbildung), IRIS (ein europäisches Netzwerk von Ausbildungsprojekten für Frauen), die Aktion Jean Monnet (eine Initiative zur Unterstützung der Hochschulen bei der Entwicklung von Lehre und Forschung im Bereich der europäischen Integration), Jugend für Europa (Förderung des Jugendaustauschs und der Aktivitäten im Jugendbereich), LINGUA (Förderung von Fremdsprachenkenntnissen in der Europäischen Union), PETRA (Förderung der beruflichen Qualifizierung und der Vorbereitung Jugendlicher auf das Erwachsenen- und Erwerbsleben durch Praktika und Austausch) und TEMPUS (Förderung der Zusammenarbeit im Hochschulbereich zwischen Mittel- und Osteuropa und der Europäischen Union). Mit einer Ausnahme war für alle diese Programme die »Task Force Humanressourcen, allgemeine und berufliche Bildung, Jugend« zuständig, die jetzt die neue Generaldirektion XXII der EU ist.

Die Aktion Jean Monnet ist in der Generaldirektion X (audiovisuelle Medien, Information, Kommunikation, Kultur) angesiedelt. Mit der Verabschiedung der neuen Programmgeneration nach Maastricht sind die im Bereich der Berufsbildung angesiedelten Programme (einschließlich COMETT) in das neue Megaprogramm LEONARDO integriert, und die im Bereich der allgemeinen schulischen Bildung und der Hochschulbildung angesiedelten Programme wurden in das neue Megaprogramm SOCRATES eingebunden. Die Aktion Jean Monnet und TEMPUS bilden Sonderfälle.

2. Aus dem Bereich des dritten Rahmenprogramms für Forschung und technologische Entwicklung (FTE-Rahmenprogramm) wurden in die Studie einbezogen: DELTA (Forschungs- und Entwicklungsprogramm für Telematiksysteme im Bereich flexibler Lernsysteme und des Fernunterrichts), ESPRIT (Forschung und technologische Entwicklung im Bereich der Informationstechnologien), Humankapital und Mobilität (Wissenschaftleraustausch, Entwicklung von Forschungsnetzen) und TIDE (Technologie-Initiative für Behinderte und ältere Menschen). Außerdem wurde die Beteiligung von Wissenschaftlerinnen an den individuellen Forschungsstipendien erhoben, die im Rahmen der spezifischen Programme des dritten FTE-Rahmenprogramms vergeben wurden. Die hier genannten Programme fallen in den Zuständigkeitsbereich der Generaldirektion XII (Wissenschaft, Forschung und Entwicklung) bzw. XIII (Telekommunikation, Informationsindustrie und Innovation).

3. Aus dem Bereich der Gemeinschaftsinitiativen, die mit Mitteln der europäischen Strukturfonds finanziert werden, wurden in die Studie einbezogen: EUROFORM (Förderung der europäischen Dimension im Berufsbildungsbereich und des Zusammenwachsens von beruflichen Qualifikationen), EUROLEADERS (Ausbildung junger europäischer Unternehmer), HORIZON (Berufliche Integration für Behinderte, Benachteiligte und Migranten), LEADER (Unterstützung örtlicher Initiativen in ländlichen Gebieten der Europäischen Union, regionale Strukturentwicklung), NOW (Förderung der Chancengleichheit für Frauen im Bereich der beruflichen Bildung und Beschäftigung) und RETEX (Strukturförderung der vom Textil- und Bekleidungssektor stark abhängigen Regionen). Die Zuständigkeiten für die Gemeinschaftsinitiativen sind auf verschiedene Generaldirektionen aufgeteilt: Generaldirektion V (Beschäftigung und soziale Angelegenheiten) ist verantwortlich für NOW, EUROFORM und HORIZON, Generaldirektion VI (Landwirtschaft) für LEADER und Generaldirektion XVI (Regionalpolitik) für EUROLEADERS und RETEX. Nach einer Reform der Sozialfonds im Jahre 1993/94 wurde das Programm EUROFORM in seiner alten Form nicht mehr wei-

tergeführt. Die Gegenstandsbereiche seiner Förderung sind in den neuen Programmen YOUTH START und ADAPT enthalten. Das ILE/LEI-Programm, ebenfalls in die Studie einbezogen, unterstützt örtliche Initiativen zur Beschäftigung von Frauen (Existenzgründungen, Starthilfe u.ä.). Es gehört nicht in den Bereich der Gemeinschaftsinitiativen und unterliegt auch nicht den Bestimmungen für die Vergabe der Mittel aus den Strukturfonds, sondern beruht auf einer Haushaltslinie der Kommission und geht auf die Initiative des Büros für Chancengleichheit der Generaldirektion V zurück.

Damit habe ich in etwa die Fragestellung und den Gegenstandsbereich der Studie skizziert und kann nun genauer auf die Frage eingehen, ob es einen europäischen Arbeitsmarkt für Wissenschaftlerinnen gibt.

Die Chancengleichheits- und Frauenförderpolitik der EU

Die Frauengleichstellungspolitik der EU war bisher auf zwei Prinzipien gegründet:

1. gleicher Lohn für gleiche Arbeit und
2. Gleichbehandlung von Frauen und Männern am Arbeitsplatz.

Beide Prinzipien waren Teil des Artikels 119 des EWG-Vertrags, der auch in den Vertrag von Maastricht übernommen wurde, und galten als Hebel der europäischen Gleichstellungspolitik. Diese ist wesentlich sozio-ökonomisch determiniert, insofern Frauen – häufig neben Behinderten, Migranten und Wanderarbeitnehmern – als benachteiligte soziale Gruppe gesehen werden, deren Nachteile durch geeignete Maßnahmen ausgeglichen werden sollen. Frauen werden darüber hinaus als Arbeitskraftreserve und Qualifikationspotential angesehen, insbesondere für die Bereiche, in denen aufgrund der demographischen Entwicklungen ein Mangel an hochqualifizierten Arbeitskräften erwartet wird. Bereits in der ersten Entschließung der Bildungsminister über die Kooperation im Bildungsbereich (Amtsblatt C 98/2 v. 20.8.1974), die im Juni 1974 verabschiedet wurde und erste bildungspolitische Zielsetzungen der EG enthielt, wurden die Herstellung von Chancengleichheit und von freien Zugangsmöglichkeiten zu allen Bildungsformen als vorrangige Gegenstandsbereiche einer europäischen Bildungspolitik genannt.

Mit der Ratifizierung des Vertrags von Maastricht über die Gründung der Europäischen Union erhielten schließlich auch Aktivitäten der EU im Bereich der allgemeinen Bildung eine gesetzliche Grundlage. Die Artikel 126 (Schule und Hochschule) und 127 (berufliche Bildung) des Maastrichter Vertrags leiteten eine große Reform der Bildungsprogramme ein. Erstmalig erhielt die EU Kompetenzen im Bereich der allgemeinen Bildung, wenn auch unter Maßgabe der strikten Einhaltung des Subsidiaritätsprinzips, und erstmalig wurde der Hochschulbereich als eigenständiger Bereich anerkannt und muß nun nicht mehr aufgrund fehlender bzw. ambivalenter Rechtsgrundlagen dem Bereich der beruflichen Bildung zugeordnet werden. Um in Kürze einige der wichtigsten Ergebnisse der Reform zu nennen, möchte ich hier die Umwandlung der Task Force in eine Generaldirektion (GD XXII) erwähnen, die Gründung einer Europäischen Stiftung für Berufsbildung mit Sitz in Turin, die Verabschiedung einer neuen Programmgeneration, in der die Berufsbildungsprogramme im Megaprogramm LEONARDO und die Programme im Bereich der allgemeinen und der Hochschulbildung im Megaprogramm SOCRATES zusammengefaßt wurden. Beide Programme enthalten mehrfach explizite Bezüge auf die Chancengleichheit von Frauen, das LEONARDO-Programm stärker noch als das SOCRATES-Programm. Beide Programme enthalten Bestimmungen zur quantitativen und qualitativen Evaluation der Durchführung und Umsetzung, wobei jedoch der Vorschlag einer geschlechtsspezifischen Aufschlüsselung der Teilnahmezahlen und Begünstigten ebenso fehlt wie die Berücksichtigung von Frauen als qualitatives Kriterium.

Die Aktivitäten der EG bzw. EU im Bereich der Frauenförderung und Chancengleichheit sind im Verlauf der letzten Jahre breiter und vielfältiger geworden. In allen großen Aktionsprogrammen des Bildungsbereichs sind Aussagen zur Sicherstellung oder zumindest Förderung der Chancengleichheit von Frauen im Ratsbeschluß enthalten. Die kleineren Programme, die zumeist auf einer Haushaltslinie der Kommission beruhen, über deren Fortführung bisher meist in jährlichen Rhythmen beschlossen wurde und die keinen offiziellen Ratsbeschluß als Grundlage besitzen, enthalten solche Chancengleichheitsaussagen nicht.

Abgesehen von diesen Aussagen zur Chancengleichheit in den rechtlichen Grundlagen der Programme wurden ab 1982 vier- bis fünfjährige Aktionsprogramme zur Förderung der Chancengleichheit von Frauen und Männern verabschiedet. Derzeit ist das vierte Aktionsprogramm in Kraft mit einer Laufzeit bis Ende des Jahres 2000. Es will die Ergebnisse früherer Aktionsprogramme konsolidieren und weiterentwickeln. Defizite werden kaum noch identifiziert. Die im Rahmen des Programms genannten förderungswürdigen Aktivitäten beschränken sich auf

– den Informations- und Erfahrungsaustausch über vorbildliche Praktiken;

- die Beobachtung und Begleitung der einschlägigen Politiken in den Mitgliedstaaten und die Durchführung von Studien;
- die Verbreitung der Ergebnisse.

Eingebettet in diesen Rahmen sind Versuche zum Abbau der »indirekten Diskriminierung« und zur Durchsetzung des Konzepts des »mainstreaming«. Daß dies nicht richtig funktioniert, hat die Studie der Engländerin Teresa Rees deutlich gemacht, die 1992 im Auftrag der Kommission die Berücksichtigung und Beteiligung von Frauen an den Berufsbildungsprogrammen untersucht hat (Rees 1993). Ihre Ergebnisse möchte ich in zwei Punkten zusammenfassen:

- Die Bildungsbeteiligung von Frauen ist gut. Sie ist in den naturwissenschaftlichen, technischen und gewerblichen Bereichen – also den typischen Männerdomänen – angestiegen. Was nicht funktioniert, ist die Integration von Frauen in den Arbeitsmarkt bzw. ihr Aufstieg in professionelle und leitende Positionen.
- Die Frauenförderpolitik der EU ist permissiv und gekennzeichnet von einem »laissez faire«-Ansatz.

Was bedeutet das? Trotz Chancengleichheitsaussagen in den Ratsbeschlüssen der meisten großen Bildungsprogramme wird deren Einhaltung und Umsetzung nicht überprüft. Es findet kaum ein Monitoring statt, es gibt keine geschlechtsspezifische statistische Auswertung der Beteiligung von Frauen in der Berichterstattung über die Durchführung der Programme, es gibt keine Sanktionen. Rees' Fazit: Die Programme spiegeln die für Frauen bestehende Situation wider und zementieren den Status quo. Insgesamt ist die Philosophie und Förderlogik der Programme auf diejenige soziale Gruppe zugeschnitten von der die höchste Teilnahmebereitschaft erwartet wird. Der Durchführungs- und Ablauforganisation liegen implizite Annahmen hinsichtlich der Verfügung über Zeit und hinsichtlich des Zugangs zu Ressourcen und Transportmöglichkeiten zugrunde, die Männer viel eher besitzen als Frauen. Dies führt dazu, daß trotz der Offenheit der Programme für Frauen und trotz der Chancengleichheitspostulate in den Ratsbeschlüssen besonders die technologieorientierten Bildungsprogramme, aber auch die Forschungs- und Technologieprogramme, sehr viel mehr männliche als weibliche Teilnehmer ansprechen.

Typisch für die Durchführung der Bildungsprogramme auf der nationalen Ebene sind drei Formen:

- Programme, in denen Chancengleichheit und Frauenförderung – wenn auch mit unterschiedlichem Erfolg – ein integraler Bestandteil der Durchführung sind.

- Programme, in denen die Beteiligung von Frauen hoch ist, aber die Berücksichtigung von Frauen keine strategische Rolle spielt, unabhängig davon, ob im Ratsbeschluß eine Chancengleichheitsaussage enthalten ist oder nicht. Bei diesen Programmen findet die Förderung in Bereichen statt, in denen eine große Zahl von Frauen als Studentinnen, Auszubildende oder Beschäftigte zu finden sind.
- Programme, in denen bis auf einzelne und exemplarisch zu bewertende Projekte das Ziel einer Förderung der Chancengleichheit allenfalls instrumentell interpretiert wird, um die Bewilligungschancen von Anträgen zu erhöhen. Dabei ist den beteiligten Akteuren in der Regel bewußt, daß die tatsächliche Umsetzung nicht überprüft wird und Sanktionsmöglichkeiten fehlen. Versuche, die Teilnahme von Frauen durch das Angebot einer besonderen Infrastruktur (z.B. Angebote für die Kinderbetreuung, spezielle Beratung oder Hilfestellungen) zu erleichtern, gibt es, von wenigen Ausnahmen abgesehen, nicht.

Die spezifischen Programme des dritten FTE-Rahmenprogramms enthalten – wie auch das Rahmenprogramm selbst – keine Chancengleichheitsaussagen oder frauenrelevanten Zielsetzungen. Eine solche ist allerdings in das kürzlich verabschiedete vierte Rahmenprogramm für den Bereich des Programms Humankapital und Mobilität aufgenommen worden. Förderkriterien für die Forschungs- und Technologieprogramme, in deren Rahmen die Anträge anonymisiert begutachtet werden, sind z.B. Innovation, Spitzenforschung, Hochtechnologie, industrielle Wettbewerbsfähigkeit und Konkurrenzfähigkeit. Gefördert werden vorrangig Projekte in Bereichen, in denen Frauen traditionell unterrepräsentiert sind. In der Tendenz liegt die Frauenbeteiligung von deutscher Seite deutlich unter der Frauenbeteiligung im EU-Durchschnitt. Ich möchte dies im folgenden mit einigen konkreten Zahlen untermauern.

Die Beteiligung von Wissenschaftlerinnen an EU-Förderprogrammen

Die Europäische Kommission hat sich zum Ziel gesetzt, den Zugang von Frauen zum Arbeitsmarkt, insbesondere zu hochqualifizierten und technischen Berufen sowie in Führungspositionen zu fördern. Das Ziel, auch im Wissenschaftsbereich einen offenen europäischen Markt und Arbeitsmarkt herzustellen, wird sich an der Frage messen lassen müssen, ob ein solcher Markt auch für Frauen besteht und inwiefern Frauen einen substantiellen Zugang zu den vorhandenen Arbeitsplätzen, Forschungsmöglichkeiten und Stipendien auf diesem Markt besitzen.

(a) Im Rahmen des Programms *Humankapital und Mobilität* (HCM) werden jährlich etwa 1.000 Mobilitätsstipendien in den Fächern Chemie, Geowissenschaften, Wirtschafts-, Sozial- und Geisteswissenschaften, Ingenieurwissenschaften, Biowissenschaften, Mathematik und Informatik sowie Physik vergeben. Die Beteiligung von Wissenschaftlerinnen verläuft entlang der typischen Fächerdifferenzierung: hoch in den »weichen« Naturwissenschaften (Chemie und Biowissenschaften), niedrig in den »harten« Fächern (Physik, Mathematik und Informatik, Ingenieurwissenschaften):

- 1992 betrug der Frauenanteil an den Stipendien EG-weit 23,1%, im selben Jahr in Deutschland 12,0%.
- 1993/94 betrug der Frauenanteil an den Stipendien EU-weit 25,3%, in der ersten Hälfte 1994 aus Deutschland 17,6%.
- Im Rahmen der ersten Phase des HCM-Programms waren EG-weit 8,3% der Netzwerk-Koordinatoren und Kontaktpersonen der beteiligten Partnereinrichtungen Frauen. Bei den von deutscher Seite koordinierten Netzwerken waren es nur 4,5% Frauen.

(b) Die Beteiligung von Wissenschaftlerinnen an den individuellen Mobilitätsstipendien der spezifischen Programme des dritten Rahmenprogramms für Forschung und Technologie (FTE-Rahmenprogramm) sieht wie folgt aus:

Werkstoffe und Rohstoffe/Entwurf und Fertigung (1990-1994)
- Frauenanteil EU: 18,7% (17 von 91 Stipendien);
- Frauenanteil aus Deutschland: 5,0% (1 von 20 Stipendien).

Messen und Prüfen (1992)
- Frauenanteil EU: 83,3% (5 von 6 Stipendien);
- Frauenanteil aus Deutschland: keine Wissenschaftlerin.

Technologien und technische Verfahren für den Umweltschutz (1993)
- Frauenanteil EU: 25,0% (2 von 8 Stipendien);
- Frauenanteil aus Deutschland: 33,3% (1 von 3 Stipendien).

Klimatologie und natürliche Gefahren (1993)
- Frauenanteil EU: 50,0% (5 von 10 Stipendien);
- Frauenanteil aus Deutschland: keine Wissenschaftlerin.

Meereswissenschaften (1993)
- Frauenanteil EU: 54,5% (6 von 11 Stipendien);
- Frauenanteil aus Deutschland: 50,0% (1 von 2 Stipendien).

Agrarforschung (1993)
– Frauenanteil EU: 51,3% (59 von 115 Stipendien);
– Frauenanteil aus Deutschland: 22,2% (2 von 7 Stipendien).

Biomedizin und Gesundheitswesen (1993)
– Frauenanteil EU: 36,2% (17 von 47 Stipendien);
– Frauenanteil aus Deutschland: 33,3% (2 von 6 Stipendien).

Strahlenschutz (1987-1993)
– Frauenanteil EU: 44,4% (8 von 18 Stipendien);
– Frauenanteil aus Deutschland: keine Wissenschaftlerin.

Entsorgung radioaktiver Abfälle (1994)
– Frauenanteil EU: 66,7% (2 von 3 Stipendien);
– Frauenanteil aus Deutschland: keine Wissenschaftlerin.

Kontrollierte Kernfusion (1993)
– Frauenanteil EU: 33,3% (4 von 12 Stipendien);
– Frauenanteil aus Deutschland: keine Wissenschaftlerin.

JET[2] (1992 und 1993)
– Frauenanteil EU: 7,4% (2 von 27 Stipendien);
– Frauenanteil aus Deutschland: keine Wissenschaftlerin.

(c) Im Rahmen der Bildungsprogramme gibt es die *Aktion Jean Monnet*, die von der Generaldirektion X (audiovisuelle Medien, Information, Kommunikation, Kultur) durchgeführt wird. Die Aktion Jean Monnet ist eine Initiative zur Unterstützung der Hochschulen bei der Entwicklung von Forschung und Lehre im Bereich der europäischen Integration. In ihrem Rahmen kofinanziert die EU Lehrstühle, ständige Vorlesungen oder Seminare sowie Module und vergibt – in Verbindung mit den Jean Monnet-Lehrstühlen – einmalige Forschungsbeihilfen für eine Zeit von maximal drei Jahren. In die Aktion einbezogene Fächer sind: Jura, Wirtschaft, Politik, Sozialwissenschaften und Geschichte. Die Hochschulen, an denen solche Aktivitäten gefördert werden, müssen sich verpflichten, Lehrstuhl, Seminar oder Modul nach Ablauf der Förderung für mindestens vier Jahre weiterzufinanzieren. Das einbezogene Fächerspektrum läßt auf eine größere Beteiligung von Wissenschaftlerinnen hoffen.

In der ersten Phase der Aktion Jean Monnet (1990-1993) wurden die an deutschen Hochschulen eingerichteten Jean Monnet-Lehrstühle zu knapp 80 Prozent mit Männern und zu 12,5 Prozent mit Frauen besetzt. 8,3 Prozent der Besetzungen waren nicht zu ermitteln. Von den insgesamt sechs nach Deutschland vergebenen Forschungsbeihilfen gingen fünf an Männer und eine an eine Frau. Knapp 78 Prozent der ständigen Vorlesungen und Seminare wurden von Männern durchgeführt, eine Vorlesung bzw. ein Seminar von einer Frau (2,2%), und bei 20 Prozent der Vorlesungen oder Seminare war nicht zu ermitteln, wer sie durchgeführt hat. Über 80 Prozent der Module wurden ebenfalls von Männern durchgeführt, knapp fünf Prozent von einer Frau, und auch hier war bei 13,6 Prozent der Module nicht zu ermitteln, wer sie durchgeführt hat (Kehm 1994b).

Dieser Trend wiederholt sich beim Blick auf andere Förderprogramme. Die Frage drängt sich auf, ob von einem substantiellen Arbeitsmarkt für Wissenschaftlerinnen in Europa, insbesondere für Wissenschaftlerinnen von deutscher Seite, überhaupt die Rede sein kann. Ich möchte zum Abschluß ein kurzes Fazit ziehen.

Fazit: Empfehlungen und Strategien

Seit einigen Jahren lassen sich Ansätze einer eigenständigen Frauenpolitik in der EU finden. Eigenständig ist hier gemeint im Sinne von nicht überdeterminiert durch Sozial- oder Arbeitsmarktpolitik. Anzeichen dafür sind u.a. eine wachsende Zahl von Frauen- und Expertinnennetzwerken, die Vergabe einer ebenfalls wachsenden Zahl von eigenständigen Studien zu Frauenförder- und Chancengleichheitsfragen, die Einrichtung von Frauengleichstellungsbüros bei verschiedenen Generaldirektionen bzw. Dienststellen der Kommission und die im dritten Aktionsprogramm für Chancengleichheit enthaltene Politik des »mainstreaming«. »Mainstreaming« ist der Versuch, die Berücksichtigung und Beteiligung von Frauen zu etwas Selbstverständlichem, Normalem und Alltäglichem werden zu lassen, so daß es keiner besonderen Programme oder Maßnahmen mehr bedarf, die dann doch allzuoft im Kontext der anderen Programme bzw. der anderen Aktivitäten innerhalb eines Programms eine Rand- oder Nischenexistenz führen. Aber die zu verzeichnenden Fortschritte auf diesem Gebiet sind bisher unzureichend. Viele der im dritten Aktionsprogramm für Chancengleichheit enthaltenen Ziele wurden noch nicht erreicht, Vorhaben nicht umgesetzt. Das hängt u.a. auch mit dem Widerstand einzelner EU-Mitgliedstaaten gegen diese Politik zusammen. Im übrigen steht Deutschland auch nicht gerade an vorderster Front der Frauenförder- und Chancengleichheitspolitik. Das, was an Chancengleichheits- und Frauenförderpostulaten vorhanden ist, muß auf Einhaltung überprüft werden, und die Nichteinhaltung sollte Sanktionen nach sich ziehen (z.B. Rückzahlung bewilligter Fördermittel, Nichtverlängerung von Projekten u.ä.). Bisher wird – auch in Deutschland – die Beteiligung von Frauen allzuoft instrumentell zur Erhöhung der Bewilligungschancen eines Antrags, allerdings ohne Umsetzungsabsichten, gehandhabt. Insgesamt müssen wirksamere Instrumente des Monitoring und der geschlechtsspezifischen statistischen Berichterstattung entwickelt werden.

Ich habe zum Abschluß meiner Studie eine größere Anzahl detaillierter Einzelempfehlungen ausgesprochen, auf die ich hier nicht im einzelnen eingehen kann (vgl. Kehm 1994b). Aber die Empfehlungen gliedern sich in drei Schritte – Fokussieren, Reformieren, Transformieren –, die ich zum Abschluß kurz skizzieren möchte.

Mit dem Begriff »*Fokussieren*« ist vor allem die Herstellung einer zuverlässigen Informations-, Berichts- und Datenlage über die Berücksichtigung und Beteiligung von Frauen in allen EU-Förderprogrammen gemeint. Erst dann wird es möglich sein, den Grad der Berücksichtigung und die tatsächliche Beteiligung von Frauen an den Programmen zu überprüfen und zu bewerten, um daraus die erforderlichen Schlußfolgerungen ziehen und angemessene Maßnahmen ergreifen zu können. Die Empfehlungen in diesem Abschnitt verändern die Programme und Durchführungsbestimmungen nicht grundsätzlich, sondern sollen die Aufmerksamkeit stärker auf die Frage der Berücksichtigung und Beteiligung von Frauen richten.

Unter den Begriff »*Reformieren*« habe ich Empfehlungen gefaßt, die sich auf positive Aktionen und die Errichtung von Stützstrukturen richten, die Frauen die Teilnahme an den Fördermaßnahmen der Programme erleichtern oder überhaupt erst ermöglichen sollen. Vorrangig werden Vorschläge gemacht, die Organisation der Durchführung, Beratung und Information im nationalen Rahmen und auf europäischer Ebene zugunsten von Frauen zu verändern.

Unter dem Begriff »*Transformieren*« werden Empfehlungen ausgesprochen, die sich auf Maßnahmen legislativer und inhaltlicher Art beziehen und den Zuschnitt der Programme, der darin geförderten Maßnahmen und der in ihnen angesprochenen Zielgruppen auf die Bedürfnisse von Frauen hin verändern. Das bedeutet, die den Programmen inhärenten Annahmen über Mobilitätsbereitschaft, Verfügung über Zeit und Zugang zu Ressourcen so zu revidieren, daß sie von Situationen und Bedingungen ausgehen, denen Frauen sich gegenübersehen. Die Empfehlungen beziehen sich nicht nur auf die organisatorische Struktur der Durchführung, sondern auch auf die Inhalte und Methoden der Maßnahmen und Projekte, und sie schlagen zu einigen Punkten auch weitere Forschung vor.

Wenn das Chancengleichheitsprogramm und die Frauenförderpolitik der EU wirksam werden sollen, dann dürfen Frauen vor allem nicht mehr als »Problem« angesehen, sondern sollten als wertvolle »Ressource« betrachtet werden.

Anmerkungen

1 »Mainstreaming« bedeutet den Verzicht auf besondere Programme und Maßnahmen für Frauen. Statt dessen wird mit dem »mainstreaming« eine Politik der selbstverständlichen, quasi automatischen Berücksichtigung und Beteiligung von Frauen in allen »regulären« Programmen und Maßnahmen verfolgt.

2 JET ist ein Forschungszentrum in Großbritannien, das von der EU-Kommission mit zwei- bis dreijährigen Forschungsstipendien für Postgraduierte und Postdoktoranden ausgestattet wird, auf die sich Wissenschaftlerinnen und Wissenschaftler aus allen EU-Mitgliedstaaten bewerben können. Die Stipendiaten kommen vorrangig aus der Physik, manche auch aus den Ingenieurwissenschaften.

Literatur

Kehm, Barbara M. (1994a), Die Beteiligung von Frauen an Förderprogrammen der Europäischen Union, in: *Neue Impulse*. Mitteilungen der Gesellschaft Deutscher Akademikerinnen 6, S. 6-9.

Kehm, Barbara M. (1994b), *Frauen in Förderprogrammen der Europäischen Union*. Unveröffentlichter Abschlußbericht einer Studie im Auftrag des Bundesministeriums für Bildung und Wissenschaft, Kassel.

Kehm, Barbara M. (1995a), Die Durchführung von EG-Bildungsprogrammen in der Bundesrepublik Deutschland, in: *Das Hochschulwesen* 2, S. 85-91.

Kehm, Barbara M. (1995b), Frauen in Förderprogrammen der Europäischen Union, in: *Eildienst*. Informationen für Rat und Verwaltung 6, S. 166-171.

Kehm, Barbara M./Ulrich Teichler (1994), *Durchführung von EG-Bildungsprogrammen in Deutschland. Erfahrungen, Probleme, Empfehlungen zur Verbesserung*, Reihe Studien Bildung und Wissenschaft 120, hg. v. Bundesministerium für Bildung und Wissenschaft, Bonn.

Rees, Teresa (1993), *Women and the EC Training Programmes*. A final report prepared for the European Commission, Task Force Human Resources, Education, Training and Youth, Brüssel.

IV.
Strategien feministischer Wissenschaftsreform

Frauenforschung als Wissenschaftsreform

Karin Hausen

Frauenforschung begann als Wissenschaftskritik. Das Ereignis der ersten Berliner Sommeruniversität für Frauen im Juli 1976 markierte für die Bundesrepublik Deutschland in aller Öffentlichkeit den Aufbruch. Es waren nicht wissenschaftsimmanente Impulse und Entwicklungen, sondern die Neue Frauenbewegung, die mit der befreienden kollektiven Verständigung und Aktion auch eine kritische Distanz zur modernen Wissenschaft, ihren Institutionen, Konventionen und der Nutzung von definitorischer Macht ermöglichte. Diese Distanz wurde und wird von immer mehr Wissenschaftlerinnen und inzwischen auch Wissenschaftlern in den unterschiedlichsten Wissenschaftsdisziplinen ausgemessen, um das programmatische Projekt feministischer Wissenschaftskritik und Wissenschaftspraxis forschend auszuarbeiten. Das Projekt hat sich im Laufe der Jahrzehnte auch intellektuell als eine Herausforderung von anfangs kaum erahnten Dimensionen erwiesen und gerade deswegen mit der Zunahme des verfügbaren Wissens, des methodischen Könnens und theoretischen Räsonnements auch an wissenschaftlicher Faszination gewonnen.

Frauenforschung als Projekt

Was ist gemeint, wenn von Frauenforschung als Projekt die Rede ist? In aller Kürze läßt sich das Projekt als enge Kombination von systematischer Wissenschafts- und Wissenskritik und gleichzeitiger Erarbeitung neuer Wissensbestände charakterisieren. Hier sei die auf Wissenschaftsreform drängende Kritik kurz erläutert, denn es hängt in erster Linie von deren Leistungen ab, ob es gelingt, langfristig sicherzustellen, daß die in der Frauenforschung erarbeiteten neuen Kenntnisse und Einsichten nicht mit unauffälliger Geste wieder in den Sackgassen und Mülldeponien des etablierten Wissenschaftsbetriebes verschwinden.

Der Wissenschaftskritik geht es um Aufdeckung, Analyse und Interpretation dessen, was durch Wissenschaft mehr oder weniger absichtsvoll und mehr oder weniger systematisch an Nicht-Wissen und an häufig genug irreführendem Teil-Wissen erzeugt wurde und wird. Dabei interessieren stets auch die wissenschaftspolitischen und politischen Voraussetzungen und Folgewirkungen einer so gearteten wissenschaftlichen Wissensproduktion.

Kritische Untersuchungen des wissenschaftlich produzierten Teil-Wissens erzielten schnell durchschlagende Ergebnisse. Genannt seien hier zwei Beispiele: Die in den frühen siebziger Jahren einsetzende Erforschung des enormen wissenschaftlichen und propagandistischen Aufwandes, mit dem seit dem 18. Jahrhundert in der westlichen Kultur daran gearbeitet worden ist, Weiblichkeit, Frau und Familie mit allen ihren sozialen Merkmalen vorrangig auf Naturhaftigkeit, ja Biologie festzulegen und so im Common Sense zu verankern, entwickelte sich für das Kritik-Projekt in jeder Hinsicht zur Grundlagenforschung. Die Historisierung der Weiblichkeitskonzepte war ein wichtiger Schritt, um Frauen aus der über sie als Geschlechtswesen »Frau« verhängten diskursiven Erstarrung in Geschichtslosigkeit und Uniformität zu befreien und die Unterschiedlichkeit und historische Veränderbarkeit der Lebensverhältnisse und Lebensgestaltung von stets auch aktiv handelnden Frauen zu erforschen.

Nicht minder bahnbrechend wirkte die aus verschiedenen Richtungen unternommene feministische Kritik an Theorie und Praxis von Psychoanalyse, Psychologie und Sozialpsychologie. Sie wurde zum Ausgangspunkt der vielfältigen Arbeiten an einer feministischen Theorie der Kultur und eröffnete der nicht minder wichtigen Kritik an alltagsrelevanten Einrichtungen der Ausbildungs-, Gesundheits- und Sozialfürsorge entscheidende Möglichkeiten der Argumentation. Zerstört wurde, um nur ein Beispiel zu nennen, das im 20. Jahrhundert auf dem Fundament von Wissenschaft übermächtig errichtete Verdikt »Mutter ist an allem Schuld«, das einzelne Frauen überwältigt, indem es ihnen Schuld zuweist an der schlechten Gesundheit, der gestörten Psyche, an schlechter Schulleistung, fehlender Arbeitshaltung, an der Neigung zu Kriminalität und zu Gewalt eines ihrer Kinder ebenso wie an der psychischen oder auch physischen Distanzierung ihres Ehemannes und Vaters ihrer Kinder. Die kritische Überprüfung solchen wissenschaftlich produzierten, dem »male bias« geschuldeten bzw. zweckdienlichen Teil-Wissens hat inzwischen alle Wissenschaftsdiziplinen erreicht und wichtige Ergebnisse erzielt.

Das in der modernen Wissenschaft ebenfalls mit System produzierte Nicht-Wissen wurde im feministischen Kritik-Projekt zuallererst auf der Ebene des augenfälligen Auslassens und Ausblendens erfaßt, das – sobald Frauen sich die Freiheit herausnahmen, mit ihren eigenen Augen und Interessen ihre Wissenschaft zu betrachten – allenthalben sichtbar wurde. Deutlich trat nun zutage, was die geschlechtsneutral ausgelegten Begriffe und Kategorien nahelegten und verschleierten. Wo und in welcher Form auch immer von Menschen (Kindern, Jugendlichen, Arbeitern, Angestellten, Politikern, Parlamentariern, Gewerkschaftern, Streikenden) die Rede ist, treffen die Aussagen wohl auf Männer, aber nur selten auch auf Frauen zu. Frauen werden entweder unter Männer subsumiert oder aber als das Besondere ausdrücklich von diesen unterschieden. Das Denkmodell eines Allgemeinen ist die Voraussetzung, um ein Besonderes vorstellen zu können. Damit Frauen aufgrund ihres Geschlechts als Besonderes vorgestellt werden können, muß das männliche Geschlecht entweder identisch sein mit dem Allgemeinen oder aber Männer müssen ihrer Geschlechtlichkeit verlustig gehen, um das Allgemeine des Menschen verkörpern zu können.

Diese bereits 1949 von Simone de Beauvoir vorgetragene Überlegung erhielt seit den siebziger Jahren in der Wissenschaftskritik neue Virulenz, als Wissenschaftlerinnen sich daran machten, ausgehend von dieser Überlegung die Gesamtheit der tragenden wissenschaftlichen Sprach- und Denkmodelle kritisch zu durchmustern. Dieses geschieht weniger mit dem Interesse, weitere Ausblendungen und Verschleierungen dingfest zu machen. Das Ziel ist vielmehr, einer in den Wissenschaften angelegten Systematik auf die Spur zu kommen, welche es nicht nur nicht nahelegt, sondern sogar verhindert, daß das Tun und Unterlassen, das Handeln und Leiden, die Belange und Interessen, Wünsche und Hoffnungen von Frauen mit größter Selbstverständlichkeit in den Wissenschaften dasselbe Maß an Aufmerksamkeit, Gewicht und Berechtigung erlangen können wie die Erfahrungen von Männern. Die Dekonstruktion wissenschaftlich produzierter und eingesetzter Konstrukte rückt so in den Vordergrund der feministischen Wissenschaftskritik. Damit werden die Grundfragen der Frauenbewegungen auf wissenschaftsadäquate Weise in die Wissenschaften selbst hineingetragen. Denn die erkenntnisleitenden Fragen lauten nun: Was bedeutet es für die modernen Wissenschaften vom Menschen und der Natur; und was ist von den in der Moderne so wirkungsmächtigen Wissenschaften zu halten, wenn diese Wissenschaften grundlegende Strukturprinzipien von Gesellschaft im allgemeinen und Wissenschaft im besonderen zwar immer erneut tatkräftig abgestützt, aber gleichzeitig der kritischen Analyse und Reflexion systematisch entzogen haben? Diese im dunkeln belassenen Strukturprinzipien sind erstens die zur Ordnung aller Verhältnisse bis heute wirksame Basisstruktur der Teilung von Arbeiten und Zuständigkeiten nach Geschlechtern und zweitens das für die gesellschaftlichen Verhältnisse so überaus folgenreiche Prinzip der vielfältig markierten, umfassend prägenden und hierarchisch bewerteten Ungleichheit der Geschlechter. Drittens sind sie Grundlage für die stets möglich gewesene Verbannung der Frauen von der vorderen Bühne des Geschehens und die damit legitimierte Verweigerung, die Kreativität und Leistung, die Stärken und Schwächen, die Kämpfe, Erfolge und Niederlagen, die zugemutete Gewalt, Armut und Behinderung von Frauen ebenso aufmerksam wahrzunehmen wie die von Männern. Was bedeutet es, wenn moderne Wissenschaft darüber hinaus derartig gravierende Unterlassungen als wissenschaftsgemäße Selbstverständlichkeiten hat ausgeben können, indem sie im Namen des Allgemeinen über das Relevante der Männerseite entscheidet und dieses vom Irrelevanten bzw. Nebensächlichen der Frauenseite trennt?

Frauenforschung und Wissenschaftsalltag

Die bis heute erreichte Akzeptanz der Frauenforschung böte Anlaß genug zur Resignation. Das Projekt der feministischen Wissenschaftskritik ist nach Inhalt, Reichweite und Anspruch zweifellos bemerkenswert. Mit Blick auf Deutschland ist es allerdings angemessener zu sagen, das Projekt müßte als bemerkenswert gelten und bemerkt werden. Dem ist nicht so. Die in über zwanzig Jahren in der internationalen Forschung erzielten Ergebnisse, methodischen Erfahrungen und theoretischen Einsichten der Frauen- und Geschlechterforschung erfreuen sich keineswegs allgemeiner Aufmerksamkeit, prinzipieller Akzeptanz, kritischer Auseinandersetzung und Verbreitung in der Scientific Community. Die zahlreichen wissenschaftlichen Bestandsaufnahmen aus der Feder derjenigen Gelehrten, die in den kommenden zehn Jahren aus Altersgründen die Universitäten verlassen werden, sprechen in diesem Punkt eine nicht minder deutliche Sprache als die Ergebnisse der bei der Runderneuerung der DDR-Universitäts- und -Wissenschaftslandschaft praktizierten Planungs- und Personalpolitik.

Nach wie vor ist es in Wissenschaftskreisen üblich, sich einer der folgenden Reaktionsweisen zu bedienen, um die eigene Uninformiertheit und das eigene Desinteresse als durchaus erstrebenswert auszugeben:

- »Frauenforschung ist eine Frauenangelegenheit und hat als solche eigentlich nichts mit Wissenschaft zu tun.« Diese Annahme mündet in Gesprächen mit Wissenschaftlern und in Rezensionen bisweilen in die eigens hervorgehobene Feststellung, ein zur Debatte stehendes Produkt wissenschaftlichen Arbeitens sei erfreulich wenig frauenbewegt und tatsächlich wissenschaftlich.

- »Frauenforschung war eine Modeerscheinung, die heute bereits abgeflaut und bald vergessen ist.« Diese Reaktion erleichtert es in weitaus höherem Maße als die erste, die Aufforderung, sich über einen innovativen Forschungsbereich doch wenigstens zu informieren, erleichtert zurückzuweisen.
- »Frauenforschung führt ins wissenschaftliche Abseits; wie will eine Person das Allgemeine einer Disziplin wissenschaftlich vertreten können, wenn sie sich in ihrer Forschungsarbeit *nur* mit Frauen und Frauenfragen beschäftigt hat.« Dieses ist die wissenschaftspolitisch wirkungsvollste Reaktion, die vor allem bei der Besetzung von Professuren im Kreise der Kollegen als Dequalifizierungs-Argument häufig genug bereits ihren erwünschten Zweck erfüllt hat.

Bei zwei weiteren Reaktionsweisen ist eine gewisse Kenntnis dessen, was mit Frauenforschung zur Debatte steht, die Grundlage der de facto Abwehr:

- Der Kollege hat eine Tagung, eine Vortragsreihe oder einen Sammelband mit hohem Aufwand vorbereitet. In letzter Minute kommt die erschrockene Erinnerung daran, daß ein gewisses Etwas vergessen wurde. Große Anstrengung wird nun darauf verwandt, eine Wissenschaftlerin zu finden, die bereit ist, sich und ihr Frauenthema im nachhinein noch kurzfristig einzupassen, in die ihr angebotene, inhaltlich, räumlich und zeitlich äußerst knapp zugemessene Leerstelle im lange vorbereiteten und ansonsten sorgfältig komponierten Programm.
- Die jetzt zu den Startlöchern einer wissenschaftlichen Karriere strebenden Wissenschaftlerinnen der nächsten Generation ziehen es inzwischen vor, der Frauenforschung eine Absage zu erteilen und der Geschlechterforschung den Vorzug zu geben. Sie erachten dabei das Projekt Frauenforschung für sehr viel enger, als es jemals konzipiert war, und halten dessen innovative Schubkraft für bereits erschöpft. Mit ihrem Projekt Geschlechterforschung transportieren sie die Hoffnung auf erreichbare Integration in den Wissenschaftskanon und damit erhöhte Anerkennung ihres wissenschaftlichen Arbeitens. Es ist zu wünschen, daß diese Erwartung in Erfüllung geht, und zu hoffen, daß dieses nicht um den Preis geschieht, die mühsam aufgedeckte Frauenseite der die Geschlechterhierarchie umkleidenden Wissenschaftskonstruktionen und damit auch die lange Zeit verborgen gebliebene Bedeutung dieser Konstruktionen selbst wieder zum Verschwinden zu bringen.

Selbstverständlichung von Frauen- und Geschlechterforschung Eine Verlockende Utopie

Wo immer es darum geht, in Hochschule und Wissenschaft endlich neben Männern auch Frauen, neben der Männerseite auch die Frauenseite zum Zuge kommen zu lassen, wirken Wissenschaftskritik und Wissenschaftspolitik wie kommunizierende Röhren. Sofern es in den nächsten Jahrzehnten gelänge – und Utopien müssen selbst für so überfällige Selbstverständlichkeiten unsere Hoffnungen, Ansprüche und Strategien immer erneut mobilisieren helfen – wenn es also gelänge, innerhalb und außerhalb der Hochschulen gleichermaßen in allen Fachgebieten die verfügbaren Stellen für das wissenschaftliche Personal und die verfügbaren Forschungsgelder zu gleichen Teilen zwischen Männern und Frauen aufzuteilen, dann wären in der Tat die Voraussetzungen gegeben, um das mit der Frauenforschung auf der Basis dürftigster Personal- und Sachmittel in Gang gesetzte Projekt der feministischen Wissenschaftskritik sehr zügig abzuschließen. Unter dergestalt veränderten Kräfteverhältnissen ließe sich gleichsam spielerisch realisieren, was unter den gegebenen Bedingungen immer noch hartnäckig vor dem erneuten Ausradiertwerden verteidigt werden muß.

Die feministische Wissenschaftskritik befaßt sich mit den in die Wissenschaft tief eingelassenen Grenzziehungen, die das Terrain bereits vorstrukturiert haben, noch bevor darin die Gräben der Disziplinabgrenzungen ausgehoben werden. Diese Grenzziehungen trennen Hierarchieebenen; sie weisen dem einmal definierten Allgemeinen und den Grundlagen einen bedeutenderen Platz zu als dem, was ebenfalls per definitionem als das Besondere und als Randphänomen erachtet wird. Diese Grenzziehungen verschaffen die Sicherheit, über Relevantes und Irrelevantes zu entscheiden. Der feministischen Wissenschaftskritik geht es darum, den über Jahrhunderte ausschließlich von Männern entwickelten und dominierten Wissenschaftsdiskurs kritisch zu kommentieren, die Relevanz von systematischen Unterlassungen und Auslassungen der so etablierten Wissenschaft auszuleuchten, Ansatzpunkte für Wissenschaftsveränderungen aufzuzeigen im offenen Diskurs über Qualitäten und Verfahren von Wissenschaft Veränderungen in Forschung und Lehre durchzusetzen und damit gleichzeitig Einfluß zu nehmen auf den Einsatz von Wissenschaft bei der Ausgestaltung und Deutung von Gesellschaft, Wirtschaft und Staat. Denn eine solche immanent betriebene Revision der Wissenschaft hat weitreichende gesellschaftspolitische Implikationen, unterzieht sie doch erstmals umfassend auch das in der modernen Wissenschaft selbst verankerte System der gesellschaftlichen Ungleichheit der Geschlechter, der Hierarchie zwischen Männern und Frauen und der grundlegenden Teilung der Arbeit zwischen den Geschlechtern einer umfassenden Kritik.

Die verlockende Utopie der gleichermaßen auf Frauen und Männer verteilten Zuständigkeit für die Wissenschaft der Zukunft würde das skizzierte Projekt schnell voranbringen. Die Divergenz von Interessen und Kreativität, die auseinanderdriftenden Vorstellungen über das Notwendige, Erstrebenswerte, Bedeutsame, Richtige müßten und würden in einer sehr viel größeren Offenheit ausgehandelt werden, als es in der heute noch weitgehend homogen gehaltenen Männerwelt der Wissenschaft erforderlich erscheint. In der Tat würde es sich bei dem dann auch für Frauen erreichten Stand der Teilhabe an der Definitions- und Gestaltungsmacht der Wissenschaft, sobald die dadurch erreichten Erkenntnisgewinne zu den selbstverständlich genutzten Möglichkeiten der Wissenschaft gehören, schließlich erübrigen, weiterhin Geschlechter- und Frauenforschung eigens einzufordern.

Was bleibt zu tun?

Die heute in Deutschland üblichen Arbeitsbedingungen für Frauen im Bereich der universitären und außeruniversitären Wissenschaft lähmen als Bleigewichte den utopischen Höhenflug. Zähe Kleinarbeit ist angesagt, um zumindest den Druck auf angestrebte Veränderungen in den Wissenschaften, der bislang immer noch am spürbarsten via USA hierher gelangt, auch vor Ort zu erhöhen. Die Kleinarbeit muß parallel in drei Richtungen entfaltet werden:

- Es müßte möglich sein, das geflissentliche Übersehen und Absehen von den Leistungen der Frauenforschung zu erschweren. Die verbreitete Scheu der Grenzüberschreitung hin zu solchen »Frauensachen« dürfte sich durch beharrliches Nachhelfen mildern und das schlechte Gewissen, entscheidende Entwicklungen im Fach verpaßt zu haben, steigern lassen.
- Die Kritik am Androzentrismus der Wissenschaften ist weiterzuentwickeln und für einzelne Wissenschaftsbereiche im Detail zu explizieren und zu demonstrieren. Es käme insbesondere darauf an, das kritische Potential der Frauenforschung bei der Neueinrichtung von Forschungsprojekten und Forschungsstätten von vornherein zu integrieren. Um dieses zu erreichen, müssen Wissenschaftlerinnen, die in der Frauenforschung ausgewiesen sind, in angemessener Zahl mit Sitz und Stimme an Planungskommissionen und

Gremien, die über die Verteilung von Forschungsmitteln entscheiden, beteiligt werden.
- Den seit dem Ende der sechziger Jahre eröffneten Raum und die geringfügigen Ressourcen für feministische Wissenschaftskritik gilt es zu verteidigen und zu erweitern. Gleichzeitig müssen weiterhin kreative Experimente gewagt und der wechselseitige Austausch von Kenntnissen und Können zwischen Kultur- und Sozialwissenschaften sowie Natur- und Ingenieurwissenschaften optimiert werden.

Am aussichtsreichsten scheint es derzeit zu sein, innerhalb der Fächer und Fachgruppen Professuren für Frauen- bzw. Geschlechterforschung kombiniert mit einer Zuständigkeit für das sogenannte »Allgemeine« des Faches einzurichten. Eine solche Doppelzuständigkeit setzt eine wirksame Barriere gegen die stets innerhalb eines Faches drohende Ghettoisierung. Allerdings erhöht eben dieses auch die Wahrscheinlichkeit, daß das zur Weiterentwicklung der Frauenforschung verfügbare Zeit- und Kräftebudget auf ein Minimum schrumpft. Die angemessene Ausstattung einer solchen Professur ist unverzichtbar, um die berufene Person vor vorzeitigem Kräfteverschleiß durch Überbeanspruchung zu schützen. Kritisch bleibt allerdings anzumerken, daß dieser Weg der Institutionalisierung von Frauenforschung, eben weil er Frauen eine vergleichsweise hohe Chance auf eine Professur eröffnet, schon heute offensichtlich der irreführenden Vorstellung Vorschub leistet, Frauenforschung erschöpfe sich in Frauenförderung und umgekehrt.

Um diesem Trugschluß offensiv zu begegnen, aber nicht nur deswegen, bleibt es erstrebenswert, zusätzlich eine nicht völlig von den Studiengängen absorbierbare Professur einzurichten, um Frauenforschung als Grundlagen- und Einzelforschung um ihrer selbst willen und mit der möglichen Ausstrahlungskraft weiterentwickeln und innerhalb einer Hochschule besser koordinieren zu können. Die Realisierung dieser Ziele könnte darüber hinaus nachhaltig unterstützt werden durch eine für befristete Zeit mit außerdeutschen oder deutschen Wissenschaftlerinnen besetzte Gastprofessuren.

Bittersüße Früchte

Frauen- und Geschlechterforschung an der Humboldt-Universität zu Berlin

Hildegard Maria Nickel

Neben Nordrhein-Westfalen ist Berlin die Universitätsstadt mit den meisten Frauen- bzw. Geschlechterforschungsprofessuren in der Bundesrepublik Deutschland. Immerhin 13 Professuren an der FU, HUB und TU hatten 1994 in ihrer Denomination einen entsprechend ausgewiesenen Schwerpunkt. Zählt man die Professoren hinzu, die im Rahmen der Freiheit von Forschung und Lehre ihre Professur auf Fragen der Frauen- und Geschlechterforschung hin ausgerichtet haben, und all jene Kolleginnen, die in ihren Forschungs- bzw. Qualifizierungskontexten – oft ungeschützte – Arbeit auf diesen Feldern leisten, dann muß festgestellt werden, daß das Potential in Berlin vergleichsweise enorm ist.

Auch die Humboldt-Universität als eine Universität, die im Vergleich mit den Entwicklungen in den neuen Bundesländern betrachtet werden muß, schneidet nicht schlecht ab, sondern ist der positive Einzelfall. Weder gibt es an den anderen Universitäten der neuen Bundesländer eine ähnlich große Zahl an Frauen- bzw. Geschlechterforschungsprofessuren, ja Hochschullehrerinnen überhaupt, noch eine Einrichtung wie das »Zentrum für interdisziplinäre Frauenforschung« (ZiF). Zu Larmoyanz besteht also kein Grund, zu eitler Freude aber auch nicht.

Es gilt vielmehr, über Ambivalenzen zu reden, über Chancen und Risiken der Institutionalisierung von Frauen- und Geschlechterforschung und in diesem Zusammenhang auch über Fragen, für die ich keine klare Antwort habe, die gleichwohl aber diskutiert werden sollten. Ich werde aus meiner Perspektive als *Ost-Frau* reden und im Wissen darum, daß ich seit der »Wende 89« einen Karrieresprung gemacht habe, während viele DDR-Akademikerinnen im selben Zuge ihre Arbeitsplätze verloren haben. Ich werde als *Soziologin* reden, also mit dem Blick aus einer Wissenschaftsdisziplin heraus, die ihre Spezifik hat, wohl aber dennoch als paradigmatisch gelten kann. Und schließlich werde ich – auch wenn noch manch Geschichtliches zur »Wende« und zur deutschen Vereinigung zu sagen wäre – den Blick nach vorn richten.

Ich will meine Positionen in *sechs Thesen* formulieren und werde damit verkürzen und verknappen, was auch heißt, ich werde zuspitzen:

These 1: Es gab keine Frauenforschung in der DDR

In bezug auf die Frauenforschung, ihre Institutionalisierung und Professionalisierung halte ich nichts von einer nostalgischen Rückwärtsschau auf den Wissenschaftsbetrieb der DDR. In der DDR hat es m.E. keine feministische Frauenforschung gegeben, von ganz wenigen Ausnahmen abgesehen, sondern es gab Forschungen *über* Frauen. Diese Forschung stieß an Grenzen,

- weil Frauen weitgehend funktional und damit einseitig betrachtet wurden. Sie wurden auf ihre ökonomische, biologische und/oder politische Funktion reduziert. Frauen interessierten nicht als Subjekte, d.h. in der Komplexität ihrer konkreten Lebenszusammenhänge, sondern als Arbeitskräfte, politische Funktionäre, Leitungskader, Gebärende und/oder als Mütter;
- weil es in »objektiven«, männerzentrierten Analysen um die »optimale« Verteilung von Frauen auf Qualifikationsgruppen, Berufe, Leitungsfunktionen ging. Gemessen an männlichen Leistungen wurde darin beurteilt, ob Frauen das eine schon »ganz gut« machen, das andere aber noch lernen müssen. So gesehen handelte es sich über weite Strecken um Defizit- statt um Differenzforschung. Diese Defizite sollten zur Erreichung »höherer«, meist ökonomischer, Zwecke überwunden werden, vor allem durch den Fleiß und die Anstrengung der Frauen selbst. Die gesellschaftlichen Defizite bzw. die strukturelle Ungleichheit zwischen den Geschlechtern in der Ausstattung mit Ressourcen – materiellen, zeitlichen, sozialen, kulturellen – standen weniger im Blickpunkt;
- weil diese traditionelle Forschung *über* Frauen parteilich im Sinne der herrschenden Ideologie und Apparate war, nicht aber konsequent parteilich für Frauen. Sie hatte keine Frauenbewegung im Rücken, dafür die Abteilung »Frau« beim ZK der SED im Nacken. Sie hatte Legitimationsleistungen zu erbringen und demzufolge Anteil an den Mythenbildungen vom erfolgreichen Voranschreiten der Gleichberechtigung in der DDR wie auch an den Tabuisierungen der realen Lebensverhältnisse von Frauen. Sie hat Anteil an der Verkümmerung des Frauenbewußtseins bzw. an der gesellschaftlichen Desensibilisierung in der Geschlechterfrage;
- weil Geschlecht auf eine statistische Merkmalsklasse reduziert und nicht als Strukturkategorie behandelt wurde. Das Gefälle im Geschlechter-

verhältnis wurde auf einen Nebenwiderspruch von Hauptwidersprüchen verkleinert. Seine Lösung mußte – theoretisch gesehen – so beinahe automatisch erfolgen, wenn die Individuen nur die rechte Einsicht hatten, wiederum vor allem die Frauen selbst (vgl. Nickel 1990: 44).

An diesen Forschungen waren Akademikerinnen beteiligt, und sie haben davon profitiert. Es hat sie nicht automatisch für die feministische Frauenforschung sensibilisiert oder sie in dieser Hinsicht professionalisiert. Das ist ein Defizit, das nicht in einem doppelten Salto zu kompensieren ist. Es hat sich mit Nachdruck Geltung bei der Umstrukturierung der Universitäten und Hochschulen in den neuen Bundesländern verschafft. Wenn es lediglich dem ZiF an der Humboldt-Universität in der »Wende« gelungen ist, sich halbwegs zu etablieren, dann ist das ein Beleg für diese These.

These 2: Die Chance einer Hochschulreform wurde vertan

Die »Wende« von 1989 war eine Chance für die Modernisierung der Hochschulen in der gesamten Bundesrepublik, und Ost-Frauen waren – ob Feministinnen oder nicht – tatsächliche oder potentielle Akteure von Reformen in Forschung und Lehre. Aber bevor die Chance noch Gestalt annehmen konnte, mußten Akademikerinnen in den neuen Bundesländern schon um ihren Arbeitsplatz bangen (vgl. Wissenschaftlerinnen 2000, 1995: 5). In der Regel kamen Ost-Frauen bei den Umbauprozessen nicht zum Zuge, weder bei den Stellenbesetzungen noch bei der Planung von Wissenschaftsstrukturen. Aber auch West-Wissenschaftlerinnen fehlten – aus welchen Gründen auch immer – in den zentralen Positionen. Die Chancen für eine wirkliche Erneuerung der Hochschulen zugunsten von Frauen bzw. Frauen- und Geschlechterforschung sind – wohl kaum allein aus fiskalischen Gründen – vertan worden. Was jetzt passiert, kann allenfalls eine kosmetische Reparatur werden. Am Beispiel der Soziologie will ich nun zeigen, was ihre Neustrukturierung insgesamt gebracht hat und mit welchen Effekten hinsichtlich der Institutionalisierung und Professionalisierung von Frauen- und Geschlechterforschung das einhergeht.

These 3: Professionalisierung bedeutet Marginalisierung

Unter den 38 bis Ende 1993 in den neuen Bundesländern berufenen Professoren für Soziologie – zu diesem Zeitpunkt war der Umstrukturierungsprozeß personell weitgehend abgeschlossen – sind nur vier Frauen, und lediglich in einem der acht Institute, die einen Hauptfach-Studiengang für Soziologie bzw. Sozialwissenschaften anbieten, ist eine Frau berufen worden[1]. »Männliche Verschwörung«, »boys' networks« greifen als Erklärung für diesen, wie ich meine, dramatischen Strukturprozeß zu kurz. Nach Reinhard Kreckel handelt es sich vielmehr

> »um die unglückliche Kehrseite des wohl wichtigsten Durchbruchs für die gesamte deutsche Soziologie, der im Zuge des Neuaufbaus der ostdeutschen Universitäten erreicht worden ist: die ursprüngliche Empfehlung des Wissenschaftsrates bezüglich der vier unverzichtbaren Säulen der Soziologie (Theorie, Methodik, Makro- und Mikrosoziologie) ist allgemein akzeptiert und in den ostdeutschen Universitäten auch weitgehend realisiert worden.« (Kreckel 1994: 9)

Sind Frauen und Frauen- bzw. Geschlechterforschung also Opfer des Anerkennungsdefizits der Soziologie oder sind sie der Preis für die Profilierung und Professionalisierung einer Wissenschaftsdisziplin? Nach Kreckel ist die »erfolgversprechende Strategie« für die Etablierung der soziologischen Frauen- und Geschlechterforschung,

> »einfach bei den Kernthemen ›mitzumischen‹. Warum sollte es denn so ausgeschlossen sein, den soziologischen Kernbereich von Theorie, Methoden, Makro- und Mikrosoziologie zunehmend für die Geschlechterproblematik zu sensibilisieren und damit zu bereichern?« (ebd.: 9 f.)

Kreckel setzt in diesem Zusammenhang auf den vergleichsweise hohen Frauenanteil bei den Mittelbaustellen in Ostdeutschland.

Von diesen Nachwuchswissenschaftlerinnen (immerhin 42% in den neuen Bundesländern gegenüber nur 20-25% in den alten Bundesländern) solle die »Sensibilisierung« und »Bereicherung« der Kerngebiete des Faches geleistet werden. Denn die »Qualifikationsarbeiten« dieser wissenschaftlichen Mitarbeiterinnen sind »direkt einer Professur zugeordnet«, so daß es nach Kreckel

> »nicht unwahrscheinlich (ist), daß auch die Qualifikationsarbeiten ihrer Mitarbeiterinnen zu einem guten Teil in diesen Zentralbereichen der Soziologie abgeschlossen werden, und nicht in peripheren Gebieten, z.B. in der Geschlechterforschung.« (ebd.: 10)

Kreckel ordnet also die Geschlechter- und Frauenforschung nicht nur der Peripherie des Faches zu, sondern nimmt sie zugleich auch unter (männliche) professorale Führung! Ist das der generelle Trend der »Professionalisierung«

von Frauen- und Geschlechterforschung in der Bundesrepublik? Wird in den neuen Bundesländern nur geprobt, was morgen auf der hochschulpolitischen Tagesordnung steht? Oder ist hier einfach einer über's Ziel hinausgeschossen, der es im Grunde besser weiß?

These 4: Institutionelle Abwehr der Frauen- und Geschlechterforschung

Lassen Sie mich nach Berlin und an die Humboldt-Universität und zu den dortigen Dilemmata zurückkehren: Agnes Dietzen hat in ihrem Buch »Das soziale Geschlecht« (1993) auf hervorragende Weise die Folgen der Institutionalisierung und Professionalisierung der genuszentrierten Forschung in der Bundesrepublik und die problematische Beziehung von Soziologie und (soziologischer) Frauen- und Geschlechterforschung beschrieben. Ich will versuchen, eigene Erfahrungen dieser problematischen Beziehung zu thematisieren. Das Institut für Soziologie an der Humboldt-Universität unterscheidet sich wiederum positiv von dem oben beschriebenen Normalfall der Konstituierung der Soziologie in den neuen Bundesländern. Hier gibt es nämlich acht statt normalerweise vier Soziologieprofessuren. Darunter ist eine der Soziologie von Familie, Jugend und Geschlechterverhältnissen gewidmet, eine, die eine Frau innehat.

Eine weitere Besonderheit für Berlin: Das Institut für Soziologie und das Institut für Politikwissenschaft bilden eine gemeinsame Struktureinheit und haben einen gemeinsamen Studiengang. Zu den acht Soziologieprofessuren kommen also acht politikwissenschaftliche Professoren dazu; unter ihnen befindet sich keine Frau. Das für die Soziologie beschriebene Anerkennungsdefizit, das mittels »orthodoxer Kerne« der Disziplin zu kompensieren versucht wird, gilt anscheinend in noch stärkerem Maße für die Politikwissenschaft und führte hier zum völligen Ausschluß von Frauen.

Ich muß an dieser Stelle nicht über Irritationen im Zusammenspiel von Kooperation und Konkurrenz reden, die diese ungleiche Konstellation mit sich bringt, oder die Mechanismen des besonderen Aus- und Einschlusses im Rahmen von informellen Beziehungen beschreiben. Vielmehr will ich die »institutionelle Abwehr« gegenüber einem Thema problematisieren, das als konflikthaft gilt, unbequeme Gefühle weckt und quer liegt zu dem, was Merton mit dem Begriff des »soziologischen Euphemismus« umschrieben hat (vgl. Dietzen 1993: 155). Die »institutionelle Abwehr« der Soziologie gegenüber dem

Geschlechterthema realisiert sich nicht nur durch Abspaltung und Marginalisierung, sondern auch durch Delegierung und Ressortbildung: Aus der »reinen« Lehre bleiben – wie bei Kreckel beschrieben – Frauen weitgehend ausgeschlossen. Zugleich wird in der »reinen Lehre« aber definiert, was (prüfungs)relevante Leistungen, Theorien und Befunde sind. Das kann nicht folgenlos sein für die (»periphere») Frauen- und Geschlechterforschung.

These 5: Verankerung im »mainstream»

Die Soziologie hat das, was Dietzen eine affektive Beziehung zur Neutralität oder zur Objektivität nennt (vgl. ebd.: 152). Sie hat sich in einem Set von (»objektiven») Methoden und (Kern-)Theorien profiliert und professionalisiert. Dieses Set von Methoden und Theorien macht es nicht leicht, sich dem daraus resultierenden disziplinären Druck zu entziehen. Das führt in der soziologischen Frauen- und Geschlechterforschung zu einem Dilemma, das nicht individuell – durch einzelne Hochschullehrerinnen – zu lösen ist. Dieses Dilemma muß mitbedacht werden, auch im Interesse der Studierenden, und darf nicht zu ihren Lasten gehen. Wenn es um Institutionalisierung und Professionalisierung von Frauen- und Geschlechterforschung an den Hochschulen geht, muß es auch um die Vermittlung von in der Disziplin anerkannten, marktfähigen und zukunftsträchtigen Ausbildungsabschlüssen gehen, um Abschlüsse, die Frauen helfen, sich in der Konkurrenz mit männlichen Bewerbern durchzusetzen.

Individuell versuche ich das Dilemma durch einen Spagat zu überbrücken: Ich akquiriere Forschungsprojekte, die im »mainstream« liegen (sonst bekämen sie keine Förderung) und betreibe in diesem Kontext feministische Geschlechterforschung. Dabei beziehe ich Studierende sehr gezielt mit ein, und zwar mehrheitlich, aber nicht ausschließlich Studentinnen. Ich versuche, ihnen den Weg in die Wissenschaft zu zeigen, indem ich ihnen gerade *keine* Räume für Frauenträume eröffne, sondern sie zwinge, sich mit den eigenen Leistungen im vorfindlichen Wissenschaftssystem zu behaupten. Das ist nicht unbedingt das, was Studentinnen bei mir suchen, aber möglicherweise das, was ihnen eine akademische Laufbahn eröffnet.

6. These: Ost-West-Kooperation

Zum Abschluß noch ein paar Bemerkungen zum ZiF und seinen Optionen für die Institutionalisierung von Frauenforschung in Berlin. Das ZiF kann trotz mancher Zitterpartie mittlerweile sein fünfjähriges Bestehen an der Humboldt-Universität zu Berlin feiern. Das ist Anlaß, zurück *und* vorwärts zu blicken. Es waren ja nicht fünf Jahre im üblichen Zeitmaß und -rhythmus, sondern Jahre, in denen die Welt sich gravierend veränderte, für manche Kollegin der Humboldt-Universität und des ZiF die Welt, die Arbeitswelt zusammenbrach und Hoffnungen des eigenen Mittuns wie Seifenblasen zerplatzten. Für Alt-HumboldtianerInnen waren es Jahre der Umorientierung und Neubesinnung, des Haltsuchens und der Auseinandersetzung, die für wirkliche Besinnung auf Fragen zur Institutionalisierung und Professionalisierung von Frauenforschung kaum Zeit ließen. Für Strategiedebatten und konzeptionelle Überlegungen blieb wenig Spielraum. Um so dringender stellen sich die Fragen jetzt, wo die personelle Erneuerung der Humboldt-Universität so gut wie abgeschlossen ist und neben Personalabbau – der vor allem Wissenschaftler*innen* betraf (vgl. Wissenschaftlerinnen 2000 im Anhang) – auch Personal*aufbau* seine Früchte zeigt: Das Frauenforscherinnen-Potential an der Humboldt-Universität kann sich – auch wenn es quantitativ nicht üppig ist – sehen lassen!

Aus diesem Personalumbau ergeben sich neue Aufgabenstellungen für das ZiF: War das ZiF bisher weitgehend mit dem »Ost-Fem«[2] und den Ost-Frauen befaßt, könnte jetzt seine vornehmliche Aufgabe darin bestehen, eine Brücke zwischen Ost- und Westfrauenforscherinnen zu schlagen. Es könnte helfen, sich mit den Vorurteilen »Ost-Mutti« und »West-Emanze« (Rommelspacher 1994) auseinanderzusetzen. Die Ringvorlesung, die das ZiF regelmäßig anbietet, war ja eigentlich von Anfang an so konzipiert. Der erste Vorlesungszyklus stand unter dem Thema »Grenzenlose Frauenforschung« und ist dann in Buchform 1992 unter dem sehr treffenden Titel »So nah beieinander und doch so fern – Frauenleben in Ost und West« (Joest/Schöningen 1992) erschienen. Was war bzw. ist es, das trotz mancher Bemühungen zur Kooperation dann doch Ost- und Westfrauenforscherinnen eher auseinandergetrieben statt zusammengebracht hat? Konkurrenzkampf um knappe Ressourcen? Besserwisserei auf der einen und Larmoyanz auf der anderen Seite? Sicherlich. Aber noch bedeutsamer scheint mir die Tatsache zu sein, daß die gemeinsame deutsche Sprache (feministische) Begriffe hervorgebracht hatte, die mit sehr unterschiedlichen Erfahrungskontexten verbunden sind. Auf der begrifflichen Ebene glaubten wir uns zu verstehen, von unseren Erfahrungen wußten wir wenig.

Die Tatsache, daß am ZiF nun Ost- und Westfrauen gemeinsam darüber nachdenken können, ja müssen, was die Institutionalisierung und Professionalisierung von Frauen- und Geschlechterforschung an der Humboldt-Universität und damit auch an der Grenze zwischen West- und Osteuropa meint, halte ich für eine einmalige, enorme Chance. Es wird sich herumgesprochen haben, daß sich am ZiF eine Reihe von Hochschullehrerinnen und Wissenschaftlerinnen aus dem akademischen Mittelbau zusammengefunden hat, um Potentiale zu bündeln und mit den vorhandenen personellen Ressourcen einen Studiengang »Gender Studies« aufzubauen.

Es ist verfrüht, über Ergebnisse dieser Diskussionen zu schreiben. Es ist auch noch nicht sicher, ob uns eine Institutionalisierung dieses Studienganges gelingen wird. Wichtig aber ist, daß Frauen- und Geschlechterforscherinnen zusammengekommen sind und über Perspektiven der Lehre und Forschung miteinander reden. Wenn Frauen die Felder nicht besetzen, können es Männer, und zwar im oben beschriebenen Sinne, sehr schnell tun.

Anmerkungen

1 Gemeint ist die Humboldt-Universität zu Berlin und die Frau, von der die Rede ist, bin ich (vgl.Kreckel 1994).

2 »Ost-Fem« ist der Titel für eine regelmäßig stattfindende Tagung, auf der sich Ost-Wissenschaftlerinnen über Frauenforschung verständigen. Zeitweilig wurden West-Frauen ausdrücklich aus der aktiven Diskussion ausgeschlossen. Ost-Frauen wollten sich so der oft hegemonialen Diskussionskultur der West-Frauen entziehen und Fragen diskutieren, von denen sie glaubten, sie beträfen ausschließlich oder vornehmlich sie.

Literatur

Dietzen, Agnes (1993), *Soziales Geschlecht.* Dimensionen des Gender-Konzepts, Opladen.

Joest, Agnes/Insa Schoeningen (Hg.) (1992), *So nah beieinander und doch so fern – Frauenleben in Ost und West*, Pfaffenweiler.

Kreckel, Reinhard (1994), Soziologie an den ostdeutschen Universitäten: Abbau und Neubeginn, in: *Der Hallesche Graureiher 3*, Martin Luther-Universität Halle-Wittenberg, Forschungsberichte des Instituts für Soziologie, S.1-13.

Nickel, Hildegard Maria (1990), Frauen in der DDR, in: *Aus Politik und Zeitgeschichte.* Beilage zur Wochenzeitung Das Parlament, B 16-17, 13. April, S.23-33.

Wissenschaftlerinnen 2000 (1995), *Berliner Perspektiven für die Gleichstellung von Frauen in der Wissenschaft*, Senatsverwaltung für Arbeit und Frauen, Juni.

Rommelspacher, Birgit (1994), »Ost-Mütter« und »West-Emanzen«, in: *Frankfurter Rundschau* 20. Oktober, S. 18.

Frauenforschung als Wissenschaftskritik

Förderprogramme und Forschungserfahrung in Berlin

Renate Berger

Das »Förderprogramm Frauenforschung« des Berliner Senats wurde Ende der achtziger Jahre von Wissenschaftlerinnen und Politikerinnen initiiert. Ziele und Auslegung reagierten auf die Tatsache, daß Frauenforschung weder in der Lehre verankert, noch von bestehenden Fördereinrichtungen in ihrer Bedeutung erkannt und berücksichtigt wurde. Nach wie vor fließen weibliche Steuergelder in Forschungsvorhaben, die die Existenz, die Probleme und Interessen von Frauen marginalisieren, ignorieren oder negieren. Solange wir die bestehenden Strukturen nicht ändern, alimentieren wir unsere Auslöschung im Bewußtsein derer, die nehmen, ohne zu geben.

Noch nie lebten in der Bundesrepublik Deutschland so viele gut ausgebildete und qualifizierte Frauen, entschlossen, sich weder als Individuen, in Gruppen, noch mit ihren Inhalten in Außenseiterinnenpositionen abdrängen zu lassen. Berlin spiegelt diese Tatsache auf seine Weise: Wohl in keiner anderen Stadt der alten und neuen Bundesländer dürfte es eine vergleichbare Dichte von Wissenschaftlerinnen – auch erwerbslosen – geben wie in Berlin, wo auf eine bis ins 19. Jahrhundert hineinreichende Tradition demokratischer Veränderungen im Hochschulwesen geblickt werden kann. Berliner Wissenschaftlerinnen verdanken der neuen Frauenbewegung entscheidende Impulse.

In diesem Umfeld hat sich das »Förderprogramm Frauenforschung« auch in den Augen seiner Gründerinnen bewährt. Die Möglichkeit, Projekte, Stipendien und Infrastrukturmaßnahmen im Bereich der Frauen- und Geschlechterforschung zu finanzieren, ist von Stipendiatinnen mit einer Fülle von Anträgen beantwortet worden. Ehrenamtliche Mitglieder der Auswahlkommission haben Qualität, Relevanz und den innovativen Wert eines Vorhabens im Blick und prüfen, ob die zu erwartenden Forschungsergebnisse zur Verbesserung der Situation von Frauen beitragen. Im Arbeitsbereich, im sozialpolitischen, im kunst-, musik-, literatur- und kulturwissenschaftlichen, im historischen und ethnologischen Bereich, auf dem Gebiet der Migrations- und Exilforschung haben sich rasch Schwerpunkte herausgebildet, die sich mit jeder neuen Ausschreibung verändern und dennoch Kontinuität im Wechsel wahren.

Obwohl das Förderprogramm nur in bestimmten Sektoren der Geistes- bzw. Sozialwissenschaften greift, obwohl es nach der Öffnung zu Ostberlin mit seiner Vielzahl von Wissenschaftlerinnen weder aufgestockt noch den gestiegenen Lebenshaltungskosten angepaßt wurde und es mit der Einstellung seiner Buchreihe »Der andere Blick. Frauenstudien in Wissenschaft und Kunst« eine wesentliche Grundlage für Öffentlichkeitswirksamkeit verlor, ist seine Bedeutung als arbeitsmarktpolitisches Instrument – inhaltlich und personell – noch gewachsen. Jahrestagungen, auf denen das Programm in seinen aktuellen Bezügen vorgestellt wird, setzen ein Zeichen nach außen. Sie bieten Stipendiatinnen nicht nur Möglichkeiten der Vernetzung und vertieften inhaltlichen Zusammenarbeit, sondern auch ein Forum für Anregungen und Kritik, auf das wir nicht verzichten können. Altersunabhängige Förderung, Betonung der Interdisziplinarität und der Verzicht auf inhaltliche Vorgaben haben zu einem spezifischen, in seiner Vitalität und Zusammensetzung wohl einmaligen Spektrum wissenschaftlicher Vorhaben geführt, die aktuelle Entwicklungen und Notwendigkeiten quer zu herrschenden Auffassungen thematisieren. Trotz etlicher Sparrunden konnte das Rarste und Kostbarste in diesem Forschungsfeld gesichert werden: Kontinuität.

Warum kommen Hochschulen und staatlich finanzierte Fördereinrichtungen ihrem öffentlichen Auftrag, der ja Verpflichtungen gegenüber weiblichen Hochschulangehörigen und Wissenschaftlerinnen außerhalb von Institutionen einschließt, mehr als zögerlich oder gar nicht nach? Meine stark vereinfachende Antwort darauf ist, daß – solange Einsicht fehlt – neben einer politischen Dauerpräsenz und Wachsamkeit allem gegenüber, was sich neu bildet, nur Sanktionen und positive Verstärker greifen. Frauen- und Genusforschung sind die einzigen Bereiche, in denen Wissenschaftler mit Unwissen kokettieren, was fatale Folgen für Berufungsvorgänge, für Studentinnen und deren Betreuung hat. In Logorrhöe ausartende Bekundungen zur Notwendigkeit von Frauenforschung und -förderung bleiben folgenlos, solange sie situativ entkräftet werden können. Das zeigt sich besonders in Berufungskommissionen.

An Gründen, die gegen eine Berufung gerade *dieser* Wissenschaftlerin an *diesem* Institut zu *diesem* Zeitpunkt sprechen, fehlt es nie. Männer unterscheiden zwischen Nah- und Fernbereich. Sind im Nahbereich ihre unmittelbaren Interessen berührt, wird der Fernbereich als Zone für Absichtserklärungen und Beschwichtigungsgesten genutzt; hier hat das Gewissen seinen Platz und selbst Gerechtigkeit ihr Gatter. Im Nahbereich kann es gar nicht genug Frauen geben, solange man dem Interesse von Studentinnen den eigenen Lehrstuhl, solange man Mitarbeiterinnen Entlastung verdankt. Am unteren Ende der universitären Skala als Publikum geschätzt, werden Frauen als Kolleginnen gleichen Ranges in den Fernbereich verbannt. Sie sind Füllsel; als Trägerinnen von Berufungsverfahren von Nutzen, bieten sie männlichen Mehrheiten doch die Chance, folgenlose Rechtlichkeit zu demonstrieren. Daß man ihnen nur den Status von ungebetenen, bisweilen durch hochkarätige Bewerbungen aufgezwungenen Gästen zubilligt, wird den Geladenen spätestens dann klar, wenn sie gerupft und argumentativ benagt aus solchen Verfahren hervorgehen, ohne daß ihr Angebot, ihre Qualitäten, ihr Potential erkannt und gewürdigt wurde. Wissenschaftlerinnen werden selten angemessen beurteilt, was weniger den Urteilenden als den Beurteilten zur Last gelegt wird. Splitter in weiblichen Augen werden anders thematisiert als Balken, welche Männern die Sicht verdunkeln. Während wir heute damit beschäftigt sind, uns gegenseitig Splitter zu entfernen, freut man sich andernorts schon über eine Wagenladung neuer Balken.

Auf der Suche nach Gründen fand ich einen Hinweis dort, wo ich es am wenigsten vermutete – bei Friedrich Schiller:

»In einem Tal bei armen Hirten
Erschien mit jedem jungen Jahr,
Sobald die ersten Lerchen schwirrten
Ein Mädchen, schön und wunderbar.

Sie war nicht in dem Tal geboren,
Man wußte nicht, woher sie kam.
Und bald war ihre Spur verloren,
Sobald das Mädchen Abschied nahm.«

Schillers »Mädchen aus der Fremde« ist heute zur »Feministin der Ferne« mutiert. Aus männlicher Sicht hat sie den Vorzug, an Universitäten zu lehren, durch die man sich bei uns durch Meere getrennt weiß. Die Koryphäe darf Feministin sein und wird als solche gepriesen, nachdem man sich vergewissert hat, daß sie wohl für Gastprofessuren und Vorträge nach Europa kommen, aber in Amerika (es ist immer Amerika!) Mann und Maus nur auf Zeit zurücklassen würde und in Berkeley, Harvard oder Yale so geschätzt ist, daß man dort den Kampf um ihr Verbleiben aufnähme. Und gewönne.

»Beseligend war ihre Nähe,
Und alle Herzen wurden weit,
Doch eine Würde, eine Höhe
Entfernte die Vertraulichkeit.«

Das Lob des »Mädchens aus der Fremde« soll berechtigte Zweifel an der unbefangenen und kompetenten Beurteilung durch Fachkollegen besänftigen. Formuliert man eine vom männlichen Verhalten selbst genährte Skepsis, zeigen sich viele Wissenschaftler tief gekränkt. Sie vergessen, daß auch hier zweierlei Maß gilt: Männer erfahren bloß narzißtische, Frauen existentielle Kränkungen. Wissenschaftler werden nicht als biologische Wesen infragegestellt, wenn sie Informationen ausblenden, Inkompetenz, mentale Blockaden, Schrullen oder Bunkermentalität Frauen gegenüber erkennen lassen. Bei der Beurteilung von Wissenschaftlerinnen besteht die Gefahr, daß sie in ihrer biologischen Substanz angegriffen, daß Negativbeispiele allen Frauen angelastet werden, während das Positivbeispiel zur Ausnahme stilisiert im Individuellen verbleibt, mit ihm stirbt und das Vertrauen in Wissenschaftlerinnen als Gesamtheit nicht zu stärken vermag.

Die Renaissance der Habilitation – ein im internationalen Vergleich veraltetes, männliche Lebensplanungen begünstigendes Modell – reagiert schon auf weibliche Entschlossenheit, sich nach der Ausbildung nicht stillstellen zu lassen, reagiert auf die Weigerung, Haremskonstellationen im Lehrbetrieb und das Fehlen eines Spektrums an weiblichen Persönlichkeiten mit Vorbild- oder Abgrenzungsfunktion in der Lehre als »normal« hinzunehmen. Im Unterschied zu Studentinnen dürfen Studenten zu ihrem Glück auf ein männliches Spektrum von beneidenswerter Opulenz rechnen, das ihnen nicht nur die Wahrung eigener Interessen, sondern auch das psychologische Fundament für ihr Verbleiben an den Hochschulen sichert.

Studentinnen hingegen dürften etwa 95% ihres Studiums in der Auseinandersetzung mit von Männern verkörperten Traditionen, von Männern favorisierten Themen und Interessen, von Männern geschätzten Vermittlungs- und Beurteilungsformen verbringen. Dagegen haben Wissenschaftlerinnen eine Sozialisation hinter sich, die Frauen- und Genusforschung nach Absolvierung eines für »allgemeingültig« gehaltenen Ausbildungsprogramms als surplus begriff. Dieses Mehr wird selten honoriert: Unvertraut im Zugriff, überraschend im Ergebnis, kritisch im Kern löst es Mißtrauen aus. Selbst wenn bewährte Methoden angewandt wurden, wechseln doch Themen, Fragestellungen, Perspektiven und – Ergebnisse. Ich habe das Glück, einer Generation anzugehören, die von Wissenschaftlerinnen situativ *und* lebensbegleitend mit Informationen versorgt wird, die es für unsere Großmütter und Mütter nicht gab.

> »Sie brachte Blumen mit und Früchte
> Gereift auf einer andern Flur,
> In einem andern Sonnenlichte,
> In einer glücklichern Natur.«

Natürlich ist das »andere« stets in Gefahr, den »Wonnen der Gewöhnlichkeit«, wie Thomas Mann es nennen würde, entzogen oder vereinnahmt, um seine Brisanz gebracht zu werden.

Im Unterschied zur Frauenförderung deklariert sich Männerförderung nie offen, sondern ist in »allgemeinen« Programmen stumm effektiv. Männer generieren männlichen Nachwuchs. Sie scheuen weder Geduld noch Mühe noch Mehrarbeit, um Studenten eine Chance zu geben. Dies Ethos kommt auch Frauen zugute; doch anders als bei Kommilitonen bricht die Unterstützung von Studentinnen durch Hochschullehrer häufig nach der Promotion bzw. beim Übergang vom Bildungs- ins Beschäftigungssystem ab.

Während Kinder und Jugendliche oft vaterlos aufwachsen, wimmelt es in öffentlichen Ämtern nur so von Vertretern der zu Hause schmerzlich vermißten Spezies, während »Mütter«, falls sie dort überhaupt vorkommen, ihre Duldung mit chronischer Überlastung bezahlen und leicht in double-bind-Situationen geraten. Bringen Frauen in Berufungskommissionen Kandidaten *und* Kandidatinnen Fairneß entgegen, bedeutet das in einem von Männern dominierten Umfeld eine Benachteiligung für Kandidatinnen, die der von vielen (zum Glück nicht allen) Männern geteilten doppelten Blindheit – für bestimmte Inhalte und Qualifikationen – zum Opfer fallen. Sprechen weibliche Mitglieder einer Berufungskommission sich einseitig für Kandidatinnen aus, geraten sie rasch in Verdacht, parteilich zu sein und verlieren an Ansehen, das sie zur Akzeptanz ihrer Argumente brauchen. Wissenschaftlerinnen geraten damit ständig in die Position, Wissenschaftlern dabei zu helfen, männlichen Nachwuchs zu generieren, während Wissenschaftler sich keineswegs bereit zeigen, mit der gleichen Selbstverständlichkeit weiblichen Nachwuchs hervorzubringen. Wer diese Entwicklung nicht beschweigt, wird mit einem Ausmaß an Empörung und narzißtischer Kränkung konfrontiert, das bereits winzige »Errungenschaften« gefährdet.

> »Sie teilte jedem eine Gabe,
> Dem Früchte, jenem Blumen aus,
> Der Jüngling und der Greis am Stabe,
> Ein jeder ging beschenkt nach Haus.«

Wie für das »Mädchen aus der Fremde« gibt es für Wissenschaftlerinnen an Universitäten keinen Kreislauf von Geben und Nehmen. Noch schlägt double blind double-bind.

Auch im Wissenschaftsbetrieb erfahren Frauen, daß mit ihrem Erscheinen Regeln außer Kraft gesetzt werden, auf die sie glaubten, vertrauen zu dürfen. Wer sich für eine Hochschullaufbahn entscheidet, muß durch das Nadelöhr einer Berufungskommission hindurch. Viele von uns haben beobachtet, wie dies Nadelöhr für manches Kamel kollegial geweitet wurde, während es sich für den sämtlichen Anforderungen nacheilenden, den windschnittigsten weiblichen Faden als zu eng erwies.

Meine private Umfrage ergab, daß Wissenschaftlerinnen in herausragenden Positionen sich selbst das meiste verdanken, ihr Potential jedoch entfalten konnten, weil sie Förderung, Kompetenz, Vertrauen von seiten weniger Männer, weniger Frauen erfahren haben, die an entscheidenden Wegmarken im Sinne eines für beide Geschlechter gültigen akademischen Ethos handelten. Diese einzelnen Menschen finden wir noch heute – lebende Beweise dafür, daß es möglich ist, Zukunft in die Gegenwart zu holen. Ohne sie gäbe es nicht einmal den derzeit bei 0,1% liegenden Zuwachs an Professorinnen pro Jahr, der deutschen Universität ihren Platz als Bonsai im Garten Europa sichert. Irrationale Ängste, mentale Erstarrung und ein veraltetes Hochschulrahmengesetz wirken wie eine Glasglocke, unter der die überfällige Demokratisierung bundesdeutscher Hochschulen, weibliches Innovationspotential, Geschlechtergerechtigkeit, neue Forschungs- und Lehrgebiete zu ersticken drohen. Weil akademische Steuerungsmechanismen versagen, wird Frauen eine Quotierungsdebatte aufgezwungen, die für Männer wort- und diskussionslos gelaufen ist.

Forschungseinrichtungen, die von weiblichen Steuergeldern mitfinanziert werden, ohne Stipendiatinnen und Wissenschaftlerinnen angemessen zu berücksichtigen, Hochschullehrer, die ihre Stellen dem gewachsenen Studentinnenanteil verdanken, ohne sie später in die Lehre einzubeziehen, bringen uns um Zukunft, also um das, was die wenigen Männer und Frauen, von denen ich sprach, im Hier und Jetzt verwirklichten. Die »Berliner Perspektiven für die Gleichstellung von Frauen in der Wissenschaft« zeigen Wege aus einer von Hochschulen erzeugten Misere. Ohne justiziable Sanktions- und Anreizsysteme bleiben sämtliche Vorschläge Makulatur.

Was tun? »I dwell in possibility, a fairer house than prose«, schrieb die amerikanische Dichterin Emily Dickinson – allein, abseits der Welt. Die Möglichkeit bewohnen heißt, Neuem Raum geben. Unser Empfinden, Denken und Handeln kann verändern, was sich als alleingütig und unabänderlich deklariert. Schillers Hirten im Tal sind arm: arm an Phantasie, arm an Vertrauen, arm an Unrechtsbewußtsein. Sie, die nicht geben, nur nehmen mögen, schenken ungewollt doch eins: Abstand. Ohne ihn ist Klarheit, ist Freiheit nicht zu gewinnen. Denn das »Mädchen aus der Fremde« hat den Einheimischen, Behausten und paternalistisch Geborgenen eben dies voraus: mit Distanz, Ironie und Gelassenheit auf etwas zu blicken, das – gerade weil es sich als ungerecht behaupten will – nicht dauern wird.

Eine Frauenuniversität im Wettbewerb der Hochschulen

Sigrid Metz-Göckel

Die Frauenuniversität ist ein integrierter Beitrag zur Gleichstellung der Geschlechter und Hochschulreform[1]. Sie ist Frauenförderung per se, denn sie vermehrt anspruchsvolle Bildungs- und Berufsangebote für Frauen. Sie ist ein Experiment mit offenem Ausgang, aber ihre Chancen stehen gut, wenn sie als neue Herausforderung in der universitären Bildungslandschaft realisiert wird. Schließlich gibt es einen Mangel an innovativen Hochschulprojekten.

Die Vorschläge für eine Frauenuniversität kommen von unterschiedlichen Gruppen, aus dem Kontext der Frauenpolitik, der Hochschulreformbewegung, der feministischen Wissenschaftskritik, insbesondere der feministischen Technik- und Zivilisationskritik. Ihre Trägergruppen sind feministische Wissenschaftlerinnen, Studentinnen und inzwischen auch einige Politikerinnen.

Die Beteiligung von Frauen an den Schaltstellen der Macht in Politik, Rechtsprechung, Wirtschaft, Technik und Kultur ist trotz breiter Debatten kaum merklich vorangekommen. Ebenso stagniert der Integrationsprozeß von Frauen in die Wissenschaft. Unsere Zivilisation ist nach wie vor androzentrisch geprägt und treibt in globaler Perspektive in den Ruin. Weltweit sind wir von einer Gleichberechtigung der Geschlechter noch meilenweit entfernt, wie internationale Menschenrechtsorganisationen bestätigen können.

Formale Gleichheit, die seit einer Generation in der BRD durchgesetzt ist, reicht offensichtlich nicht aus, den subtileren Diskriminierungen den Boden zu entziehen. Segregationsprozesse und filigrane Hierarchisierungen kaschieren weiterhin Ungleichheiten zwischen den Geschlechtern, die sich als asymmetrische Geschlechterkultur in fast allen Bereichen unserer Gesellschaft etabliert haben. Nicht weil Frauen per se eine bessere Hochschule machen würden, sondern weil sie in den koedukativen Hochschulen ihre Potentiale nicht ungeschmälert entwickeln können, eröffnet die Frauenuniversität den Frauen neue Räume und damit Gestaltungsspielräume zur Veränderung der Geschlechterkultur.

Hochschulpolitische Begründung

Die gemeinsame Ausbildung der Geschlechter ist in allen Bildungseinrichtungen eine kulturelle Selbstverständlichkeit geworden. Eine Frauenuniversität zu fordern, bedarf daher besonderer Begründung. Sie ist auch unter Frauen strittig. Sie kommt, wie Angelika Wetterer (1993 und 1995a) meint, einer paradoxen Intervention gleich. Feministische Politikerinnen und Wissenschaftskritikerinnen machen das Geschlecht deshalb zum strukturierenden Prinzip ihrer politischen Strategie, um es als soziales Klassifikationskriterium außer Kraft zu setzen. Insofern lebt die Frauenuniversität aus einem Widerspruch, der ihren Erfolg mit ihrem Scheitern verbindet, nämlich als Universität der Frauen dann überflüssig zu sein, wenn es nichts Besonderes und Benachteiligendes mehr ist, als Frau in unserer Gesellschaft und in dieser Welt zu leben. Die hochschulpolitische Begründung ist eine ex negativo: weil wir seit Jahrzehnten im Sinne einer Gleichstellung der Geschlechter reformunfähige Universitäten haben. Die Versuche, eine separate universitäre Ausbildung für Frauen zu institutionalisieren, blieben im europäischen Raum vereinzelt und in Deutschland erfolglos. Durchgesetzt hat sich – als Alternative – ihre, wenn auch völlig unzureichende, Integration in die bestehenden Universitäten.

In den USA wurden seit 1830 für die höhere Bildung von Frauen women's colleges gegründet. Als Folge des Ausschlusses von Frauen aus dem tertiären Bildungswesen des 19. Jahrhunderts entwickelten sich die Frauenhochschulen dort in einer Parallelstruktur zu den Institutionen für Männer. Sie gerieten in eine Krise, als sich die Männerhochschulen für Frauen öffneten. Etwas über die Hälfte der women's colleges wurde in den 60er und 70er Jahren aus politischen und ökonomischen Gründen koedukativ. Sie stabilisierten sich mit der Frauenbewegung und haben in den letzten Jahren deutlich an Terrain gewonnen. Zu ihrer langen Tradition, die selbstbewußt gepflegt wird, gehören auch »Elite-Institutionen«. Sie genießen zur Zeit wieder soziale Aufmerksamkeit, denn ihre Erfolgsquoten können sich mit koedukativen Universitäten messen. Sie übertreffen diese um ein Mehrfaches in der Förderung von Frauen für anspruchsvolle und leitende Positionen (Sebrechts 1996). Auf eine solche Tradition können wir uns in der Bundesrepublik nicht beziehen. Der Siegeszug der Koedukation in der universitären Bildung blieb in Deutschland ohne Alternative.

Das fiskalische Argument gegen die Neugründung einer Universität im Zeitalter der Massenuniversitäten ist auch gegenwärtig nicht überzeugend. Die angespannte Finanzlage der öffentlichen Haushalte verhindert nicht, daß neue Hochschulen gegründet werden, in Nordrhein-Westfalen z.B. neue Fachhochschulen im Rhein-Siegkreis und in Gelsenkirchen. Unter Beteiligung des Bundes und der Länder ist eine Deutsch-Türkische Universität in Istanbul im Aufbau, und auch die ehemals rein private Universität in Witten-Herdecke wird inzwischen von der Landesregierung mitfinanziert. Insofern kann die Finanznot nicht gegen die Frauenuniversität ins Feld geführt werden, zumal es inzwischen 67 staatlich anerkannte Hochschulen in privater Trägerschaft gibt, davon 39 in Händen der Kirchen, mit insgesamt 36 000 Studierenden[2]. Wo ein politischer Wille ist, ist auch ein Weg. Mischfinanzierungen zwischen privaten und öffentlichen Geldgebern sind üblich geworden und auch für die Frauenuniversität denkbar.

Die Gründung einer bestens ausgestatteten Universität der Frauen bedeutet eine Umverteilung gesellschaftlicher Ressourcen zu ihren Gunsten, gleichzeitig aber eine gerechtere Verteilung auf beide Geschlechter. Mehr Gerechtigkeit und nicht eine Vision vom besseren Geschlecht, mehr Demokratie und nicht Besitzstandswahrung der einen Hälfte der Gesellschaft sind ihre Leitideen.

Im Wettbewerb der Hochschulen wird die Frauenuniversität nur einen relativ kleinen Teil der Studentinnen ausbilden können. Für die wissenschaftlich interessierten Frauen kann sie einen größeren Ausstrahlungseffekt haben, da sie voraussichtlich höchst qualifizierte Arbeitsplätze für Frauen sichert. In ihrer Sonderstellung in der Bundesrepublik wird sie immer gefährdet und kaum imstande sein, Einfluß auf andere Universitäten auszuüben. Modellwirkungen sollte sie nicht beanspruchen. Es reicht, wenn sie eine exzellente Ausbildungs- und Forschungsstätte für Frauen wird.

Die Reaktionen auf die Forderung nach einer Frauenuniversität reichen von begeisterter Zustimmung, Skepsis über Nichtbeachtung bis zur heftigsten Ablehnung. Während einige PolitikerInnen sie nur als Vision gelten lassen, (z.B. Brunn 1990), sie letztlich aber doch ablehnen (Brunn 1995a und 1995b) wird sie von anderen ignoriert oder gar für einen Bärendienst gehalten (Faulstich-Wieland 1995).

Die Frauenuniversität als Experimentierfeld jenseits der Geschlechterstereotypen

Die Universitäten, insbesondere die Technischen Hochschulen, sind ihrem Selbstverständnis nach vom Geschlecht abstrahierende wissenschaftliche Einrichtungen. Nur schwer können sie sich einer Analyse öffnen, die sie als

»gendered institutions« beschreibt, in denen das Geschlecht in allen Prozessen, Bildern und Ideologien präsent ist, nicht zuletzt in der Verteilung von Definitionsmacht (Acker 1991). Was für die feministische Perspektive als Zielvorstellung auf der Hand liegt, nämlich die Auflösung der asymmetrischen Geschlechterkultur, liegt keineswegs im Interesse der Universitäten. Nur millimeterweise gelang die Integration von Frauen in technisch-naturwissenschaftliche Studiengänge und in die Spitzenpositionen von Forschung und Lehre, so daß durchaus Zweifel angebracht sind, ob die Universitäten die Frauen wirklich integrieren wollen bzw. unter den gegebenen Bedingungen überhaupt können. Zumindest haben sie keine Kultur der kontinuierlichen Unterstützung und des Willkommens entwickelt. Sie haben ihre diskreten Ausschlußmechanismen eher noch verfeinert. So zeigen auch neuere Studien, daß Studentinnen die Universität mit geringerem Selbstvertrauen verlassen als ihre Kommilitonen (Abele 1994), daß Universitäten den weiblichen wissenschaftlichen Nachwuchs nachlässiger fördern als den männlichen (Wermuth 1992) und damit weibliches Kreativitätspotential weniger herausfordern.

Geschickt und flexibel wandeln sich die Begründungen für die nach wie vor begrenzte Integration von Frauen in Männerdomänen. An der Argumentationsfigur der geschlechtsspezifischen Interessendivergenzen läßt sich dies besonders gut aufzeigen. Demnach seien Frauen weniger an Technik- und Naturwissenschaften interessiert, gäben früher auf, und auch ihr Wunsch, sich wissenschaftlich zu profilieren und Karriere zu machen, sei im Vergleich zu dem der Männer begrenzt. Die Argumentationsfigur der Interessendivergenz zwischen Frauen und Männern tritt an die Stelle der Wesensunterschiede und des Qualifikationsdefizits, womit die Verantwortung wiederum den Frauen aufgebürdet ist, ohne daß sich die Rahmenbedingungen zu ändern hätten. Anlaß genug, in einem Perspektivwechsel zu fragen, ob nicht die institutionellen Gegebenheiten die Interessenunterschiede überhaupt erst herstellen und zumindest danach zu forschen, wie diese alltäglich zustandekommen. Da andere Länder diese krassen Geschlechterunterschiede in der Positions-Universitätshierarchie und in den Natur- und Technikwissenschaften nicht ausgebildet haben, z.B. die DDR, Türkei oder Frankreich, sind die jeweiligen institutionellen Arrangements an der Herstellung dieser Geschlechterunterschiede beteiligt (Neusel/Bradatsch/Yalcin 1994).

Die Frauen- und Geschlechterforschung der letzten 20 Jahre hat zur Aufklärung dessen, wie Geschlechterdifferenzen zustandekommen, viel beigetragen. Obwohl in den 80er Jahren an vielen Hochschulen des Landes Nordrhein-Westfalen, in Berlin und a.m. eine Institutionalisierung von Frauenforschung und Frauenstudien erfolgt ist (Deutsche Forschungsgemeinschaft

1994), hat sich an den Hochschulstrukturen kaum Wesentliches geändert. Allerdings konnten sich neue Kommunikationsnetze der Wissenschaftlerinnen und Studentinnen entwickeln, für die es höchste Zeit ist, ein kontinuierliches und konzentriertes Forum zu schaffen (Neusel 1990).

Ein Gegenargument aus den Reihen der Frauenforschung bezieht sich auf den Zusammenhang von Feminisierung und Entwertung. Tätigkeiten und Bereiche, die ausschließlich oder mehrheitlich von Frauen bestimmt würden, sänken im Ansehen und verlören an Attraktivität. Dieser Zusammenhang ist vor allem durch die berufsbezogene Frauenforschung bekannt geworden (Wetterer 1995b). Einige Bildungspolitikerinnen und Frauenforscherinnen formulieren explizit solche Befürchtungen (Faulstich-Wieland 1995). Sie sind aktuell auch aus dem Schulbereich gespeist, wo Kurse für Mädchen rasch als Nachhilfekurse minderen Niveaus etikettiert werden. Solche Befürchtungen auf die Frauenuniversität zu übertragen, spricht für eine verinnerlichte Geschlechterhierarchie und eine antizipierte Fremddefinition.

Als Gegenbeispiel läßt sich das sozialwissenschaftliche Graduiertenkolleg »Geschlechterverhältnis und sozialer Wandel. Handlungsspielräume und Definitionsmacht von Frauen« anführen[3]. Es kann als Baustein einer Frauenuniversität betrachtet werden, das bei diplomierten jungen Frauen auf eine breite und anhaltende Resonanz stößt. Die Aufnahme in dieses Graduiertenkolleg erfolgt aufgrund von Ausschreibungen und aus einer großen Zahl von Bewerbungen aus der ganzen Bundesrepublik. Die jungen Frauen nehmen das Angebot als Herausforderung an. Das Graduiertenkolleg ist offen für potentielle männliche Bewerber. Es stellt aber an sie gleichen Anforderungen wie an Frauen, nämlich im Sachgebiet kompetent und interessiert zu sein. Die jungen Frauen lernen im Graduiertenkolleg, sich als Wissenschaftlerinnen aufeinander zu beziehen und sich abzugrenzen. Sie sind kreativ und leistungsfähig, ohne daß bisher Befürchtungen eines Image- oder Statusverlustes laut wurden.

Entscheidend wird sein, ob es gelingt, die Frauenuniversität als hochrangige Hochschule zu gründen. Dies ist eine Frage der Ressourcenumverteilung. Bei der Rekrutierung von Wissenschaftlerinnen hat sich in den letzten Jahren das Prinzip der künstlichen Märkte bewährt. Es hält den Wettbewerb offen und ermöglicht die Auslese der Besten. Denn die Frauenuniversität wird ihre Studierenden in einem wohldefinierten Sinne auswählen müssen. Sie wird eine Kultur der Anerkennung und Ermutigung entwickeln müssen, mit einem grenzenlosen Zutrauen in die Fähigkeiten der Frauen. Eine Universität der Besten schließt eine Selektion des Zugangs nach Leistungskriterien ein, nicht aber ein sozial elitäres Auswahlverfahren. Im Gegenteil, Frauen aus bildungsfernen sozialen Milieus und Nicht-Deutsche sollten begünstigende Zulassungsregelungen vorfinden. Wir wissen, daß marginalisierte Gruppen einem starken Anpassungszwang ausgesetzt sind. Was sie zu leisten imstande sind, hängt von unterstützenden und herausfordernden Umfeldbedingungen ab. Warum Frauen dann nicht zu den Besten zählen sollen, ist nicht einsehbar. Denn wie soll sich das Machtverhältnis zwischen den Geschlechtern aufbrechen lassen, wenn eine »Elite« zu sein für Frauen etwas besonders Anstößiges, für Männer dagegen etwas höchst Begehrenswertes ist.

Die Frauenuniversität ist ein Experiment im öffentlichen Raum. Sie stellt damit Räume zur Verfügung, in denen Sozialisations- und Vergemeinschaftungsprozesse von Frauen reflektiert und weiterentwickelt werden können, ohne den Druck der Anpassung an, aber in Auseinandersetzung mit dem anderen Geschlecht. Wenn wir von der *Unterschiedlichkeit der Frauen* ausgehen, dann liegt es nahe, mit vielfältigen Angeboten zu experimentieren. Das heißt auch: Die Frauenuniversität wird für eine Gruppe von Frauen attraktiv sein, für viele andere nicht.

Studienstruktur und Initiativen von Studentinnen

Erfahrungsgemäß verbinden sich mit innovativen Studienangeboten auch neue Chancen für Frauen, solange das Image des neuen Studiengebietes nicht »vergeschlechtlicht« ist. So betrug der Anteil von Frauen in der Anfangsphase der Informatik 15-20% und ist inzwischen auf unter 10% gesunken, seitdem das Fach mehr und mehr zur Ingenieurwissenschaft und zu einem sicheren Karrierefeld geworden ist.

Die Frauenuniversität soll ein Spektrum von Fachdisziplinen in sich vereinigen, ohne an die Disziplinstruktur gebunden zu sein. Die Natur- und Ingenieurwissenschaften sollten in Großprojekte integriert sein und zwar ökologisch und pazifistisch verträglich. Folgende Projekte wurden bereits von Studentinnen vorgeschlagen: Energieversorgung, Gesundheitswesen, Verkehr, Internationalismus, Städtebau, Ökologie und Kommunikation. Als Studiengänge sind anvisiert Politikwissenschaft, Umwelttechnologie, Management und Organisation, Gesundheitsforschung und -beratung (Schlüter 1992b).

Die Studienwege sollten durchlässig und durchsichtig organisiert sein sowie Quereinstiege und Querausstiege möglich machen. Die Studentinnengruppen fordern ein radikal verändertes Grundstudium mit aktivierenden Methoden und tutorieller Begleitung. Für ein Postgraduiertenstudium plädiert der Arbeitskreis Frauen-Technik-Zivilisation. Ein Reformprojekt neuer Art will Aylâ Neusel umsetzen: ein Konzept, das lebenslanges Lernen als Erstausbildung mit Weiterbildung und einem Kontaktstudium in Projektform für unterschiedliche Zielgruppen von Frauen verknüpft (Neusel 1990).

Wieviele und welche Studentinnen eine Frauenuniversität anzieht, wird davon abhängen, wie sich die Studienbedingungen konkret gestalten. Die Universität für Frauen wird als kleine Einheit beginnen und neue Wege der Demokratisierung ausprobieren. Das wird es erleichtern, hochschuldidaktisch zu experimentieren und Formen aktiven Studierens zu institutionalisieren. Insofern werden diese Universitäten gegenüber den Massenuniversitäten privilegiert sein und einige Probleme, die sich aus der großen Zahl ergeben, nicht haben.

Wenn es eine attraktive Universität wird, warum sollten Studentinnen sie nicht annehmen? Es geht ja keineswegs um eine generelle Zwangstrennung vom anderen Geschlecht, und Studentinnen, die an ihr nicht studieren wollen, haben die Auswahl der koedukativen Hochschulen. Es geht eher um diejenigen, die mit den koedukativen Universitäten nicht zufrieden sind und etwas Neues ausprobieren wollen. Schließlich ist bekannt, daß sich das Entscheidungsverhalten dann verändert, wenn es Spielräume für Entscheidungen gibt. Es gibt inzwischen dezidierte Initiativen von Studentinnen für ein solches Projekt und damit für ein provokatives Universitätskonzept (Reichert/Ihsen 1992). Studentinnen organisierten im Februar 1992 in Bonn eine Tagung zur Frauenhochschule, an der auch die Europa-Abgeordnete Gepa Maibaum teilnahm, um die Idee in die Europäischen Gremien hineinzutragen.

Die Studentinnen richten viel Aufmerksamkeit auf die Studierbarkeit an einer solchen Frauenuniversität und machen differenzierte Angebote zur Gestaltung der Orientierungs- und Einführungsphase. Ihre Vorstellungen sind bisher am konkretesten. Sie schlagen studienbegleitend eine Reihe von hochschuldidaktischen Veranstaltungen vor, die Bestandteil des Studiums sein sollen, wie Einführungen und Übungen zum Lern-und Arbeitsverhalten, Streßbewältigung, Konfliktfähigkeit, Rhetorik u.a.m..

»Wissenschaftlerinnen in der Frauenbewegung stehen in der Verantwortung, die Klärungsprozesse innerhalb der Frauenbewegung voranzutreiben (...). An einer Frauenhochschule, an der alle Wissenschaftsdisziplinen gleichberechtigt berücksichtigt werden, muß feministische Theorie dahingehend überprüft werden, ob die bestehenden Konzepte auch auf die Naturwissenschaften und die Ingenieurwissenschaften übertragbar sind, oder ob es neuer Ansätze bedarf. Da feministische Theorie sich immer an einer gesellschaftlichen Realität mißt, bedürfen alle Wissenschaftsdisziplinen eines gesellschaftlichen Bezugs: die Idee von interdisziplinären Projekten erscheint also auch von dieser Blickrichtung her vernünftig« (ebd: 42).

Die Frauenuniversität sollte im Blick auf Europa mehrsprachig organisiert sein. Die Idee einer integrierten Technik-, Natur- und Sozialwissenschaftlichen Hochschule der Frauen wird von Naturwissenschaftlerinnen unterstützt, die eine feministischen Naturwissenschaftskritik in den etablierten Universitäten nicht vorantreiben können. Die Grundidee dieser Frauenuniversität läßt es prinzipiell offen, ob die Separierung eine vorübergehende ist. Entscheidend ist, ob sie breitere Potentiale von Frauen entwickeln kann.

Wissenschaftskritische Reflexionen gehören in jede Universität und Fachdiskussion, und daher stellt sich die Sinnfrage auch an einer Frauenuniversität. Für wen wird mit welchem Erkenntnisinteresse Lehre und Forschung an der Frauenuniversität betrieben? Sie wird den Wissenschaftstransfer für diejenigen, die von der Wissenschaft betroffen und/oder von ihr ausgeschlossen sind, ernst zu nehmen haben, gerade weil Frauen historisch lange Erfahrungen von Ausgrenzungen haben.

Zur Realisierung einer Frauenuniversität

Es wird die Errichtung einer Gründungskommission mit einer designierten Gründungspräsidentin vorgeschlagen. Diese Gründungskommission könnte vom Bund, einem oder mehreren Bundesländern und auch von Europäischen Institutionen finanziert werden. An der Gründungskommission sind wichtige gesellschaftliche Gruppen zu beteiligen und die Übergänge in den Arbeitsmarkt systematisch vorzubereiten. Weitere Detailplanungen erfolgen mit Fachfrauen und -männern.

Daß die Frauenuniversität sich auch einmal gegenüber männlichen Studierenden und Lehrenden öffnen könnte, ist perspektivisch möglich, zumal als Herausforderung im Wettbwerb der Universitäten. Sie ist nicht deshalb eine Provokation, weil sie für Frauen vorgesehen ist, sondern weil sie die Bindung an das Geschlecht und den Androzentrismus in der wissenschaftlichen Ausbildung konkret überwinden will.

Die ersten Schritte zur Gründung einer (oder mehrerer) Frauenhochschule(n) sind bereits getan:

- Das Netzwerk Frauenforschung in NRW hat sich in viele Fachrichtungen hinein ausgedehnt.
- Das Graduiertenkolleg »Geschlechterverhältnis und sozialer Wandel. Handlungsspielräume und Definitionsmacht von Frauen« ist ein Kooperationsverbund der Universitäten Bielefeld, Bochum, Dortmund und Essen. Die-

ses Graduiertenkolleg der sozialwissenschaftliche Frauenforschung, das einzige, das nur mit Frauen arbeitet, stößt bisher auf eine breite Resonanz bei anspruchsvollen Nachwuchswissenschaftlerinnen.

- An der Fachhochschule Darmstadt ist die Gründung eines Fachbereichs Informatik für Frauen in Vorbereitung, u.a. in Reaktion auf die rückläufigen Zahlen der Informatikstudentinnen.
- Der Arbeitskreis Frauen, Technik, Zivilisation (Essen) plant eine Technische Universität der Frauen mit europäischer Ausrichtung.
- In Bremen hat sich ein Förderverein: »Virginia Woolf-Universität e.V.« gegründet [44].

Eine Frauenuniversität wird dem befürchteten Zusammenhang von Feminisierung und Entwertung dann entgehen, wenn sie exzellente Bedingungen für die Studierenden und WissenschaftlerInnen herstellen kann. Für die Umverteilung von Ressourcen stehen die Regierungen und Parlamente in der Verantwortung.

Anmerkungen

1 Im folgenden ist von der Frauenuniversität im Singular die Rede, auch wenn mehrere denkbar sind.

2 Vgl. den Bericht: Private Hochschulen: Ganz nah an der Praxis, in: Informationsdienst des Instituts der deutschen Wirtschaft, IWD, Nr. 29, 20.7.1995, S. 4 f.

3 Das Graduiertenkolleg »Geschlechterverhältnis und sozialer Wandel. Handlungsspielräume und Definitionsmacht von Frauen« ist ein Kooperationsverbund der Universitäten Bielefeld, Bochum, Dortmund und Essen mit einer Koordinierungsstelle an der Universität Dortmund. Es ist das einzige von fast 300 Graduiertenkollegs, das ausschließlich aus Frauen besteht, exzellent evaluiert und erweitert wurde und die Promotionen und Habilitationen von 24 jungen Wissenschaftlerinnen betreut.

4 In Bremen hat sich ein Förderverein Virginia Woolf Frauenuniversität e.V. gegründet, der sich fund raising und Öffentlichkeitsarbeit für die Frauenuniversität zum Ziel gesetzt hat. Sprecherin ist Frau Dr. E. Riemer-Noltenius, Bremen

Literaturverzeichnis

Abele, Andrea (1994), *Karriereorientierungen angehender Akademikerinnen und Akademiker*, Bielefeld.

Acker, Joan (1991), Hierarchies, Job, Bodies: A Theory of Gendered Organisations, in: Judith Lorber/Susan Farell (Hg.): *The Social Construction of Gender*, Newbury Park/London/New Delhi.

Arbeitskreis Wissenschaftlerinnen von NRW (1989), *Manifest der Frauen und die Hochschule der Frauen*, Dortmund.

Brunn, Anke (1990), Frauenpolitik an den Hochschulen, in: Anne Schlüter/Maria Anna Kreienbaum/Christine Roloff: *Was eine Frau umtreibt. Frauenbewegung – Frauenforschung – Frauenpolitik*, Pfaffenweiler.

Brunn, Anke (1995a), Von einer Frauenhochschule halte ich nichts, in: *Generalanzeiger für Bonn und Umgebung* vom 9.8..

Dies. (1995b), Männerdomäne Universität, in: *Kölner Stadtanzeiger* vom 16.8..

Clemens, Bärbel/Sigrid Metz-Göckel/Aylâ Neusel /Barbara Port (Hg.)(1986), *Töchter der Alma Mater. Frauen in der Berufs- und Hochschulforschung*, Frankfurt a.M..

Deutsche Forschungsgemeinschaft (1994), *Sozialwissenschaftliche Frauenforschung in der Bundesrepublik Deutschland.* Senatskommssion für Frauenforschung, Berlin.

Fachgespräch über eine Frauengerechte Fachhochschule, 7.12.1994, Kreishaus Siegburg.

Faulstich-Wieland, Hannelore (1995), Frauenhochschule: Bärendienst für die Gleichstellung von Frauen, in: *zweiwochendienst Bildung Wissenschaft Kulturpolitik* 19.

Hickel, Erika (1993), Eine neue ›naturwissenschaftliche Revolution‹? In: *Wechselwirkung.* TechnikNaturwissenschaftGesellschaft, Feb., S. 43-48.

Janshen, Doris (Hg.) (1990), *Hat die Technik ein Geschlecht? Denkschrift für eine andere technische Zivilisation*, Berlin.

Janshen, Doris (1995), Zwischen Utopie und Planung. Die (Technische) Universität der Frauen Europas, in: *Wissenschaftsnotizen*, S. 43 ff.

Metz-Göckel, Sigrid (1992), Technik- und Naturwissenschaftspotentiale von Frauen: Zur Idee einer Hochschule der Frauen, in: Forschungszentrum Jülich GmbH: *Frauen in Naturwissenschaft und Technik.* Tagungsbericht zu einer Informationsveranstaltung am 29.1.1992 im Forschungszentrum Jülich, Jülich.

Metz-Göckel, Sigrid (1994), Die Frauenhochschule: eine realistische Vision, in: Clarissa Kucklich (Hrsg.): *Unternehmen Zukunft*, Frankfurt, Berlin, Bern.

Metz-Göckel, Sigrid (1995), Höchste Zeit für Frauenuniversitäten, in: *zweiwochendienst Bildung Wissenschaft Kulturpolitik* 19.

Müller, Ursula (1995), Frauen und Führung, in: Angelika Wetterer (Hg.): *Die soziale Konstruktion von Geschlecht in Professionalisierungsprozessen*, Frankfurt.

Neusel, Aylâ (1990), Die Frauenuniversität. In: Anne Schlüter/Christine Roloff/Maria Anna Kreienbaum (Hg.), *Was eine Frau umtreibt. Frauenbewegung-Frauenforschung-Frauenpolitik*, Pfaffenweiler.

Neusel, Aylâ/Christiane Bradatsch/G. Yalcin (1994), *Frauen in der akademischen Welt. Karrieren von Wissenschaftlerinnen an türkischen und deutschen Hochschulen.* Manuskript, Wissenschaftliches Zentrum für Berufs- und Hochschulforschung, Kassel.

Rauch, Judith (1986), Nur vom Feinsten. Frauen colleges in den USA, in: *Emma* 9.

Reichert, Birgit/Susanne Ihsen (1992), *Vorstellung eines Konzepts für eine Frauenhochschule.* Manuskript anläßlich des Werkstattgsprächs: Frauenhochschule, Bonn am 15.02. (Manuskript).

Roloff, Christine (1990), Konzeptualisierung des Versteckten. Überlegungen zum Frauenforschungsschwerpunkt „Technik- und Naturwissenschaftspotentiale von Frauen« am Hochschuldidaktischen Zentrum der Universität Dortmund, in: Anne Schlüter/ Christine Roloff/Maria Anna Kreienbaum (Hg.), *Was eine Frau umtreibt. Frauenbewegung-Frauenforschung-Frauenpolitik*, Pfaffenweiler.

Schlüter, Anne (1992a), Eine Universität nur für Frauen – oder: Ist eine Hochschule der Frauen anachronistisch, utopisch oder eine realistische Alternative? in: Dies.(Hg.), *Pionier-*

innen, Feministinnen, Karrierefrauen? Zur Geschichte des Frauenstudiums in Deutschland, Pfaffenweiler.

Schlüter, Anne (1992b), Die Hochschule der Frauen: Anachronismus, Utopie oder realistische Alternative? in: Aylâ Neusel/Helga Voth (Hg.): *Utopie ist (k)ein Ausweg. Zur Lage von Frauen in Wissenschaft, Technik und Kunst*, Frankfurt a.M./New York.

Sebrechts, Jadwiga S. (1996), Women's Colleges in the United States: When Coed is Second best. Single-Sex-Education im interkulturellen Vergleich – Chancen von Monoedukation für Frauen in Technik und Naturwissenschaften. Fachtagung an der Fachhochschule Darmstadt, in: *Neue Impulse.* Wissenschaftliche Beiträge und Mitteilungen der Gesellschaft Deutscher Akademikerinnen 2, S. 6-10.

Ulrike Teubner/Olga Zitzelsberger (1995), *Forschungsbericht „Frauenstudiengang im technisch-naturwissenschaftlichen Bereich«* der FHD, Darmstadt.

Wagemann, Carl-Hellmut (Hg.) (1982), *Der 28-Stunden-Tag. Ist das Studium überhaupt studierbar?* In: Blickpunkt Hochschuldidaktik 69, Arbeitsgemeinschaft für Hochschuldidaktik, Hamburg.

Wagner, Ina (1986), Das Erfolgsmodell der Naturwissenschaften. Ambivalenzerfahrungen von Frauen, in: Karin Hausen/Helga Novotny (Hg.), *Wie männlich ist die Wissenschaft?* Frankfurt a.M..

Weisbach, Margot (1990), *Die Töchter Nobels. Eine Studie über das Leben der Preisträgerinnen*, Lünen.

Wermuth, Nanny (1992), *Frauen an Hochschulen.* Schriftenreihe Studien zu Bildung und Wissenschaft, hrsg. vom Bundesminister für Bildung und Wissenschaft, Bonn.

Wetterer, Angelika (1993), Die Frauenuniversität. Überlegungen zu einer paradoxen Intervention, in: Marlies Arndt u.a. (Hg.): *Ausgegrenzt und mittendrin. Frauen in der Wissenschaft*, Berlin, S. 189-198.

Wetterer, Angelika (1995a), Die Frauenuniversität als paradoxe Intervention. Theoretische Überlegungen zur Problematik und zu den Chancen der Geschlechter-Separation, in: Sigrid Metz-Göckel/Angelika Wetterer: *Vorausdenken – querdenken – nachdenken. Texte für Aylâ Neusel.* Frankfurt a.M..

Wetterer, Angelika (Hg.) (1995b), *Die soziale Konstruktion von Geschlecht in Professionalisierungsprozessen*, Frankfurt.

Zuckerman, Harriet (1990), Die Werdegänge von Nobelpreisträgerinnen, in: Max Planck-Gesellschaft: *Berichte und Mitteilungen* 3.

Reformexperiment Frauenhochschule

Bärendienst für die Gleichstellung von Frauen

Hannelore Faulstich-Wieland

Die Forderung nach einer Frauenuniversität ließe sich einordnen in die Erkenntnis, daß Frauen eigene Räume benötigen, um unabhängig von männlichen Definitionen Diskussionen führen und Dinge erproben zu können, die im »Normalkontext« sofort in den Bahnen eingespielter Geschlechterverhältnisse verlaufen würden. Dies sind insbesondere stark mit Geschlechtertypisierungen und gesellschaftlich definierten Geschlechtsrollen verbundene Bereiche wie z.B. der Umgang mit Technik, das Ausprobieren von bestimmten Sportarten oder der Besuch von Hotels und Gaststätten. Hier wurden Mädchen- und Frauenräume von Frauen gefordert, und für deren Einrichtung und Unterstützung wurde gekämpft. Solche Räume sind allerdings nicht frei davon, von außen anders betrachtet und etikettiert zu werden als von innen aus Sicht der sie nutzenden Frauen. Sie bleiben damit paradox und prekär.

Die Frauenuniversität gehört nach meiner Einschätzung nicht zu dieser Art Räume. Betrachtet man nämlich die vorliegenden Konzepte für eine Hochschule der Frauen, so beinhalten sie Prämissen und Hypothesen bzw. geben Versprechungen, die weder wissenschaftstheoretisch noch politisch oder gar praktisch haltbar sind. Ich will die Modelle nicht im einzelnen vorstellen, sondern nur kurz nennen, welche Konzepte überhaupt vorliegen: Das erste Konzept war die »Hochschule der Frauen«, wie sie im »Manifest der Frauen« vom Arbeitskreis Wissenschaftlerinnen in Nordrhein-Westfalen 1989 vorgestellt wurde, das zweite war die aus der »Denkschrift für eine andere Technik« resultierende »Technische Hochschule für Frauen«. Schließlich hat Aylâ Neusel die »Frauenuniversität« konzipiert und in der niedersächsischen Kommission zur Frauenforschung als Reformexperiment verankern lassen. Gemeinsam ist all diesen Konzepten, daß sie Studienreformelemente umzusetzen versuchen, die aus der Zeit der Hochschulreformdiskussionen seit Ende der sechziger Jahre unter Linken diskutiert und ansatzweise realisiert wurden. Dazu gehören insbesondere die gesellschaftskritische Funktion und Wirkung von Wissenschaft, die Projektorientierung des Studiums, die Demokratisierung der

Selbstverwaltung und weitreichende Mitbestimmungsformen für die Studierenden.

Die Innovationsleistungen einer Frauenhochschule beziehen sich danach auf

- die Aufweichung der professoralen Dominanzstrukturen,
- die Institutionalisierung neuer Lehr- und Lernformen,
- einen Wissenschaftstransfer in gesellschaftliche Praxis.

Jenseits der »linken« Forderungen bleibt unklar, inwieweit die Frauenhochschule sich »nur« darüber definiert, daß an ihr ausschließlich Frauen studieren und arbeiten, oder ob sie zugleich inhaltlich durch Frauen- und Geschlechterforschung definiert oder sogar feministisch geprägt sein soll. Die Konzepte schwanken zwischen »normalen« – in jedem Fall allerdings gesellschaftskritisch verstandenen – Inhalten und feministischen Orientierungen. Für die Einschätzung von Sinn und Nutzen eines solchen Experiments wäre eine Klärung dieser Frage allerdings notwendig. Ich gehe für meine Kritikpunkte zunächst einmal davon aus, daß die Bindung an Frauenforschung *nicht* das zentrale Bestimmungsmoment darstellt. Ich erörtere Kritikpunkte, die sich auf die erhoffte oder versprochene Wirkung einer Frauenhochschule beziehen. Diese Kritikpunkte betreffen dabei vor allem folgende drei Aspekte:

1. Bindung der Versprechen an das Geschlecht
2. Akzeptanz einer Frauenhochschule
3. Rückwirkung auf andere Universitäten.

Bindung des Innovationspotentials einer Hochschule an das Geschlecht

Wenn professorale Dominanzstrukturen an Hochschulen aufgeweicht, neue Lehr- und Lernformen institutionalisiert und neue Formen des Wissenschaftstransfers ermöglicht werden sollen, dann sind dafür Strukturänderungen nötig, die nichts mit dem Geschlecht zu tun haben, sondern die sich auf Hochschulgesetzregelungen wie Mitbestimmungsparitäten, auf Stellenstrukturen wie die C-Differenzierungen, Qualifikations- und Zeitstellen bzw. Dauerstellen beziehen. Ändert man in einer Einrichtung die herkömmlichen Strukturen, so daß Hierarchien abgebaut und Demokratisierungs- und Mitbestimmungsprozesse ermöglicht werden, dann können einerseits Frauen wie Männer Veränderungen erproben und z.T. realisieren. Zugleich werden

Frauen wie Männer von den Strukturen außerhalb dieser Institution tangiert bleiben: Bewerbungen z.B. nach erfolgter Qualifizierung erfordern Leistungsnachweise wie Veröffentlichungen, Leitungstätigkeit und Selbstverwaltung. Es wäre blauäugig, sich über solche Anforderungen einfach hinwegzusetzen und den Frauen der Frauenhochschule damit möglicherweise Chancennachteile zu bereiten.

Ebenso blauäugig erscheint es mir, davon auszugehen, daß Frauen gemeinsames Arbeiten ohne Hierarchien gestalten würden. Davon aber scheint das Konzept der Frauenhochschule auszugehen; es impliziert m.E. eine Unterstellung, die sich aus den genannten Reformversprechungen und der Bindung an das Geschlecht in Form einer Frauenhochschule ergeben: Das zugrunde liegende Frauenbild geht offenbar davon aus, Frauen seien sozialer, netter, humaner, ökologisch verantwortlicher und weniger hierarchisch denkend. Sowohl die wissenschaftstheoretische Diskussion um Geschlecht als soziale Kategorie wie die praktischen Erfahrungen mit Frauen im Wissenschaftsbetrieb zeigen, daß dem keineswegs so ist.

Ein Scheitern des Experiments – indem etwa Konflikte aufbrechen, Projekte zu keinen Ergebnissen führen – würde aber genauso wie das Experiment selber auf das Geschlecht zurückgeführt werden – was m.E. einen Bärendienst für den politischen Kampf um Gleichberechtigung darstellen würde. Annedore Prengel hat sehr deutlich gemacht, daß es eigentlich nur eine neue Kränkung bedeutet, wenn Forderungen von Frauen daran gekoppelt werden, nachzuweisen, daß Frauen alles besser machen (vgl. Prengel 1990: 43). Gleichberechtigung erreichen wir erst dann, wenn genauso viele mittelmäßige Frauen Positionen innehaben können wie derzeit mittelmäßige Männer – wobei ich diese Aussage umgekehrt nicht als ein Plädoyer für Mittelmäßigkeit verstanden wissen möchte.

Akzeptanz einer Frauenhochschule

Die Forderung nach einer Frauenhochschule unterstellt, daß Frauen separierte Institutionen wünschen und bereit sind, sie zu nutzen und zu akzeptieren. Vor allem bezogen auf potentielle Studentinnen möchte ich deutliche Skepsis anmelden. Dabei kann ich mich auf zwei Forschungsprojekte beziehen, die hier einschlägig sind: In unserem Projekt zur Koedukation aus Mädchen- und Jungensicht, in dem wir Aufsätze von Schülerinnen und Schülern aus koedukativen wie aus geschlechtsgetrennten Schulen ausgewertet haben, findet sich auch in der Mädchenschule keine Mehrheit für Geschlechtertrennung. Die Mehrheitsposition stellen hier die ambivalenten Schülerinnen, die Vor- wie Nachteile in einer nicht-koedukativen Situation sehen. Ich gehe im nächsten Abschnitt noch genauer darauf ein.

Hier beziehe ich mich zunächst auf das Modellprojekt »Technik entdekken«, das an der TU Hamburg-Harburg und an der FH Hamburg lief, und dessen wissenschaftliche Begleitung wir durchgeführt haben. Dabei haben wir die Studierenden in einer standardisierten Befragung auch nach Veranstaltungen nur für Frauen befragt. Die Frage lautete »Finden Sie es gut, wenn an Ihrer Hochschule Veranstaltungen nur für Frauen angeboten werden?« An der TU befürworteten 41,3%, an der FH 34,9% der Studentinnen solche Angebote. Obwohl die Frage lediglich auf eine zeitweilige Trennung abzielte, fand auch dies keine mehrheitliche Zustimmung unter den Studentinnen. Aus den Kommentaren zu der Frage wurde deutlich, daß eine Reihe von Studentinnen mit »Angeboten für Frauen« assoziierten, daß dort »Frauenprobleme« behandelt würden.

Aus Gruppendiskussionen mit Studentinnen wissen wir, welche Probleme mit Veranstaltungen für Frauen verbunden sind. Diese will ich im folgenden verdeutlichen: Dazu muß man wissen, daß im Modellversuch Veranstaltungen für Frauen angeboten wurden, die sich mit Themen wie Stoffülle des Studiums oder mit dem Prüfungsdruck befaßten. Diese Veranstaltungen kamen jedoch mangels Teilnehmerinnen nicht zustande. Die Studentinnen erklärten dazu, daß es sich bei diesen Themen nicht um Probleme handele, die »frauenspezifisch« seien, weil Studenten wie Studentinnen hier mit den gleichen Zumutungen zu kämpfen hätten. Der Besuch solcher Veranstaltungen würde deshalb bedeuten, Hilfen oder Unterstützungen zur Bewältigung von Dingen in Anspruch zu nehmen, deren erfolgreiche Lösung den Studenten ohne organisierte Angebote zugetraut oder zugemutet wird. Damit würde – so die schlüssige Argumentation – demonstriert, daß Studentinnen bei gleichen oder ähnlichen Problemen, wie sie Studenten haben, nicht in der Lage seien, diese allein zu meistern.

Anders sieht die Argumentation zum Workshop »Motorschrauben« aus. Dieses Angebot stieß auf große Resonanz, es gab Wartelisten, und der Workshop wurde mehrfach wiederholt. Die Studentinnen begründeten ihr Interesse und den Sinn dieses Kurses damit, daß sie ihre Differenzerfahrungen und -erlebnisse, die sie zugleich mit »frauenspezifischen Behinderungen« verbinden, in einem solchen Kurs bearbeiten können. Der entscheidende Unterschied zwischen den beiden Arten von Angeboten für Frauen besteht darin, daß beide die Frage nach Gleichheit oder Differenz betreffen, sie jedoch in entgegengesetzter Weise zum Ausdruck bringen. Veranstaltungen für Frauen, die sich am »normalen« Betrieb des Studiums orientieren, ziehen eine Grenzlinie zwischen den Geschlechtern in einem Bereich, in dem kaum Differenzen vorliegen. Die Akzeptanz dieser Veranstaltungen beinhaltet eine Akzeptanz des Aufbaus von Geschlechterdifferenzen. Veranstaltungen jedoch, die an erfahrenen und gesellschaftlich allgemein akzeptierten Differenzen ansetzen, stoßen eher auf Akzeptanz. Die Bedeutung solcher Veranstaltungsangebote liegt allerdings darin, diese Differenzen zwischen den Geschlechtern abzubauen bzw. sie zu minimieren. Indem Frauen hier ohne Diskriminierung durch Kommilitonen etwas ausprobieren können, was sie in ihrer Sozialisation nicht in gleicher Weise erlebt haben, erwerben sie gerade eine neue Form von Gleichheit mit den Studenten.

Dennoch bleibt auch eine solche Form der Separierung ein paradoxes Mittel der praktischen Intervention. Durch die Separierung wurde zwar ein Situationsrahmen geschaffen, in dem die Studentinnen nicht mit tradierten Zuschreibungen konfrontiert waren – es handelte sich um einen der zu Beginn erwähnten »eigenen Räume für Frauen«. Zugleich bedeutete die Separierung jedoch, außerhalb dieses Situationsrahmens stereotype Zuschreibungen im Zusammenhang mit Technik und Geschlecht vorzunehmen. Darüber hinaus verschleiert eine solche Maßnahme auch, daß didaktische Anforderungen an HochschullehrerInnen implizieren, an den Erfahrungen von Studentinnen wie von Studenten anzusetzen. D.h. Barrieren und Hindernisse für Frauen sind weit mehr in der Unkenntnis der (männlichen) Hochschullehrer begründet als in den Defiziten der Studentinnen. Die Einrichtung von separierten Frauenkursen beinhaltet zumindest immer zugleich die Gefahr, sinnvolle Forderungen an die Qualifikation der Lehrenden zurückzustellen. Statt dessen verbleibt die Sicht, es handle sich um Defizite der Frauen.

Hinweisen möchte ich außerdem auf die erstaunliche Tatsache, daß wir bei den befragten Studenten eine kaum geringere Zustimmung zu Angeboten nur für Frauen gefunden haben als bei den Studentinnen: 34,1% der TU-Studenten und 28,8% derjenigen an der FH fänden es gut, wenn Veranstaltungen nur für Frauen angeboten würden. Um ansatzweise herauszufinden, was hinter einer solchen Akzeptanz von Separierung bei den Männern steht, haben wir nach den Bildern gefragt, die Studenten von Studentinnen haben. Dabei zeigte sich, daß Studenten, die Veranstaltungen nur für Frauen befürworten, Frauen eher als diskriminiert, als Außenseiterinnen, als Kämpferinnen und als weniger gleichberechtigt sehen, d.h. ihnen eher eine Opferrolle zuschreiben.

Eine solche Sicht findet sich in der Regel bei fast allen Ansätzen von Geschlechtertrennung: Die Angebote für Frauen werden im allgemeinen hierarchisch verordnet, und zwar als die geringerwertigen Angebote oder als Nachhilfe. An dieser Stelle hilft m.E. auch kein Verweis auf die prestigehaltigen amerikanischen Frauencolleges: Die Hochschullandschaft in den Vereinigten Staaten ist durch die Privatuniversitäten und die horrenden Studiengebühren weder mit unserer vergleichbar, noch ist m.E. zu wünschen, daß wir hier eine ähnliche Privatisierung der Hochschulen vornehmen.

Rückwirkungen einer Frauenhochschule auf andere Hochschulen

Ein drittes Bedenken gegen eine Frauenhochschule ist die Erwartung, daß sie negative Rückwirkungen auf die anderen Hochschulen haben wird. Das Potential an Frauen, die sowohl als Lehrende wie als Lernende an eine solche Frauenhochschule kommen könnten, ist nicht so groß, als daß dies ohne spürbare Veränderungen an den anderen Hochschulen abginge. Bezogen auf die Lernenden betrifft dies insbesondere die naturwissenschaftlichen und technischen Bereiche. Bezogen auf die Lehrenden zeigen die Zahlen über das Verhältnis von Bewerberinnen zu Bewerbern in Berufungsverfahren, daß Frauen immer noch in der Minderheit sind. Ich halte es für unwahrscheinlich, daß es so viele qualifizierte Frauen gibt, die auf eine Stelle an der Frauenuniversität warten und sich deshalb nicht auf Stellen an den traditionellen Hochschulen bewerben. Wenn aber auf der Ebene der Professorinnen und des Mittelbaus die Frauen an den »normalen« Hochschulen wieder sänken, hielte ich dies für sehr problematisch. Es würde nämlich die Männerherrschaft stärken, und damit hätte das Reformexperiment Frauenhochschule die Frauen eher ins Abseits als in eine gleichberechtigte Position gebracht. Veränderungen an den bestehenden Hochschulen ergeben sich nämlich in erster Linie dadurch, daß dort Männer mit Frauensicht und Frauenforderungen konfrontiert werden, nicht dadurch, daß sie unbehelligt bleiben, weil die Frauen zum großen Teil in der Nische Frauenhochschule verschwunden sind.

Abschließend möchte ich diesen Aspekt aus dem Koedukationsprojekt heraus noch einmal erläutern. Ich möchte dazu etwas konkreter ausführen, wie Schultypzugehörigkeit, Geschlecht und Stellungnahme zum eigenen Schultyp sich in Selbstkategorisierungen und Bewertungen des Geschlechterarrangements niederschlagen (vgl. Tabelle 1). In diesen Vergleich sind nur die Gymnasien der Klassen 7 bis 13 einbezogen, um die Komplexität der einflußnehmenden Faktoren zu reduzieren. Wir haben es danach mit einer leistungsmäßig einigermaßen homogenisierten Gruppe zu tun. Um die Strukturen möglichst klar herausarbeiten zu können, haben wir außerdem nur diejenigen aufgenommen, die sich eindeutig für Koedukation oder für Trennung ausgesprochen haben. Die Ambivalenzposition haben wir ausgeschlossen.

Gemeinsamkeiten finden wir zwischen denjenigen, die Trennung befürworten, und zwar zwischen den Schülerinnen (Felder 2 und 3) einerseits und den Schülern (Felder 6 und 7) andererseits. Zur besseren Orientierung haben wir diese Felder grau unterlegt. Beide Geschlechter formulieren komplementär aufeinander bezogene negative Fremdbilder. Die Mädchen begründen ihren Abgrenzungswunsch dabei eher aus einer Position der Unterlegenheit, die ihnen offenbar Widerstand oder die Formulierung von Veränderungsansprüchen aussichtslos erscheinen läßt. Leistungsmäßig fürchten sie die Überlegenheit von Jungen. Weil sie keinerlei Hilfe von ihnen erwarten, können sie männliche Mitschüler offenbar nur unter der Perspektive von Konkurrenz sehen. Ungestört möchten sie sich auf ihre weiblichen Interessen konzentrieren können. Die männlichen Trennungsbefürworter halten komplementär dazu an ihren Maßstäben und Inhalten fest. Sie wollen sich mit »weiblichen« Themen nicht auseinandersetzen müssen und fühlen sich zugleich in den »wichtigen« Fächern wie Mathematik und Naturwissenschaften als Überlegene. Mädchen sprechen sie gleiche Interessen und gleiches Leistungspotential weitgehend ab. Aus einer solchen Perspektive erscheinen beiden Geschlechtern gemeinsame Lernprozesse unattraktiv. Wie realitätsangemessen diese jeweiligen Fremd- und Selbsteinschätzungen sind, steht allerdings auf einem ganz anderen Blatt. Sie liegen aber deutlich auf der Linie der nach wie vor herrschenden Geschlechterpolarität und konstruieren zugleich die damit einhergehende Geschlechterhierarchie.

In den koedukativen Schulen wird – wie erwartet – von den Mädchen wie den Jungen, die positiv zu diesem Schultyp stehen (Feld 1 und 5), gemeinsames Lernen durchweg sehr positiv bewertet. Typisierenden Interessen- und Fähigkeitszuschreibungen wird eine deutliche Absage erteilt. Individuelle Vorlieben und das daraus resultierende Engagement seien entscheidend, Begabungen werden nicht entlang der Geschlechtergrenze verteilt gesehen. Dagegen lassen aber die KoedukationsbefürworterInnen in Mädchen- bzw. Jungenschulen (Felder 4 und 8) solche Ansätze zur Betonung prinzipiell gleicher Potentiale bei Mädchen und Jungen weniger erkennen. Bei den Jungen ist das nur selten überhaupt Thema, die Mädchen verweisen auf mangelnde Erfahrungen und schwanken zwischen der Hochschätzung männlicher Fähigkeiten und Zweifeln an der behaupteten Überlegenheit.

Tabelle 1: Geschlechtstypik und Geschlechterhierarchie in koedukativen und geschlechtsgetrennten Kontexten

Schultyp	koedukatives Sytem		geschlechtshomogenes Gymnasium	
Votum zur Koedukation	pro Koedukation	für Trennung	für Trennung	pro Koedukation
Mädchen (n=189 koed; n=330 M-Gym.)	83% Mehrheit 1 eher Betonung von Gleichheit und individuellen Unterschieden, Forderung nach Berücksichtigung unterschiedlicher Voraussetzungen im Unterricht, Kritik an Jungendominanz	13% Minderheit 2 Leistungsvorsprung der Jungen auf bestimmten Gebieten in Verbindung mit unerfreulichem Sozialverhalten weckt Wunsch nach besseren Lernbedingungen	38% Minderheit 3 Bessere Förderung, ungestörtes Lernen, keine Konkurrenz mit (leistungsstärkeren) Jungen sind Argumente für Trennung (Unsicherheit, weil keine eigenen Erfahrungen)	12% Minderheit 4 vorsichtig-defensive Argumentation für gemeinsames Lernen, eher Hochschätzung männlicher Fähigkeiten, aber auch Zweifel an der Überlegenheit der Jungen (auch hier: Unsicherheit)
Jungen (n=156 koed; n=199 J-Gym.)	79% Mehrheit 5 kaum geschlechtertypische Etikettierung, Hinweis auf individuelle Interessen und Ausnahmen, Selbstkritik an Dominanzverhalten	10% Minderheit 6 Mädchen bremsen in bestimmten Bereichen den Lernfortschritt, Überlegenheitsgestus und Abwertung von Mädchen	26% Minderheit 7 Interessengegensätze werden unterstellt und als störend betrachtet, die Anwesenheit von Mädchen als Anlaß zu Profilierungsstreben und Disziplinproblemen gefürchtet	37% Minderheit 8 Voneinander lernen und gegenseitiger Ansporn wird erwartet, Bedürfnis nach positiven Sozialkontakten, weniger Typisierung

Wir finden in der Pro-Koedukations-Position also einen deutlichen »Schultypeffekt«, d.h. die Unterschiede in dieser Gruppe finden sich nicht in der Hauptsache zwischen den Geschlechtern, sondern hängen in erster Linie von den Erfahrungen mit koedukativem oder getrenntem Lernen ab. In der Pro-Trennungs-Position finden wir dagegen stärker ausgeprägt einen »Geschlechtseffekt«. Diese Ergebnisse weisen damit sehr deutlich darauf hin, daß Geschlechtertrennung eher die Neigung verstärkt, Typisierungen vorzunehmen. Ansatzpunkte für Lernprozesse, die auf Abbau von Ungleichheit zielen, sind eher in gemeinsamen sozialen Erfahrungen von Mädchen und Jungen zu suchen.

Einleuchtend beschreibt Goffman (1994: 133), daß gerade periodische Trennungen die Bedeutung des Geschlechterunterschieds besonders akzentuieren:

> »Diese stellen sicher, daß subkulturelle Unterschiede trotz der häufigen Kontakte zwischen den Geschlechtern erhalten und wiederhergestellt werden«.

Die weiblichen Rückzugsgebiete seien dabei in der Regel »feiner« ausgestattet, die männlichen dagegen weniger einnehmend. Dies werde dann häufig als natürliche Folge des Unterschieds zwischen den Geschlechtern deklariert, obwohl es mehr ein Mittel zur Anerkennung, wenn nicht gar zur Erschaffung dieses Unterschiedes darstelle.

Der Besuch geschlechtsgetrennter Schulen – und in abgemilderter Form wohl auch die zeitweilige Trennung in homogene Lerngruppen – dürften eine solche Form periodischen Rückzugs darstellen. In der Familie und in der außerschulischen Umgebung ist der Kontakt mit dem anderen Geschlecht ja durchaus vorhanden. Wir haben insbesondere bei den Schülerinnen der Mädchenschulen eine Reihe von Schilderungen gefunden, die Goffmans Überlegungen eindrucksvoll illustrieren. Sie genießen ihre kultivierte Umgebung, in der die disziplinlosen Jungen keinen Schaden anrichten können. Umgekehrt empfinden letztere durchaus die Unwirtlichkeit männlicher Territorien und möchten »mehr Atmosphäre« durch die Anwesenheit von Mädchen erleben. Beide Geschlechter bestätigen sich damit ihre Unterschiedlichkeit immer wieder neu, vergrößern sie dabei und bilden schließlich je eigene Umgangsformen, Sichtweisen und Kompetenzen aus.

Fazit

Übertragen wir diese Ergebnisse auf eine Frauenhochschule und vergegenwärtigen uns nochmals die vorgebrachten Einwände, so ziehe ich daraus folgendes Fazit: Ich halte ein Reformexperiment Frauenhochschule für nicht sinnvoll, bin auch skeptisch gegenüber Ansätzen, die vor allem Frauenförderung betreiben wollen, weil sie in erster Linie an den Frauen und nicht an den Strukturen ansetzen. Sinnvoller scheinen mir Forderungen zu sein, die bei den Männern ansetzen und diese in Situationen bringen, die dazu führen können, eine Aufhebung der geschlechtsspezifischen Arbeitsteilung zu bewirken. D.h. es geht nicht primär darum, Vereinbarkeitsprobleme bei Frauen in Rechnung zu stellen, sondern deren Nachweis bei den Männern zu fordern. Solange bei Frauen immer die Berücksichtigung der Nachteile, die die geschlechtsspezifische Arbeitsteilung für sie bedeutet, eingefordert wird, bleibt die Nebenfolge solcher Maßnahmen dennoch immer die Stabilisierung gerade jener Arbeitsteilung und damit der Geschlechterhierarchie.

Anmerkungen

1 Diese Punkte werden auch in den »Berliner Perspektiven für die Gleichstellung von Frauen in der Wissenschaft« genannt (siehe Anhang).

Literatur

Aman, Uta (Hg.) (1994), *Reform der Ausbildung von Ingenieurinnen und Ingenieuren*, Hochschule, Industrie und Frauenforschung im Dialog, TU Hamburg-Harburg in Kooperation mit der FH Hamburg - Modellversuch Technik entdecken, Hamburg.

Arbeitskreis Wissenschaftlerinnen in NRW (1991), Hochschulmanifest der Frauen und die Hochschule der Frauen, in: Margot Genhardt-Benischke/Ingeborg Stahr (Hg.), *Frauenpolitik im Wissenschaftsbetrieb*, Alsbach/Bergstraße, S. 215-225.

Faulstich-Wieland, Hannelore (1993), Perspektiven der Frauenforschung, in: *Ethica* 1/4, S. 361-376.

Färber, Christine/Annette Henninger (Hg.) (1995), *Frauenförderung an europäischen Universitäten* (Symposium 28.-30.11.1994, Freie Universität Berlin), Berlin.

Fleßner, Heiko/ Marianne Kriszio/ Rita Kurth/Lydia Potts (1994), *Women's studies im internationalen Vergleich. Erfahrungen aus der Bundesrepublik Deutschland, den Niederlanden und den USA*, Pfaffenweiler.

Frauenförderung ist Hochschulreform - Frauenforschung und Wissenschaftskritik (1994), Bericht der niedersächsischen Kommission zur Förderung von Frauenforschung und zur

Förderung von Frauen in Lehre und Forschung, Niedersächsisches Ministerium für Wissenschaft und Kultur, Hannover.

Goffman, Erving (1994), *Interaktion und Geschlecht*, Frankfurt/M..

Jahnsen, Doris (Hg.) (1990), *Hat die Technik ein Geschlecht? Denkschrift für eine andere technische Zivilisation*, Berlin.

Jahnsen, Doris (1995), Forschung und Lehre mit Blick auf die Probleme der Gegenwart. Zwischen Utopie und Planung: Die Technische Universität der Frauen Europas, in: *Informationen für die Frau* 6, S. 21-22.

Miller-Bernal, Leslie (1993), Single-Sex versus Coeducational Environments. A Comparison of Women Student's Experiences at Four Colleges, in: *American Journal of Education* 102/November, S. 23-54.

Neusel, Aylâ (1990), Die Frauenuniversität, in: Anne Schlüter/Christine Roloff/Maria Anna Kreienbaum (Hg.), *Was eine Frau umtreibt*, Pfaffenweiler, S. 65-71.

Neusel, Aylâ/Helga Voth (Hg.) (1991), *Utopia ist (k)ein Ausweg. Zur Lage von Frauen in Wissenschaft, Technik und Kunst*, Frankfurt/M..

Prengel; Annedore (1990), Erziehung von Mädchen und Jungen. Plädoyer für eine demokratische Differenz, in: *Pädagogik* 7-8, S. 40-44.

Prengel, Annedore (1993), *Pädagogik der Vielfalt*, Opladen.

Schlüter, Anne (1992), Eine Universität nur für Frauen oder: Ist eine Hochschule der Frauen anachronistisch, utopisch oder eine realistische Alternative?, in: Anne Schlüter (Hg.), *Pionierinnen, Feministinnen, Karrierefrauen?* Pfaffenweiler, S. 325-346.

Seeland, Suzanne (1988), Better dead than coed? Die Situation der Frauen-Colleges in den USA, in: Gertrud Pfister (Hg.), *Zurück zur Mädchenschule?* Pfaffenweiler, S. 87-98.

Stein, Ruth Heide/Angelika Wetterer (Hg.) (1994), *Studierende und studierte Frauen. Ein Ost-West-Deutscher Vergleich*, Kassel (Wissenschaft ist Frauensache, Band 4).

Wetterer, Angelika (1993), Die Frauenuniversität. Überlegungen zu einer paradoxen Intervention, in: Marlies Arndt u.a. (Hg.), *Ausgegrenzt und mittendrin. Frauen in der Wissenschaft*, Berlin, S. 189-197.

Wissenschaftliche Netzwerke im deutsch-deutschen Wissenschaftstransfer

Karin Zimmermann

Gemessen am Besetzungsstand von über 70% bei den Professuren an ostdeutschen Universitäten ist der deutsch-deutsche Wissenschaftstransfer nach fünf Jahren nahezu abgeschlossen. Dabei wurde im Vergleich zum Status quo ante der westdeutschen sowie der DDR-Hochschulen an den ostdeutschen Universitäten nach der Vereinigung mit 8% ein insgesamt höherer Professorinnenanteil erreicht (vgl. Burkhardt 1995). Andererseits zeigt die Berufungsstatistik, daß »die geschlechtsspezifische Qualifikations- und Professionspyramide (...) nicht abgetragen, sondern nur etwas geglättet« wurde (ebd.:112). So setzt sich beispielsweise der für die ostdeutschen Universitäten erreichte Durchschnittswert von 8% aus einem 33%-Anteil bei den C2-Stellen, einem 12%-Anteil bei den C3-Professuren und einem nur noch 5%-Anteil bei den C4-Lehrstühlen zusammen (ebd.:117). Dieses System der sozialen Statusunterschiede ist für die alten Bundesländer im Rahmen der Frauen- und Geschlechterforschung über die Hochschule durch zahlreiche Untersuchungen belegt und analysiert worden (vgl. Clemens et al. 1986; Schultz 1991; Wetterer 1992).

Dahingegen ist die ungleiche Verteilung der für das universitäre und wissenschaftliche Feld relevanten Machtformen sowie deren Beitrag zur Reproduktion der Geschlechterhierarchien zunehmend erst in neueren Arbeiten zu einem Forschungsgegenstand geworden (vgl. Engler/Friebertshäuser 1992; Engler 1993; Wetterer 1993; Hasenjürgen 1996). Hier bietet der deutsch-deutsche Wissenschaftstransfer die Möglichkeit, an einem historisch wohl einzigartigen Phänomen Prozesse geschlechtsspezifischer Machtzuweisung zu analysieren (vgl. Dölling 1991).

Diesem Beitrag liegen Ergebnisse eines qualitativ-empirischen Forschungsprojektes zugrunde, in dem die Prozesse der Personalrekrutierung an ostdeutschen Universitäten zwischen Januar 1993 und 1995 untersucht wurden. Es geht vor allem um eine beschreibende und erklärende Bestandsaufnahme der institutionellen Wirkungsmechanismen und sozialen Beziehungsmuster im

Bereich der Professuren, die eine Grundlage für die Diskussion um Gegenstrategien von Wissenschaftlerinnen bilden könnte. Ausgangspunkt dieser Überlegungen ist die These, daß sich über die Zugehörigkeit zu äußeren Kreisen innerhalb wissenschaftlicher Netzwerke über »Brückenbeziehungen« (Wegener 1987: 280) Zutritte zu etablierten Netzwerken organisieren lassen müßten.

Diese These formuliere ich im Anschluß an soziologische Ansätze über soziale Netzwerke und deren Rolle beim beruflichen Aufstieg. Zunächst wird ein kurzer Überblick über die Beteiligung von Professorinnen in universitären und in überuniversitären Gremien gegeben, die im Kontext der Übertragung des westdeutschen Systems der wissenschaftspolitischen Steuerung mit dem Jahr 1990/91 eingerichtet wurden. Mittels Interviewpassagen aus dem Datenmaterial soll veranschaulicht werden, wie die Minderheitenposition von Professorinnen als potentielle Entscheidungsträgerinnen in überuniversitären Wissenschaftsgremien aufrechterhalten wird und wie im Transformationsprozeß universitäre Berufungskommissionen an ostdeutschen Universitäten zusammengesetzt wurden. In den anschließenden theoretischen Überlegungen knüpfe ich an die soziologische Theorie Pierre Bourdieus (1983; 1992a und b) an und nehme die dort zentralen Kategorien des »kulturellen« und des »sozialen Kapitals« zur Erklärung der Reproduktionsmechanismen sozialer Macht im Bereich der Professuren auf (vgl. auch Zimmermann 1996).

Geschlechterspezifische Asymmetrie in wissenschaftspolitischen und in universitären Gremien

Im Rahmen des westdeutschen wissenschaftspolitischen Steuerungssystems agieren wissenschaftliche und politische Akteure gemeinsam. Als korporative Akteure sind die außeruniversitären Forschungseinrichtungen, die Universitäten sowie die Wissenschafts- und Forschungsministerien von Bund und Ländern in diesem Steuerungssystem auf verschiedenen Ebenen und in unterschiedlichen wissenschaftspolitischen Gremien vertreten. Mit dem Wissenschaftstransfer von West nach Ost wurde dieses System auf die neuen Bundesländer übertragen (vgl. Mayntz 1992 und 1994).

Entlang der formalen Kompetenzverteilung im Rahmen des westdeutschen wissenschaftspolitischen Steuerungssystems können drei Organisations- und Entscheidungsebenen unterschieden werden: der Bund (*Makro*-Ebene), die ostdeutschen Bundesländer (*Meso*-Ebene) und die Universitäten (*Mikro*-Ebene). Auf allen drei Ebenen wurden im Kontext des Wissenschaftstransfers eine Reihe neuer Gremien eingerichtet, für die Wissenschaftler und (einige) Wissenschaftlerinnen rekrutiert wurden. Auf den Ebenen der Universitäten und der ostdeutschen Bundesländer erfolgte die Personalauswahl formal durch die Länderadministrationen, die aufgrund der Kompetenzverteilung im wissenschaftspolitischen Steuerungssystem für die Umstrukturierung der Universitäten zuständig sind. Vorschläge und Benennungen von Kommissionsmitgliedern und Gutachtern wurden aber auch über Weiterempfehlungen seitens der auf den verschiedenen Ebenen unmittelbar an Entscheidungen oder Entscheidungsvorbereitungen beteiligten Wissenschaftler durch innerwissenschaftliche Kommunikationsnetzwerke gesteuert.

Die Unter- bzw. Nichtrepräsentanz von Wissenschaftlerinnen im Professorinnen-Status und damit verbunden das fast vollständige Fehlen von Wissenschaftlerinnen als Entscheidungsträgerinnen in solchen Gremien fand sich im Transformationskontext auf allen drei (Entscheidungs-)Ebenen und ist Ausdruck einer *strukturellen Geschlechterasymmetrie*. In den universitären Gründungs- und Berufungskommissionen (Mikro-Ebene) der Soziologie in den neuen Bundesländern zum Beispiel befanden sich neben 29 westdeutschen Professoren nur zwei Professorinnen (vgl. die Übersicht bei Kreckel 1994:Tafel IV und Lepsius 1993). Auf der Meso-Ebene der Bundesländer galt entsprechendes für die Hochschulstrukturkommissionen, die als politikberatende Gremien für die jeweilige Landeshochschulentwicklungsplanung zuständig waren. Bei einer geschätzten Anzahl von über 100 Personen fanden sich in diesen Kommissionen sechs Wissenschaftlerinnen, darunter vier Professorinnen. Als Problem erwies sich in diesem Kontext sowohl die geringe Präsenz von Professorinnen innerhalb der Fach-Communities und damit auf der Mikro-Ebene der Universitätsprofessorinnen, als auch deren Minderheitenposition bzw. Nicht-Repräsentanz in den übergeordneten wissenschaftspolitischen Steuerungsgremien auf der Makro-Ebene. In bezug auf die Wissenschaftsorganisationen, die in das wissenschaftspolitische Steuerungssystem integriert sind, ist der derzeitige Stand der Integration von Wissenschaftlerinnen als Legitimation einer begrenzten Problemwahrnehmung zu charakterisieren. Eine dabei durchaus vorhandene Wahrnehmung der Unter- bzw. Nichtpräsenz zieht einen Rekrutierungsmodus nach sich, der nach dem Motto verläuft, »wir haben auch Frauen, eine, mehr wollen wir nicht« (EI = ExpertInneninterview). Die Suche nach der inzwischen häufig zitierten Legitimationsfrau stößt dabei nicht ausschließlich, wie oft behauptet wird, auf einen Mangel an etablierten Professorinnen in den Universitäten und außeruniversitären Forschungseinrichtungen als personelle Ressourcen für die Entscheidungsgremien. Sie stößt ebenso auf Barrieren, die in den internen Strukturen dieser korporatistischen Institutionen bestehen. So werden beispielsweise in der Wissenschaftlichen Kommission des Wissenschaftsrates durch »stille Vorbehalte« (EI) Plätze für Direktoren der Forschungseinrichtungen reserviert, die bisher kaum von Wissenschaftlerinnen eingenommen werden. Außerdem werden in den Gremien z.B. bei der Fächerrepräsentanz bestimmte Rangfolgen eingehalten. Solche Proporze wirken als Quote, wobei die institutionellen und personellen Status-Positionen (Direktor einer Forschungseinrichtung oder einfache Universitäts-Professur) eine wichtige Rolle spielen. An diesen internen Prestige-Skalen orientieren sich auch die Aushandlungskulturen und das Routinehandeln.

Wie die strukturelle Geschlechterasymmetrie durch die Interaktionen der Beteiligten reproduziert wird, soll im folgenden an Interviewpassagen aus dem Datenmaterial verdeutlicht werden. Die Interviewaussagen beziehen sich auf Rekrutierungsstrategien und -mechanismen bei der Benennung von Gutachtern und Gutachterinnen für überuniversitäre Transformationsgremien auf der Meso- und Makro-Ebene. In diesem Prozeß wurde von dem Vorhandensein eines bestimmten Reservoirs an »schon anerkannten und bewährten« (EI) Wissenschaftlern ausgegangen. Während *Anerkennung* in der Regel über Forschungsleistungen erreicht wird, dokumentiert durch Publikationslisten, bedeutet *Bewährung*, daß jemand

»(...) schon mehrfach als Gutachter gegutachtet (hat). (...) Es gehört dazu, daß sie wirklich in den Wissenschaftsgremien, die dafür in Frage kommen, schon als Gutachter bekannt geworden sind. (...) Jemand der als Gutachter tätig war, und (man) sagt, ja, der hat da schon oft (gegutachtet; d.Verf.), das ist ein guter (Gutachter; d.Verf.).« (EI)

Über die Anerkennung hinausgehend zeigt der Aspekt der Bewährung, daß der Erwerb persönlicher Reputation durch andere Personen und Institutionen (mit)bestimmt wird. Über die Anerkennung der Personen als »gute« Wissenschaftlerinnen und Wissenschaftler entscheidet zunächst die engere wissenschaftliche Fach-Community. Anerkennung wird dabei von außen zugeschrieben und bedeutet *soziale Anerkennung* (fach)wissenschaftlicher Kompetenzen. Durch den wechselseitigen Prozeß von Anerkennung und Bewährung – von individuellem Erwerb und äußerer Zuschreibung – wird Bekanntheit erlangt. Für die Bewährung gibt es über die engere Fach-Community hinausgehend verschiedene institutionelle Orte wie z.B. Gutachterausschüsse bei der Deutschen Forschungsgemeinschaft oder anderen Institutionen, aber auch politische oder wirtschaftliche Gremien. Diese Institutionen übernehmen die Funktion, die einmal erworbene Reputation auf Dauer zu stellen, sie zu institutionalisieren. Wenn solche Institutionalisierungsakte abgeschlossen sind,

»dann hören Sie immer dieselben Namen« (EI). Dieser Mechanismus beinhaltet, daß die persönliche Reputation von Wissenschaftlerinnen und Wissenschaftlern auf Einschätzungen anderer beruht und vorwiegend mündlich tradiert wird. Dadurch gehören diese Personen zum Reputationswissen bestimmter, beispielsweise in wissenschaftspolitischen Gremien tätigen, Wissenschaftlerinnen und Wissenschaftler. In Situationen, in denen Gutachterinnen und Gutachter oder wissenschaftliche Expertinnen und Experten für wissenschaftspolitische Gremien gesucht werden, können in Frage kommende Personen über dieses Wissen erkannt und in bestimmten Fällen benannt werden. Dieses »Erkennen« setzt »Kennen« voraus, in welches Anerkennung und Bewährung als Voraussetzungen für bereits erlangte Bekanntheit schon eingegangen sind. Diese Auswahlprozesse, in deren Verlauf der »gute Ruf als Wissenschaftler« institutionalisiert wird, lassen sich als Dreischritt des *Kennens - Erkennens - Benennens* beschreiben. Es fragt sich, wie dieser Dreischritt bezogen auf den Reputationserwerb bei Wissenschaftlerinnen funktioniert.

Feststellbar ist *erstens*, daß in dem Prozeß des individuellen Reputationserwerbs und der äußeren Zuschreibung – als Eintrittsbillet in dieses System des Kennens-Erkennens-Benennens – eine Reproduktion des Minderheitenstatus bei den Professorinnen stattfindet, die über *Rarität* gesteuert wird. Denn daß Wissenschaftlerinnen in gleichem Umfang zu den schon Anerkannten und Bewährten zählen, ist

»(...) ganz ausgeschlossen, das Frau-Sein als solches (spielt) noch eine gewisse Rolle. (...) Die Frauen sind aufgrund ihrer Rarität in den Ressourcengremien (in den Universitäten; d.Verf.) für die Entscheidungsgremien so bekannt, daß über die auch viel mehr geredet wird (...). Und es tauchen natürlich auch sehr viel mehr als bei Männern immer wieder dieselben drei Frauen auf.« (EI)

Zweitens läßt sich feststellen, daß selbst in solchen Fällen, in denen die Voraussetzungen des Kennens und Erkennens bei Wissenschaftlerinnen gegeben sind, der entscheidende dritte Schritt des Benennens gegebenenfalls ausbleibt. Dabei kommt der in der Expertenaussage erwähnte *Raritätseffekt* dadurch zum Tragen, daß an dieser Stelle des Prozederes auf Geschlechterdichotomien Bezug genommen wird, wodurch Professorinnen als potentiell Mitentscheidende unsichtbar gemacht werden (können). Dies läßt sich an der folgenden Äußerung eines Experten nachvollziehen. Er schildert eine auf diesen Ebenen der Entscheidungsvorbereitung zur alltäglichen Routine gehörende Situation, in der über in Frage kommende Personen zur Besetzung einer Kommission nachgedacht und entschieden wurde:

»(...) Das ist eine tüchtige Frau, wirklich exzellent. Die hat außerdem – zumindest für eine Wissenschaftlerin – eine unbegreifliche Zahl von Kindern und auch nicht den Mann, der das macht, was ja dann möglich wäre. Aber der ist auch noch beruflich tätig. (...) Und da wurde gesagt, nein, das ist unmöglich, die Frau kann sich überhaupt nicht mehr wehren. Die wird von oben bis unten zugedeckt mit Anträgen da einzutreten und dort einzutreten (...) Es geht einfach nicht mehr, das können wir der gar nicht antun.« (EI)

Diese Form der Berücksichtigung der Privat- und Reproduktionssphäre bildet im Rahmen solcher Diskurse der Vergeschlechtlichung nur eine der möglichen Formen des Rückgriffs auf die Geschlechterdifferenz. Auch wenn mit dem Geschlecht »nur« deshalb argumentiert wird, weil die fachlich-inhaltliche oder die (wissenschafts)politische Richtung einer potentiellen Kandidatin den Auswählenden nicht paßt, bleibt die »soziale Konstruktion des Geschlechts« (Gildemeister/Wetterer 1992) im Spiel. Offenbar muß bei Wissenschaftlerinnen zusätzlich bekannt sein, ob sie den Rücken frei haben von sogenannten Reproduktionsaufgaben. Eine positive Antwort wird dann als *Verfügbarkeits-Signal* gewertet.

Wenn *drittens* dieses Verfügbarkeits-Signal gegeben bzw. empfangen wurde, dann, so eine Betroffene: »(...) merke (ich) ja selbst, daß sich das häuft, das sehe ich ja, wenn ich angesprochen werde, da rein und da rein.« (EI) Über die Aufrechterhaltung des Raritätseffekts wird soziale Realität konstituiert, die in Entscheidungssituationen – z.B. bei der Besetzung überregionaler Transformationsgremien – so wirkt(e), »daß man für solche Führungsaufgaben keine Frauen ad hoc benennen kann« (EI). Der Raritätseffekt sorgt somit dafür, daß die Besetzung wissenschaftlicher und wissenschaftspolitischer Gremien auf einzelne Wissenschaftlerinnen beschränkt bleibt und nur diese raren, immer wieder Benannten als einzelne(!) in eine exklusive Gruppe aufgenommen werden. Der Raritätseffekt wirkt auf diese Weise als sozialer Schließungsmechanismus: Die vereinzelten, integrierten Wissenschaftlerinnen übernehmen als sogenannte Alibi-Frauen auch Legitimationsfunktionen für den Ausschluß anderer Kandidatinnen. Gremienmitgliedschaften und Gutachterinnentätigkeiten dienen, wie bereits dargelegt, auch dem Reputationserwerb, indem sie Chancen zur Bewährung bieten. Diese Form des Zugewinns an individueller Reputation bleibt auf einzelne beschränkt, während sie bei den übrigen, zwar ge- und erkannten, aber nicht benannten potentiellen Kandidatinnen erheblich eingeschränkt wird. Letztlich führt die damit verbundene Aufrechterhaltung des Minderheitenstatus von Frauen im Bereich der Professuren zu einer, die Strukturen festschreibenden, Abkoppelung von wissenschaftlichen Machtpositionen, die als *strukturelle Geschlechterasymmetrie* auf den Entscheidungsebenen wiederkehrt.

Daraus resultieren »feine Unterschiede« (Bourdieu) auch zwischen Wissenschaftlerinnen, die es m.E. gerade bei strategischen Diskussionen zu berücksichtigen gilt; zum einen wegen des ausschließenden Charakters und zum anderen, weil sich – unter den gegebenen Bedingungen – nur durch den Erwerb von »universitärer« und »wissenschaftlicher Macht« (Bourdieu) durch Frauen soziale Nähe zu statushöheren Gruppen herstellen läßt, in denen dann direkte Einflüsse, vor allem auch auf Personalrekrutierungen, geltend gemacht werden können.

Bei der akademischen Selbstrekrutierung stellt die Kooptation ein Grundmuster dar (Bourdieu 1992a: 125). Im Kontext der Übertragung des westdeutschen wissenschaftspolitischen Steuerungssystems auf die ostdeutschen Universitäten (*Mikro-Ebene*) bestanden günstige Voraussetzungen für die Anwendung von Kooptationsstrategien darin, daß Professoren mit Aufgaben der Institutsumgründung oder -neugründung seitens der formal zuständigen ostdeutschen Länderministerien entweder explizit oder implizit dazu aufgefordert waren, weitere Mitglieder für universitäre Struktur- und Berufungskommissionen zu benennen. Wie bisherige einzelne Erfahrungsberichte über den Um- und Neuaufbau der Hochschulen in Ostdeutschland zeigen, wird für diese Mikro-Ebene deutlich, daß insbesondere die intensiven und engen sozialen Beziehungen zwischen Kollegen durch den Umbruch begünstigt wurden, in dem eine sozial »anomische Situation« zu strukturieren war (Schluchter 1994: 101). Aufgrund der eigenen Untersuchung ist zu vermuten, daß die im Wissenschaftsalltag üblichen sozialen Beziehungsmuster unter den Bedingungen des Wissenschaftstransfers emergent wurden. Die dadurch im situativen Kontext des »Institutionentransfers« (Lehmbruch 1994) zustandegekommenen »Aufschaukelungseffekte« soll die folgende Beobachtung einer interviewten Expertin illustrieren, die als Gleichstellungsbeauftragte einer ostdeutschen Hochschule an mehreren Kommissionssitzungen beteiligt war:

> »In der Berufungskommission kannten sich die West-Professoren alle (...). Der Kommissionsvorsitzende war der Chef eines Kandidaten, der eingeladen wurde. Der kam dann auch auf die Liste. Der ist jetzt der Neue. Es entsteht ein ganz neues Institut, und es haben sich vier Berufungskommissionen gebildet. In drei Berufungskommissionen ist der eine Professor, der ursprünglich schon Vorsitzender war, auch wieder mit vertreten. Und für die vierte Professur hat er sich selber beworben. Der neue Kollege, der einmal sozusagen der Schüler war, der ist jetzt Vorsitzender. Er wird dann mitentscheiden, ob sein ehemaliger Chef hier auf Platz eins kommt. Zum Vortrag ist der schon eingeladen worden.« (EI)

Das Beispiel bezieht sich auf West-Akteure und läßt sich in den neugegründeten geistes- und sozialwissenschaftlichen Fächern finden. In anderen Fachdisziplinen, und abhängig von universitäts- und länderspezifischen Politiken, finden sich auch Ost-Akteure in vergleichbaren Positionen beim Entwurf von Institutsprofilen und bei der Durchführung der Berufungsverfahren. Beispielhaft können hier die sogenannten, nach Hochschulen und Ländern unterschiedlich gehandhabten, verkürzten Berufungsverfahren genannt werden. Hierbei wurden Professoren in Schnellverfahren berufen, um anschließend den Neuaufbau mitzuorganisieren. Wie Karin Reiche (1994) in ihrer Untersuchung des Berufungsgeschehens an Hochschulen im Bundesland Sachsen zeigt, kam es in diesen Verfahren unter anderem auch zu Ausgrenzungen von Ost-Wissenschaftlerinnen durch Ost-Kollegen. Von 403 in verkürzten Verfahren besetzten Professuren gingen nur neun an Frauen (ebd.: 28).

Die zitierte Expertinnenaussage zeigt auch, daß bei den Kooptationen die im wissenschaftlichen Alltag latent vorhandenen »sozialen Netzwerke« (Wegener 1987 und 1989) eine wichtige Rolle spielen. Bei der Frage nach dem »Focus« beziehungsweise der »Substanz« (ebd. 1987: 281) von sozialen Netzwerken zeigt sich in dieser Untersuchung, daß für West- wie für Ost-Akteure die frühere Zusammenarbeit im Institut bzw. in der Sektion, gemeinsame Herkunftsorte, Universitätspartnerschaften und Partnerschaften zwischen alten und neuen Bundesländern sowie die Zugehörigkeit zu (fach)wissenschaftlichen Schulen oder auch zu Kommunikationsnetzwerken innerhalb der Sektionen bzw. Kommissionen von wissenschaftlichen Fachgesellschaften eine Rolle gespielt haben. Es wird die Annahme nahegelegt, daß im Wissenschaftsbetrieb neben der Arbeitsstelle die formellen Vereinigungen und Institutionen äußerst wichtige Ressourcen sowohl für die »starken« als auch für die »schwachen« sozialen Beziehungen sind (Wegener 1987: 279-281), die für den beruflichen Aufstieg im Wissenschaftsbetrieb bedeutsam sind. Die starken sozialen Beziehungen bestehen gewöhnlich in Freundschaften und in Beziehungen zwischen vertrauten Personen, die oft und vor allem auch außerberuflich und »privat« interagieren. Starke soziale Beziehungen sind »in sich ›dicht‹«, im Gegensatz zu den schwachen sozialen Beziehungen, die auch als »Brückenbeziehungen« bezeichnet werden. Sie führen über den Kreis der eigenen engen Gruppe hinaus und schaffen neue Kontaktmöglichkeiten (ebd.: 280). Die sozialen Netzwerke haben den Charakter verdichteter Beziehungen eines inneren Kreises, der mit anderen Kreisen über Zwischenglieder verbunden ist. Diese Zwischenglieder erfüllen eine Brückenfunktion, indem sie das eigene soziale Netz mit anderen Netzen verknüpfen.

Zum Beispiel können innerhalb einer wissenschaftlichen Fachgesellschaft innere Kreise mit dem Charakter starker sozialer Beziehungen auf einer langjährigen, regelmäßigen und intensiven Zusammenarbeit im Spezialgebiet beruhen. Die äußeren Kreise können aus Personen bestehen, die an Tagungen, die von Personen des inneren Kreises veranstaltet werden, regelmäßig oder unregelmäßig, gegebenenfalls durch eigene Beiträge teilnehmen und so den Personen des inneren Kreises mehr oder weniger bekannt sind.

Im besonderen situativen Kontext anstehender Berufungsverfahren in entscheidenden Phasen des Institutionentransfers können nun Personen aus dem inneren Kreis in einer oder in mehreren universitären Berufungskommissionen tätig geworden sein. Für Personen aus äußeren Kreisen kann sich eine schwache soziale Beziehung bei der Stellenvermittlung z.B. dann günstig auswirken, wenn nach einem ersten Ausschreibungsverfahren die Bewerber- und Bewerberinnenlage unbefriedigend war. In solchen Fällen kann es zu Bewerbungsaufforderungen auch an Kandidatinnen aus äußeren Kreisen kommen. Der formale Ablauf eines Stellenbesetzungsverfahrens ändert sich dadurch nicht, nur ist die Zahl der Kandidatinnen und Kandidaten von vornherein eingeschränkt.

Kulturelles und soziales Kapital im sozialen Raum der Universität und Wissenschaft

Bourdieu (1983) untersucht soziale Beziehungen als Machtbeziehungen, indem er zwischen dem »sozialen Kapital«, dem »kulturellen Kapital« und dem »ökonomischen Kapital« unterscheidet. Diese zentralen Kategorien sind bei ihm in eine soziologische Theorie eingebunden, in der die Reproduktionsstrategien sozialer Kollektive und deren Versuche, ihre Positionen im Sozialgefüge aufrechtzuerhalten beziehungsweise zu verbesseren, zentrales Thema sind. Kernstück dieser Theorie ist ein Konzept des »sozialen Raumes« (Bourdieu 1992b: 171-263), das Bourdieu in seiner Studie »Homo academicus« (1992a) auf den Gegenstandsbereich der Universität und Wissenschaft anwendet. Dort werden die sozialen Wandlungsprozesse gegen Ende der sechziger Jahre in den französischen Universitäten, insbesondere der Pariser Fakultäten untersucht. Diese theoretische Konzeption kann hier nur insoweit skizziert werden, wie sie Erklärungsansätze sowohl für die empirisch vorgefundenen sozialen Beziehungsmuster als auch für die Reproduktion des Minderheitenstatus bei den Professorinnen bietet.

Neben der Kategorie des *sozialen Kapitals* sind hier insbesondere die verschiedenen »hochschulspezifischen Ausprägungen« (Pfeffer 1986: 202) des *kulturellen Kapitals* relevant. Das hochschulspezifische kulturelle Kapital existiert in der Form des wissenschaftlichen Prestiges und in Form der universitären und der wissenschaftlichen Macht. Diese drei Formen des kulturellen

Kapitals strukturieren den universitären sozialen Raum und sorgen für die Reproduktion der Machtverhältnisse.

Der *soziale Raum* der Universität und Wissenschaft ist hierarchisch geordnet, aber er ist nicht statisch aufzufassen, sondern als ein dynamisches, mehrdimensionales *Feld* sozialer Beziehungen zwischen sozialen Kollektiven und Gruppen. Die jeweiligen Kräfteverhältnisse zu einem bestimmten Zeitpunkt sind das Resultat früherer Verteilungskämpfe zwischen, aber auch innerhalb sozialer Kollektive. Wie Bourdieu im »Homo academicus« (1992a) illustriert, finden soziale Auseinandersetzungen im Wissenschaftsfeld in und zwischen den (Status)Gruppen sowie innerhalb und zwischen den Fächern statt. Während das *wissenschaftliche Prestige* die eigentlich dominante Form des hochschulspezifischen kulturellen Kapitals ist und vor allem durch Forschungsleistungen und Publikationen akkumuliert wird (Reputation), wird *universitäre Macht* im Sinne institutioneller oder Verwaltungsmacht über Mitgliedschaften in Gremien zur Personalrekrutierung oder/und durch die Übernahme akademischer Ämter erlangt. Während sich diese universitäre Macht auf Positionen innerhalb der Universität bezieht, wird das Kapital an *wissenschaftlicher Macht* z.B. durch die Leitung einer Forschungseinrichtung oder einer wissenschaftlichen Zeitschrift angesammelt und durch Mitgliedschaften in Gremien staatlicher Forschungs- und Forschungsfördereinrichtungen sowie durch Mitgliedschaften in staatlichen Planungsgremien erworben. Letztere sind den Wissenschaftsorganisationen auf der *Makro-Ebene* des wissenschaftspolitischen Steuerungssystems in der Bundesrepublik vergleichbar. Dieses wissenschaftliche Machtkapital reicht über das universitäre Feld hinaus und stellt eine Verknüpfung mit dem (wissenschafts)politischen Macht-Feld dar.

Folgt man weiter der Theorie Bourdieus, dann ergibt sich ein wesentliches Konfliktpotential im sozialen Raum der Universität und Wissenschaft aus dem Gegensatz zwischen dem Forschungspol (wissenschaftliches Prestige) und dem Machtpol (universitäre und wissenschaftliche Macht). Letztlich verbirgt sich darin ein grundsätzlicher Konflikt zwischen Zeit und Macht, da die Besetzung des Machtpols zusätzliche, über Forschung und Lehre hinausgehende Zeitopfer verlangt (Pfeffer 1986: 206). Zeit ist dabei zu verstehen als soziale Zeit und als eine grundsätzlich knappe Ressource. Sie ist für den Erwerb wissenschaftlichen Prestiges oder universitärer und wissenschaftlicher Macht notwendig, kann aber nur alternativ verwendet werden. Daraus folgt, daß die Handelnden bewußt oder unbewußt Entscheidungen darüber treffen, welche Art des kulturellen Kapitals (wissenschaftliches Prestige oder universitäre und wissenschaftliche Macht) sie akkumulieren (wollen). Damit ist, bewußt oder unbewußt, die Entscheidung darüber verbunden, welche Machtformen sie überwiegend bzw., bei entsprechend hohem wissenschaftlichen Prestige, ausschließlich wählen, um ihre Position im universitären und wissenschaftlichen sozialen Raum aufrechtzuerhalten oder zu verbessern.

Dadurch, daß die Beratungsgremien und Kommissionen immer zahlreicher werden, gewinnen die Mitgliedschaften und Ämter an Bedeutung, auch für die Herstellung nützlicher sozialer Beziehungen. Sie dienen der Akkumulation *sozialen Kapitals*. Das soziale Kapital ist bei Bourdieu ein dauerhaftes Netz mehr oder weniger institutionalisierter Beziehungen gegenseitigen Kennens und Anerkennens, eine Ressource, die auf der Zugehörigkeit zu einer Gruppe beruht. Das dadurch zustandekommende Gesamt(sozial)kapital dient allen Gruppenmitgliedern gemeinsam als Ressource und verleiht einzelnen Gruppenmitgliedern »Kreditwürdigkeit« (Bourdieu 1983: 192). Der Stellenwert des Sozialkapitals der einzelnen hängt von der Ausdehnungsfähigkeit ihres Beziehungsnetzes ab und davon, wie groß der Umfang der ökonomischen, kulturellen oder symbolischen Kapitalien derjenigen ist, mit denen die einzelnen jeweils in Beziehung stehen. Die Aufrechterhaltung und die Erweiterung des sozialen Kapitals verlangt Investitionen, die Bourdieu »Beziehungsarbeit« nennt und die der ständigen gegenseitigen Bestätigung der Anerkennung dient:

»Ein solcher Einsatz ist nur rentabel, ja er ist überhaupt nur denkbar, wenn eine besondere Kompetenz – nämlich die Kenntnis genealogischer Zusammenhänge und reeller Beziehungen sowie die Kunst, sie zu nutzen – in sie investiert wird. Sie ist ebenso fester Bestandteil des Sozialkapitals wie die (erworbene) Bereitschaft, sich diese Kompetenz anzueignen und zu bewahren.« (ebd.: 194)

Die Aneignung dieser sozialen Kompetenzen kann nicht vollständig »frei« gewählt werden, sondern sie wird maßgeblich über den Habitus (Bourdieu 1992b: 277ff.) als Wissenschaftler oder Wissenschaftlerin gesteuert. Der *Habitus* ist zunächst die allgemeine Grundhaltung oder Disposition gegenüber der (akademischen) Welt und tritt sozusagen als Vermittlungsglied zwischen die jeweilige im sozialen Raum eingenommene Position und die spezifischen, daran geknüpften sozialen Praktiken.

Über den Habitus-Begriff als ein zwischen der Struktur des sozialen Raumes und den darin stattfindenden sozialen Auseinandersetzungen liegendes Verbindungsglied läßt sich nun, über Bourdieu hinausgehend, im sozialen Raum ein Gegensatz zwischen der sozialen Gruppe der Professorinnen und der sozialen Gruppe der Professoren (sowie den ihnen nachgeordneten Statusgruppen; vgl. Engler 1993) konstruieren. Zwischen diesen beiden »Polen« bestehen hierarchisch geordnete Machtverhältnisse, die durch eine Minderheitenposition der Professorinnengruppe charakterisiert sind. Diese *strukturelle Geschlechter-*

asymmetrie des wissenschaftlichen Feldes wird durch spezifische soziale Praktiken reproduziert, wie z.B. durch die oben dargestellten netzwerkartigen Beziehungsmuster und Rekrutierungspraktiken im situativen Kontext des deutsch-deutschen Wissenschaftstransfers und durch die ausbleibenden Benennungen von Wissenschaftlerinnen als Gutachterinnen oder als Expertinnen für wissenschaftspolitische Gremien. Für Wissenschaftlerinnen ist damit verbunden, daß die Möglichkeit der Auffrischung ihres individuellen wissenschaftlichen Prestiges durch wissenschaftliche Macht kaum bzw. nicht gegeben ist, die als Ressource zur Verbesserung der sozialen Position im wissenschaftlichen Raum eingesetzt werden könnte.

Die *soziale Praxis*, die im Wissenschaftsfeld zur Anwendung kommt, kann mit Bourdieu als klassifizierende Praxis charakterisiert werden, die durch Klassifikationssysteme geordnet und strukturiert wird:

»Die Wahrnehmung wird angeleitet und organisiert durch Ordnungsvorstellungen, die nicht nur vorgeben, *wie* die Welt gesehen wird, sondern auch, *was* überhaupt wahrgenommen wird, *worauf* sich Aufmerksamkeit richtet. Dabei ist das Sortieren des Wahrgenommenen in Klassen ein Vorgang von zentraler Bedeutung: die Sicht der Welt ist zugleich Einteilung der Welt.« (Krais 1993: 211; Hervorh. i. O.)

Diese Weltsicht fußt auf einem grundlegenden Teilungsprinzip, das die Dinge in zwei komplementäre Klassen aufteilt, um Ordnung einzuführen. Dadurch entstehen »symbolische Ordnungen« (Bourdieu), die sich auch auf das Geschlechterverhältnis beziehen lassen (vgl. Dölling 1991; Krais 1993). Die symbolische Geschlechterordnung beruht auf der geschlechtsspezifischen Arbeitsteilung. Diese ist real zwar eine »soziale Konstruktion«, sie erscheint »den Subjekten jedoch wie jede etablierte Ordnung als selbstverständlich, als ›natürlich‹.« (Krais 1993: 214). Im Unterschied zu anderen Schemata sozialer Differenzierung bleibt die symbolische Geschlechterordnung vor allem deshalb unhinterfragt wirksam, weil bei den Unterschieden zwischen den Geschlechtern eine »biologische Grundlage« (ebd.: 215) gegeben und diese Geschlechterdifferenz gleichzeitig im Habitus der Subjekte verankert ist. Der Habitus funktioniert als ein »generierendes Prinzip« (ebd.:216) und wird in verkörperter Form zum Ausdruck gebracht. Die Identiät einer Person als Frau oder als Mann läßt sich so als wesentliche Dimension ihres Habitus bzw. als »geschlechtsspezifischer Habitus« (ebd.: 217) denken. Die im Habitus angelegten Dispositionen lenken auch die Aufmerksamkeitsrichtung bei der geschlechterdifferenten Zuschreibung wissenschaftlicher Kompetenzen und deren *soziale Anerkennung*.

Es ist zu vermuten, daß der Dreischritt des Kennens – Erkennen – Benennens bei Wissenschaftlerinnen aufgrund der Wirksamkeit der kulturell-symbolischen Geschlechterordnung häufig schon dort unterbrochen wird, wo es um die soziale Zuschreibung wissenschaftlicher Kompetenzen geht. Diese werden zunächst im engeren (Spezial)Gebiet innerhalb der jeweiligen Fach-Communities erworben und sind dort mit der *Bewährung* verknüpft. Anschließend werden sie über das Reputationssystem weitertransportiert und eröffnen so auch Zugänge zu statushöheren Gruppen bzw. zu Gruppenmitgliedern in sozialen Netzwerken, die über ein gemeinsam geteiltes *soziales Kapital* verfügen, wodurch sie sich gegenseitig Kreditwürdigkeit verleihen.

Da die sozialen Netzwerke vorwiegend den Charakter verdichteter Beziehungen innerer Kreise haben und relativ konsistent und nach außen abgeschlossen sind, ist für eine Strategiediskussion m.E. zu überlegen, ob und wie gerade die *schwachen sozialen Beziehungen* genutzt werden können. Dabei könnten Brückenpersonen aus äußeren Kreisen in etablierten Netzwerken eine wichtige Rolle spielen, da sie das eigene soziale Netz mit anderen Netzen verknüpfen. Unter der Voraussetzung, daß Wissenschaftlerinnen individuell und/oder kollektiv in diesem Macht-Spiel mitspielen wollen, könnte dann überlegt werden, wie Brückenpersonen zwischen die etablierten wissenschaftlichen Netzwerke und die von Wissenschaftlerinnen gegründeten Netzwerke treten können. Voraussetzung dafür ist es, eigene Netzwerke weiterhin aufzubauen und untereinander zu vernetzen, um durch Informationsflüsse Systeme der gegenseitigen Benennungen zu installieren.

Anmerkungen

1 Das Forschungsprojekt »Das ›sichtbar Unsichtbare‹: Frauen in der Wissenschaft. Folgen der Transformationsprozesse in Wissenschaftsinstitutionen der neuen Bundesländer« wurde durch das »Förderprogramm Frauenforschung« der Berliner Senatsverwaltung für Arbeit und Frauen gefördert. Zentrale Ergebnisse des Forschungsprojektes sind Ausgangspunkte für meine Dissertation zum Thema »Geschlechterverhältnis und Wissenschaftstransformation« (Arbeitstitel). Die Dissertation wird seit 1996 im Rahmen des DFG-Graduiertenkollegs »Geschlechterverhältnis und sozialer Wandel – Handlungsspielräume und Definitionsmacht von Frauen« (Universitätsverbund Bielefeld, Bochum, Dortmund, Essen) ideell und materiell gefördert.

2 Im Rahmen des Forschungsprojektes wurde das (Entscheidungs)Handeln von an den personellen Umstrukturierungen beteiligten Akteurinnen und Akteuren untersucht. Die Daten wurden in 35 »ExpertInneninterviews« (Meuser/Nagel 1991) mit Wissenschaftlerinnen und Wissenschaftlern erhoben und durch Dokumentenanalysen ergänzt. Die GesprächspartnerInnen kommen aus fünf verschiedenen ostdeutschen Hochschulen und waren an Verfahren der Personalüberleitung und an Berufungen, meist als Mitglieder entsprechender universitärer Kommissionen, beteiligt; einige waren Mitglieder in regionalen und gesamtstaatlichen Wissenschaftsgremien. Die Interviewten stammen circa je zur Hälfte

aus Ost- oder Westdeutschland; 2/3 sind Frauen und 1/3 Männer; sie gehören entweder der Statusgruppe ProfessorIn oder Wissenschaftliche MitarbeiterIn an und kommen aus unterschiedlichen Fachdisziplinen. Die ExpertInneninterviews wurden in Anlehnung an die qualitativ-empirische Forschungsmethode der »Grounded Theory« (Glaser/Strauss 1967) analysiert. Eine der induktiv aus dem Datenmaterial heraus entwickelten Untersuchungskategorien, der Dreischritt des Kennens - Erkennens - Benennens, bildet die Grundlage der Ausführungen in diesem Beitrag.

3 Die Interviewpassagen sind mit EI für Expertinnen- bzw. Experteninterview gekennzeichnet; längere Passagen sind sichtbar vom Text abgehoben.

4 Die Schätzung der Mitgliederzahl beruht auf eigenen Erhebungen. In diesem Kontext ist zu erwähnen, daß nur die Berliner und die Brandenburgische (Landes)Hochschulstrukturkommissionen Empfehlungen zur Situation von Wissenschaftlerinnen verabschiedeten. Für die Berliner Kommission vgl. Färber 1993: 139-146.

5 Innerhalb des Wissenschaftsrates ist die Seite der Wissenschaft in der »Wissenschaftlichen Kommission« repräsentiert, gegenüber der Politik (Bundes- und LandeswissenschaftsministerInnen und StaatssekretärInnen) in der »Verwaltungskommission«. In der Wissenschaftlichen Kommission waren 1985 und 1986 sowie 1990 keine, 1987 eine und 1988/89 zwei Professorinnen bei insgesamt 22 Mitgliedern vertreten; 1994 waren es drei Professorinnen bei insgesamt 32 Mitgliedern nach der »Ost-Erweiterung« des Wissenschaftsrates (vgl. Bundestags-Drs. 11/5488; Empfehlungen des Wissenschaftsrates 1992: 281ff.; Wissenschaftsrats-Drs. 1402/94). In diesem Kontext ist auch die marginale Tätigkeit von Professorinnen als Gutachterinnen bei der Deutschen Forschungsgemeinschaft (1989: 2,8%) von Belang (vgl. dazu und zur »Situation der Wissenschaftlerinnen an den vom Bund geförderten außeruniversitären Wissenschaftseinrichtungen« die Bundestags-Drs. 11/5488. Diese Drucksache ist aktualisierungsbedürftig, insbesondere nach der Übertragung des Forschungssystems auf die neuen Bundesländer). Im Unterschied zur Hochschul- und Berufsforschung (vgl. Wetterer 1992) fehlt bisher eine sozial- und politikwissenschaftliche Frauen- und Geschlechterforschung im Bereich der außeruniversitären Forschung(seinrichtungen) nahezu vollständig.

6 Alle bei Bourdieu unterschiedenen Kapitalarten sind gegeneinander austauschbar und in ökonomisches Kapital transferierbar (vgl. dazu Bourdieu 1983). An die Stelle des ökonomischen Kapitals in westlichen, kapitalistischen Gesellschaften tritt für osteuropäische, sozialistische Gesellschaften wie in der DDR das »soziale Kapital politischen Typs« (Bourdieu 1991: 37). Zum »politischen Kapital« (in der Bundesrepublik) vgl. die Arbeit von Rebenstorf 1995. Zum Verhältnis von »Klasse« und »Geschlecht« vgl. Frerichs/Steinrücke 1993.

7 Zur Definition dieser drei hochschulspezifischen Ausprägungen des kulturellen Kapitals vgl. Bourdieu 1992a: 89f. Als weitere Kapitalart im wissenschaftlichen sozialen Raum unterscheidet Bourdieu das Kapital an intellektueller Prominenz. Es markiert den Übergang von der Universität und Wissenschaft in das Feld der Kulturproduktion. Intellektuelle Prominenz bezeichnet den Bekanntheitsgrad, den Professorinnen und Professoren als Intellektuelle in der (medialen) Öffentlichkeit haben (können).

8 Zu den besonderen Organisationsformen im französischen Wissenschafts- und Forschungssystem vgl. die Erläuterungen bei Schwibs, in: Bourdieu 1992a: 437-454 sowie Pfeffer 1986: 201.

Literatur

Bourdieu, Pierre (1983), Ökonomisches Kapital, kulturelles Kapital, soziales Kapital, in: Reinhard Kreckel (Hg.), *Soziale Ungleichheiten*, Soziale Welt, Sonderband 3, Göttingen, S. 183-198.

Bourdieu, Pierre (1991), *Die Intellektuellen und die Macht*, hg. von Irene Dölling, Hamburg.

Bourdieu, Pierre (1992a), *Homo academicus*, Frankfurt/M..

Bourdieu, Pierre (1992b): *Die feinen Unterschiede*. Kritik der gesellschaftlichen Urteilskraft, Frankfurt/M..

Burkhardt, Anke (1995), »Besser als befürchtet – schlechter als erhofft«. Zum Stand des Berufungsgeschehens an ostdeutschen Hochschulen aus Frauensicht, in: *Hochschule Ost*, 2, S. 107-121.

Clemens, Bärbel/Sigrid Metz-Göckel/Aylâ Neusel/Barbara Port (Hg.) (1986), *Töchter der Alma Mater*. Frauen in der Berufs- und Hochschulforschung, Frankfurt/M./New York.

Deutscher Bundestag (1989), *Antwort auf die Große Anfrage* der Abgeordneten Ganseforth, Vosen, Bulmahn, Catenhusen, Fischer, Grunenberg, Lohmann, Nagel, Seidenthal, Vahlberg, Kuhlwein, Vogel und der Fraktion der SPD (Drs. 11/4906) zur »Situation der Wissenschaftlerinnen an den vom Bund geförderten außeruniversitären Wissenschaftseinrichtungen«, 11. Wahlperiode, Drs. 11/5488 vom 26.10..

Dölling, Irene (1991), Der aktuelle Geschlechterdiskurs und die Macht der Wissenschaft, in: *ZIF-Bulletin* 2, S. 5-17.

Engler, Steffani (1993), *Fachkultur und soziale Reproduktion*. Eine Untersuchung über Studentinnen und Studenten der Erziehungswissenschaft, Rechtswissenschaft, Elektrotechnik und des Maschinenbaus, Weinheim.

Engler, Steffani/Barbara Friebertshäuser (1992), Die Macht des Dominanten, in: Angelika Wetterer (Hg.), *Profession und Geschlecht*. Über die Marginalität von Frauen in hochqualifizierten Berufen, Frankfurt/M./New York, S. 101-120.

Färber, Christine (1993), Die Integration von Frauenförderung in die Hochschulentwicklungsplanung am Beispiel der Berliner Landeshochschulstrukturkommission, in: Marlies Arndt/Magdalene Deters/Gabriele Harth/Gabriele Jähnert/Johanna Kootz/Birgit Riegraf/Manuela Roßbach/Karin Zimmermann (Hg.), *Ausgegrenzt und mittendrin*. Frauen in der Wissenschaft. Dokumentation einer Tagung an der Humboldt-Universität Berlin am 23./24. Oktober 1992, Berlin, S. 139-146.

Frerichs, Petra/Margareta Steinrücke (1993), Klasse und Geschlecht als Strukturkategorien moderner Gesellschaften, in: Brigitte Aulenbacher/Monika Goldmann (Hg.), *Transformationen im Geschlechterverhältnis*. Beiträge zur industriellen und gesellschaftlichen Entwicklung, Frankfurt/M./New York.

Gildemeister, Regine/Angelika Wetterer (1992), Wie Geschlechter gemacht werden. Die soziale Konstruktion der Zweigeschlechtlichkeit und ihre Reifizierung in der Frauenforschung, in: Gudrun-Axeli Knapp/Angelika Wetterer (Hg.), *TraditionenBrüche*. Entwicklungen feministischer Theorie, S. 201-254.

Glaser, Barney/Anselm Strauss (1967), *The discovery of grounded theory*, Chicago.

Hasenjürgen, Brigitte (1996), *Soziale Macht im Wissenschaftsspiel*. SozialwissenschaftlerInnen und Frauenforscherinnen an der Hochschule, Münster.

Krais, Beate (1993), Geschlechterverhältnis und symbolische Gewalt, in: Gunter Gebauer/Christoph Wulf (Hg.), *Praxis und Ästhetik*. Neue Perspektiven im Denken Pierre Bourdieus, Frankfurt /M., S. 208-250.

Kreckel, Reinhard (1994), Soziologie an den ostdeutschen Universitäten. Abbau und Neubeginn, in: *Der Hallesche Graureiher*, Martin-Luther-Universität Halle-Wittenberg, Forschungsberichte des Instituts für Soziologie, 94-3.

Lehmbruch, Gerhard (1994), Institutionen, Interessen und sektorale Variationen in der Transformationsdynamik der politischen Ökonomie Ostdeutschlands, in: *Journal für Sozialforschung* 1, S. 21-44.

Lepsius, Rainer M. (1993), Zum Aufbau der Soziologie in Ostdeutschland, in: *Kölner Zeitschrift für Soziologie und Sozialpsychologie* 2, S. 305-337.

Mayntz, Renate (1992), Die Forschung im Prozeß der deutschen Einigung, in: *Leviathan* 1, S. 65-82.

Mayntz, Renate (Hg.) (1994), *Aufbruch und Reform von oben*. Ostdeutsche Universitäten im Transformationsprozeß, Frankfurt/M..

Meuser, Michael/Ulrike Nagel (1991), ExpertInneninterviews – vielfach erprobt, wenig bedacht. Ein Beitrag zur qualitativen Methodendiskussion, in: Detlef Garz/ Klaus Kraimer (Hg.), *Qualitativ-empirische Sozialforschung*. Konzepte, Methoden, Analysen, Opladen, S. 441-471.

Pfeffer, Gottfried (1986), Homo akademicus. Ein Leitfossil mit Zukunft in der wissenschaftlichen Welt, in: *Ästhetik und Kommunikation* 61/62, S. 201-207.

Rebenstorf, Hilke (1995), *Die politische Klasse*. Zur Entwicklung und Reproduktion einer Funktionselite, Frankfurt/M./New York.

Reiche, Karin (1994), *Studie zur Gleichstellung von Mann und Frau an der TU Dresden* (Frauenbericht), Technische Universität Dresden, Referat Gleichstellung von Frau und Mann, vom 16.6..

Schluchter, Wolfgang (1994), Der Um- und Neubau der Hochschulen in Ostdeutschland. Ein Erfahrungsbericht am Beispiel der Universität Leipzig, in: *Berliner Journal für Soziologie* 1, S. 89-112.

Schultz, Dagmar (1991), *Das Geschlecht läuft immer mit ...*. Die Arbeitswelt von Professorinnen und Professoren, Pfaffenweiler.

Wegener, Bernd (1987), Vom Nutzen entfernter Bekannter, in: *Kölner Zeitschrift für Soziologie und Sozialpsychologie* 2, S. 278-301.

Wegener, Bernd (1989), Soziale Beziehungen im Karriereprozeß, in: *Kölner Zeitschrift für Soziologie und Sozialpsychologie* 2, S. 270-297.

Wetterer, Angelika (1992), *Profession und Geschlecht*. Über die Marginalität von Frauen in hochqualifizierten Berufen, Frankfurt/M./New York.

Wetterer, Angelika (1993), *Professionalisierung und Geschlechterhierarchie*. Vom kollektiven Frauenausschluß zur Integration mit beschränkten Möglichkeiten (Reihe Wissenschaft ist Frauensache, Bd.3), Kassel.

Wissenschaftsrat (1992), *Empfehlungen zur künftigen Struktur der Hochschullandschaft in den neuen Ländern und im Ostteil von Berlin*, Teil 1, Köln.

Wissenschaftsrat (1994), *Verzeichnis der Mitglieder des Wissenschaftsrates*, Drs. 14/02 vom 1.2., Köln.

Zimmermann, Karin (1996), *Das »sichtbar Unsichtbare« - Frauen in der Wissenschaft*. Muster akademischer Selbstrekrutierung am Beispiel ostdeutscher Universitäten (erscheint in der Dokumentation zur Jahrestagung der »Sektion Frauenforschung in der Deutschen Gesellschaft für Soziologie« vom 16.-18.6.1995 in Darmstadt).

Vernetzungsmöglichkeiten von Frauenaktivitäten in außeruniversitären Forschungseinrichtungen

Sybille Krummacher

Einen wesentlichen Bestandteil der deutschen Forschungslandschaft bilden die von Bund und Ländern gemeinsam geförderten außeruniversitären Forschungseinrichtungen.[1] Sie sind in vier Forschungsorganisationen gegliedert, von denen die Zentren der Hermann von Helmholtz-Gemeinschaft Deutscher Forschungszentren (HGF; bisher: Arbeitsgemeinschaft der Großforschungseinrichtungen AGF) die meisten finanziellen und personellen Kapazitäten auf sich vereinigen. Die Vernetzungsmöglichkeiten für Frauenaktivitäten an diesen außeruniversitären Forschungseinrichtungen sollen hier exemplarisch am Beispiel der Helmholtz-Zentren diskutiert werden; vieles ist (mit entsprechenden Modifikationen) sicher auch auf die anderen Forschungsorganisationen[2] übertragbar.

Charakterisierung und Themenspektrum der Helmholtz-Zentren

Die sechzehn deutschen Helmholtz-Zentren verfolgen langfristige Forschungsziele des Staates in wissenschaftlicher Autonomie, die ein hohes Maß an Kontinuität und Kooperation über fachliche, institutionelle und nationale Grenzen hinweg erfordern. Die Konzentration erheblicher finanzieller und personeller Ressourcen sowie eine anspruchsvolle wissenschaftlich-technische Infrastruktur und ein leistungsfähiges Management befähigen sie, komplexe wissenschaftlich-technische Fragen und Querschnittsaufgaben zu bearbeiten, wissenschaftliche und technische Großgeräte zu betreiben sowie Systemlösungen zu entwickeln. Damit leisten sie wesentliche Beiträge zu den staatlich geförderten Programmen im Bereich der Energieforschung und der Energietechnik, der physikalischen Grundlagenforschung, der Transport- und Verkehrssysteme, der Luft- und Raumfahrtforschung, der Informationstechnologie, der Meerestechnik und der Geowissenschaften, des Umweltschutzes und der Gesundheit, der Biologie und Medizin sowie der Polarforschung. Innerhalb dieses Spektrums bestimmen Grundlagenforschung, Vorsorgeforschung und technologische Entwicklung im vorindustriellen Bereich ihre Projekte und Forschungsprogramme.

Situation der Frauen an den Helmholtz-Zentren

In den Helmholtz-Zentren, die überwiegend mit öffentlichen Mitteln finanziert werden, sind rund 23 500 Personen (einschließlich Doktorand(inn)en und Auszubildende) beschäftigt; davon sind etwa 40% Wissenschaftler und Wissenschaftlerinnen. Aber von den über 6 700 Mitarbeiterinnen in den Helmholtz-Zentren üben nur etwa 20 Prozent wissenschaftliche Berufe aus. Während der Frauenanteil im Verlauf dieses Jahrhunderts sowohl bei den Abiturient(inn)en als auch bei den Studierenden von weniger als 5% auf fast 50% gestiegen ist (Wermuth u.a. 1992:1 und 48), liegt er im wissenschaftlichen Bereich der Forschungszentren im Mittel bei circa 10% (BMFT 1989). Man ist zunächst geneigt, dieses Mißverhältnis mit dem technisch-naturwissenschaftlichen Themenspektrum dieser Zentren zu erklären. Aber ein Blick auf die Statistik zeigt, daß auch in diesen Bereichen subtile Barrieren existieren müssen, die die Frauen davon abhalten, den erlernten Beruf in einem Forschungszentrum auszuüben und zu vertiefen. So waren zum Beispiel im Forschungszentrum Jülich im Januar 1995 nur 14,5% der Chemiker(innen) und nur 29% der Biolog(inn)en Frauen, obwohl ihr Anteil bei den Diplomprüfungen an den Hochschulen der alten Bundesländer bereits 1983-85 in Chemie über 30% und in Biologie sogar bei fast 55% lag (Wermuth u.a. 1992:26 und 78).

Erste Ansätze zur Problemlösung

Das Forschungszentrum Jülich hat deshalb 1992 eine eintägige Informationsveranstaltung zum Thema »Frauen in Naturwissenschaft und Technik – Immer noch Exotinnen?« durchgeführt. Hier und an einigen anderen Forschungszentren haben sich Mitarbeiterinnen-Initiativen bzw. Arbeitskreise gebildet, die sich mit der Thematik auseinandersetzen und Lösungsansätze erarbeiten. Einige Forschungszentren haben eine Frauen- bzw. Gleichstellungsbeauftragte, und auch die anderen Forschungszentren sind um Wege zur Überwindung der offensichtlich immer noch existierenden Barrieren für eine gleichberechtigte Beteiligung der Frauen am Wissenschaftsbetrieb bemüht.

Am Forschungszentrum Jülich haben sich neben rechtlichen Regelungen und Betriebsvereinbarungen vor allem die Ergänzung durch sachorientierte Diskussion und Information (Stichwort »Bewußtseinsbildung«) und die Einbeziehung von (männlichen *und* weiblichen) Mitarbeiter(innen) sowie Institutsleiter(inne)n bewährt. Außerdem wurden die Entwicklungen durch einen regen Erfahrungsaustausch mit Hochschulen und Interessenverbänden (z.B. Deutscher Akademikerinnenbund (DAB), Stichwort »Netzwerke«) gefördert. Dies hat z.B. dazu geführt, daß mehr Frauen für Sprecherversammlung, Wissenschaftlich-Technischen Rat und Aufsichtsrat kandidieren und gewählt werden und in Kommissionen beteiligt sind. Dadurch wird eine stärkere Beteiligung der Frauen an der *Gestaltung* ihres Forschungszentrums befördert – eine wesentliche Voraussetzung für die Schaffung frauenfreundlicher Arbeitsbedingungen.

Erweiterung der Aktivitäten auf HGF-Ebene

Während die Maßnahmen zur Veränderung der Situation von Frauen an den Forschungszentren auf administrativer Seite prinzipiell durch den HGF-Ausschuß »Personalfragen« koordiniert werden können, war der Informations- und Erfahrungsaustausch auf der Seite der Frauen hierzu in der Vergangenheit eher zufällig und sporadisch. Es fehlten Ansprechpartnerinnen und das Wissen über die Existenz derartiger Aktivitäten.

Im Februar 1995 fand deshalb zum ersten Mal ein von der HGF (damals noch AGF) organisierter Workshop statt, der die Möglichkeit zur Kontaktaufnahme und zum Erfahrungs- und Meinungsaustausch zwischen den Forschungszentren geben sollte. Referate aus dem Hochschulbereich und aus einem ebenfalls überregional strukturierten Industriebetrieb mit stark technisch orientiertem Themenfeld (Philips GmbH) stellten Modelle existierender Netzwerke vor. So war denn auch das wichtigste Ergebnis dieses Workshops die Forderung nach einem HGF-Arbeitskreis zu dieser Thematik. Ein Gründungsausschuß aus Vertreterinnen verschiedener Zentren, unterstützt von Vertreter(inne)n aus zuständigen Ministerien, der Europäischen Kommission und der Hochschul-Frauenbeauftragten, hat dann einen Vorschlag ausgearbeitet, auf dessen Grundlage die HGF in ihrer Mitgliederversammlung im Mai 1995 die Einrichtung eines Arbeitskreises »Frauen in den Forschungszentren« beschlossen hat. Dem Vorschlag des Gründungsausschusses folgend setzt sich dieser Arbeitskreis aus je einer Vertreterin aller in der HGF zusammengeschlossenen Helmholtz-Zentren zusammen. Diese sollen möglichst Mitglieder eines entsprechenden Gremiums oder Frauenbeauftragte in ihrer Einrichtung sein. Die erste Sitzung dieses Arbeitskreises hat im Oktober 1995 stattgefunden.

Verankerung frauenspezifischer Fragestellungen in der Struktur der HGF

Abbildung 1 zeigt, wie der neu gegründete Arbeitskreis in die existierende Struktur der HGF eingebettet ist. Zum Erfahrungs- und Informationsaustausch über strukturelle, administrative und wissenschaftliche Fragen hat die HGF verschiedene Gremien und Arbeitskreise eingerichtet, so zum Beispiel den »Koordinierungsausschuß Datenverarbeitung, den »Ausschuß Personalfragen« oder den »Arbeitskreis der Pressereferenten und Leiter der Öffentlichkeitsarbeit«. Als weiterer Baustein dieses »Gebäudes« ist jetzt der »Arbeitskreis Frauen in den Forschungszentren« hinzugekommen. Jedes Forschungszentrum entsendet eine Vertreterin in diesen Arbeitskreis.

Aufgaben des HGF-Arbeitskreises

Der neue Arbeitskreis dient primär dem Erfahrungs- und Informationsaustausch zwischen den Forschungszentren der Helmholtz-Gemeinschaft zu frauen-relevanten Themen. Darüber hinaus berät er das Direktorium und die anderen Gremien der Helmholtz-Gemeinschaft bei ihrem Bemühen um die berufliche Förderung von Frauen und die Erhöhung des Frauenanteils im Wissenschaftsbereich und in Führungsfunktionen. Im Rahmen des Informationsaustausches sammelt der AK Informationen aller Art zu diesen Themenkomplexen – von relevanter Literatur über entsprechende Veranstaltungen bis zu Angaben über spezielle Fördermöglichkeiten. Der Arbeitskreis kann darüber hinaus etwa bei der Vermittlung von Referentinnen für Tagungen zum Thema »Frauen in Naturwissenschaft und Technik« behilflich sein oder Diskussionspartnerinnen bei der Erarbeitung von Frauenförderkonzepten im Wissenschaftsbetrieb (und hier natürlich nicht nur für Wissenschaftlerinnen) vermitteln. Er betreibt somit auch Kontaktpflege der Helmholtz-Gemeinschaft zu entsprechenden Grup-pierungen in anderen Forschungsorganisationen (MPG, FhG, WBL) sowie zu Interessenverbänden und Organisationen wie der Bundeskonferenz der Frauen- und Gleichstellungsbeauftragten an Hochschulen (BuKoF).

Abbildung 1: Verankerung frauenspezifischer Fragestellungen in der HGF

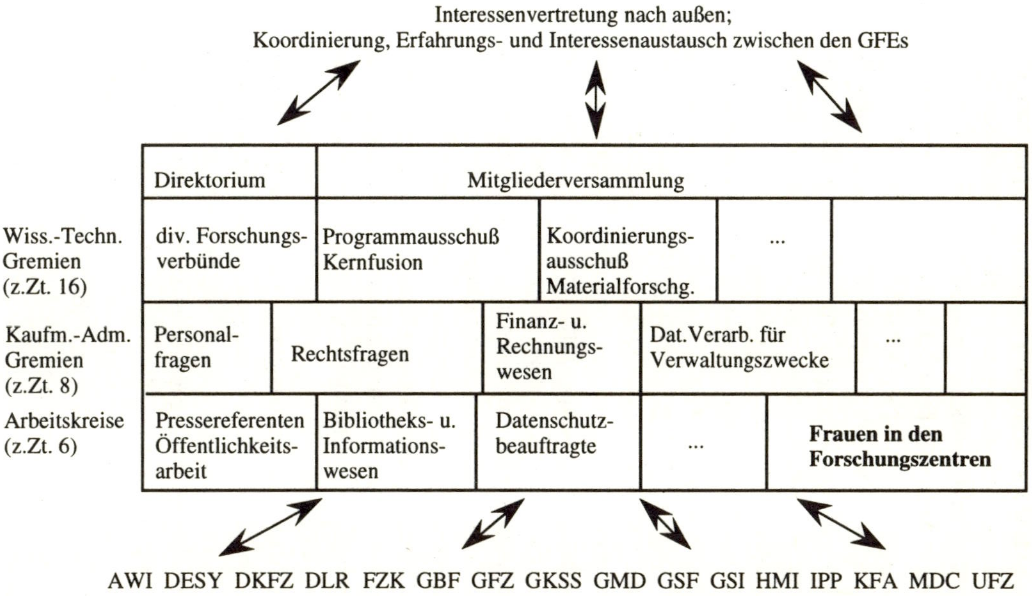

Arbeitsgruppen für konkrete Themenschwerpunkte

Zur konkreten Umsetzung dieser Ziele ist vorgesehen, kleinere Arbeitsgruppen zu konkreten Schwerpunkten zu bilden. Diese können sowohl themen- als auch berufs- oder statusbezogen sein. So kann sich eine Arbeitsgruppe »Öffentlichkeitsarbeit« (ÖA) mit der Organisation weiterer Tagungen und Veranstaltungen, die Frauen für wissenschaftliche Arbeit an den Forschungszentren und auf Führungsebene motivieren sollen, beschäftigen. Weitere Arbeitsgruppen können sich um die Erstellung einer Expertinnendatei oder die Zusammenstellung von Statistiken bemühen. Exper-tinnendateien werden inzwischen in verschiedenen Bereichen zusammengetragen – so zum Beispiel an den Fachhochschulen und bei verschiedenen Interessenverbänden. Sie können etwa der Vermittlung von Referentinnen, Gutachterinnen, Mitgliedern von Gremien und Kandidatinnen für Stellen-besetzungen dienen. Es gibt auch bereits erste, vom BMBF unterstützte Ansätze, diese an verschiedenen Stellen zusammengetragenen Teilinformationen in einer zentralen Datenbank zusammenzufassen.

Die Arbeitsgruppe »Expertinnendatei« wäre dann die nötige Kontaktstelle für die Helmholtz-Zentren. Statistiken sind erforderlich, um Problembereiche klarer erkennbar werden zu lassen und vor allem die Wirkung ergriffener Maßnahmen sichtbar und damit auch bewertbar zu machen.

Eine weitere wichtige Aufgabe für eine Arbeitsgruppe kann die Einrichtung und Betreuung eines Diskussionsforums über e-mail sein, das den direkten Meinungs- und Erfahrungsaustausch der Frauen an den Forschungszentren ermöglicht. Von derartigen existierenden e-mail-Netzwerken wird weiter unten noch die Rede sein.

Neben diesen themenbezogenen Arbeitsgruppen können sich auch berufs- bzw. statusbezogene Arbeitsgruppen bilden. Ein Blick auf die Statistik des Forschungszentrums Jülich zeigt zum Beispiel, daß die dort arbeitenden circa 70 Wissenschaftlerinnen gegenüber der Gesamtzahl von circa 1 000 Wissenschaftlern genau dieselbe Minderheit darstellen wie gegenüber der Gesamtzahl der dort arbeitenden Frauen (ebenfalls circa 1 000). Andererseits sehen sich auch die Frauen in den »traditionellen« (d.h. in der Regel nichtwissenschaftlichen) Frauenberufen an den Forschungszentren besonderen Problemen ausgesetzt, da sie im Gegensatz zu ihren Berufskolleginnen in anderen Organisationen meist in einer weitgehend von Männern dominierten und gestalteten Umgebung arbeiten müssen.

Es ist daher denkbar, daß sich unterschiedliche Arbeitsgruppen bilden, die die spezifischen Anliegen der Frauen im wissenschaftlichen bzw. nichtwissenschaftlichen Bereich oder auch der Doktorandinnen und/oder Diplomandinnen thematisieren. Es ist auch möglich (bei entsprechender Zahl Interessierter), daß diese Bereiche noch enger gefaßt werden und sich auf konkrete Berufssparten (Physikerinnen, Sekretärinnen oder Mitarbeiterinnen in Medizin, Technik und Verwaltung (MMTV)) beziehen. Ein besonderer Bedarf mag auch für Geisteswissenschaftlerinnen (Juristinnen, Soziologinnen, Bibliothekarinnen etc.) bestehen. Diese sind in den einzelnen Einrichtungen so vereinzelt, daß sie wahrscheinlich nur durch einen HGF-weiten Zusammenschluß Diskussionspartnerinnen finden können. Bisher hat der HGF-Arbeitskreis folgende fünf Schwerpunktthemen für Arbeits-kreise identifiziert: »Hochschulsonderprogramme« (HSP), »Interne Rege-lungen«, »Statistik«, »Leistungsgerechte Eingruppierung im BAT« und »Teil-zeit«. Zu den Themen »Hochschulsonderprogramme« und »Statistik« wurden bereits Empfehlungen an die HGF formuliert.

Möglichkeiten der Vernetzung der Frauenaktivitäten auf der Ebene der einzelnen Forschungszentren

Um den Kontakt des HGF-Arbeitskreises mit *allen* Mitarbeiterinnen (und Mitarbeitern) an den Helmholtz-Zentren zu gewährleisten, ist eine entsprechende Struktur in den Zentren selbst erforderlich. Idealerweise ist dies auch ein Arbeitskreis, wie er bereits an einigen Zentren existiert oder gerade entsteht. Er kann sich auch – bei entsprechender Mitgliederzahl – ähnlich wie der HGF-Arbeitskreis strukturieren und Arbeitsgruppen bilden. Dabei können die Schwerpunkte der Zentrums-Arbeitsgruppen mit denen auf HGF-Ebene teilweise identisch sein, teilweise aber auch zentrumsspezifischen Bedürfnissen entsprechen (siehe Abb. 2). So könnte sich zum Beispiel eine Arbeitsgruppe für die Einrichtung einer Kindertagesstätte (KiTa) (oder allgemeiner für die Organisation von Kinderbetreuungsmöglichkeiten) engagieren.

Die Kommunikation zwischen den Arbeitsgruppen und nach außen könnte über einen Frauenbeirat erfolgen, der zum Beispiel aus den Sprecherinnen der Arbeitsgruppen gebildet werden kann. Sinnvollerweise sollten hier auch Vertreter(innen) anderer wichtiger Organisationseinheiten des Forschungszentrums (z.B. Betriebsrat (BR), Wissenschaftlich-Technischer Rat (WTR), Geschäftsführung und Vorstand (VS)) beteiligt sein, um eine Kommunikation und Vernetzung mit den existierenden Strukturen des Zentrums zu gewährleisten. Aus diesem Beirat könnte dann auch die Vertreterin für den HGF-Arbeitskreis (und u.U. auch für andere Gremien oder Interessenvertretungen des Zentrums) bestimmt werden. Alternativ könnten Vertreterin und/oder Beirat auch in einer Teilbetriebsversammlung von allen Frauen gewählt werden. Einige Forschungszentren haben auch eine Frauenbeauftragte oder ein Gremium von Frauenbeauftragten. Es wäre aber auch hier wünschenswert, daß diese in ihrer Arbeit durch entsprechende Arbeitsgruppen unterstützt würden. Nur so kann die oben gezeigte Vielfalt möglicher Themen abgedeckt werden, ohne die Kapazität der Frauenbeauftragten zu überfordern, und ein Kontakt zur Basis und eine Orientierung am tatsächlichen Bedarf der Frauen garantiert werden. Andererseits ist auch klar, daß viele der genannten Aufgaben in rein ehren-amtlicher Arbeit – insbesondere neben einem wissenschaftlichen Engagement – nur sehr oberflächlich und unbefriedigend gelöst werden können. Es bleibt daher zu prüfen, ob nicht zumindest in den größeren Forschungszentren eine hauptamtliche Frauenbeauftragte erforderlich ist, die möglichst direkt der Geschäftsleitung unterstellt sein sollte. Der Arbeitskreis/Beirat könnte sich dann auf die Identifizierung der Ziele konzentrieren, für deren Umsetzung im wesentlichen die hauptamtliche Frauenbeauftragte zuständig wäre.

Abbildung 2: Vernetzung der Frauenaktivitäten auf GFE-Ebene

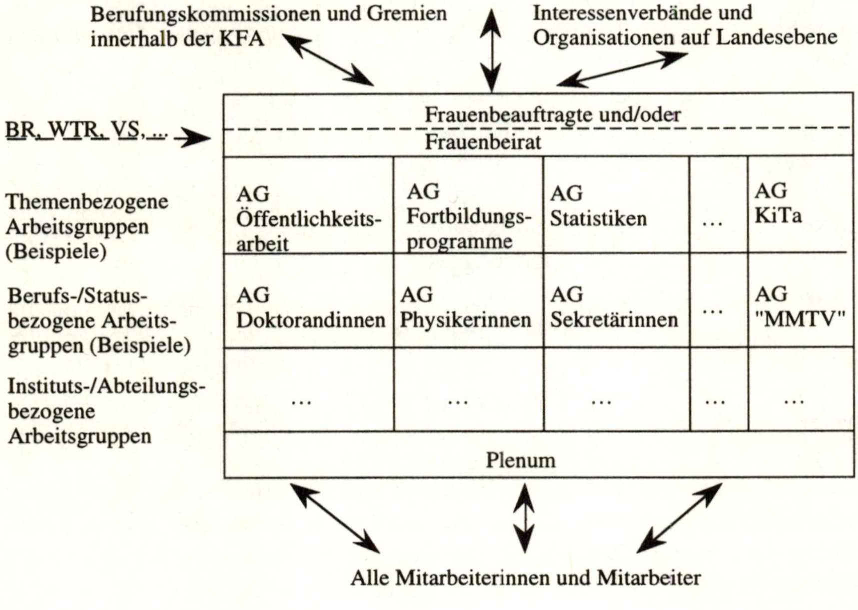

Welcher Weg für ein bestimmtes Forschungszentrum am geeignetsten ist, hängt von den spezifischen Gegebenheiten dieses Zentrums ab und muß von den dort Beteiligten selbst entschieden werden. Wichtig ist jedoch die Vernetzung mit existierenden Interessenvertretungen (Betriebsrat, Wissenschaftlich-Technischer Rat) und Organisationsstrukturen.

Der Frauenbeauftragten bzw. dem Frauenbeirat kommt dann neben der Vertretung in der HGF eine Vermittlerrolle zwischen den verschiedenen Interessenvertretungen und der Geschäftsführung zu. Denn der Schlüssel zu nachhaltigen Veränderungen liegt in der Veränderung in den Köpfen – und die kann nicht von einem Gremium oder gar einer einzelnen Person hinter verschlossenen Türen beschlossen werden, sondern nur durch eine *gemeinsame* Anstrengung aller Beteiligten erreicht werden!

Technische Unterstützung der Vernetzung durch e-mail

Eine wesentliche Erleichterung für die Kommunikation auf überregionaler Ebene bieten die neuen Entwicklungen des elektronischen Datenaustausches InterNet und e-mail. Letztere verbindet die Geschwindigkeit der Informationsübermittlung beim Fax mit der Vertraulichkeit des Telephons, wobei der Adressat zum Zeitpunkt der Übermittlung nicht unbedingt anwesend sein muß. Außerdem kann ein und dieselbe Nachricht ohne erheblichen Mehraufwand an fast beliebig viele Adressaten geschickt werden.

So konnte der Umstand, daß alle Mitglieder des Gründungsausschusses für den HGF-Arbeitskreis über einen e-mail Anschluß verfügten, erheblich zur Effizienz-Steigerung seiner Arbeit beitragen und den Reise-Bedarf auf ein Minimum reduzieren, da ein großer Teil der zu führenden Diskussionen vor der eigentlichen Sitzung bereits über e-mail vorbereitet werden konnte.

Eine besondere Variation des Informationsaustauschs über e-mail sind die sogenannten »bulletin boards« oder Diskussions-Foren. Hierbei handelt es sich im Prinzip um Adressen-Listen, in die sich an einem bestimmten Themenkreis interessierte Personen eintragen können.

Sie können dann ihre Gedanken und Meinungen allen auf der Adressenliste eingetragenen Diskussionsmitgliedern per e-mail mitteilen. Dabei wird der aktuelle Themenschwerpunkt durch die Beiträge selbst bestimmt und kann im Laufe der Zeit wechseln. Im Gegensatz zu physischen Diskussions-Foren können hier oft auch Diskussionen zu mehreren Teilbereichen parallel laufen. Wenn die Beiträge zu zahlreich und weitverzweigt werden, ist jedoch auch hier ein(e) Moderator(in) erforderlich, die/der die Beiträge zunächst sichtet und thematisch sortiert und zusammenfaßt.

In den USA und GB gibt es bereits eine Reihe solcher e-mail-Foren zu spezifischen Frauen-Themen oder Themen, die für Frauen besonders interessant sind. Außer dem Erfahrungs- und Gedankenaustausch zu wechselnden Alltagsproblemen werden hier auch Zimmerpartnerinnen für Tagungen oder Expertinnen zu bestimmten Themen und Projekten gesucht und gefunden, Erfahrungen mit frauenfreundlichen oder -feindlichen Arbeitsumgebungen ausgetauscht, Hinweise auf Stellenausschreibungen verbreitet und vieles mehr.

Während man bei der e-mail darauf warten muß, daß einem Informationen »zugeschickt« werden (bzw. sie aktiv an eine bestimmte Zielgruppe schicken muß), kann man im Rahmen des InterNet weltweit selbst auf Daten zugreifen. Es ist also sozusagen ein weltweites elektronisches Nachschlagewerk. Durch zahlreiche Querverweise kann man sich per Maus-Klick zu verwandten oder detaillierteren Informationen weiterleiten lassen. Der Umfang der zugänglichen Informationen wächst nahezu täglich, so daß man sich nur selbst über den aktuellen Stand informieren kann. Nähere Informationen hierzu sind im Anhang 1 am Textende zusammengefaßt

Festzuhalten bleibt, daß ein e-mail- bzw. InterNet-Zugang für die Arbeit des HGF-Arbeitskreises sehr wichtig ist und daher die Etablierung eines Diskussionsforums über e-mail für Frauenthemen an den Großforschungseinrichtungen mit zu seinen vordringlichsten Aufgaben gehört.

Schluß

Nach meiner Überzeugung haben Frauen, insbesondere im Wissenschaftsbereich, *nur* eine Chance, wenn sie sich in Netzwerken zusammenschließen. Nur so haben sie die Möglichkeit, ihre eigenen Konzepte und Arbeitsstile abweichend vom Establishment zu entwickeln und sich genügend Gehör zu verschaffen. Um die erforderlichen gesellschaftlichen Veränderungen zu erreichen, ist es jedoch gleichzeitig erforderlich, daß diese Netzwerke eingebunden sind in die existierenden (männlichen) Hierarchien. Also nicht »Frauennetzwerke *gegen* Männerbünde«, sondern »Frauennetzwerke *mit* (oder *in*) Männerbünden«!

Anhang 1: Information über existierende e-mail-Foren und InterNet-Adressen zu frauenrelevanten Themen

Der Umfang der über InterNet und e-mail angebotenen Informationen bzw. Diskussionsforen wächst so schnell, daß man sich nur selbst über den aktuellen Stand informieren kann. Einen guten Einstieg sowohl zu den technischen Voraussetzungen und Nutzungshilfen als auch zu den angebotenen Adressen bietet das »TechNa-Handbuch Frauen in Technik, Natur- und Ingenieurwissenschaften«. Umfangreichere und aktuellere Informationen kann man auch direkt bei den dort zitierten e-mail Adressen *listserv@bionic.educom.edu* (ohne Betreff; mail-Text: »list global/<Suchbegriff>«, der <Suchbegriff> muß in Englisch angegeben werden, z.B. list global/women), oder *bblist@aug3.augsburg.edu* (kein Betreff, kein Text notwendig; Vorsicht: lange Antwort!) abfragen.

Im InterNet unter WWW-Anwendungen findet man eine ständig aktualisierte Liste von Frauen-Foren unter *http://www-unix.umbe.edu/-koreman/wmst/forums.htm*l. Weitere interessante Einstiegsadressen für diverse Infos und Datenbanken im WWW sind:

Thema/Inhalt	*URL-Adresse:*
Women in Science: Guide to Reference Sources	http://www.lib.lsu.edu/sci/chem/guides/srs117.html
wom@n online Verzeichnis	http://www.woman.de/database.html
wom@n online Verzeichnis-Frauennetzwerke	http://www.woman.de/netz-3.html
Physikerinnen	http://www.uni-hamburg.de/~~fb12-p1/physfrau.html

Anmerkungen

1 Ich möchte mich bei meinen Kolleginnen des Gründungsausschusses und des Arbeitskreises »Frauen in den Forschungszentren« sowie bei meinen Kolleginnen im Forschungszentrum Jülich für die fruchtbaren Diskussionen und die konstruktive und effiziente Zusammenarbeit bedanken, die die Grundlage für diesen Beitrag geschaffen haben. Der HGF und den Mitgliedseinrichtungen sowie den BeraterInnen des Gründungsausschusses danke ich für die wohlwollende Unterstützung unserer Arbeit.

2 *Forschungsorganisationen*

FhG	Fraunhofer-Gesellschaft zur Förderung der angewandten Forschung
HGF	Hermann von Helmholtz-Gemeinschaft Deutscher Forschungszentren
MPG	Max-Planck-Gesellschaft zur Förderung der Wissenschaften
WBL	Wissenschaftsgemeinschaft Blaue Liste

Mitgliedseinrichtungen der HGF

AWI	Stiftung Alfred-Wegener-Institut
DESY	Stiftung Deutsches Elektronen-Synchrotron
DKFZ	Stiftung Deutsches Krebsforschungszentrum
DLR	Deutsche Forschungsanstalt für Luft- und Raumfahrt e.V.
FZK	Forschungszentrum Karlsruhe GmbH
GBF	Gesellschaft für Biotechnologische Forschung mbH
GFZ	Stiftung GeoForschungsZentrum Potsdam
GKSS	GKSS-Forschungszentrum Geesthacht GmbH
GMD	Forschungszentrum Informationstechnik GmbH
GSF	Forschungszentrum für Umwelt und Gesundheit GmbH
GSI	Gesellschaft für Schwerionenforschung mbH
HMI	Hahn-Meitner-Institut Berlin GmbH
IPP	Max-Planck-Institut für Plasmaphysik
KFA	Forschungszentrum Jülich GmbH
MDC	Stiftung Max-Delbrück-Centrum für Molekulare Medizin
UFZ	UFZ-Umweltforschungszentrum Leipzig-Halle GmbH

Literatur

BMFT (1989), Anlage zur Kabinettsvorlage des BMFT vom 10.10.; Datenblatt-Nr. 11/3002601.

Wermuth, Nanny/J. Hardt/I. Prawitz/ R. Streit (1992), *Frauen an Hochschulen: Statistische Daten zu den Karrierechancen.* Schriftenreihe Studien zu Bildung und Wissenschaft 105; hg. vom BMBW, Bad Honnef.

V.
Arbeitsmarkt- und Strukturpolitik für Wissenschaftlerinnen

Von der Frauen»förderung« zu einer gleichstellungsorientierten Arbeitsmarkt- und Strukturpolitik

Barbara Skripski

»Wissenschaft als Arbeit – Arbeit als Wissenschaftlerin« ist ein Thema, das die neue Frauenbewegung in den alten Bundesländern von Anfang an bewegt hat. Ansätze zur Gleichstellung von Frauen in der Wissenschaft, aber auch über den engeren Bereich des wissenschaftlichen Arbeitsmarktes hinaus, wurden von der Frauenbewegung mit auf den Weg gebracht. Frauenförderung in der Wissenschaft kann als ein Ergebnis der zweiten Frauenbewegung angesehen werden, die die Entwicklung und Institutionalisierung von Frauenforschung und die sogenannte Frauenförderung an Hochschulen angestoßen hat.

Hatte die erste Frauenbewegung den Zugang von Frauen als Lernende zum Bildungssektor, insbesondere zum Hochschulstudium, erkämpft, so erhoben die vielfach akademisch gebildeten Frauen der neuen Frauenbewegung die berufliche Situation von Frauen in der Wissenschaft – oft ihre eigene Situation – von Anfang an zu einem Thema innerhalb der übergreifenden Diskussion zur Stellung von Frauen in der Erwerbsarbeit. M.E. ist wohl kein anderes Berufsfeld in ebenso starkem Maße gleichzeitig zum Gegenstand der Frauen- und Geschlechterforschung wie zum Anlaß und Ziel frauenpolitischer Selbstorganisation und Vernetzung avanciert – bis hin zur Institutionalisierung von Frauen- und Gleichstellungsbeauftragten und der Verankerung des Gleichstellungsauftrages in Gesetzen. Berlin war auf diesem Wege Vorreiterin, wie das Thema der ersten Berliner Sommeruniversität 1976 »Frauen und Wissenschaft« vor nunmehr knapp zwei Jahrzehnten bezeugt.

Trotz der besonderen Aufmerksamkeit gegenüber der Universität als Ort der Frauenförderung ist die von vielen Frauen gezogene Bilanz nach fast einem Vierteljahrhundert der »Frauenförderung« in der Wissenschaft eher resignativ bis negativ und folgt dem Tenor: Es ist viel geschehen, aber wenig hat sich verändert (Wetterer 1994; Limbach 1994). Ich will in diesen Chor nicht einstimmen. Meine Fragestellung ist eine andere. Ich thematisiere nicht, wo die Frauenförderung versagt hat. Die Frage ist vielmehr: Worin liegen die besonderen Möglichkeiten für die Gleichstellung von Wissenschaftlerinnen an der Institution Hochschule, wenn die Universität als Arbeitsmarkt fokussiert wird, und zwar als der für wissenschaftliche Tätigkeit und ihre Karrieremuster (immer noch) maßgebliche wissenschaftliche Arbeitsmarkt? Wo muß eine Kurskorrektur an der institutionalisierten Form der Gleichstellung vorgenommen werden? Und schließlich: Welche Konsequenzen können aus den Stärken und Schwächen der Gleichstellung an der Universität für die Weiterentwicklung der beruflichen Gleichstellung auch in anderen Arbeits- und Berufsbereichen gezogen werden?

In einem zweiten Schritt nehme ich einen Perspektivwechsel von der Verteilungsfrage auf die Entwicklungsbedingungen im Sektor Wissenschaft und Forschung vor, um in eher programmatischer Form Zielsetzungen und Ansatzpunkte einer gleichstellungsorientierten Arbeitsmarkt- und Strukturpolitik zu umreißen.

Gleichstellung von Frauen im wissenschaftlichen Arbeitsmarkt Hochschule

Die Hochschule als Arbeitsmarkt in den Blick zu nehmen, ist eine ungewohnte und verfremdende Sichtweise, solange allein der verbreitete Begriff von »Arbeitsmarkt als statistische Größe« von Arbeitskräfteangebot und Arbeitskräftenachfrage auf der Makroebene die Folie abgibt. Wird allerdings nach der Struktur und Funktionsweise gefragt, dann können Arbeitsmärkte als ein System von Spielregeln betrachtet werden, die Muster vorgeben, nach denen sich die Rekrutierung und Allokation von Arbeitskräften innerhalb eines betrieblichen oder beruflichen Systems vollzieht, das seinerseits in Abhängigkeit von Entwicklungen auf dem Gesamtarbeitsmarkt sowie gesamtgesellschaftlichen Bedingungsfaktoren sich ausbildet und verändert. Je nachdem, ob Zugangs- und Aufstiegswege eher von den Arbeitsplatzstrukturen und Personaleinsatzstrategien von Betrieben bestimmt werden oder primär innerhalb eines beruflichen Zugangs- und Laufbahnsystems geregelt sind, kann von betrieblichen oder beruflichen Arbeitsmärkten gesprochen werden. Selten treten allerdings betriebliche oder berufliche Arbeitsmärkte in »Reinform« auf. Das deutsche Beschäftigungs- und Berufssystem kann als eine Mischung aus betrieblichen und beruflichen Arbeitsmärkten angesehen werden, was am dualen Ausbildungssystem besonders deutlich wird. Das System an Regeln, das sich in Abhängigkeit vom Angebots- und Nachfrageverhältnis in den Teilarbeitsmärkten und auf dem Gesamtarbeitsmarkt ausbildet und verändert, ist letztlich bestimmend für die Zugangs- und die beruflichen Entwicklungschancen von Arbeitskräften und Arbeitskräftegruppen.

Der Arbeitsmarkt Wissenschaft und Forschung ist als quantitative Größe (im Sinne des statistischen Arbeitsmarktbegriffs) nicht greifbar. In der Statistik erfaßt wird allein der akademische Arbeitsmarkt, innerhalb dessen die in Wissenschaft und Forschung Tätigen bzw. für diesen Arbeitsbereich Qualifizierten eine Untergruppe darstellen. Auch vor dem Hintergrund der Datenlage macht es Sinn, sich dem Arbeitsmarkt Wissenschaft nicht über quantitative Größen, sondern über seine Struktur und Funktionsweise zu nähern.

Karrieremuster im Forschungs- und Wissenschaftssektor werden maßgeblich durch die Berufslaufbahn des Hochschullehrers bzw. der Hochschullehrerin bestimmt. Das hat zur Folge, daß die Universität immer noch – trotz abnehmender Bedeutung als Forschungsort – den Maßstab für die wissenschaftliche Karriere vorgibt, d.h. bestimmt, auf welchem Wege frau Wissenschaftlerin, sprich Professorin wird, denn das ist die Norm, an der sich die Berufslaufbahn des Wissenschaftlers und der Wissenschaftlerin orientiert.

Gleichstellung von wissenschaftlich qualifizierten Frauen findet an der Institution Hochschule daher insofern eine günstige Ausgangsposition vor, als sie sich mit ihren Instrumenten und Verfahrensweisen gleichzeitig auf das spezifische Berufsfeld Wissenschaft und den für diesen Beruf zentralen betrieblichen Arbeitsmarkt der Hochschule beziehen kann. Hier ist die seltene Voraussetzung einer teilweisen Deckungsgleichheit von beruflichem Arbeitsmarkt (Wissenschaft) und für den Beruf und die Berufslaufbahn als Wissenschaftler und Wissenschaftlerin wichtigstem betrieblichem Arbeitsmarkt der Hochschule gegeben, was die Einsicht in die Spielregeln dieses Arbeits- und Berufsmarktes erleichtert. Es ist daher auch kein Zufall, daß das gesamte Instrumentarium der sogenannten Frauenförderung in der Wissenschaft auf den normsetzenden und Orientierung vorgebenden wissenschaftlichen Arbeitsmarkt der Universitäten zugeschnitten ist (vgl. z.B. Niedersächsisches Ministerium für Wissenschaft und Kultur 1994).

In den meisten anderen Bereichen des öffentlichen Dienstes kann sich Gleichstellung nur auf den betrieblichen Arbeitsmarkt beziehen, dem in der Regel verschiedene Berufs- und Beschäftigtengruppen angehören. Sie ist daher kaum in der Lage, sich auf einen Beruf bzw. spezifische Berufe und die für diese(n) typische und wichtigste Laufbahn(en) auszurichten. In der für die Hochschullehrerlaufbahn gegebenen weitgehenden Überschneidung von beruflichem Arbeitsmarkt Wissenschaft und betrieblichem Arbeitsmarkt Hochschule liegt die Chance einer besonderen Zielgenauigkeit für die berufliche Gleichstellung von Wissenschaftlerinnen, auch wenn der Gleichstellungsauftrag sich auf sämtliche weibliche Hochschulmitglieder bezieht und somit neben den Wissenschaftlerinnen auch andere Personal- und Berufsgruppen sowie die Studentinnen einschließt, die allerdings an der (primär auf Wissenschaft als Beruf vorbereitenden) Universität letztlich auch als angehende Wissenschaftlerinnen angesprochen werden.

Mit dem auf *sämtliche* weibliche Mitglieder der Hochschule zielenden Gleichstellungsauftrag sind denn bereits die Grenzen dieses Instrumentariums als eines Weges zur beruflichen Gleichstellung der spezifischen Gruppe der Wissenschaftlerinnen bezeichnet. Hier ist die Berufspolitik bzw. das Netzwerk von Wissenschaftlerinnen gefordert.

Schwächen der institutionalisierten Form von Gleichstellung liegen in den Wegen der Gleichstellungsförderung. Im Zuge der Institutionalisierung von Gleichstellung avancierte die Qualifizierungsförderung und die Förderung der Vereinbarkeit von Beruf und Familie zum bevorzugten Hebel, Mittel und Weg. Dieser Gleichstellungsweg wirkt sich nicht nur im wissenschaftlichen Arbeitsmarkt fatal für das Ziel des Abbaus von Geschlechterungleichheit aus, sondern er ist kontraproduktiv auch in anderen Arbeits- und Berufsbereichen. Er trifft im Wissenschaftssektor allerdings mitten ins Herz; wohl in keinem anderen Berufsbereich wird Qualifikation als das Selektionskriterium schlechthin so hochgehalten wie in der Selbstpräsentation des wissenschaftlichen Systems. Zwar wird mit der Quotierung als Instrument der Gleichstellung tatsächlich die zentrale Frage einer weniger ungleichen Verteilung des knappen Gutes Arbeit zwischen Frauen und Männern thematisiert. Die Verteilungsfrage wird jedoch verborgen, indem zum bevorzugten Hebel, Mittel und Weg der beruflichen Gleichstellung die Qualifikation und die Vereinbarkeit von Familie und Beruf erklärt wird. Ich möchte das im folgenden für den Punkt Qualifikation näher erläutern (zur Vereinbarkeit von Familie und Beruf vgl. Ostner 1993).

Qualifikation und Förderung der Qualifizierung von Frauen als Weg zur Verbesserung von Arbeitsmarktchancen leistet dem Ungleichheit verstärkenden Vorurteil Vorschub, daß es mangelnde Qualifikation sei, die für die Schlechterstellung von Frauen im Erwerbsleben und im spezifischen Arbeitsmarkt Wissenschaft verantwortlich zu machen ist. Zwar lassen Promotions- und Habilitationsquoten von Frauen in der Tat einen Nachholbedarf erkennen. Wir wissen jedoch aus anderen Arbeitsmarktbereichen, daß ein Gleichzug oder selbst Vorsprung in der Qualifikation Frauen nicht in gleicher Weise wie Männern Zugang zur marktvermittelten Arbeit eröffnet hat.

Förderung der Qualifizierung als Hebel zur beruflichen Gleichstellung von Frauen unterstellt ein grundsätzliches Qualifikationsdefizit. Dieser Gleichstellungsweg verdeckt die Arbeitsmarktfunktion von Qualifikation. Arbeitsmarkt- und berufsrelevante Qualifikation testiert nicht allein ein berufliches Wissen und Können, sondern hat gleichzeitig die Funktion, den Zugang und Eintritt von neuen Marktteilnehmern und -teilnehmerinnen zu regulieren.

Arbeitsmarktbezogene Berufsqualifikation wird durch diejenigen inhaltlich definiert, die der Profession bzw. dem beruflichen Arbeitsmarkt bereits angehören und die sich vor Konkurrenz zu schützen bestrebt sind. Im Fall der Berufsgruppe der Ärzte, Apotheker/innen oder Rechtsanwälte, die mit über die Zulassung von Kollegen und Kolleginnen entscheiden, ist die Marktöffnungs- bzw. Marktschließungsfunktion der beruflichen Qualifikation offensichtlich. Im Wissenschaftsbereich läuft dieser Prozeß über Promotions-, Habilitations- und Berufungsverfahren für die Öffentlichkeit etwas verbrämter ab. Nach außen deutlich sichtbar wurde die Öffnungs- und Schließungsfunktion von wissenschaftlicher Qualifikation im Prozeß der Evaluation der Ost-Wissenschaftlerinnen und Ost-Wissenschaftler durch westliche Angehörige der Zunft. Hier wurde nach außen unverblümt vorgeführt, daß es die dem wissenschaftlichen Markt bereits angehörenden West-Wissenschaftler und West-Wissenschaftlerinnen sind, die darüber entscheiden, wieviel Mitkonkurrenten sie sich in den Markt holen. In anderen Arbeitsmarktbereichen, in denen dieselben Mechanismen eine Rolle spielen, konnte diese Tatsache oft hinter den viel zitierten Gesetzen des sogenannten freien Marktes versteckt werden.

Berufliche Qualifikation fungiert somit gleichzeitig als Ausweis für erbrachte Ausbildungen und als Mittel zur Abgrenzung und Verteilung von Marktchancen. Gerade diese Funktion von Qualifikation wird nach außen verdeckt zu halten versucht. Die Emotionalität, mit der die Diskussion über Quotierung nach Geschlecht (»bei gleicher Qualifikation«) geführt wird, ist daher nicht nur als Ausdruck von Abwehrstrategien im Verteilungskampf zu begreifen, sondern sie spiegelt auch die Anstrengung wider, eben diese Doppelgesichtigkeit von Qualifikation zu verbergen. Es geht neben den Verteilungsinteressen immer auch darum, den Anschein aufrechtzuerhalten, berufliche Qualifikation sei in einer offenen Gesellschaft allein als Ausweis für erbrachte Ausbildungen bzw. berufliche Kompetenz zu werten, und von der anderen Funktion von Qualifikation als Marktöffnungs- bzw. -schließungsinstrument abzulenken.

Bei der Regulierung des Marktzugangs ist das Verhältnis von Angebot und Nachfrage entscheidend. Übersteigt das Angebot an Arbeitskräften die Nachfrage, dann dient die Qualifikation als ein auch nach Geschlecht auslegbarer Entscheidungsspielraum, um über das Zu- oder Absprechen der Qualifikation den Zuschlag zu geben oder zu versagen. Qualifizierungsförderung als vorrangiger Gleichstellungsweg wird im Wissenschaftssektor häufig legitimiert mit dem Verweis auf die langen Qualifizierungswege bis zu einer als Berufstätigkeit voll anerkannten wissenschaftlichen Tätigkeit als Hochschullehrer und Hochschullehrerin. Gerade hier käme es jedoch darauf an offenzulegen, daß die Deklarierung einer wissenschaftlichen Tätigkeit bis zur Berufung in den Professorenstatus als Qualifizierung auch den Interessen einer Minderheit der dem Markt bereits Angehörigen dient: um nämlich angesichts der gegenwärtigen Ungleichgewichte auf dem wissenschaftlichen Arbeitsmarkt den Hochschulmarkt vor Konkurrenz zu schützen.

Qualifizierungsförderung ist der falsche Weg der Frauenförderung, weil von der eigentlichen Frage der Nachrangigkeit qua Geschlechtszugehörigkeit bei der Verteilung der knappen Ressource »wissenschaftlicher Arbeitsplatz« abgelenkt wird. Sie ist darüber hinaus schädlich, weil mit dem Label »mangelnde Qualifikation« nicht bloß der Zutritt erschwert, sondern gleichzeitig mit dem Etikett der fehlenden Qualifikation die Marktmacht oder Wettbewerbsfähigkeit für zukünftige Bewerbungen geschmälert werden kann. So gesehen, steht »Frauenförderung als Qualifizierungsförderung« in Gefahr, die Arbeitsmarktchancen von Frauen nicht nur nicht zu verbessern, sondern zu verschlechtern, ebenso wie der Zielgruppenansatz in der Arbeitsmarktpolitik. Schon die Bezeichnung »Frauenförderung« ist stigmatisierend und sollte aus dem Gleichstellungswortschatz gestrichen werden. Selbst die Bezeichnung »Gleichstellung« ist eine neutralisierende Abschwächung, wo es darum geht, »Abbau von Ungleichheit« zu benennen. Auf der symbolischen Ebene ist der Verweis auf Förderungswürdigkeit dem Image der zu fördernden Individuen abträglich, und er schadet Frauen als Gruppe, indem das Bild der mangelnden Wettbewerbsfähigkeit immer wieder neu hergestellt und allen Frauen angehängt wird. Indem die Frage der ungleichen Verteilung knapper Ressourcen nach Geschlecht mit dem Verweis auf Gleichstellung als eine Aufgabe der Qualifizierungsförderung gewendet wird, wird vom eigentlichen Skandalon der ungleichen Verteilung qua Geschlechtszugehörigkeit abgelenkt. Von hier aus ist der Weg dann nicht mehr weit bis zu der Aussage hochrangiger Vertreter von Wissenschaftsorganisationen, (höchste) Qualifikation, verstanden als »Bestenauslese«, einerseits und »Frauenförderung« andererseits seien als Widerspruch in sich zu begreifen und nicht miteinander vereinbar.

Indem das strukturelle Problem der Nachrangigkeit beim Zugang zum knappen Gut wissenschaftlicher Arbeitsplatz qua Zugehörigkeit zur Gruppe Frau als Problem mangelnder Qualifikation individualisiert wird, fällt die Gleichstellung, wie sie in Gesetze und Gleichstellungsförderpläne eingegangen ist, hinter den Erkenntnisstand zurück, der die Gleichstellungspolitik auf den Plan gerufen hat.

Die Lösung kann jedoch nicht sein, individuelle Gleichstellung gegen den Zielbereich »strukturelle Änderungen«, was auch immer damit gemeint ist, auszutauschen. Notwendig ist beides. An der Verteilungsfrage, und das heißt an der Quotierung, führt kein Weg vorbei. Gleichzeitig kommt es darauf an, die Gleichstellungsinstrumente, berufs- und betriebs- bzw. arbeitsbereichspezifisch (d.h. bezogen auf die spezifischen Strukturen und Spielregeln des beruflichen oder/und betrieblichen Arbeitsmarktes) fortzuentwickeln. Aber auch eine Weiterentwicklung der Instrumente bezogen auf die Spezifik des Berufs- und Arbeitsbereichs Wissenschaft (und analog dazu auch für andere Berufs- und Arbeitsmarktbereiche) steht letztlich in Gefahr, sich zu einer fürsorgenden Stellvertreterpolitik zu entwickeln, wenn nicht die betroffenen Frauen selbst in ihrem Arbeits- und Berufsbereich an Einfluß zu gewinnen versuchen.

Im Sektor Wissenschaft hat es in der Vergangenheit erfolgreiche und beispielhafte Ansätze gegeben, die auf den miteinander verbundenen Prozeß der gleichzeitigen Entwicklung und Institutionalisierung von Frauenforschung und Frauenförderung zurückzuführen sind. Mit der inhaltlichen Kritik an der Wissenschaft als androzentrischem System und der Entwicklung und Institutionalisierung von Frauenforschung an der Universität haben wissenschaftlich qualifizierte Frauen Einfluß auf die Definition ihres beruflichen Gegenstandes und ihres Arbeitsbereichs gewonnen. Dies ist auch eine Erklärung dafür, daß berufliche Gleichstellung von Frauen in keinem anderen Arbeits- und Berufsbereich so viel öffentliche Beachtung gewonnen hat wie im Arbeitsmarkt Wissenschaft an der Universität.

Ansätze einer gleichstellungsorientierten Arbeitsmarkt- und Strukturpolitik im Wissenschaftssektor

Was ist unter einer gleichstellungsorientierten Arbeitsmarkt- und Strukturpolitik im Wissenschaftssektor zu verstehen, was sollte sie leisten?

Eine gleichstellungsorientierte Arbeitsmarkt- und Strukturpolitik – so wird in den »Berliner Perspektiven für die Gleichstellung von Frauen in der Wissenschaft« programmatisch formuliert (vgl. Anhang) – will auf Strukturentscheidungen in Forschung und Wissenschaft Einfluß nehmen mit dem Ziel, den Forschungs- und Dienstleistungssektor als Arbeitsplatz- und Berufsperspektive für wissenschaftlich qualifizierte Frauen auszubauen und Ungleichgewichte nach Geschlecht auszugleichen. Eine so verstandene Arbeitsmarkt- und Strukturpolitik ist Programm. Sie ist weit davon entfernt, Realität zu sein. Die real existierende Arbeitsmarktpolitik der Länder und des Bundes agiert in der Regel in einem sehr viel engeren Radius. Arbeitsmarktpolitik ist im wesentlichen Arbeitsförderpolitik, d.h. das Angebot und die Subventionierung von (zusätzlicher) Beschäftigung, Qualifizierung und Beratung im sogenannten ersten und zweiten Arbeitsmarkt sowie die Mitwirkung an der Herstellung der gesetzlichen Rahmenbedingungen für diese sogenannte aktive Arbeitsmarktpolitik. Mit anderen Worten: Die vorgefundene Arbeitsmarktpolitik beschränkt sich weitgehend auf Eingliederung der aus der Erwerbsarbeit Herausgefallenen und auf präventive Qualifizierung der von Erwerbslosigkeit Bedrohten. Sie ist kaum auf die gegebene Arbeitsmarkt- und Beschäftigungsstruktur ausgerichtet und verfolgt selten das Ziel einer weniger ungleichen Verteilung von Erwerbsarbeit zwischen Männern und Frauen sowie zwischen Arbeitsuchenden und Arbeitsplatzbesitzern.

Die real existierende Arbeitsmarktpolitik ist im Kern das, was ihre gesetzliche Grundlage, das Arbeitsförderungsgesetz, vorsieht und was die Länder, zumeist als Erweiterung und Ergänzung zu den durch das Bundesgesetz vorgegebenen Instrumenten und Regelungen in ihren Landesförderprogrammen zusätzlich entwickeln und in Einflußnahme auf die arbeitsmarktrelevante Bundesgesetzgebung zu regeln versuchen. Eine so verstandene Arbeitsmarktpolitik (im engeren Sinne) muß nach außen als der verlängerte Arm des Arbeitsamtes erscheinen. Gleichstellungspolitk ist in diesem Kontext allein vorgesehen (und auch das erst als Ergebnis frauenpolitischer Forderungen) als Auftrag und Maßgabe, Frauen an den Eingliederungsmaßnahmen entsprechend ihrem Anteil an den Erwerbslosen zu beteiligen. Das gesamte Feld der über Arbeitsmarkt- und Karrierechancen zentral entscheidenden betrieblichen Personalpolitik ist hier ebensowenig enthalten wie für die Arbeitsplatzentwicklung relevante Strukturentscheidungen der Wirtschaft und die für den Wissenschaftssektor ebenso zentralen Weichenstellungen der Forschungs-, Bildungs- und Technologiepolitik sowie der sonstigen Institutionen, die Arbeitsmarktchancen mitbestimmen (wie das Arbeits- und Tarifrecht, die Sozial- und Familienpolitik und die Steuerpolitik).

Dieser enge Begriff von Arbeitsmarktpolitik hat z.T. ordnungspolitische Gründe, auf die ich hier nicht eingehen will. Selbstverständlich werden kontinuierlich und in verstärktem Maße seit der deutschen Vereinigung, insbesondere von den Ländern, Versuche unternommen, diesen engen Radius von Arbeitsmarktpolitik zu erweitern. Aber all diese Versuche sind eher als eine in die Zukunft gerichtete Abweichung von der Regel zu begreifen, als daß sie sich auf einen breiten gesellschaftlichen Konsens (insbesondere im konservativen und liberalen politischen Lager) stützen könnten. Der Versuch der Erweiterung des arbeitsmarktpolitischen Feldes geht zum einen in Richtung einer Verzahnung von Arbeitsmarktpolitik mit Strukturpolitik, worunter implizit in der Regel gemeint ist: Arbeitsmarktpolitik zu koppeln mit der Entwicklung der regionalen Wirtschaftsstruktur. Er geht zum anderen in Richtung einer stärkeren Einbeziehung der industriellen Beziehungen sowie der betrieblichen Personalpolitik (wofür z.T. in Abgrenzung zu »Arbeitsmarktpolitik« im engeren Sinne der Begriff »Arbeitspolitik« verwandt wird) und schließlich in Richtung einer Verknüpfung von Arbeitsmarkt- und Gleichstellungspolitik. Ich gehe hier von diesem weiteren Begriff von Arbeitsmarktpolitik aus, der Arbeitspolitik und Gleichstellungspolitik einschließt.

Mit Blick auf den wissenschaftlichen Arbeitsmarkt ist auch der Begriff der Strukturpolitik zu erweitern. Strukturpolitik im Wissenschaftssektor, die Einfluß auf das Angebot und die Verteilung von Arbeit im wissenschaftlichen Arbeitsmarkt nehmen will, kann sich nicht allein auf Entwicklung der regionalen Wirtschaftsstruktur beschränken, sondern muß Strukturentscheidungen einbeziehen, die gewöhnlich für das Ressort der Forschungs-, Bildungs- und Technologiepolitik reserviert sind.

Von welchen Ausgangsbedingungen in der Entwicklung des wissenschaftsnahen Dienstleistungssektors kann ein solches Politikfeld ausgehen? Wo sind Ansatzpunkte gegeben, Entwicklungen zu steuern und Entscheidungen zu beeinflussen?

Tendenzen der Entwicklung des hochqualifizierten Dienstleistungssektors lassen für die mittelfristige Zukunft zumindest Erhalt, wenn nicht leichte Zunahme der Arbeitsplätze im forschungsbezogenen Dienstleistungssektor erwarten. Projektionen der Arbeitsmarktentwicklung bis zum Jahre 2010 durch »Prognos« und das »Institut für Arbeitsmarkt- und Berufsforschung« gehen davon aus, daß sich der langfristige Entwicklungstrend im Wirtschafts- und Beschäftigungsstrukturwandel in Richtung wachsender Qualifikationsanforderungen der Arbeitsplätze und einer zunehmenden Dienstleistungsorientierung in den nächsten 15 Jahren fortsetzen wird (Tessaring 1994). Nach diesen Vorausschätzungen wird der Bedarf an Ungelernten um etwa die Hälfte abnehmen und im Jahre 2010 nur noch einen Anteil von 10% am gesamten Arbeitskräftebedarf ausmachen. Spiegelbildlich dazu werden unter allen Qualifikationsgruppen Hochschulabsolventen und -absolventinnen am meisten Gewinne an Arbeitsplätzen davontragen. Deren Anteil wird im Jahre 2010

– so die Prognosen – am gesamten Arbeitskräftebedarf 11 bis 12% ausmachen.

Auch wenn derartige Vorausschätzungen der zukünftigen Arbeitsmarktentwicklung mit viel Unsicherheiten behaftet sind, kann davon ausgegangen werden, daß die Nachfrage nach Hochqualifizierten absolut und relativ weiter zunehmen wird. Für bildungspolitische Entscheidungen, die sich u.a. an solchen Arbeitsmarktprojektionen orientieren, werden durch diese auf die Zukunft bezogenen Hochrechnungen Rahmendaten gesetzt.

In der gegenwärtigen Diskussion um den Standort Deutschland im internationalen Wettbewerb und um eine neue Verortung der Region Berlin im Ost-West-Transformationsprozeß gewinnt die Einsicht an Boden, daß die Wirtschaft der Bundesrepublik im internationalen Wettbewerb ihre Position nicht in erster Linie im Wettlauf um die niedrigsten Arbeitskosten wird halten können, sondern wie andere hochentwickelte Industrieländer auch eher durch ihren Vorsprung an hochqualifizierten Arbeitskräften und in der Stärkung von Wissenschaft, Forschung und Entwicklung. Inwieweit diese Einsicht sich in eine entsprechende Investition in Arbeitsplätze im Bereich Forschung und Entwicklung umsetzen wird, ist allerdings vor dem Hintergrund der Arbeitskostendiskussion und des rasanten Abbaus der Industrieforschung im ostdeutschen Transformationsprozeß, der Einstellung der Berlinförderung und der Verschlankung der Unternehmen in den alten Bundesländern fraglich.

Für die besondere Situation der Region Berlin sind als weitere Bedingungen für die zukünftige Entwicklung des wissenschaftsnahen Dienstleistungssektors folgende günstige Ausgangsvoraussetzungen, aber auch Risiken, in Rechnung zu stellen:

- Dichte der Forschungs- und Wissenschaftsinfrastruktur
- Hauptstadtentscheidung
- Folgen des Abbaus des Wissenschaftssektors Ost
- Abbau von Arbeitsplätzen im Berliner öffentlichen Dienst und Verwaltungsreform.

Vor diesem Hintergrund sollen im folgenden – ohne den Anspruch auf Vollständigkeit – einige Zielbereiche und Ansatzpunkte für strukturpolitische Weichenstellungen benannt werden:

1. Die günstigen Voraussetzungen für den Erhalt bzw. leichten Ausbau von Arbeitsplätzen im Wissenschaftssektor der Bundesrepublik, und speziell in der Region Berlin, werden nicht zwangsläufig Realität werden. Sie bedürfen aktiver politischer Gestaltung in eben diese Richtung durch eine konzertierte Aktion der verschiedenen Politikfelder, insbesondere der Frauen-, Arbeits-

markt-, Bildungs- und Wissenschaftspolitik wie auch der Wirtschafts- und Finanzpolitik, unterstützt von einer Wissenschaftlerinnen«lobby« von außen. Dabei kommt es darauf an, daß Arbeitsplätze mit Karrierechancen nicht allein in den naturwissenschaftlich-technischen Arbeitsfeldern, sondern in gleichem Maße in jenen Forschungsrichtungen erhalten und ausgebaut werden, in denen Frauen als wissenschaftliche Arbeitskräfte von potentiellen Arbeitgebern Akzeptanz entgegengebracht wird, d.h. eine reelle Beschäftigungschance haben. Neuere Untersuchungen haben für den akademischen Arbeitsmarkt nachgewiesen, daß die geringeren Zugangschancen von Hochschulabsolventinnen zu einem qualifikationsadäquaten Arbeitsplatz und die geringeren Aufstiegsmöglichkeiten im Vergleich zu männlichen Absolventen besonders ausgeprägt in Erscheinung treten, wenn Frauen in den als zukunftsträchtig geltenden, aber eher frauenuntypischen naturwissenschaftlich-technischen Fachrichtungen qualifiziert sind (Plicht u.a. 1994). Dieser Befund zwingt zum Überdenken von arbeitsmarkt- und gleichstellungspolitischen Strategien der Vergangenheit, die aus der Arbeitsmarktsegmentationsforschung den oft (vor)-schnellen Schluß gezogen haben, es käme vor allem darauf an, die Studien- und Berufswahlentscheidung von Frauen in Richtung typischer Männerarbeitsbereiche zu steuern.

2. Sämtliche verfügbaren Erkenntnisse zu Arbeitsmarkt und Geschlecht laufen darauf hinaus, daß Frauen (als Gruppe verstanden) – stark vereinfacht resümiert – nur dann eine Beschäftigungschance haben, wenn für die Tätigkeit nicht genügend Männer (ebenfalls als Gruppe begriffen) zur Verfügung stehen. Da es nicht wahrscheinlich ist, daß diese Situation im Wissenschaftssektor in absehbarer Zukunft bundesweit bzw. in der Region Berlin eintreten wird, käme es darauf an, eine Nachfrage in wissenschaftlichen Arbeitsmärkten (insbesondere in solchen, die Karriereperspektiven eröffnen) zu erzeugen, die nur von Wissenschaftlerinnen zu erfüllen ist. Dies könnte durch die Kontingentierung von Stellen geschehen oder indem eine wissenschaftliche Einrichtung oder ein Teil einer Einrichtung ausschließlich Wissenschaftlerinnen vorbehalten wird. Um einem negativen Stigmatisierungseffekt und einer Abwertung einer solchen »Frauen«- Einrichtung vorzubeugen, müßte diese Strategie verbunden werden mit dem inhaltlichen Aufbau eines neuen oder dem Ausbau eines bereits vorhandenen wissenschaftlichen Schwerpunktes oder Zentrums mit einem besonderen wissenschaftlichen Renommee (z. B. im Bereich der Frauen- und Geschlechterforschung, wo in Berlin schon Anknüpfungspunkte gegeben wären). Ein solches Zentrum hätte der Tatsache Rechnung zu tragen, daß sich die Spitze der Forschung allmählich aus den Hochschulen herausverlagert. Entscheidend wäre, daß ein solches – vorzugsweise außer-

universitäres – wissenschaftliches Zentrum es gleichzeitig als Auszeichnung und als seinen Vorzug versteht, ausschließlich qualifizierte Wissenschaftlerinnen zu beschäftigen und diesen Vorzug durch eine professionelle Öffentlichkeitsarbeit nach außen zu übermitteln versteht.

3. Wissenschaft als Beruf muß als Option entwickelt werden, die nicht allein auf die Hochschullehrerlaufbahn einerseits oder prekäre Beschäftigungsverhältnisse andererseits verwiesen ist. Seit den zunehmenden Arbeitsmarktungleichgewichten wird wissenschaftliche Tätigkeit im Mittelbau als Qualifizierung definiert und mit irreversibel befristeten Beschäftigungsverhältnissen verbunden, die das Ende der Berufslaufbahn als Wissenschaftler und Wissenschaftlerin bedeuten, wenn nicht rechtzeitig der Sprung auf die Professur gelingt oder prekäre Beschäftigungsverhältnisse in Kauf genommen werden. Hier bieten die mit der Emeritierungswelle zu erwartenden Vakanzen angesichts der Klagen der Wissenschaftsorganisationen über Mangel an habilitiertem Nachwuchs ebenso Ansatzmöglichkeiten, auf die Umwandlung eines Teils der Lehrstuhlstellen in Mittelbau-Dauerstellen hinzuwirken, wie mit dem Angleichungsdruck im Zuge der zunehmenden europäischen Integration die Chance verbunden ist, die Habilitation zur Disposition zu stellen.

4. Sogenannte freiberufliche wissenschaftliche Tätigkeiten über Honorarverträge, Projekte und Stipendien sind in die volle soziale Sicherung inklusive Arbeitslosenversicherung einzubeziehen. Das dürfte allerdings ein langer Weg sein, wie der Kampf um den Einbezug der geringfügigen Beschäftigung ins soziale Sicherungssystem zeigt. Als ein Schritt auf dem Wege sind auch Zwischenlösungen zu prüfen, wie z.B. die Selbstorganisation von Wissenschaftlerinnen zu einem »Wissenschaftlerinnenpool« in Anlehnung an das vom Institut für Arbeit und Technik entwickelte Konzept eines »Dienstleistungspools« (Weinkopf 1996).

Im Zusammenhang mit der Entwicklung der Region Berlin zu einem Dienstleistungszentrum und einem Zentrum von Wissenschaft und Forschung wird in zahlreichen Gutachten das Angebot an hochqualifizierten Arbeitskräften in Verbindung mit einer breiten Wissenschafts- und Forschungsinfrastruktur und einem ausgezeichneten kulturellen Angebot als positiver Standortvorteil von seiten der befragten Unternehmen gerühmt (z.B. Grabow u.a. 1995). Dieser Standortvorteil konnte allerdings bisher noch nicht in eine entsprechende Ansiedlungspolitik umgesetzt werden und ist daher als eine noch offene Option für die Zukunft anzusehen. Da bekanntlich Betriebe, Verbände und Behörden weniger vorausschauende Personalplanung betreiben als sie gerne vorgeben, wären hier Ansatzpunkte gegeben, z.B. in Form von Unterstützungsangeboten für die Personalplanung und -entwicklung oder durch die Vermittlung und den Einsatz von Wissenschaftlerinnen (und über den engeren Bereich der Forschung hinaus von hochqualifiziertem Personal) über eine selbständig arbeitende Agentur in Form einer Selbstorganisation von (freiberuflichen) Wissenschaftlerinnen in einem »Wissenschaftlerinnenpool«. Ein solcher Wissenschaftlerinnenpool könnte über die Vermittlungsfunktionen hinaus inhaltliche Aufgaben nicht nur in der Personalplanung und -entwicklung, sondern auch in der Entwicklungsplanung der Region Berlin zu einem »intelligenten« Dienstleistungszentrum übernehmen und die entsprechende Öffentlichkeitsarbeit initiieren.

5. Durch den Abbau von Arbeitsplätzen im Berliner öffentlichen Dienst sowie durch die Verwaltungsreform (die auch in anderen Bundesländern ansteht) werden mittelfristig Arbeitsplätze verloren gehen, die auch den Wissenschaftssektor mit der Folge treffen dürften, daß die Konkurrenz zwischen Wissenschaftlerinnen und Wissenschaftlern vermutlich weiter zunehmen wird. Durch die mit diesem Prozeß verbundenen Tendenzen zur Privatisierung öffentlicher Aufgaben droht ein Rückschritt der bescheidenen Ansätze zur Gleichstellung im öffentlichen Dienst, die durch das Berliner Landesgleichstellungsgesetz auf den Weg gebracht worden sind. Es besteht die Gefahr, daß das Privatisierungsprogramm sich zu einem Programm entwickelt, das die geltenden Gleichstellungsgesetze im öffentlichen Dienst ein Stück weit ihres Gegenstandes beraubt (Krell 1995). Hier ist dringender politischer Handlungsbedarf gegeben, der nicht den Gleichstellungsbeauftragten allein überlassen bleiben kann.

Brandenburg setzt in der Landesentwicklungsplanung bewußt den Ausbau seiner Hochschul- und Wissenschaftslandschaft als ein Instrument zur Strukturentwicklung ein, während Berlin angesichts der Haushaltskonsolidierungszwänge den Rotstift gegenwärtig vor allem auch im Hochschulsektor ansetzt. Hier ist trotz der gescheiterten Fusion der beiden Länder durch länderübergreifende Kommissionen und eine entsprechende Beteiligung von Wissenschaftlerinnen in den Kommissionen sicherzustellen, daß bei den anstehenden Umstrukturierungen der Hochschulen in Berlin und bei der Entwicklungsplanung der Wissenschaftslandschaft in Brandenburg der Bestand und Ausbau jener Forschungsbereiche gesichert wird, die für qualifizierte Wissenschaftlerinnen Arbeitsplatzoptionen versprechen und die gleichzeitig den Chancen zum Ausbau der Region Berlin-Brandenburg zu einem wissenschaftsnahen Dienstleistungszentrum Rechnung tragen.

Eine gleichstellungsorientierte Arbeitsmarkt- und Strukturpolitik wird sich in Zukunft im Wissenschaftssektor wie auch in anderen Arbeitsmarktsegmenten stärker darauf richten müssen, wie Bewegung in die Arbeitsmarkt- und

Beschäftigtenstruktur gebracht werden kann. Dabei reicht es nicht aus, allein die realen Verhältnisse auf dem Arbeitsmarkt im Blick zu haben, sondern es ist auch auf Veränderungen auf der Meta-Ebene der Bilder über Frauen hinzuwirken, die entscheidend an der Aufrechterhaltung und Neuproduktion von Geschlechterungleichheit beteiligt sind. Das gilt nicht allein für die in diesem Zusammenhang gern zitierten Medien oder die Werbung, sondern für sämtliche gesellschaftliche Bereiche, inklusive den wissenschaftlichen und politischen Diskurs. So ist, um das nur an einem Beispiel zu illustrieren, gegenwärtig der Diskurs in Wissenschaft und Politik über die »Erwerbsneigung« ostdeutscher Frauen als ein erneuter Versuch zu begreifen, Frauen ein gleiches Recht auf Erwerbsarbeit abzusprechen.

Literatur

Grabow, Busso/Christian Engeli/Dietrich Henckel/Beate Hollbach-Grömig (1995), *Weiche Standortfaktoren*. Schriften des Deutschen Instituts für Urbanistik, Bd. 89, Stuttgart.

Krell, Gertraude (1995), Neues Steuerungsmodell und kommunale Gleichstellungsarbeit, in: *Zeitschrift für Frauenforschung* 1+2, S. 28-38.

Limbach, Jutta (1994), Die zurückgebliebenste aller Provinzen ist die Universität. Der aufhaltsame Aufstieg der Frauen in der Wissenschaft und die weibliche Dürre bei den Professoren, *Frankfurter Rundschau* v. 8.11.

Niedersächsisches Ministerium für Wissenschaft und Kultur (Hg.) (1994), *Frauenförderung ist Hochschulreform – Frauenforschung ist Wissenschaftskritik*. Bericht der niedersächsischen Kommission zur Förderung von Frauenforschung und zur Förderung von Frauen in Lehre und Forschung, Hannover.

Ostner, Ilona (1993), Interessen und Akteure im Sozial- und Gesundheitsbereich. Neue Wege der Institutionalisierung von Fraueneinfluß in einem Frauenarbeitsbereich, in: Senatsverwaltung für Arbeit und Frauen Berlin (Hg.), *Soziale Frauenberufe in der Krise*. Aufwertung und Berufsperspektiven, Berlin, S. 150-161.

Plicht, Hannelore/Karen Schober/Franziska Schreyer (1994), Zur Ausbildungsadäquanz der Beschäftigung von Hochschulabsolventinnen und -absolventen. Versuch einer Quantifizierung anhand der Mikrozensen 1985 bis 1991, in: *Mitteilungen aus der Arbeitsmarkt- und Berufsforschung* 3, S. 177-204.

Tessaring, Manfred (1994), Langfristige Tendenzen des Arbeitskräftebedarfs nach Tätigkeiten und Qualifikationen in den alten Bundesländern bis zum Jahre 2010, in: *Mitteilungen aus der Arbeitsmarkt- und Berufsforschung* 1, S. 5-19.

Weinkopf, Claudia (1996), Professionalisierung privater Dienstleistungen durch Dienstleistungspools, in: *Dienstleistungen in privaten Haushalten*. Schriftenreihe der Senatsverwaltung für Arbeit und Frauen, Bd. 21, Berlin, S. 69-88.

Wetterer, Angelika (1994), Rhetorische Präsenz – faktische Marginalität. Zur Situation von Wissenschaftlerinnen in Zeiten der Frauenförderung, in: *Zeitschrift für Frauenforschung* 1+2, S. 93-109.

Der Arbeitsmarkt für Wissenschaftlerinnen

Einige Beobachtungen aus der Sicht einer Arbeitsmarktforscherin

Friederike Maier

Ich möchte mich dem Thema »Arbeitsmarkt- und Strukturpolitik für Wissenschaftlerinnen« aus der Perspektive der Arbeitsmarktforschung nähern, d.h. zunächst einmal fragen, wie der Arbeitsmarkt für Wissenschaftlerinnen und Wissenschaftler strukturiert ist und welche Akteure und Akteurinnen ihn eigentlich beeinflussen. Dazu zunächst einige Daten, die dem Statistischen Jahrbuch für die Bundesrepublik Deutschland 1994 entnommen sind: 1991 waren in den alten Bundesländern an Hochschulen (Universitäten, Gesamthochschulen, Kunsthochschulen und Fachhochschulen) insgesamt 112 939 Menschen als hauptberufliches wissenschaftliches und künstlerisches Personal beschäftigt, davon waren 18% weiblichen Geschlechts (in absoluten Zahlen 20 345). In öffentlich finanzierten Forschungseinrichtungen arbeiteten 25 040 Personen, in den Forschungsabteilungen der Unternehmen weitere 118 947 Personen; der Frauenanteil ist für beide Bereiche nicht ausgewiesen, wird jedoch vermutlich nicht über dem des Hochschulbereichs liegen. 1993 waren 119 154 Menschen als wissenschaftliches Personal in den alten Bundesländern und 26.104 in den neuen Bundesländern an Hochschulen beschäftigt. Der Frauenanteil betrug im Westteil 19,6%, im Ostteil 30,9%. In Großforschungseinrichtungen und Instituten der »Blauen Liste« waren 1995 25 138 WissenschaftlerInnen beschäftigt, der Männeranteil betrug knapp 82% (vgl. Bundesregierung 1996: Tabellen 21 und 23).

Aus diesen Größenordnungen wird deutlich, daß der öffentliche Sektor in Form von Hochschulen und Forschungseinrichtungen ein wesentlicher Arbeitgeber für Wissenschaftlerinnen ist, die privaten Unternehmen sind der zweitwichtigste Arbeitgeber. Über die Arbeitsmarktsituation von Wissenschaftlerinnen in privaten Unternehmen kann ich keine fundierten Aussagen machen, deswegen möchte ich mich auf den Bereich der Hochschulen und Forschungseinrichtungen beschränken.

Die Arbeitsmarktentwicklung ist im Bereich der Hochschulen und Forschungseinrichtungen quantitativ und qualitativ von staatlichen Vorgaben abhängig: quantitativ durch die Mittelzuweisungen und qualitativ dadurch, daß die staatlichen Rahmenvorgaben Zugangsvoraussetzungen und Arbeitsbedingungen für Wissenschaftlerinnen und Wissenschaftler regeln:

- Die formalen Voraussetzungen für eine Hochschulkarriere sind in Bundes- und Landesgesetzen geregelt (Promotion und Habilitation an Universitäten, Promotion und Praxiserfahrung an Fachhochschulen) und strukturieren Zugangswege in den Beruf HochschullehrerIn.
- Die Arbeitsbedingungen (befristete/unbefristete Verträge, Entlohnung) sind ebenfalls gesetzlich geregelt.

Der öffentliche Arbeitgeber strukturiert also durch seine Vorgaben den Arbeitsmarkt für Wissenschaftlerinnen und Wissenschaftler ganz wesentlich und hat durch diese Strukturvorgaben kräftig dazu beigetragen, daß sich die Arbeitsbedingungen im Wissenschaftsbetrieb polarisiert haben: in einen kleinen, stabilen, extrem geschützten Bereich einer »Stammbelegschaft«, d.h. Professorinnen und Professoren sowie Leiterinnen und Leiter von Forschungseinrichtungen, die auf Lebenszeit berufen sind, und einen großen, extrem ungeschützten Bereich einer »Randbelegschaft« der wissenschaftlichen MitarbeiterInnen, die auf befristeten Stellen, oftmals mit Teilzeitbezahlung, unter widrigen Bedingungen Forschung betreiben, die Lehre durchführen und sich dabei auch noch qualifizieren sollen für den Zugang zum geschützten Segment.

Auch dazu nur einige grobe Anhaltspunkte: 1991 waren an westdeutschen Hochschulen 30 981 ProfessorInnen beschäftigt (Frauenanteil 5,7%), 7 193 DozentInnen und AssistentInnen (Frauenanteil 18%), 70 389 wissenschaftliche und künstlerische MitarbeiterInnen (Frauenanteil 23%) und 4 377 Lehrkräfte für besondere Aufgaben (Frauenanteil 26,1%). Rechnen wir einmal nur die ProfessorInnen zum stabilen Segment (unbefristete Beschäftigung ist bei den anderen Gruppen eher die Ausnahme als die Regel), so waren 1991 27,4% aller im Hochschulbereich beschäftigten Personen Teil der »Stammbelegschaft«, bezogen auf die Frauen nur 8,6% aller Frauen (vgl. Statistisches Jahrbuch 1994). In den außeruniversitären Forschungseinrichtungen ist die Lage nicht wesentlich anders, seit es üblich geworden ist, auch dort alle Arbeitsverträge mit WissenschaftlerInnen zunächst zu befristen. Laut Angaben der Bundesregierung waren von allen 25 138 WissenschaftlerInnen 54%, von allen Wissenschaftlerinnen (4 536) über 72% (3 299) befristet beschäftigt (vgl. Bundesregierung 1996: Tabelle 26). Es gibt wohl keinen anderen »Wirtschaftszweig« in der BRD mit einem so hohen Grad an befristeten und »Teilzeit«-bezahlten Arbeitsplätzen[1]. Diese Arbeitsmarktstrukturen verlangen den Menschen, die »Wissenschaft als Beruf« betreiben möchten, ein hohes Maß an Flexibilität ab. Ich komme später noch einmal darauf zurück.

Meine erste These ist, daß diese Arbeitsmarktstrukturen dazu beitragen, daß der Frauenanteil im Arbeitsmarkt Wissenschaft – trotz aller Proklamation von Frauenförderung – kaum gestiegen ist.

Stellen wir uns einmal einen idealtypischen Weg in den Beruf »Wissenschaftlerin« vor: Nach dem Studium, das selbstverständlich mit besten Ergebnissen abgeschlossen sein muß, bewirbt frau sich als wissenschaftliche Mitarbeiterin an der Hochschule oder einer Forschungseinrichtung. Bekommt sie die Stelle (es bewerben sich in der Regel genügend Menschen), muß sie unter der Bedingung schlechter Bezahlung (2/3-Stelle oder 1/2 Stelle) nicht nur Lehre und Forschung betreiben, sondern sich dazu noch durch das Schreiben einer Promotion qualifizieren. Sind die fünf Jahre vergangen und ist die Promotion geschafft, schließt sich eine Hochschulassistentinnen-Tätigkeit an, die neben Forschung und Lehre nun das Ausarbeiten der Habilitation vorsieht. Im idealtypischen Verlauf ist frau dann mit Mitte 30 formal qualifiziert, um sich für die Aufnahme in die »Kernbelegschaft« (= Professur) bewerben zu können. Daß dieser Normalverlauf einer wissenschaftlichen Karriere am männlichen Erwerbsverlauf orientiert ist und keine Familienaufgaben zuläßt, ist schon vielfach kritisiert worden. Gleichzeitig ist dieser Normalverlauf jedoch – auch für viele Männer – die Ausnahme: Die wenigsten AbsolventInnen, die eine wissenschaftliche Karriere anstreben, schaffen einen nahtlosen Übergang vom Studium in wissenschaftliche MitarbeiterInnenstellen, die Vereinbarkeit von Lehr- und Forschungsaufgaben mit dem Schreiben einer Dissertation ist oft nicht gegeben. HochschulassistentInnen-Stellen sind rar und die Hürden für eine Habilitation ungleich höher als für eine Promotion; kurz gesagt, die Bedingungen für eine solche Karriere sind auch schon ohne Familienaufgaben relativ schlecht. Kommt dazu auch noch der Wunsch, mit Kind(ern) leben zu wollen, ist es für viele Frauen extrem schwierig, die formalen Voraussetzungen für den Zugang in die Kernbelegschaft zu erwerben.

Ein weiteres Problem: Der Weg in die Kernbelegschaft ist mit extrem hohen Flexibilitätsanforderungen verbunden. Der Berufsweg vieler WissenschaftlerInnen ist charakterisiert durch eine Folge von rechtlich und materiell ungesicherten Zuständen. Anstellungsverträge, Projektverträge, Honorar- und Werkverträge, Projektabschlußarbeiten auf Arbeitslosengeld, schlecht oder gar unbezahlte Probearbeitsverhältnisse, Stipendien, Arbeitslosengeld, -hilfe und Sozialhilfe markieren die berufliche Entwicklung vieler WissenschaftlerInnen und führen zu hoher finanzieller und sozialrechtlicher Unsicherheit. Ein »Normalarbeitsverhältnis« scheint mir eher die Ausnahme als die Regel. Die hohe Unsicherheit im Arbeitsmarkt »Wissenschaft« ist nicht nur politisch und institutionell gewollt, ihr »Ertragen« scheint auch so etwas wie ein Rekrutierungskriterium: Durchhalten und sich weiter qualifizieren unter widrigsten Bedingungen trennt »die Spreu vom Weizen«.

Ein Blick über die Grenzen der Bundesrepublik Deutschland hinaus belegt, daß die Chancen von Frauen im Wissenschaftsbetrieb in den Ländern höher sind, in denen es möglich ist, Lehre und Forschung auch schon unterhalb von Professuren auf unbefristeten Stellen betreiben zu können: Nicht nur in der ehemaligen DDR, in der es viele Mittelbaustellen als Dauerstellen gab, lag der Frauenanteil im Wissenschaftsbereich mit 40% deutlich höher als in Westdeutschland, sondern auch in Spanien (28%), Italien (27%), Frankreich und Portugal (jeweils 24%) sind mehr Wissenschaftlerinnen beschäftigt als in der BRD (vgl. Rubery/Fagan 1993). Ein Strukturmerkmal des Wissenschaftsbetriebs dieser Länder ist es, daß unbefristete Stellen nicht erst für Professuren vorgesehen sind, d.h. Beschäftigungsstabilität auch für Wissenschaftlerinnen und Wissenschaftler zu einem früheren Zeitpunkt in ihrer Karriere möglich ist. Für mich folgt aus diesen Überlegungen eine erste strukturpolitische Forderung: Die Bedingungen des Berufseintritts und Berufsverlaufs im Wissenschaftsbetrieb müssen grundsätzlich daraufhin überprüft werden, mehr Dauerstellen und »Normalarbeitsverhältnisse« einzurichten.

Gegen eine stärkere Regulierung des WissenschaftlerInnen-Arbeitsmarktes in Richtung auf Dauerbeschäftigung und Kontinuität wird gern eingewandt, daß dies zur Erstarrung und Verkrustung führt – geistige Innovation also an Unsicherheit gebunden ist. Dazu kann nur darauf hingewiesen werden, daß dieses Argument in der Regel von denen verwandt wird, die selbst unbefristete (Beamten-)Positionen haben und die sich damit ein Armutszeugnis ausstellen. Sie nutzen die Möglichkeiten des »deregulierten« Arbeitsmarktes und bezeichnen dies als »Nachwuchsförderung«. Ich frage mich allerdings, warum wissenschaftliche Leistungen des Nachwuchses nur unter den Bedingungen individueller Existenzunsicherheit möglich sein sollen, bei Professoren dagegen mit Lebenszeitverbeamtung gekoppelt sind.

Trotz der günstigeren Arbeitsbedingungen für Wissenschaftlerinnen in anderen Ländern finden wir – begeben wir uns auf die Ebene der C-Professuren – auch dort nur wenige Frauen: Den höchsten Frauenanteil unter den Professuren hatte in der oben zitierten Untersuchung Italien mit 13%, gefolgt von Frankreich mit 11%, die Bundesrepublik bildete zusammen mit Großbritannien das Schlußlicht (5,7 % bzw. 4%). Auf dieser Ebene scheinen noch stärker andere als nur formale Rekrutierungskriterien eine Rolle zu spielen: Obwohl in vielen Ländern eine Habilitation nicht notwendig ist, gelingt es Frauen kaum, in diese Domäne einzudringen. Ähnlich wie im privatwirtschaftlichen Bereich, in dem Frauen in Führungspositionen kaum vertreten sind, hat es die Professorenschaft trotz Frauenförderrichtlininen geschafft, weitgehend unter sich zu bleiben (vgl. Wetterer 1994).

Aus der Arbeitsmarktforschung wissen wir, daß die Attraktivität eines Berufs und seine Schließung als »Männerberuf« kaum mit den fehlenden Qualifikationen der Frauen zusammenhängt, sondern von einer Reihe anderer Faktoren wie der relativen Bezahlung, den Arbeitsbedingungen, dem Grad an Autonomie, der Autorität über andere, der Möglichkeit, Fähigkeiten weiterzuentwickeln und die Arbeitszeit selbstbestimmt zu gestalten, und der Macht, dem Prestige und Status, den ein Beruf in einer Gesellschaft hat (vgl. Strober/Catanzarite 1994: 120). Im Wissenschaftsbetrieb erfolgt der Zugang zu den höchsten Positionen über professionelle Netzwerke, die über einen hohen Grad an informellen Regeln und Zugangsbarrieren verfügen. Umschrieben werden können diese mit Begriffen wie Kooptation, Loyalität und Protektion, und sie gipfeln in einem Rekrutierungsmechanismus, der es der Zunft der WissenschaftlerInnen selbst überläßt, die zu kooptieren, die erfolgreich in diesen Netzwerken mitarbeiten. Ob es dabei immer die »Besten« sind, die kooptiert werden, soll an dieser Stelle offen gelassen werden; ich persönlich habe allerdings meine Zweifel an der sogenannten »Bestenauswahl«, die einen offensichtlichen Geschlechterbias zugunsten von Männern hat. Also sind auch hier strukturpolitische Veränderungen notwendig, mit denen der öffentliche Arbeitgeber in die Rekrutierungsmechanismen eingreifen kann: Frauenförderpläne, ergebnisorientierte Zielvorgaben, Reservierung von Stellen und Mitteln für Frauen.

Zusammengefaßt bedeuten meine Argumente, daß sich Strukturpolitik im Wissenschaftsbereich primär darauf beziehen sollte, die Zugangsbedingungen und die Arbeitsmarktstrukturen kritisch zu hinterfragen. Staatliche Akteure sind aufgefordert, strukturpolitische Rahmenbedingungen neu zu formulieren, um Frauen die gleichen Berufschancen zu eröffnen wie Männern.

Chancen der Arbeitsmarktpolitik

Der öffentliche Wissenschaftsbetrieb nutzt Arbeitsmarktpolitik auf eine spezifische Weise, nämlich indem die finanzielle Absicherung der Nachwuchskräfte durch Arbeitslosengeld oder Arbeitslosenhilfe oftmals in die Arbeitsplanung einbezogen wird. Nach dem Auslaufen befristeter Projekte oder Arbeitsverträge werden Abschlußberichte, neue Projektanträge und teilweise Dissertationen »auf Arbeitslosengeld« geschrieben. Diese Weiterarbeit ist dabei für beide Seiten nützlich: Die Nachwuchskräfte können begonnene Arbeiten zu Ende führen, sich qualifizieren und sich mit einem erfolgreichen neuen Antrag eventuell eine neue Beschäftigung sichern, und die Forschungseinrichtungen, die unter dem Druck knapper Haushaltsmittel stehen, externalisieren einen Teil ihrer Arbeit auf Kosten der Beitragszahler der Bundesanstalt für Arbeit.

Die anderen Instrumente der Arbeitsmarktpolitik, die im Prinzip auch vom Wissenschaftsbetrieb genutzt werden könnten, werden dagegen kaum beachtet: Überlegungen von Forschungseinrichtungen, Kurzarbeit für ihre Beschäftigten zu beantragen, wenn die Auftrags- und Drittmittellage schlecht ist, sind eher die Ausnahme. Auch andere Instrumente werden nicht genutzt: Leicht vorstellbar wäre es, ABM oder Lohnkostenzuschüsse in Anspruch zu nehmen, um arbeitslosen WissenschaftlerInnen Integrationsmöglichkeiten in den Forschungseinrichtungen zu schaffen. Ich kann mich aber nicht entsinnen, daß die öffentlich geförderten Einrichtungen davon jemals größer Gebrauch gemacht hätten oder gefordert hätten, daß sie an solchen Instrumenten partizipieren möchten, falls die Förderungsvoraussetzungen dem nicht entgegenstehen würden. Genutzt werden diese arbeitsmarktpolitischen Instrumente eher in einem Arbeitsmarktsegment, in dem zwar auch HochschulabsolventInnen arbeiten, das aber nicht unbedingt für den Wissenschaftsbetrieb qualifiziert: in Projekten freier Träger, in selbstorganisierten Beratungs- und Forschungszentren, in kleinen Archiven. Dort spielt ABM eine große Rolle. Aber der offizielle Wissenschaftsbetrieb ist skeptisch gegenüber arbeitsmarktpolitischen Instrumenten, selbst da, wo sie zur Überleitung in den offiziellen Arbeitsmarkt gemeint waren (siehe die Erfahrungen in Ostdeutschland).

Woher kommt diese Abneigung? Ich glaube, daß dies damit zusammenhängt, daß Wissenschaft in der Bundesrepublik nicht als Beruf wie jeder andere gesehen wird, sondern umgeben ist von einem geheimnisvollen Mythos von Berufung, Begabung und Selbstinszenierung. Hochschulen und Forschungseinrichtungen wollen sich nicht der Nutzung von arbeitsmarktpolitischen Instrumenten »aussetzen«, mit denen im Zweifelsfall ja »wissenschaftsferne Kriterien« der Personalrekrutierung verknüpft sein könnten (»dann muß ich ja jemanden einstellen, der/die vom Arbeitsamt kommt«). Die Rekrutierung der »Besten« möchte man sich nicht durch die Inanspruchnahme arbeitsmarktpolitischer Instrumente verbiegen lassen. Werden dagegen zusätzliche öffentliche Mittel im Rahmen von Hochschulentwicklungsprogrammen, wissenschaftlichen Programmen oder als Stipendien bereitgestellt, d.h. orientieren sich die zusätzlichen Mittel an den traditionellen Vorgaben des Wissenschaftsbetriebs selbst, dann werden sie in Anspruch genommen. Das bedeutet: Soll Frauenförderung forciert werden, dann müssen die Mittel einen wissenschaftspolitischen Bezug haben.

Bei Bewerbungen in Hochschulen und Forschungseinrichtungen wird der zielstrebige Marsch durch die Unsicherheiten des professionellen Berufspfades hoch gewichtet – arbeitslos gewesen zu sein, ist dann kein Makel, wenn gleichzeitig Lehraufträge oder das Fertigstellen der Dissertation vom professionellen Interesse zeugen. Eine ABM-Beschäftigung in einem praxisorientierten Projekt dagegen, eine selbstgegründete Forschungswerkstatt oder andere wissenschaftsnahe Betätigungen zählen in der Regel als Qualifikationsnachweis wenig. In vielen Fällen führt die Beschäftigung auf solchen ABM-Stellen eher raus aus einer wissenschaftlichen Karriere, als daß sie die Integration in den »ersten« Arbeitsmarkt des Wissenschaftsbetriebs fördert.

Unter diesen Umständen – der Wissenschaftsbetrieb selbst nutzt arbeitsmarktpolitische Instrumente nicht, und wissenschaftsnahe ABM qualifizieren in den Augen der EntscheiderInnen nicht unbedingt für eine »reguläre« Beschäftigung im Wissenschaftsbetrieb – würde ich zwar nicht dafür plädieren, mit dem Nachdenken über sinnvolle ABM aufzuhören oder Lohnkostenzuschüsse nicht mehr für Wissenschaftlerinnen zu vergeben, aber ich halte die erzielbaren Resultate für begrenzt. Ich denke, Arbeitsmarktpolitik für Wissenschaftlerinnen führt – bei Nutzung der traditionellen Arbeitsmarktinstrumente – nicht unbedingt zu besseren Arbeitsmarktchancen der Frauen im traditionellen Wissenschaftsbetrieb, aber vielleicht in anderen Feldern. Denkbar ist es, den Forschungsbedarf dieser Gesellschaft auch außerhalb des traditionellen Wissenschaftsbetriebs zu fördern, in dem neue Fragestellungen erforscht, andere Theorie-Praxis-Bezüge entwickelt werden können. Gerade Berlin hat ja eine ganze Reihe nicht-etablierter Wissenschaftsbetriebe, die mit ABM und anderen arbeitsmarktpolitischen Instrumenten aufgebaut worden sind. Hier sehe ich durchaus Handlungsmöglichkeiten für eine Arbeitsmarktpolitik für Wissenschaftlerinnen. Für begrenzt halte ich allerdings die Hoffnung, den traditionellen Wissenschaftsbetrieb mit arbeitsmarktpolitischen Instrumenten beeinflussen zu wollen. Hier greifen andere Mechanismen: wissenschaftspolitische Sonderprogramme, gezielte und an Frauenförderung gebundene Mittelzuweisungen, die von ihrer Logik her im Wissenschaftsbetrieb akzeptiert werden. Um den Wissenschaftsbetrieb selbst zu verändern, müssen sich die Arbeitsbedingungen und -strukturen dort ändern – Arbeitsmarktpolitik wird dabei keine große Hilfe sein können –, so meine These.

Arbeitsumverteilung in der Wissenschaft

Abschließend noch ein weiterer Aspekt: Können im Wissenschaftsbetrieb durch Arbeitsumverteilung mehr Stellen geschaffen werden? Zunächst einmal: Arbeitsumverteilung halte ich für eine sinnvolle Strategie in Zeiten knapper Arbeitsplätze. Die Frage ist nur: unter welchen Konditionen und zu welchen Bedingungen? Wie oben schon kurz angerissen, arbeiten heute bereits viele wissenschaftliche MitarbeiterInnen auf Teilzeitstellen – d.h. sie erhalten eine Teilzeitbezahlung und arbeiten oftmals wie Vollzeitbeschäftigte. Dies ist eine für den öffentlichen Arbeitgeber kostengünstige Einkommensreduzierung. Für die NachwuchswissenschaftlerInnen bedeutet dies – noch viel mehr im übrigen bei Stipendien –, lange Jahre mit hoher Arbeitsbelastung und einem extrem niedrigen Einkommen leben zu müssen. Ich könnte dies zynisch so kommentieren, daß die jungen Nachwuchskräfte eben in ihre Höherqualifizierung qua Einkommensverlust »investieren«.

Während also auf der unteren Ebene des Wissenschaftsbetriebs schon Einkommensverzicht qua Teilzeitbeschäftigung geleistet wird, müßte sich eine echte Arbeits- und Einkommensumverteilung eigentlich an die geschützte »Stammbelegschaft« wenden. Daß diese Stammbelegschaft nicht daran denkt, freiwillig auf Einkommen bzw. Arbeitszeit zu verzichten, um neue Stellen schaffen zu helfen, haben die Versuche von Peter Grottian an der Freien Universität Berlin belegt. Ich würde daher dafür plädieren, das Thema Arbeitsumverteilung offensiv mit den ProfessorInnen zu diskutieren und auf dieser Ebene politisch ansetzen. Als erstes müssen dazu die Möglichkeiten von Teilzeitarbeit auf Professuren erleichtert und flexiblere, innovative Arbeitszeitmodelle möglich werden (z.B. bei einer 2/3-Stelle: zwei Semester lehren, ein Semester frei). Als zweites muß gesichert sein, daß die so eingesparten Mittel tatsächlich für Frauen eingesetzt werden und nicht zum allgemeinen Personalabbau an den Hochschulen beitragen. Eine generelle Forderung, alle neu zu besetzenden Professuren nur noch als Teilzeitprofessuren zu besetzen, halte ich für falsch – dies würde bedeuten, daß die Frauen wieder auf die schlechteren Positionen kommen. Arbeitsumverteilung sollte bei denen ansetzen, die durch ihre Position materiell und berufsbiographisch abgesichert sind.

Abschließend würde ich meine Überlegungen wie folgt zusammenfassen: Der geringe Frauenanteil im Wissenschaftsbetrieb hängt mit den Strukturen dieses Betriebs zusammen, und wir sollten unser Augenmerk darauf richten, wie wir diese Strukturen verändern können. Dabei sollten Überlegungen eine Rolle spielen wie:

- mehr unbefristete Beschäftigung auch schon auf der Ebene unterhalb der Professuren,
- gezielte Frauenförderung durch zweckgebundene Mittelzuweisung und Sonderprogramme,
- Arbeitsumverteilung durch mehr Teilzeitbeschäftigung der ProfessorInnen,
- Einsatz arbeitsmarktpolitischer Instrumente zur Förderung wissenschaftsnaher Beschäftigung außerhalb des traditionellen Wissenschaftsbetriebs, um innovative Fragestellungen sowie andere Theorie-Praxis-Bezüge zu erlauben.

Anmerkungen

1 Ich spreche hier von Teilzeit-Bezahlung, weil halbe oder 2/3-Arbeitsplätze im Wissenschaftsbereich in der Regel keine Teilzeit-Arbeit beinhalten, sondern vollzeitige Arbeit bei geringerer Bezahlung.

Literatur

Bundesregierung (1996), Antwort der Bundesregierung auf die kleine Anfrage »*Frauenförderung in Bildung und Wissenschaft*«, BT Drucksache 13/4041 vom 8.3., Bonn.

Rubery, Jill/Colette Fagan (1993), Geschlechtertrennung im Beruf in der europäischen Gemeinschaft, *Soziales Europa*, Beiheft 3, Kommission der Europäischen Gemeinschaft, Brüssel.

Statistisches Jahrbuch der Bundesrepublik Deutschland (1994), hg. vom Statistischen Bundesamt, Wiesbaden.

Strober, Myra H./Lisa M. Catanzarite (1994), The Relative Attractiveness of Occupational Segregation by Gender, in: Petra Beckmann/Gerhard Engelbrech (Hg.), *Arbeitsmarkt für Frauen 2000. Ein Schritt vor oder ein Schritt zurück*, Beiträge zur Arbeitsmarkt- und Berufsforschung (BeitrAB) 179, Nürnberg (Institut für Arbeitsmarkt- und Berufsforschung), S. 116-139.

Wetterer, Angelika (1994), Rhetorische Präsenz – faktische Marginalität. Zur Situation von Wissenschaftlerinnen in Zeiten der Frauenförderung, in: *Zeitschrift für Frauenforschung* 1/2, S. 93-110.

Die Arbeitslosigkeit halbieren – für Frauen und Männer

Peter Grottian

Einleitung

Über die Zukunft des wissenschaftlichen Nachwuchses in einer Zeit zu schreiben, in der der wissenschaftliche Nachwuchs zum Steinbruch haushaltspolitischer Logiken wird, ist schwierig. Es sieht gegenwärtig so aus, als ob Frauenförderprogramme, die ganz normale wissenschaftliche Nachwuchsförderung, ja selbst die preiswerte Graduiertenförderung vor einem bisher nicht gekannten Auszehrungsprozeß stehen. Und selbst die Erwartung an den wissenschaftlichen Generationswechsel zwischen 1998 - 2010, der viele Neubesetzungen möglich macht, ist trügerisch, weil noch nicht absehbar ist, inwieweit die freiwerdenden Stellen zum Teil gestrichen und/oder für den Aufbau der Fachhochschulen verwendet werden – und ob sie Frauen tatsächlich zugute kommen. Die macht- und fachpolitischen Konstellationen, die Wissenschaftlerinnen begünstigt haben – eine zumeist hartnäckig operierende Studentinnengruppe, ein vorwärtstreibender Mittelbau und einige engagierte Hochschullehrer und Hochschullehrerinnen – sind unzweifelhaft geschwächt. Die Männer erheben wieder ihre Häupter, nachdem der »feministische Sturm« zu einem »säuselnden Lüftchen« geworden ist und Männermacht wieder offener verteidigt werden kann. In einer solchen Situation gibt es eigentlich nur zwei Strategien, sich angemessen mit der Zukunft des wissenschaftlichen Nachwuchses zu befassen. Die erste versucht, die Dehnfugen der bisher praktizierten Logiken auszuleuchten, um darauf aufbauend Veränderungsmöglichkeiten zu skizzieren. Die zweite Strategie geht grundsätzlicher die Frage an, in welchen Bahnen und Logiken Arbeit in Forschung und Wissenschaft anders möglich sein könnte. Dem liegt die Einschätzung zugrunde, daß sich gesellschaftliche Konflikte eher über kombinierte Konflikttypen wie »Arbeitslosigkeit *und* Diskriminierung einer jungen Generation« herstellen werden als über den »Wert der Bildung«. Der Beitrag versucht deshalb, die zweite Strategie mit konkreten Vorschlägen – nicht zuletzt auch für die wissenschaftliche Nachwuchsförderung – zu verbinden.

Für einen Perspektivwechsel

Wahrheiten sind ganz einfach: Auch wenn alle Rezepturen zur Reduzierung der Arbeitslosigkeit – Verbesserung der ökonomischen Rahmenbedingungen, staatliche Investitionsprogramme, Arbeitszeitverkürzung, Arbeitszeitflexibilisierung, ökologische Umbauprogramme u.a. – befolgt werden, so ändert das an der aktuellen Arbeitslosigkeit fast gar nichts und hat erst in einigen Jahren bescheidene positive Folgewirkungen. Im Prinzip besteht über diese Einschätzung bei Parteien, Wissenschaft, Arbeits- und Sozialverwaltungen sowie den Gewerkschaften Konsens. In der Öffentlichkeit tobt daher eine eher symbolische Auseinandersetzung um Beschäftigungsstrategien, und die relevante Frage »Was macht die Gesellschaft jetzt mit fünf Millionen Arbeitslosen?« wird schlicht verdrängt. Das zeigt sich daran, daß keine Partei der Masse der Arbeitslosen etwas anzubieten hat, was ihre aktuelle Arbeits- und Lebenssituation verbessern könnte.

Deshalb ist ein radikaler Perspektivwechsel unabweisbar. Es geht nicht mehr um Strategien nach marktwirtschaftlichen, staatsinterventionistischen oder tarifpolitischen Reinheitsgeboten, sondern darum, Programme und Projekte zu realisieren, die Menschen mit neuen Arbeitsplätzen vor ihrer Identitätszerstörung bewahren. Es gilt, einen menschenrechtlichen, auf demokratische Teilhabe an Arbeits- und Lebensprozessen zielenden Ansatz zu entwickeln, der auch die Geschlechterperspektive ernst nimmt.

Die hier unterbreiteten Vorschläge folgen deshalb einerseits der Logik radikalisierter bisheriger Vorstellungen (öffentlicher Dienst) und andererseits einem eher individualistischen, die Arbeitslosen ernst nehmenden Ansatz, der auf eine individuelle Bewegungsdynamik »von unten« setzt (Arbeitsplatzkredite, Steuerbürger schaffen Arbeitsplätze). Der Staat zahlt zwar zum grossen Teil, ist aber zurückgenommener Akteur. In unterschiedlicher Ausprägung orientieren sich die Vorschläge an folgenden Kriterien:

- positiver Zusammenhang von Arbeitszeitverkürzung, Einkommensumverteilung und tatsächliche Schaffung von neuen Arbeitsplätzen im öffentlichen Sektor;
- radikale Erweiterung von markt- und staatsvermittelter zu gesellschaftlich sinnvoller Arbeit, die auch gesellschaftlich zu finanzieren ist;
- Relativierung der klassischen Arbeitsbegriffe und Quotierung der Beschäftigungsmöglichkeiten für Männer und Frauen;
- Anreizsysteme, um Steuerbürger und Arbeitslose zu Trägern einer »Beschäftigungsdynamik von unten« zu machen;

- Entbürokratisierung von Programmen und Projekten mit dem Ziel, die Eigeninteressen bürokratischer Großorganisationen massiv einzuschränken;
- Entwicklung anderer Finanzierungssysteme, die qualitativ bessere Beschäftigungsdynamiken entfalten können;
- Die Vorschläge müssen zeitlich und inhaltlich so ausgestaltet sein, daß sie kurzfristig umzusetzen sind.

Hinter den Vorschlägen eines Hochschullehrers stehen nichts als möglicherweise ein paar gute Argumente. Deshalb ist es wichtig, die Akzeptanz neuer Vorschläge zur Bekämpfung der Arbeitslosigkeit in einer bundesweiten Repräsentativbefragung zu untersuchen. 1003 Bürgerinnen und Bürger wurden nach einer systematischen Zufallsauswahl im Dezember 1993 vom Forsa-Institut in Telefoninterviews befragt. Im Kern ging es darum, ob relativ unkonventionelle Vorschläge auf Akzeptanz in der Bevölkerung stoßen und ob die Bevölkerung, entgegen den Vermutungen der Politiker, Strategien für geeignet hält, die bisher am Machtkartell etablierter Interessen scheitern. Die Befunde sind überraschend und spannend zugleich.

200 000 bis 500 000 Arbeitsplätze im öffentlichen Sektor durch Arbeitszeit- und Einkommensverteilung

Alle Beschäftigten des öffentlichen Dienstes, des halböffentlichen Dienstes, der Kirchen und Wohlfahrtsverbände nehmen Einkommenseinbußen in Kauf. Die oberen Gehaltsgruppen müssen auf 10% Gehalt verzichten und 10% weniger arbeiten. Die mittleren Gehaltsgruppen müssen auf 5% Gehalt verzichten und 5% weniger arbeiten. Die unteren Gehaltsgruppen erhalten den Inflationsausgleich. Damit können 200 000 bis 500 000 neue Teil- und Vollzeitarbeitsplätze geschaffen werden.

In der öffentlichen Debatte ist zumeist unbekannt, um welche Größenordnungen es sich bei dem hier angesprochenen Sektor handelt: 8 Mio. Menschen arbeiten im öffentlichen und halböffentlichen Dienst, bei Kirchen, Wohlfahrtsverbänden und Selbsthilfeorganisationen. Circa 700 Mrd. DM werden jährlich für dieses Personal ausgegeben. Allein im engeren Bereich des öffentlichen Dienstes könnten circa 17 bis 20 Mrd. DM eingespart und umverteilt werden, wenn »oben« 10% und in den mittleren Gehaltsgruppen 5% umverteilt würden. Nimmt man die anderen Bereiche hinzu, dann dürfte das Umverteilungsvolumen bei 25 Mrd. DM liegen. Davon wären mit leichter Hand 200 000 bis 500 000 neue Arbeitsplätze zu schaffen. Eine solche solidarische

Anstregung wäre erreichbar, ohne daß sich die Arbeits- und Lebensbedingungen von Amtsräten, Pfarrern, Richtern und Hochschullehrern dramatisch ändern müßten. Die öffentlichen Arbeitgeber könnten dabei eine beschäftigungspolitische Offensive für sich verbuchen. Die Gewerkschaften könnten sich allerdings nur darauf einlassen, wenn durch Tarifverträge eine Kontrolle der tatsächlich zu schaffenden Arbeitsplätze garantiert werden kann (Große gemischte Tarifkommission). Schließlich wäre diese Umverteilung ein Angebot gerade an die jüngere Generation, die dann nicht mehr durch Personaleinsparungen abgeblockt würde.

Wie wird nun dieser Vorschlag in der Bevölkerung akzeptiert? Zunächst sprechen ja alle Vorurteile und Vermutungen dagegen. Das Bild vom besitzstandsdenkenden Betonbewußtsein sitzt tief. Um so überraschender ist der Befund: 64% halten den Vorschlag für geeignet, nur 24% sind dagegen und 12% unentschlossen. Die Zustimmungsraten variieren nur unwesentlich bei Männern und Frauen, Jungen und Alten, Ost- und Westdeutschen, nach Schulabschlüssen und jeweiliger Erwerbstätigkeit. Ein Hauch von Sensation ist aber, daß 73% der im öffentlichen Dienst Tätigen und 69% der Gewerkschaftsmitglieder den Vorschlag für geeignet halten. Die Zuspitzung sei deshalb erlaubt, daß öffentliche Arbeitgeber und Gewerkschaften offensichtlich nicht wissen, ob andere Tarifverhandlungsstrategien mehrheitsfähig sein könnten, ja daß sie solche Meinungsbildungen schlicht ignorieren. Die Ignoranz der Macht ist unübersehbar, die solidarische Sensibiliät der Umverteilung zumindest plausibel. Bei denjenigen, die den Vorschlag für geeignet halten, erwarten 17% Unterstützung von der CDU/CSU, 48% von der SPD; allen anderen Parteien wird so gut wie nichts zugetraut. 68% der SPD-Anhänger, 46% der CDU/CSU-Anhänger und 42% der Anhänger von FDP und Bündnis 90/Die Grünen erwarten von ihren Parteien dringlich entsprechende Vorschläge – ein Indiz dafür, daß der Vorschlag partei- und koalitionsübergreifend realisiert werden könnte. Daß die Kirchen hier immer noch defensiv bleiben, nicht selbst zum glaubwürdigen Herausforderer für die Tarifparteien werden, gehört auch zu den Mosaiksteinen der Komplizenschaft. Für die Wissenschaft und die Hochschulen wäre dieser Vorschlag zumindest ein Haltesignal des Stellenabbaus und die Möglichkeit einer bescheidenen wissenschaftlichen Nachwuchsförderung.

Steuerbürgerinnen und Steuerbürger schaffen selbst 500 000 neue Arbeitsplätze

Steuerzahler können, statt Lohn- und Einkommenssteuer zu zahlen, dieses Geld für die Schaffung von Arbeitsplätzen einsetzen. Ein oder mehrere Steuerzahler überlegen, ob in ihrem Arbeitsumfeld sinnvolle Arbeit getan werden kann. Ist dies der Fall, wird ein tariflich bezahlter Arbeitsplatz eingerichtet, und die Steuerzahler lassen sich dann beim Finanzamt den Betrag gutschreiben, den sie für den neuen Arbeitsplatz ausgeben.

In einer Änderung des Einkommenssteuergesetzes (§34h EStG) wäre demnach zu verankern, daß sich für Steuerpflichtige, die Arbeitsplätze schaffen, die Einkommenssteuer ermäßigt: im ersten Jahr um 100% und im zweiten Jahr um 80% des Bruttolohns für den Arbeitsplatz. Der Grundgedanke für diesen Vorschlag ist simpel: Viele Steuerbürgerinnen und Steuerbürger haben sehr wohl eine genaue Vorstellung davon, ob und wie in ihren beruflichen, persönlichen oder stadtteilbezogenen Arbeitszusammenhängen neue Arbeitsplätze entstehen könnten (private Dienstleistungen, Betreuung von Kindern und alten Menschen etc.). Solche Vorstellungen scheitern an mangelnder Marktfähigkeit und Bezahlbarkeit sowie am bürokratischen Aufwand. Mit dem skizzierten Vorschlag kommt jedoch eine Bewegungsdynamik in Gang, über die größere bürokratisch strukturierte Organisationen nur in Ausnahmefällen verfügen. Die Steuerzahler werden an der Verantwortung für die Schaffung von Arbeitsplätzen beteiligt, sie können eigene Nutzenkalküle realisieren und stiften einen persönlichen und arbeitsrechtlichen Zusammenhang, der für Arbeitslose in der Regel von großem Vorteil ist. Die arbeitsplatzschaffende Mündigkeit der Steuerzahler wird zur Herausforderung. Natürlich würden so auch Dienstmädchen angestellt, aber das Steuerprivileg könnte auch für normale Steuerzahler für vielfältige Tätigkeiten genutzt werden.

Auch hier wäre eine unorthodoxe Finanzierung forschungs- und lehrbezogener Tätigkeit gut vorstellbar. Feministische Frauenforschung der letzten 30 Jahre ist sicherlich zur Hälfte aus unbezahlten oder schlecht bezahlten Positionen entstanden – hier wäre eine Möglichkeit, jenseits männlicher »Prüfkriterien«, eigensinnige Fähigkeiten in Forschung und Lehre voranzutreiben. Der Vorschlag, die Einkommenssteuerermäßigung mit neuen Arbeitsplätzen zu koppeln, bezieht seine Legitimation auch daraus, daß andere Einkommenssteuerermäßigungen gewährt werden, über deren gesellschaftliche Produktivität wahrlich gestritten werden kann (z.B. nicht selbst genutzte Eigentumswohnungen). Arbeitsplätze zu schaffen, könnte zu einer qualitativ anderen Reputation von Steuerermäßigungen führen.

Der Vorschlag ist auch eine Mißtrauenserklärung an den riesigen Umverteilungsapparat von Politik und Verwaltung. Wenn die Bundesanstalt für Arbeit über 80 Mrd. DM jährlich an »passiven Geldern« auszahlt, ohne damit neue Arbeitsplätze zu schaffen oder anzuregen, dann ist das auch der bürokratische Bankrott einer verwalteten Arbeitsmarktpolitik. Natürlich werden mit diesem Vorschlag die Staatseinnahmen erheblich eingeschränkt – auf der anderen Seite können aber auch Ausgaben gekürzt werden (Bundesanstalt für Arbeit etc.). Der Vorschlag könnte aufkommensneutral gestaltet werden. Man muß selbstverständlich über die Vermeidung von Mißbrauch nachdenken (Förderung bestimmter Tätigkeiten, Kumulierungsverbot, keine Privilegierung der Privilegierten etc.), und natürlich müßten Bund, Länder und Gemeinden einen Aushand-lungsprozeß für die Veränderung der Einkommensstruktur schaffen. Das schränkt aber die grundsätzliche Praktikabilität nicht ein.

In der Repräsentativbefragung trifft der Steuervorschlag auf eine brauchbare Akzeptanz. 43% halten ihn für geeignet, 41% für ungeeignet, 15% wissen damit nicht so recht etwas anzufangen. Ungleich mehr Akzeptanz gibt es in Westdeutschland bei den Jüngeren und unter den Anhängern von Bündnis 90/Die Grünen. Die Befürworter des Vorschlags hoffen erneut auf die SPD (48%), weniger auf CDU/CSU (12%) und FDP (5%), wenn sie nach den Umsetzungsträgern gefragt werden. Die Befragten scheinen zumindest eine erste konkrete Vorstellung von den Bereichen zu haben, wo ein solches Modell fruchtbar sein könnte (Umwelt, Dienstleistungen, soziale Bereiche, Handwerk, Pflegebereich).

Eine Million Arbeitsplätze auf Kredit

Alle Erwerbslosen, die länger als drei Monate arbeitslos sind, können bei jeder Bank einen Arbeitsplatzkredit über drei Jahre für eine abhängige oder selbständige Beschäftigungsposition erhalten. Sie handeln vorher einen normalen Arbeitsvertrag aus oder entwickeln ein genehmigungsfähiges Konzept für eine Existenzgründung – und die Bank kommt zunächst für die Lohn- und Gehaltszahlung auf.

Ein solches Programm ist für ganz unterschiedliche Arbeits-, Qualifikations- und Lebenslagen attraktiv:

- Jugendlichen bietet sich die Chance, eine Musikgruppe, einen Mädchen- und Jugendtreff, eine Werkstatt, einen Betrieb für einfache Stadtreparaturarbeiten oder Selbsthilfeprojekte aufzubauen.

- Frauen, die zur Ehrenamtlichkeit und Hausarbeit gezwungen werden, haben ein Spektrum von Möglichkeiten, existenzgründende soziale, kulturelle und nachbarschaftliche Tätigkeiten in Beschäftigungsverhältnisse zu verwandeln.
- Existenzgründungen, die bisher an den oft restriktiven Bedingungen der Banken scheiterten, könnten zu einem Teil jetzt realisiert werden (Low-budget-Hotels und Pensionen, Ökonomisierung von Kulturleistungen etc.).
- Ehemalige betriebsbezogene Infrastrukturleistungen in der ehemaligen DDR (z.B. Kindergärten) könnten erneut aufgebaut werden.
- Auslaufende ABM-Programme mit einem gesellschaftlich unabweisbaren Bedarf (z.B. Umweltsanierung) wären mit einem solchen Projekt anschlußfähig.
- Die »gebrochene Gruppe der 50- bis 58jährigen« könnte mit einer identitätsstiftenden Arbeit in den Ruhestand gleiten und müßte sich nicht mehr als weggeworfen betrachten.
- Notwendige öffentliche und halböffentliche Dienstleistungen könnten wegen der Entlastung der öffentlichen Kassen um- und aufgebaut werden (Frauenzentren, Öffnung von Kultureinrichtungen, Fremdenverkehrsinfrastruktur der Kommunen und der Regionen etc.).

Die Banken berechnen einen jährlichen, an den Existenzgründungsdarlehen angelehnten Zins von 7% und erhalten spätestens nach drei Jahren von der staatlichen Seite die fehlende Zinsmarge von jeweils 3%. Ein Kredit von 100 000 DM könnte mit einer konstanten monatlichen Tilgung von 417 DM in 240 Monaten und einem steigenden Zinssatz von 0% im 1. bis 3. Jahr bis 9,5% im 7. bis 20. Jahr zurückgezahlt werden, um erdrückende Belastungen nach hinten zu verschieben.

Die individuelle Verschuldung würde sich dadurch vermindern, daß die Arbeitgeber nach dem 3. Jahr 35% der Tilgungsrate übernehmen. Andere Zuschüsse (Land, Europäischer Sozialfonds u.a.) könnten die Schuldenlast noch weiter reduzieren. Das würde auch individuelle Verschuldungszeiten bis zu drei Jahren vertretbar erscheinen lassen. Das Gehalt wird nach den Tarifabschlüssen oder anhand vergleichbarer Beschäftigungspositionen festgelegt.

Selbständige könnten ihr Gehalt allein oder mit mehreren Personen kapitalisieren, um Existenzgründungen unkompliziert zu erleichtern. Die mitgebrachten Gehälter erhöhen ihrerseits die Liquidität der Unternehmen. Die Bezieher haben den Vorteil des vollen Gehalts und des Ausstiegs aus der Sozial- und Arbeitslosenhilfe. Sie sind zur Rückzahlung in Raten verpflichtet, sobald sie einen festen Arbeitsplatz gefunden haben oder sich ihr Arbeitsplatz selbst trägt. Eine frühzeitige Abzahlung nach zwei Jahren wird mit einer Prämie von 10% des Kredits honoriert. Von einer Abzahlung des Kredits wird abgesehen, wenn Selbständige zusätzlich einen oder mehrere Arbeitsplätze schaffen oder das Gehalt des Beschäftigten unter 2 000/3 000 Mark (ledig/verh.) liegt. Bleiben die Kreditnehmer auch nach drei Jahren ohne feste Stelle, sind sie nicht von Betrieben oder dem öffentlichen Dienst übernommen, dann muß der Bundesminister für Arbeit die aufgelaufenen Kreditkosten übernehmen; für die Betroffenen muß die Rückkehr in das Sozialnetz verbürgt sein.

Die Kosten eines solchen Arbeitsplatzkreditprogramms werden sich – ohne Zinsen – auf circa 60 Mrd. DM jährlich belaufen (Annahme: pro Arbeitsplatz 60 000 DM inklusive Sozialabgaben jährlich). Legt man gesamtfiskalische Berechnungen von Einsparungen und Einnahmen des Staates zugrunde (weniger Arbeitslosengeld, Arbeitslosenhilfe, Sozialhilfe – mehr Steuern, mehr Kaufkraft etc.), dann dürfte das Programm unter 30 Mrd. DM Kosten im Jahr verursachen.

Rechnet man für die Durststrecke des schwierigen deutsch-deutschen Einigungsprozesses noch mehrere Jahre, so dürfte der Gedanke plausibel sein, daß sich zumindest ein Drittel der über Arbeitsplatzkredite geschaffenen Arbeitsplätze selbst tragen werden – also 10 Mrd. DM pro Jahr an die Kassen der Banken und der öffentlichen Hand zurückfließen. Insgesamt würde ein solches Programm nicht mehr als 15 bis 20 Mrd. DM jährlich kosten. Wer dieses Risiko mit den Krediten an die Treuhand vergleicht, wird leicht ermessen, daß die vorgeschlagenen Risiken verträglich gestreut sind. Für die staatliche Seite käme gesamtfiskalisch das Programm nur unwesentlich teurer als die stupide Finanzierung der Arbeitslosigkeit.

Das Programm lebt von der individuellen Aufbruchsdynamik und dem unbürokratischen und unkonventionellen Finanzierungsmechanismus. Wer glaubt, ein solches Projekt mit Mißbrauchskontrollen ausstatten zu müssen, läuft deshalb Gefahr, Architektur und Mechanismus dieser Art von Beschäftigungspolitik zu zerstören. Nichts ist wichtiger für die berufliche Überlebensfähigkeit als das individuelle Selbstvertrauen. Auch hier wären Arbeitsplätze im Bereich von Forschung und Lehre jenseits klassischer Haushaltstöpfe realisierbar. Arbeitsplatzkredite mögen zwar hier und dort mißbraucht werden, wer wollte es leugnen, aber die großzügig eingeräumte Chance schafft auch einen erheblichen Druck, sich selbst in Bewegung zu setzen und zum Erfolg zu kommen. Gerade für das Bewußtsein entmutigter Bürgerinnen und Bürger wäre hier ein Individualisierungsschub möglich, der auch eine Investition in demokratische Identitätsstrukturen ist. Und nach drei Jahren wieder Arbeitslosengeld zu beantragen, ist kein leichter Gang.

Folgende Rahmen- und Steuerungsbedingungen scheinen gleichwohl unverzichtbar, um grobem Mißbrauch zu begegnen:

- Das Programm sollte von allen Arbeitslosen genutzt werden können. Eine Quotierung sollte sicherstellen, daß 60% der Arbeitsplatzkredite für die neuen Bundesländer reserviert bleiben.
- Banken, Staat, Unternehmen und Individuen müssen lastengerecht am Risiko des Programms beteiligt werden. Den Banken wäre ein Risiko von 10% für den Ausfall zumutbar, Unternehmen und öffentlichen Arbeitgebern eine 35%ige Beteiligung an der Tilgungsrate nach dem 3. Jahr, dem Staat das nicht genau kalkulierbare Restrisiko und den Individuen jeweils nach der späteren Einkommenssituation zwischen 0 und 65%.
- Aus dem bei der Bank vorzulegenden Arbeitsvertrag soll hervorgehen, daß der Arbeitgeber nicht mehr als 20 Beschäftigte hat (kein Rotationsarbeitsmarkt), sofern er nicht zum öffentlichen und halböffentlichen Dienst gehört oder als gemeinnützige Organisation anerkannt ist.
- Es muß eine 50%-Quotierung von Frauen und Männern geben.
- Alle Einkünfte aus selbständiger oder abhängiger Arbeit, die über das Gehalt hinausgehen, werden auf einem Treuhandkonto angelegt und später verrechnet.
- Eine ehrenamtliche Koordinierungsgruppe – aus Vertretern von Arbeitgebern, Arbeitnehmern, Arbeitsamt und Banken sowie einer öffentlichen Person – hat bei erheblichen Zweifeln an der sachgemäßen Verwendung des Arbeitsplatzkredits das Recht, die Kreditnehmer und deren Arbeit zu überprüfen bzw. den Kredit zu stornieren.
- Arbeitgeber können auch in eigener Verantwortung »Arbeitsplatzkredite en bloc« abrufen bzw. annoncieren.
- Für die Existenzgründungen wird bei den Banken eine »fliegende Bewertungsagentur« eingerichtet, die die jeweiligen Vorhaben auf ihre Tragfähigkeit prüft. Sie soll eine grobe Vorsichtung vornehmen, um die Banken von unnötiger Arbeit zu entlasten. Ein »kleiner Gewerbeschein«, zusätzliche Qualifizierungsmaßnahmen und Schnellkurse für Existenzgründungen können flankierend wirken. Banken könnten mit dem Programm ihre Risikomarge nicht unwesentlich erhöhen.

Die unkonventionelle Beschäftigungspolitik der Arbeitsplatzkredite wäre ein neues Viereck, das ein ganz anderes Beziehungsmuster erzeugt. Die Banken treten in gesellschaftliche Verantwortung, die Menschen können ihre Arbeitsplätze selbst schaffen, die Arbeitgeber werden im schonenden Zeitabstand herangezogen, und der Staat muß das Progamm erst zu einer Zeit finanzieren, wenn die Belastungen der deutschen Einheit übersehbarer sind. Das Programm ist kein Affront gegen viele laufende Programme und Initiativen. Es ist ein Versuch, mit einer ganz anderen Gleisanlage eine bisher unausgeschöpfte Dynamik zu entfachen. Es würde die Menschen in ihren Selbsthilfeorganisationsfähigkeiten stimulieren, Risiken streuen, unbürokratisch Initialzündungen ermöglichen – und endlich Mut für eine neue Zukunft vermitteln.

Fazit

Von den drei Vorschlägen schneidet das Arbeitsplatzkreditprogramm in der Repräsentativbefragung relativ schlecht ab. 23% der Befragten halten es für geeignet, aber 64% sind dagegen. Man kann über die Motive nur begründet spekulieren: Es ist vergleichsweise kompliziert, nicht im ersten Anlauf zu verstehen – und es bürdet den Menschen eine gewaltige Schuldenlast auf, die beim ersten Blick abschreckt. Von denjenigen, die das Projekt unterstützen, hoffen 48% bei der Realisierung auf die SPD, 19% auf die CDU/CSU. Auch hier spielen alle anderen Parteien als Hoffnungsträger keine Rolle.

Das Arbeitsplatzkreditprogramm wurde in einer ersten Version 1992 vorgestellt und erhielt von der SPD (Wolfgang Thierse, Wolfgang Roth, Herta Däubler-Gmelin, Gerhard Schröder) und Bündnis 90/Die Grünen differenzierte Unterstützung. Die Banken reagierten interessiert, aber die politisch Verantwortlichen machten bisher noch keinen ernsthaften Versuch, ein Projekt dieser Zielrichtung mit den Banken auszuhandeln: Sie zögern. Dabei würden die Banken wohl mitspielen. Es wäre demnach an der Politik, mit dem Sondierungsprozeß zu beginnen.

Insgesamt haben es unkonventionelle Vorschläge schwer, einen politischen Auseinandersetzungsschub auszulösen, weil sie keine politischen Träger finden und rasch in der Alltäglichkeit verglühen. Im Ernst streitet kaum noch jemand über die Reduzierungsmöglichkeiten der Arbeitslosigkeit. Doch das Wagenburgdenken der Markt- und Arbeitsplatzstrategen ist heute ausgeprägter denn je. Arbeitslose werden das kaum aufbrechen, eher eine junge Generation, die um ihre beruflichen Zukunftschancen betrogen wird.

Aktive Arbeitsmarktpolitik im Wissenschaftssektor

Bettina Uhrig

Zur Arbeitslosigkeit von Wissenschaftlerinnen in Berlin und Brandenburg liegen wenig exakte Zahlen vor. Die Statistikabteilung des Landesarbeitsamtes Berlin-Brandenburg weist für den September 1994 21 483 Arbeitslose mit Hochschulausbildung aus, davon sind 9 079 Frauen. Eine genaue Aufschlüsselung nach den Berufen der arbeitslos gemeldeten Akademiker/innen liegt nicht vor. Zudem erscheint die Zahl der insgesamt 9 079 erwerbslosen Frauen mit Hochschulausbildung sehr gering im Vergleich zu der Zahl aller arbeitslos gemeldeten Frauen in Berlin und Brandenburg. Im Mai 1995 waren in Berlin und Brandenburg 195 184 Frauen arbeitslos gemeldet. Es ist davon auszugehen, daß die Zahl der arbeitslos gemeldeten Akademikerinnen nicht die Realität widerspiegelt. Sie erfaßt zum Beispiel nicht Wissenschaftlerinnen, die bei den Arbeitsämtern nicht als solche registriert sind, da sie zuvor berufsfremd, zum Beispiel als Sekretärin, gearbeitet haben. Erfahrungswerte von Beratungsstellen für (erwerbslose) Frauen zeigen zudem, daß viele Akademikerinnen sich nicht arbeitslos melden, da sie keinen Anspruch auf Leistungen haben und auch keine Unterstützung von den Arbeitsämtern erwarten. Darüber hinaus sind viele in Jobs unterhalb ihrer Qualifikation, sie haben Werk- oder Honorarverträge oder sich gar resigniert vom Arbeitsmarkt zurückgezogen. Die reale Zahl der erwerbslosen Akademikerinnen ist somit mit Sicherheit viel höher. Eine aktive Arbeitsmarktpolitik ist deshalb auch für die Zielgruppe der Wissenschaftlerinnen dringend erforderlich.

In Berlin wurden 1991 sogenannte Servicegesellschaften zur Umsetzung aktiver Instrumente der Arbeitsmarktpolitik eingerichtet. Die SPI Service-Gesellschaft hat als sektorale Servicegesellschaft u.a. die Zuständigkeit für die Bereiche Wissenschaft und Forschung und ist beauftragt, Wissenschaftler und Wissenschaftlerinnen z. B. durch die Einrichtung von Arbeitsbeschaffungsmaßnahmen (ABM) zu fördern. Eine besondere Zielgruppe im Sinne des Arbeitsförderungsgesetzes (AFG) und hier insbesondere im Sinne der ABM Anordnung § 2 sind Wissenschaftlerinnen *nicht*. Die früher vorhandene, sogenannte Berliner Zielgruppenergänzung, die Akademikerinnen als besondere Zielgruppe der Förderung vorsah, gibt es in dieser Form seit 1994 nicht mehr. Die seither geltende Regelung der dezentralen Mittelbewirtschaftung bei den Arbeitsämtern beinhaltet, daß jedes Arbeitsamt die Zielgruppen für die Förderung selbst bestimmt. Akademikerinnen bzw. Wissenschaftlerinnen gehören bei keinem Arbeitsamt mehr zu der Zielgruppe, die vorrangig gefördert werden soll, da sie zahlenmäßig nicht zu den besonders von Arbeitslosigkeit betroffenen und bedrohten Zielgruppen gehören.

Wissenschaftlerinnen in Arbeitsbeschaffungsmaßnahmen (ABM)

In Berlin-West und -Ost gab es im Mai 1995 insgesamt 21 997 ABM (Landesarbeitsamt Berlin-Brandenburg 1995). Die Statistik sagt jedoch nichts über die Qualifikationen der jeweiligen Personen aus. Der Frauenanteil lag in Ost-Berlin bei 63,4% (Männer und Frauen insgesamt 15 000), in West-Berlin bei 38,9% (Männer und Frauen insgesamt 7 000 ABM). ABM war das zentrale arbeitsmarktpolitische Steuerungsinstrument, mit dem nach der Wende in Berlin die meisten Entlassenen aus Wissenschafts- und Forschungseinrichtungen der ehemaligen DDR aufgefangen wurden (vgl. Böhm/Heger 1995). Die Lohnkosten wurden/werden hierbei von der Bundesanstalt für Arbeit übernommen, und über die Servicegesellschaften wurden/werden ergänzende Finanzierungen für Regiepersonal, Investitionskosten und laufende Sachmittel (1995: 11 000,-DM pro Jahr und ABM) ausgezahlt. Die ABM, die die ServiceGesellschaft des SPI betreute und betreut, lagen hauptsächlich im Bereich der Naturwissenschaften. Unsere Statistik weist hier im Frühjahr 1995 1 572 ABM für Wissenschaftler und Wissenschaftlerinnen aus, der Frauenanteil liegt jedoch lediglich bei 22% (Böhm/Heger 1995). Ein Grund für den geringen Anteil von Frauen in ABM ist in der Zuordnung zu den Beschäftigungsfeldern zu sehen. 74% der ABM befinden sich im naturwissenschaftlich-technischen Bereich, hingegen nur 26% im Bereich der Geistes- und Sozialwissenschaften sowie der Kommunikationstechniken (vgl. Böhm/Heger 1995: 44).

Die AFG-Förderinstrumente 249h für den Osten und 242s für den Westen sind für Wissenschaftlerinnen nur begrenzt nutzbar. Der § 242s AFG sieht einen produktiven Lohnkostenzuschuß für zusätzliche Beschäftigungsverhältnisse in Westdeutschland (inkl. West-Berlin) vor. Zuschüsse können für Arbeiten gezahlt werden, die der Verbesserung der Umwelt, der sozialen Dienste oder der Jugendhilfe dienen. Über den § 249h AFG können in Ostdeutschland (inkl. Ost-Berlin) produktive Lohnkostenzuschüsse für Arbeitsplätze bereitgestellt werden, die nicht zusätzlich sein müssen. Hier können z.B. Zuschüsse für Tätigkeiten gezahlt werden, die der Verbesserung der Umwelt dienen, im Bereich der sozialen Dienste und/oder Jugendhilfe liegen oder für die Erhöhung des Angebotes im Breitensport, in der freien Kulturarbeit und zur Vorbereitung denkmalpflegerischer Aufgaben sinnvoll sind. Der Lohnkostenzuschuß ist in West und Ost unterschiedlich hoch (vgl. Tab.) und orientiert sich am durchschnittlichen Jahresarbeitslosengeld. In Berlin erfolgt eine Aufstockung dieses Zuschusses in Form der Zielgruppen- und Ergänzungsförderung durch die Senatsverwaltung für Arbeit und Frauen (seit 1996: Senatsverwaltung für Arbeit, Berufliche Bildung und Frauen). Dies ist im Arbeitsmarktpolitischen Rahmenprogramm (ARP) geregelt, und die Zuschüsse werden über die Servicegesellschaften ausgezahlt. Die Senatsverwaltung für Arbeit und Frauen und die Servicegesellschaften hatten 1994 eine Ausweitung der Lohnkostenzuschüsse auf die Bereiche Wissenschaft und Medien gefordert, da sich dort die Einrichtung von 249h-Stellen als dringend erforderlich darstellte. Der Vorschlag wurde jedoch im Bundestag mehrheitlich abgelehnt.

§ 249 h, § 242 s bei freien Trägern

Übersicht über die Förderanteile der Bundesanstalt für Arbeit und des Landes

Jahr	**Instrument**	**BA jährlich**	**BA monatlich**	**Land jährlich**	**Land mtl.**
1995	249h	21 348 DM	1 779 DM	36 000 DM	3 000 DM
1995	242s	26 952 DM	2 246 DM	36 000 DM	3 000 DM

In West-Berlin verzeichneten die Arbeitsämter im Mai 1995 lediglich 37 nach § 242s AFG geförderte Stellen und in Ost-Berlin 7 440 nach § 249h AFG geförderte Stellen. Der Frauenanteil in 249h- und 242s-Maßnahmen lag im Mai 1995 bei 48,8%. Insgesamt sind hier in ganz Berlin 7 500 Stellen zu verzeichnen. Deutlich wird bei den zuvorgenannten Zahlen, daß mit diesen Summen keine Vollzeitstellen inkl. Regie- und Sachmittel sowie Investitionskosten für Wissenschaftlerinnen zu finanzieren sind.

Zur Beschäftigung von Wissenschaftlerinnen im sogenannten zweiten Arbeitsmarkt oder öffentlich geförderten Beschäftigungssektor ist generell anzumerken, daß im Regiebereich der Maßnahmen viele Männer und Frauen mit akademischen Abschlüssen beschäftigt sind. Diese werden sowohl über das AFG als auch aus ARP Mitteln finanziert (vgl. Runge 1996). Eine von der Servicegesellschaft des SPI im Frühjahr 1995 durchgeführte Befragung ergab im Management- und Leitungsbereich bei Beschäftigungsträgern einen Frauenanteil von 54,43% (Von insgesamt 531 Stellen im Management- und Leitungsbereich waren 289 mit Frauen besetzt).

Maßnahmen zur Erhöhung der sozialversicherungspflichtigen Beschäftigung von Wissenschaftlerinnen

Der sicherlich notwendige und kreative Einsatz von Instrumenten des bestehenden AFG (ABM, 249h, 242s, Lohnkostenzuschüsse) reicht nicht aus. Strukturelle Änderungen in der Arbeitsmarktpolitik sind erforderlich und geplant: Einerseits gibt es den Vorschlag der SPD für ein neues Arbeits- und Strukturförderungsgesetz (ASFG), andererseits einen Vorschlag aus dem Bundesministerium für Arbeit- und Sozialordnung für ein neues Arbeitsförderungsreformgesetz (AFRG). Beide Gesetzesvorschläge räumen der Beratung von Arbeitslosen einen höheren Stellenwert ein, um deren Vermittlungsaussichten zu verbessern (vgl. Büttner/Knuth 1996).

Bezogen auf die Arbeitsmarktpolitik für Wissenschaftlerinnen bedarf es der politischen Initiative, um die Tätigkeit von Wissenschaftlerinnen mit einer versicherungspflichtigen Beschäftigung gleichzustellen. Während eines Stipendiums sollte eine Wissenschaftlerin z.B. die Möglichkeit haben, in die Arbeitslosenversicherung einzuzahlen und somit Ansprüche an das Arbeitsförderungsgesetz, zum Beispiel auf die Zahlung von Arbeitslosengeld und -hilfe bei Arbeitslosigkeit, zu erwerben. Zeiten eines Stipendiums sollten ähnlich wie Pflege- und Erziehungszeiten als beitragspflichtige Beschäftigungen anerkannt werden. Wünschenswert wäre darüber hinaus eine freiwillige Versicherungsmöglichkeit bei der Bundesanstalt für Arbeit. Zudem ist dringend notwendig, bei einer Reform des Arbeitsförderungsgesetzes zu berücksichtigen, daß mehrere geringfügige Beschäftigungsverhältnisse auch im Arbeitsförderungsgesetz addiert werden können und somit als versicherungspflichtige Beschäftigung zählen. Hintergrund dieser Überlegungen ist die Forderung, daß wissenschaftliche Tätigkeit endlich als normale Erwerbsarbeit anerkannt wird.

Des weiteren ist es notwendig, neue Arbeitszeitmodelle zur Integration von erwerbslosen Wissenschaftlerinnen zu entwickeln, zum Beispiel durch die Einrichtung von mehr Teilzeitstellen für Nachwuchswissenschaftlerinnen. Verwiesen sei hier auf ein Modell bei Siemens, das vorsieht, erwerbslosen Ingenieuren bzw. Ingenieurinnen nach Abschluß des Studiums vorerst eine Teilzeitstelle anzubieten, um somit mehr Hochschulabsolventinnen und -absolventen einen Berufseinstieg zu ermöglichen (Liebig 1995). Sicherlich ist dieses Modell in mancherlei Hinsicht fragwürdig. So beinhalten Teilzeitstellen u.a. eine geringere soziale Absicherung. Hier gilt es jedoch insgesamt, die Verbesserung von Rahmenbedingungen für Teilzeitstellen zu fordern.

Wissenschaftliche Einrichtungen sollten die Möglichkeit haben, häufiger ABM einzurichten, um Wissenschaftlerinnen versicherungspflichtig beschäftigen zu können. Ebenso sollten öfters als bisher Praktika und Werkverträge angeboten werden. Wichtig ist, daß erwerbslose Wissenschaftlerinnen zu möglichen Arbeitgebern Kontakte halten können.

Die Aufgabe der Senatsverwaltung für Arbeit, Berufliche Bildung und Frauen und der Servicegesellschaften besteht unter anderem auch darin, gemeinsam mit WissenschaftlerInnen berufliche Perspektiven zu erarbeiten und sie bei der Umsetzung durch Beratung über Fördermöglichkeiten und Bereitstellung zusätzlicher Mittel zu unterstützen, um somit die Beschäftigungsmöglichkeiten von WissenschaftlerInnen zu erhöhen.

Literatur

Böhm, Margarete/Rolf Heger (1995), *Früher war ich Physiker, heute bin ich Physikerin*, Berlin.

Büttner, Renate/Matthias Knuth (1996), *Synopse zur AFG-Reform*, Berlin.

Landesarbeitsamt Berlin-Brandenburg (1995), *Presseinformation, Arbeitsmarktzahlen für Mai 1995*, Berlin.

Liebig, Uwe (1995), mobilzeit für qualifizierte Beschäftigte, in: *mobilzeit – Arbeiten in neuer Form*, München.

Runge, Sylvia (1996), Frauen im Management- und Leitungsbereich bei Beschäftigungsträgern, in: *SPI aktuell* 1, S. 5-7.

VI.

Frauenförderung als Männerfrage?

Förderung von Frauen in der Wissenschaft

Besser auf dem rechten Weg hinken, als festen Schrittes abseits wandern[1]

Paul B. Baltes

Während der letzten Jahre haben sich mit Unterstützung des Präsidenten verschiedene Gremien der Max-Planck-Gesellschaft intensiv mit der Frage der Förderung von Wissenschaftlerinnen auseinandergesetzt. In einem breit angelegten und vor allem vom Wissenschaftlichen Rat der MPG getragenen Diskurs wurde versucht, erstens das Bewußtsein für diese Problematik zu schärfen, zweitens die grundsätzliche Bereitschaft für ein Programm der Frauenförderung zu stärken, drittens eine gute Diagnose der Problemlage zu erstellen, viertens ein Sonderprogramm zur Förderung von Frauen in der Wissenschaft zu entwickeln und fünftens einen auf die Förderung von Frauen ausgerichteten Rahmenplan zu erstellen, der zum Ziel hat, das Beschäftigungs- und Arbeitsumfeld so zu verändern, daß sich langfristig mehr und mehr Frauen dafür entscheiden, länger in der Wissenschaft zu bleiben, als dies gegenwärtig der Fall ist.

Wie man es vielleicht von einer auf Tradition bedachten Institution wie der MPG nicht anders erwarten kann, geht sie den Weg in die Frauenförderung »gemessenen« Schrittes und deshalb für Reformbegeisterte viel zu langsam. Es liegt in der Natur dieser Institution, daß sie sich ihrer besonderen Verpflichtung gegenüber dem gesellschaftlichen Teilsystem »Wissenschaft« sehr bewußt ist und alles tun wird, diesem Teilsystem durch allzu schnelles Handeln keinen nur schwer zu reparierenden Schaden zuzufügen. Einmal auf dem richtigen Weg, werden diese Schritte, so hoffe ich, jedoch größer und größer werden.

Ich glaube allerdings, daß der Prozeß der Förderung von Frauen in der Wissenschaft zu einem wesentlichen Teil auch aus wissenschaftsexternen Gründen ein schwieriger und hürdenreicher ist, und daß die MPG deshalb für längere Zeit in der politischen Defensive sein wird. Ich will in diesem Kommentar also darlegen, warum aus guten Gründen diese Art von gesellschaftlicher Veränderung nicht von heute auf morgen stattfinden kann und daß dabei Langzeit- und nicht Kurzzeitpolitik im Vordergrund stehen sollte.

Dieser Kommentar wirbt also im Interesse der MPG um Verständnis. Und da dieses Ziel des Selbstschutzes offensichtlich ist, ein weiteres Wort in eigener Sache. Dieser für feministisch Engagierte vielleicht zu zurückhaltende Kommentar kommt aus der Feder einer Person, die selbst fest daran glaubt, daß die gegenwärtige Unterrepräsentation von Frauen in der Wissenschaft unhaltbar ist, daß sie auch diskriminierenden Charakter hat, daß sie korrigiert werden muß, und daß die Wissenschaft besser wäre, wenn in ihr mehr Frauen tätig wären. Diese Überzeugungen verdanke ich vor allem meiner langjährigen Erfahrung in den Vereinigten Staaten, wo ich als Department Head im Rahmen des dortigen Affirmative-Action Programmes in den siebziger Jahren zu der Erkenntnis gelangte, »daß die Hälfte der Welt nicht (so recht) weiß, wie die andere lebt« (Rabelais).

Zur gegenwärtigen Situation der Frauen in der MPG

Mehrere Beiträge im MPG-Spiegel (2/91, 3/91, 4/91, 6/93, 2/95) haben hierüber berichtet. Das Resümee: Ja, es gibt eindeutig eine Unterrepräsentation von Frauen in der Wissenschaftlergemeinde der Max-Planck-Gesellschaft! Diese Einsicht entwickelte sich langsam, für einige zu langsam. Heute scheint es aber nur noch wenig Dissens über die Tristesse der gegenwärtigen Lage und die Notwendigkeit reformatorischer Initiativen zu geben.

Deutlichstes Symptom ist die Beschäftigungsstatistik der MPG. Über alle Wissenschaftlerstellen gemittelt liegt gegenwärtig der Anteil der Frauen in der MPG bei etwa 14 Prozent. Auf der Leitungsebene (C3- und C4-Positionen) ist die Verteilung noch bedrückender. Der Anteil der Frauen beträgt magere 3 Prozent. Wie man es auch dreht und wendet, dies ist eine höchst unbefriedigende Situation.

Die Beschäftigungssituation in der MPG stellt sich etwas günstiger dar, wenn es um die Förderung des wissenschaftlichen Nachwuchses geht. Bei den studentischen Hilfskräften, den Doktoranden und den Postdoc-Stipendiaten beträgt der Frauenanteil 34 Prozent, 26 Prozent bzw. 25 Prozent. Daß es im Nachwuchsbereich ein positiveres Bild gibt, darf allerdings nicht unmittelbar als Signal für Entspannung und eine sich abzeichnende Veränderung interpretiert werden. Wie Bildungs- und Ausbildungsstatistiken zeigen, waren Frauen schon seit Jahren mit ähnlichen Prozentzahlen auf den Eingangsstufen des wissenschaftlichen Beschäftigungssystems vertreten. Das Hauptproblem der Karriereentwicklung von Wissenschaftlerinnen liegt im Ausstieg während der weiterqualifizierenden Übergangsphasen: vom Abschlußexamen in die Promotion und vor allem von der Promotion über die Habilitation in die Leitungsfunktionen.

Die Lage der MPG ist nicht einzigartig. In der Tat steht das gesamte deutsche Lehr- und Forschungssystem am Pranger (vgl. Science 1994). Deutschland liegt, was den Anteil von Frauen unter Hochschullehrern angeht, insgesamt gesehen so ziemlich am Ende einer langen Liste von Ländern, und auch weit (etwa um einen Faktor von drei) hinter der in der Wissenschaft wohl führenden Nation, den Vereinigten Staaten.

Warum mehr Frauen in die Wissenschaft und dies aus wissenschaftsimmanenten Gründen?

Oft wird die Entscheidung für mehr Frauen in der Wissenschaft lediglich als Reaktion auf gesellschaftlichen Druck interpretiert. Daneben gibt es aber wissenschaftsimmanente Gründe für eine Frauenförderungspolitik. Vor allem drei Gründe sind bedeutsam.

Erstens muß Wissenschaft daran interessiert sein, aus einem möglichst großen Pool von an Wissenschaft interessierten Personen selegieren zu können. Ein hundertprozentiger Ausgangspool ist besser als ein fünfzigprozentiger Pool. Als Bildungsforscher weiß ich, daß es keine wissenschaftliche Evidenz dafür gibt, daß Frauen prinzipiell weniger geistiges Talent für die Wissenschaft haben!

Zweitens ist für die Wissenschaft eine möglichst hohe Variabilität in Interessen- und Motivationslage von Bedeutung. Wissenschaft strebt zwar nach Objektivität in der Methodologie, sie ist aber in der wissenschaftlichen Arbeit (der Selektion dessen, was erforscht wird usw.) nicht motivationsneutral. Wissenschaftliche Arbeit ist immer auch Ausdruck dessen, woran Menschen im Alltag interessiert sind, was sie neugierig macht und umtreibt. Frauen und Männer haben unterschiedliche Motivations- und Interessenlagen (wie dies im übrigen auch auf andere Subgruppierungen der Gesellschaftsstruktur zutrifft). Daher ist zu erwarten, daß ein größerer Anteil von Frauen in der Wissenschaft die Forschungsgegenstände der Wissenschaft und den Erkenntnisraum der Wissenschaft erweitert.

Drittens muß der Wissenschaft daran gelegen sein, ihre auch in der Verfassung verankerte Legitimation durch Nachweis ihrer gesellschaftlichen Sensibilität und Produktivität zu erhalten. Wenn die Gesellschaft beklagt, daß es zu wenige Frauen in der Wissenschaft gibt, hat die Wissenschaft die Verantwortung, diese Kritik aufzunehmen, ohne dabei allerdings ihr spezifisches gesellschaftliches Mandat, das heißt die bestmögliche Forschung zu betreiben, in Frage zu stellen.

Strategische Schritte

Inzwischen hat die MPG auf die Unterrepräsentation von Frauen in ihren Reihen reagiert und eine Reihe von Entscheidungen getroffen, die den Rahmen für eine offensivere Politik der Förderung von Frauen abgeben. In wenigen Sätzen einige Beispiele: Erstens hat der Senat der MPG auf Vorschlag des Präsidenten, in Anlehnung an das Frauenfördergesetz des Bundes vom Juni 1994, einen administrativen Plan zur »Förderung von Frauen sowie der Vereinbarkeit von Familie und Beruf in der MPG« verabschiedet. Zweitens hat der Wissenschaftliche Rat der MPG (z.T. bereits seit 1990) Arbeitsausschüsse zur Frage der Förderung von Wissenschaftlerinnen und zur Nachwuchsförderung eingesetzt, die daran arbeiten, weitere Zielsetzungen und prozedurale Richtlinien für eine verbesserte Arbeits- und Laufbahnsituation von Frauen vorzulegen. Drittens hat der Wissenschaftliche Rat ein Forschungsprojekt initiiert, in dem der Frage nachgegangen wird, welche Faktoren in der MPG dafür verantwortlich sein könnten, daß so wenige Frauen die oberste Ebene im Wissenschaftssystem erreicht haben, und ferner, was die besonderen Umstände waren, die bei einzelnen Frauen doch zum Erfolg führten, und wie diese strukturell besser verankert werden könnten.

Und um ein viertes Beispiel zu geben: Der Wissenschaftliche Rat hat zu Beginn des Jahres 1995 dem Präsidenten empfohlen, ein Sonderförderungsprogramm für Wissenschaftlerinnen in Leitungspositionen aufzulegen, wonach in den nächsten drei Jahren insgesamt etwa zehn Positionen auf C3-Ebene für Frauen bereitgestellt werden sollen. Auch diese Empfehlung ist im Senat der MPG positiv aufgenommen und auf den gesamten C-Bereich ausgedehnt worden. Die Spitze der MPG prüft gegenwärtig, ob und wie dieses Sonderförderungsprogramm finanziert werden kann.

Probleme bei der Umsetzung

Dies sind gute Entwicklungen, die zur Hoffnung berechtigen. Gleichzeitig wurde in den Beratungen und Diskussionen deutlich, daß sich die MPG bei der rapiden Realisierung dieser Förderungsprogramme schwer tun wird, und zwar sowohl aus wissenschaftsinternen wie wissenschaftsexternen Gründen. So will sich die MPG aus guten Gründen nicht vom primären Kriterium der wissenschaftlichen Weiterqualifizierung und der wissenschaftlich herausragenden Qualifikationen bei Berufungen abbringen lassen. Da es gegenwärtig, vor allem in den Naturwissenschaften (vielleicht mit Ausnahme von Teilgebieten der Biologie), nur einen begrenzten Pool von hochqualifizierten Wissenschaftlerinnen in der Übergangsphase zu leitenden Lehr- und Forschungspositionen gibt (und hierüber sind sich die meisten Wissenschaftsforscher einig), wird der unmittelbare quantitative Erfolg bei der Umsetzung des Förderungsprogramms eher gering sein. Es sei nur daran erinnert, daß in Deutschland gegenwärtig deutlich weniger als 10 Prozent der sich Habilitierenden Frauen sind. Dies hat sich während der letzten Jahre wenig geändert.

Die gelegentlich feministisch ausgerichtete Frauenpolitik will dagegen mehr auf einmal und dies schneller, als das Vorgehen der MPG es ermöglichen wird. Nicht verwundern sollte deshalb, wenn sich die MPG – was ihre Frauenförderungsaktivitäten angeht – in der mittelbaren Zukunft, in der politischen Öffentlichkeit keine Lorbeeren verdienen wird. Aus meiner Sicht ist dies aber im Interesse der Wissenschaft ein schier unausweichlicher Kreuzweg.

Warum drängen die meisten Wissenschaftler in der MPG auf Beibehaltung der üblichen Qualifikationsstandards? Warum gibt es deshalb besondere Probleme bei der Frauenförderung in der Wissenschaft? Dies hat vor allem etwas mit den in der Wissenschaft geltenden Regeln zu tun.

Die moderne Gesellschaft ist so organisiert, daß es Teilsysteme gibt, die jedes für sich einen besonderen Auftrag der selbstorganisierenden Optimierung haben (vgl. Mayntz 1995). Wissenschaft ist eines dieser Teilsysteme. Sie hat ihren besonderen Auftrag und ihre besondere Struktur. Und deshalb ist dem Sektor Wissenschaft bereits in der Verfassung beträchtliche Autonomie eingeräumt worden, um u. a. sicherzustellen, daß Wissenschaft sich ohne unangemessenen externen Druck und durch Selbstverwaltung optimieren kann. Im Vordergrund wissenschaftlicher Optimierungskriterien stehen Merkmale wie Expertenwissen sowie Qualität und Produktivität im wissenschaftlichen Vorgehen und der hieraus resultierenden neuen Erkenntnisse. Und diese Kriterien der wissenschaftlichen Qualität und Produktivität beziehen sich nicht nur auf die eigene Leistung; sie sind fast noch wichtiger, wenn es darum geht, als Lehrer, Vorbild und Mentor die nächste Generation von Wissenschaftler(inne)n auf den Weg zu bringen.

Aus dieser Betonung wissenschaftsimmanenter Kriterien erwächst für reformatorische Anstrengungen ein fundamentales Problem. Förderungspläne auf der Ebene von leitenden Positionen greifen nur, wenn es einen hinreichenden Pool von geeigneten Kandidatinnen gibt, wenn also die in Frage kommenden Forscherinnen die wissenschaftsimmanenten Kriterien des »Expertentums« oder der herausragenden Produktivität erfüllen. Genau wie im Leistungssport können Personen also nicht zu hervorragenden, einflußreichen und produktiven Wissenschaftler(inne)n deklariert werden, weil sie schwarz oder weiß, männlich oder weiblich sind. Die Zuweisung von wissenschaftlicher Qualität und Einfluß ist also primär ein wissenschaftsimmanenter Prozeß, und diesen Prozeß gilt es zu schützen, selbst dann, wenn er, wie oft von feministisch Engagierten (und dies sind nicht nur Frauen!) moniert, fehlerbehaftet ist. In diesem Sinn ist die MPG als die primäre Institution der Grundlagenforschung in Deutschland mehr als ein basisdemokratischer Normalfall. Die MPG muß durch ihr eigenes Verhalten sicherstellen, daß das Teilsystem Wissenschaft nicht der Tagespolitik geopfert wird.

Für Wissenschaftler ist vor allem das in der politischen Öffentlichkeit oft geforderte Prinzip der Quotierung bei der Zusammensetzung von Kommissionen und bei Berufungen der erste Stein des Anstoßes. Vor dem Hintergrund des im gesellschaftlichen Interesse geschützten Freiraums der Wissenschaft ist man als Wissenschaftler(in) mißtrauisch, wenn es um externe, politisch motivierte Interventionenen wie etwa die Einführung von Quotenregeln geht. Diese Interventionen leben oft mehr dem Augenblick als der Zukunft. Wem nützt es, wenn man im Hauruckverfahren die Zahl der Frauen in der Wissenschaft vergrößert, ohne deren wissenschaftliche Qualifikationen und Mentorenqualitäten sorgfältig zu prüfen und sicherzustellen, daß sie in der Lage sind, die nächste Generation von Wissenschaftlern und Wissenschaftlerinnen angemessen zu fördern? Sicherlich nicht der Wissenschaft und wahrscheinlich auch nicht den Frauen, die sich primär als Wissenschaftlerinnen fühlen und optimal ausgebildet sein möchten! Genau deshalb gibt es in der Wissenschaftlergemeinde der MPG keine Unterstützung für eine Quotenregelung. Mitglied einer Berufungskommission, Wissenschaftliches Mitglied der MPG wird man, weil andere Wissenschaftler(innen) glauben, daß man kompetent ist und dies in der eigenen Arbeit gezeigt hat. Sich diese Kompetenz auf politischem Wege zuschreiben zu lassen, wie dies ein Quotensystem tun würde, ist falsch, und langfristig schädigt es alle an der Wissenschaft Beteiligten und von der Wissenschaft Profitierenden.

Auf den ersten Blick scheint dies erzkonservativ. Um Mißverständnisse zu vermeiden, folgen daher ergänzende Worte. Das Argument für das Primat wissenschaftsimmanenter Kriterien bei der Auswahl von Wissenschaftlern darf nicht dazu benutzt werden, latente und manifeste Diskriminierungen im heutigen System zu leugnen oder die bestehende Mängelsituation nicht energisch und wenn notwendig auch kompensatorisch anzugehen. In der Tat müssen wir alles Vernünftige tun, das Tor zur Wissenschaft für Frauen zu vergrößern, etwa dadurch, daß alle potentiellen Kandidatinnen bei Förderungsmaßnahmen und Auswahlverfahren berücksichtigt werden und Männer sich bei ihrem Suchverhalten nach geeigneten Kandidaten nicht vor allem an den ihnen vertrauten männlichen Netzwerken orientieren. Es gibt vieles zu tun, um sicherzustellen, daß auch in der Gegenwart die sich bereits im Pool befindenden qualifizierten Frauen gefunden, gefördert und berufen werden.

Mir ist bei Diskussionen in der MPG, die meist Männer involvieren, oft gesagt worden, daß sie glauben, bereits ihr bestes zu tun. Das Hauptproblem sei der fehlende Pool. Im großen und ganzen ist dies richtig. Aber dennoch glaube ich durchaus an »latente«, d. h. unbeabsichtigte, aber doch faktische Diskriminierung. Nach meiner Einschätzung muß man diesen Glauben hegen, um sich gegen genau dieses Übel zu schützen. Vielleicht hilft dabei als akzeptable Form der Schärfung des Bewußtseins ein in den USA kursierender Witz: »Drei Personen, zwei Männer und eine Frau, kommen zu Sankt Petrus, um in den Himmel eingelassen zu werden. Petrus heißt sie willkommen, bittet aber noch um das Beantworten einer letzten, ganz einfachen Testfrage. Den ersten Mann fragt er: »Wie buchstabiert man denn »Gott«? *»Gott«* lautet die Antwort, und der Mann findet Eingang durch die Himmelspforte. Den zweiten fragt er, und wie steht es mit dem Buchstabieren von »Gott« im Englischen (bzw. Deutschen)«. *»God«*. Sehr gut. Auch für Dich öffnet sich nun der Himmel!« sagt Petrus. Und dann zur Frau gewandt: »Machen wir so weiter, auch etwas auf Englisch, denn fair muß man sein. Und wie buchstabiert man »Massachusetts«?«

Wie kann der Pool geeigneter Kandidatinnen langfristig vergrößert werden?

Die entscheidende Langzeitherausforderung ist es also, den Pool hochqualifizierter Wissenschaftlerinnen zu vergrößern; und dies wird Zeit brauchen, denn die Gründe für die geringe Beteiligung von Frauen in der Wissenschaft sind vielfältig. Viele, wahrscheinlich die meisten, liegen nach meiner Einschätzung *außerhalb* des Wissenschaftssystems.

Ein erstes Problemfeld ist die Gestaltung des Bildungsverlaufs. Nach allem, was man gegenwärtig weiß, sind Frauen und Männer gleich begabt, was ihr wissenschaftliches Talent angeht. Lern- und Sozialisationsprozesse sind aber so angelegt, daß sie dieses Talent nicht in gleicher Weise für Männer und Frauen zum Tragen bringen. Bereits im Kindesalter werden Mädchen weniger als Jungen in Bildungsverläufe »kanalisiert«, die langfristig die Vorqualifikationen zum naturwissenschaftlichen Arbeiten mit sich bringen. Wie empirische Studien, jüngste Schulstatistiken und Gutachten (vgl. Roeder u.a. 1994) gezeigt haben, gibt es bereits bei 14jährigen massive Unterschiede zwischen den Geschlechtern in den fachlichen Interessen und der Selbsteinschätzung fachlicher Fähigkeiten. In der Oberstufe des Gymnasiums führt dies dann zu dramatischen Unterschieden bei der Wahl der Leistungskurse: Insgesamt wählen beispielsweise Jungen in Deutschland etwa sieben bis achtmal so oft Physik, dreimal so oft Informatik und etwa doppelt so oft Chemie wie Mädchen, *ohne* daß dieser Unterschied vor allem aufgrund ihrer früheren Leistungsniveaus in diesen Fächern zu erklären wäre. Diese geschlechtsbezogene Differenzierung im Curriculum ist der Beginn des Rückzugs von Frauen aus den Naturwissenschaften, wie er sich später in noch extremerer Weise in der Hochschulstatistik widerspiegelt.

Zwei Zahlen seien als Beispiel genannt. Im Wintersemester 1992/1993 nahmen an deutschen Hochschulen (von den inländischen Studierenden) insgesamt etwa sieben- bis achtmal mehr Männer als Frauen das Informatik- und Physikstudium auf! Daß es aufgrund derart massiver Ungleichverteilung weiterhin ein Poolproblem in diesen und ähnlichen Fächerkombinationen (mit Ausnahme der Biologie) geben, und daß sich dies in der primär naturwissenschaftlich ausgerichteten Max-Planck-Gesellschaft besonders auswirken wird, scheint offensichtlich. Hier sind mächtige gesellschaftliche Erwartungshaltungen und Normierungen am Werk, die sich letztlich darin niederschlagen, daß Frauen weniger an eine wissenschaftliche Laufbahn glauben, als dies auf Männer zutrifft. Wir alle, Männer und Frauen, sind an der Entstehung und Durchsetzung dieser Normen beteiligt: als Eltern, Lehrer, Autoren, Politiker oder Vertreter der Medien.

Ein zweites chronisches Problemfeld ist das gesellschaftliche Umfeld des Alltags und die Bedingungen, die notwendig sind, um für längere Zeit als Frau in einem hochkompetitiven Arbeitssektor wie der Wissenschaft zu bleiben. Wissenschaft ist eine Form von Höchstleistung. Man weiß aus der Experten- und Höchstleistungsforschung, daß dies, zumindest wenn auf Individualebene betrieben, ein besonderes Maß an zielgerichtetem, langjährigem persönlichem Einsatz erfordert.

In Deutschland sind die Rahmenbedingungen für derartige berufliche Höchstleistungen von Frauen, gerade wenn sich diese gleichzeitig auf Beruf und Familie konzentrieren, außerordentlich schwach entwickelt, wenn nicht sogar katastrophal. Es beginnt damit, daß Männer noch nicht in großer Zahl die Bereitschaft entwickelt haben, Haushalts- und Familienverpflichtungen zu übernehmen. Zu erinnern ist weiter an die vielen gesellschaftlich bedingten Schwierigkeiten in Deutschland einen Haushalt zu führen, wie zum Beispiel restriktive Geschäftsöffnungszeiten und fehlende Ganztagsschulen.

Ein weiteres Problem ist das der Lebensverlaufspassung, das bei Frauen auch aus biologischen Gründen deutliche Grenzen setzt und Konflikte zwischen unterschiedlichen Lebenszielen unausweichlich macht. Gerade im Alter zwischen 30 und 45 Jahren, in dem es in der Wissenschaft um die letzte Qualifikationshürde (die Habilitation) und den Eintritt in Leitungspositionen geht, wächst bei Frauen der Druck, Mutter zu werden und zu sein. Wenn es um die Vereinbarkeit von Familie und Beruf geht, stellt also das mittlere Erwachsenenalter gerade für Frauen eine echte und oft unausweichliche Mehrbelastungs- und Streßsituation dar. Nach meiner Einschätzung liegt in dieser fehlenden »biographischen« und »gesellschaftlichen« Lebensverlaufspassung von Beruf und Familie der Hauptgrund für den Verlust so vieler qualifizierter Wissenschaftlerinnen auf dem Weg in die höchsten Etagen der Wissenschaft. Hier gilt es Sonderregelungen und Unterstützungsmaßnahmen zu finden, die es Frauen in diesem Lebensabschnitt ermöglichen, ihr Familienleben einfacher zu gestalten und in der Wissenschaft aktiv dabei zu bleiben.

Fazit

Wir müssen in der MPG alles Erdenkliche und rechtlich Vertretbare tun, um es Frauen zu erleichtern, in der Wissenschaft erfolgreich zu sein. Die gegenwärtige Situation ist mehr als unbefriedigend. Wegen der Komplexität des Problems, insbesondere seiner Verknüpfung mit Fragen der gesellschaftlichen Lebenswelt, wird die von vielen erwünschte und von einigen herbeigesehnte Vergrößerung des Frauenanteils in der MPG ein langsamer Prozeß sein. Wenn die Max-Planck-Gesellschaft ihre besondere Aufgabe als einer der Mentoren der Grundlagenforschung in Deutschland ernst nimmt, hat sie (und implizit die Gesellschaft) allerdings viel zu verlieren, wenn sie in ihren Bemühungen, die Zahl der Frauen in der Wissenschaft zu erhöhen, nicht den Weg beschreitet, der zu guter Wissenschaft und langfristig zu einer hochqualifizierten Wissenschaftlergemeinde führt. Quotenregeln sind dabei kontraproduktiv. Gleichzeitig muß die MPG aber ihre Anstrengungen in der Förderung von Frauen noch verstärken und dies auch öffentlich kundtun. Denn, wie die Bundestagspräsidentin jüngst sagte, »wer die Quoten nicht will, der muß die Frauen wollen«. Letzlich, so schmerzlich und konservativ dies auch erscheinen mag, gilt aber die dem Römer Augustinus zugeschriebene Sentenz: »Es gibt Situationen, in denen es besser ist, auf dem rechten Weg zu hinken, als festen Schrittes abseits zu wandern«.

Anmerkungen

1 Dieser Beitrag ist eine Überarbeitung meines Artikels im MPG-Spiegel, Nr. 5 vom 20.11.1995, S. 2-5.

Literatur

Maynz, Renate (1995), Festvortrag anläßlich der MPG-Jahreshauptversammlung 1995 in Potsdam.

Roeder, Peter M./Sabine Gruehn u.a. (1994), *Bildungsverläufe und psychosoziale Entwicklung im Jugendalter (BIJU)*. Zwischenbericht für die Schulen, hg. vom Max-Planck-Institut für Bildungsforschung, Berlin, und dem Institut für die Pädagogik der Naturwissenschaften, Kiel.

Women in Science (1994), Special Report, in: *Science* 263, 11.3., S. 1467-1496.

Frauen in der Wissenschaft fördern

Hans-Uwe Erichsen

Die Hochschulrektorenkonferenz hat im Jahre 1989/90 eine umfangreiche Erhebung zur Situation von Frauen an den Hochschulen durchgeführt. Auf der Grundlage der Ergebnisse dieser Studie hat das Plenum im Juli 1990 die Empfehlung »Zur Förderung von Frauen an den Hochschulen« verabschiedet. Viele der in den »Berliner Perspektiven« (vgl. Anhang) aufgelisteten Maßnahmen zur Förderung von Frauen waren bereits Gegenstand dieser Entschließung. Beispielhaft seien nur zu nennen,

- die Anhebung der Altersgrenzen für Einstellungen und Berufungen, wenn Familienarbeit zu einer Verlängerung des wissenschaftlichen Werdegangs geführt hat,
- die flexiblere Ausgestaltung von Arbeitsverhältnissen und -zeiten, damit Frauen und Männer wissenschaftliche Arbeit und Kindererziehung besser miteinander vereinbaren können,
- die stärkere Repräsentanz von Frauen in den Gremien, die über Berufung, Förderung und Einstellung entscheiden,
- die gezielte Förderung des weiblichen wissenschaftlichen Nachwuchses in Disziplinen wie Naturwissenschaften und Technik, in denen Frauen bisher wenig vertreten sind oder
- die Institutionalisierung von Frauenbeauftragten und -kommissionen.

An der Umsetzung dieser Forderungen muß weiter intensiv gearbeitet werden. Hinsichtlich der Vorschläge:

- pauschale quantitative Quotenregelungen, die nicht nur aus verfassungsrechtlichen Gründen abzulehnen sind,
- grundsätzlich paritätische Besetzung von Berufungskommissionen und
- Mitwirkung der Frauenbeauftragten an Finanz- und Strukturentscheidungen der Hochschule sowie Verstärkung ihrer Interventionsrechte

stellt sich die Frage, ob sie nicht geeignet sind, die Bemühungen um eine Entbürokratisierung und Deregulierung der in den »Berliner Perspektiven«

wiederholt als verkrustet und »bürokratisch unbeweglich« gescholtenen Hochschulen, wie die Vergrößerung der Finanzautonomie oder die Neuordnung der Leitungsstrukturen, zu unterlaufen. Wenn ernsthaft eine Steigerung der Effizienz des Hochschulsystems erreicht werden soll, darf das Dickicht an Vorschriften nicht ausgeweitet und dürfen die Entscheidungsumwege nicht verlängert werden. Will man dem berechtigten Anliegen der Frauen Rechnung tragen, ohne gleichzeitig das Ziel der Effizienzsteigerung aus den Augen zu verlieren, dann muß ein wohldurchdachtes System von Anreizen Vorrang vor Reglementierungen haben.

Der in den vergangenen Jahren eingeschlagene Weg der Förderung von Frauen an den Hochschulen hat nachweisbare Erfolge. Zahl und Anteil der geförderten Nachwuchswissenschaftlerinnen sind spürbar angestiegen. Dies belegen z.B. die Statistiken der DFG, dies geht auch aus den »Berliner Perspektiven« hervor. Die amtliche Statistik zeigt, daß sich der Frauenanteil bei den Habilitationen zwischen 1980 und 1993 mehr als verdoppelt hat. Er stieg von 4,5 auf 11,8 %. In den Sprach- und Kulturwissenschaften beträgt er 19,1%, in den Wirtschafts- und Sozialwissenschaften 17,9%. Inwieweit sich diese Entwicklung bereits in der Statistik der Professorenstellen an Hochschulen niederschlägt, läßt sich nicht sagen, da das Statistische Bundesamt noch keine Zahlen veröffentlicht hat, die über das Jahr 1991 hinausgehen.

Man wird aber zweifellos einen längeren Atem benötigen, um sich der gewünschten Parität der Geschlechter in allen Bereichen der Wissenschaft zu nähern. Zum einen liegen die Hindernisse für ein Engagement von Frauen in Forschung und Wissenschaft nach wie vor weit vor der Hochschule und lassen sich nicht im Zeitraum eines Promotions- oder Habilitationsverfahrens beheben. Zum anderen war und ist aber auch die finanzielle und personelle Situation der Hochschulen nicht geeignet, einen schnellen Wandel herbeizuführen. Die verzerrte Altersstruktur hat nur zu einem spärlichen Freiwerden von Professorenstellen im vergangenen Jahrzehnt geführt. Wachsende finanzielle Restriktionen, die sich im Personalbereich besonders stark niederschlagen, haben zudem dafür gesorgt, daß freiwerdende Stellen entweder vorübergehend oder überhaupt nicht mehr besetzt werden konnten. Das Beispiel der Berliner Humboldt-Universität zeigt meines Erachtens, daß dort, wo ein Neuanfang gemacht werden konnte, durchaus eine wesentlich strärkere Vertretung der Frauen an den Professuren möglich ist.

Der Generationswechsel, der sich für die kommenden zehn bis fünfzehn Jahre an den Hochschulen ankündigt, stellt – auf der Basis der verbreiterten Förderung weiblichen wissenschaftlichen Nachwuchses – die Chance dar, den Anteil von Frauen an den Professuren deutlich zu steigern und damit auch eine Signalwirkung für die nachwachsende Generation zu erzeugen. In welchem Umfang Generationswechsel und Steigerung des Frauenanteils im Hochschulbereich aber gelingen, wird ganz maßgeblich auch von der allgemeinen Hochschulpolitik abhängen, nämlich davon, ob und in welchem Umfang die Finanzierung des Hochschulbereichs die Wiederbesetzung der freiwerdenden Stellen zuläßt. Der Wegfall oder die längerfristige Einsparung eines hohen Prozentsatzes freiwerdender Stellen, wie er in einigen Bundesländern bereits praktiziert wird, würde diesen Prozeß erheblich erschweren und verlängern.

Hochschulpolitik ist also auch Frauenpolitik. Inwieweit es gelingt, den Frauenanteil in der Wissenschaft spürbar zu steigern, liegt also nicht allein in der Hand der derzeit noch männlich dominierten Wissenschaft sondern auch in den Händen der Wissenschaftsministerinnen und -minister der Länder.

Empfehlung des Wissenschaftsrates zur Frauenförderung

Karl-Heinz Hoffmann

Offensichtlich hat es nicht ausgereicht, den Wissenschaftsbetrieb rein formal für Frauen zugänglicher zu machen, sondern es bedarf sehr viel weitreichenderer und tiefergehender Anstrengungen und Maßnahmen, diesen auch heutzutage noch in weiten Teilen von Männern dominierten Bereich entsprechend umzugestalten. Die Annahme, daß der gleichberechtigten Teilnahme von Frauen am Arbeitsleben und insbesondere an der Forschung heute noch einzig und allein aktuelle Familienpflichten im Wege stünden, ist sicher nicht mehr haltbar. Es ist gleichzeitig zu beobachten, daß die Sensibilität für die Thematik in den letzten Jahren ständig zugenommen hat – ein Trend, der nicht zuletzt auch durch die Erfahrungen der deutschen Vereinigung, die West- und Ostfrauen mit ihren bis dahin recht unterschiedlichen Lebensbedingungen zusammenbrachte, noch verstärkt wurde.

Zur Situation von Frauen in Wissenschaft und Forschung

In der Politik, bei den Entscheidungsträgern, ist ein deutlich gestiegenes Interesse daran zu erkennen, die Situation von Frauen in Wissenschaft und Forschung (aber nicht nur in diesen Bereichen) einer grundlegenden Revision zu unterziehen und auf der Basis konkreter Maßnahmen Änderungen des für Frauen vielfach noch unbefriedigenden status quo zu erzielen. Diverse Frauenfördermaßnahmen und Frauenförderpläne, die zur Zeit an verschiedenen Stellen und von verschiedenen Gremien erarbeitet werden, aber auch eine Reihe von Konferenzen und Diskussionsforen tragen dem Bedürfnis, einen bedeutenden Schritt voranzukommen, ganz eindeutig Rechnung.

Daß das Interesse an Wissenschaftlerinnen und deren spezifischen Problemen so stark zugenommen hat, liegt sicher zu einem nicht geringen Teil darin begründet, daß es mittlerweile nicht mehr allein Männer sind, die über diese Fragen und ihre adäquate Behandlung entscheiden, sondern in zunehmendem

Maße die Betroffenen selbst. Zahlreichen Frauen ist es inzwischen gelungen, einflußreiche Positionen in Parteien und Kabinetten (und bisweilen auch an den Hochschulen) zu übernehmen und funktionierende Netzwerke aufzubauen, die es erst ermöglichen, Neuerungen auf den – erfolgreichen – Weg zu bringen.

Der Wissenschaftsrat als ein Beratungsgremium, das Wissenschaftler und Politiker in seinen Kommissionen vereint, spiegelt diese Entwicklung in seiner jetzigen Zusammensetzung wider. Während in der Verwaltungskommission, also dem Terrain der Politik, mittlerweile sechs Frauen,bis auf eine Vertreterin des Bundes allesamt Wissenschaftsministerinnen der Länder, vertreten sind und diese bei einer Gesamtzahl von 22 Kommissionsmitgliedern immerhin ein gutes Viertel ausmachen, ist der Frauenanteil in der Wissenschaftlichen Kommission mit vier Frauen (bei 32 Mitgliedern) eine noch eher verschwindende Größe.

Frauen haben nach wie vor Probleme, in höhere Positionen zu gelangen und sehen sich gerade in ihrer akademischen Laufbahn mit ganz spezifischen Karrierehemmnissen konfrontiert. Organisations- und Karrieremuster, wissenschaftliche Regeln, Standards und Riten in der Welt der Wissenschaft orientieren sich immer noch weitgehend an männlichen Normen und sind auf die herkömmlichen Lebensbedingungen von Männern zugeschnitten. Wollen Frauen in diesem Bereich bestehen, so müssen sie zumeist mit einer widersprüchlichen Doppelorientierung leben und zurechtkommen, die sie einerseits an männlichen Normen mißt und sie gleichzeitig auf eine weibliche Identität festlegt. Vielfach sind wissenschaftliche Karriere und familiäre Lebensplanung unter diesen Vorzeichen auch heute noch unvereinbar, wird doch die Familienarbeit nach wie vor als »natürliche« Domäne der Frauen angesehen. Weibliche Vorbilder, die zur Identifikation einladen und ermutigen, sind eher rar. Dies führt dazu, daß Frauen ihre Leistungen selbst äußerst kritisch einschätzen, den Konkurrenzdruck fürchten und folgerichtig ihre berufliche Karriere eher vage planen.

Ohne spezielle Frauenförderpläne auf Bundes- und Länderebene scheint diese Situation nicht auflösbar. Wissenschaftlerinnen innerhalb und außerhalb der Hochschulen sollten an den aktuellen und zukünftigen Bildungsreformdiskussionen beteiligt, ihre Interessenvertretungen entsprechend berücksichtigt werden. Die Bedingungen für eine gezielte Netzwerkförderung von Wissenschaftlerinnen müssen hergestellt werden. Darüber hinaus muß eine Frauenförderstruktur im Wissenschaftsbereich aufgebaut bzw. erweitert werden (Frauenbeauftragte, Kinderbetreuungsmöglichkeiten etc.).

Unabdingbar erscheint zudem eine Veränderung der Stellenbewirtschaftung an den Hochschulen und den außeruniversitären Großforschungseinrichtungen. Barrieren, die Frauen strukturell benachteiligen (wie z.B. Altersgrenzen), müssen abgebaut werden, perspektivische Personalplanung muß unter Einbeziehung des Frauenaspekts stattfinden. Sinnvoll erscheinen Anreizsysteme, die es attraktiv machen, Frauenfördermaßnahmen umzusetzen. So wäre beispielsweise daran zu denken, aus Haushaltsgründen gesperrte Stellen an Universitäten sofort freizugeben, wenn sie mit einer Frau besetzt werden.

Beispiel Doktorandenausbildung und -förderung

In einer seiner 1995 verabschiedeten Stellungnahmen, den Empfehlungen zur Neustrukturierung der Doktorandenausbildung und -förderung, hat der Wissenschaftsrat zu einem speziellen Aspekt der Frauenförderung, insbesondere zur Situation von Frauen in der Doktorandenausbildung Stellung bezogen. Er hat dabei explizit herausgestellt, daß für die Unterrepräsentation von Frauen an der Gesamtzahl der Promotionen keineswegs schlechtere Studien- oder Forschungsleistungen geltend gemacht werden können. Vielmehr sieht er *einen* wichtigen Ansatzpunkt für eine stärkere Partizipation von Frauen an der Graduiertenausbildung in der besseren biographischen Vereinbarkeit von individueller wissenschaftlicher Weiterqualifikation mit der umfassenden Aufgabe der Kinderbetreuung. Nach wie vor herrschen in diesem Kontext Frauen ausgrenzende und behindernde Strukturen weitgehend vor. Aus diesem Grund hält der Wissenschaftsrat die Flexibilisierung der Instrumente der Doktorandenförderung (z.B. bei der Festsetzung von Förderzeiten und Altersgrenzen) für unbedingt erforderlich, wobei seiner Meinung nach vergleichbare Bedingungen auch für Männer gelten sollten, sofern diese die Kinderbetreuung übernehmen. Darüber hinaus sollten nach Meinung des Wissenschaftsrates Sonderprogramme zur Förderung der Promotion von Frauen – und zwar über die im Hochschulsonderprogramm II vorgesehenen Maßnahmen hinaus und vor allem für die Fächer, in denen der Frauenanteil an den Promotionen deutlich unter dem beim ersten Abschlußexamen liegt, – aufgebaut werden.

Der Wissenschaftsrat ist sich im klaren darüber, daß er mit diesen ersten konkreten Empfehlungen zu einem von zahlreichen strukturellen Problemen die Situation von Frauen in der Wissenschaft keineswegs erschöpfend behandelt hat. Entsprechend behält er es sich vor, zu dieser Gesamtthematik eine gesonderte Stellungnahme zu erarbeiten.

Frauenförderung an Berliner Hochschulen

Günter Siegel

Allgemeines

Das frauenpolitische Engagement innerhalb und außerhalb der Berliner Hochschulen hat schon sichtbare Erfolge vorzuweisen. Das Berliner Hochschulgesetz (BerlHG) und das Landesgleichstellungsgesetz (LGG) bilden den gesetzlichen Rahmen für eine aktive Frauenförderung an den Berliner Hochschulen. Sie verpflichten die Hochschulen, eine hauptamtliche Frauenbeauftragte zu bestellen sowie Frauenförderrichtlinien zu erlassen. Diese Frauenförderrichtlinien sind inzwischen an den Berliner Universitäten in Kraft, ebenso an der Hochschule der Künste, der Technischen Fachhochschule und der Fachhochschule für Wirtschaft. An den übrigen Hochschulen befinden sie sich im Beschluß- oder Bestätigungsverfahren. Mit Hilfe dieser Förderrichtlinien sowie der von den Fachbereichen zu erlassenden Förderplänen sind die Hochschulen bestrebt, den Frauenanteil bei der Berufung von Professoren, im akademischen Mittelbau und bei den sonstigen Mitarbeitern zu erhöhen. Hilfreich für die Hochschulen bei der Frauenförderung war das C1/C2-Programm des Berliner Senats sowie das Hochschulsonderprogramm II. Leider wurden beide Programme zu haushaltspolitisch ungünstigen Zeiten aufgelegt. Das C1/C2-Programm wird nunmehr auf die Ostberliner Hochschulen ausgedehnt, ohne daß zusätzliche Mittel zur Verfügung stehen. Das bedeutet für die Westberliner Hochschulen, daß sie etwa ein Drittel der Stellen abgeben müssen. Besonders bedauerlich ist dies für die Fachhochschulen, die von den 64 Stellen sowieso nur vier erhalten hatten. Beim Hochschul-sonderprogramm II stellt sich die Frage, ob die entsprechenden Mittel nach der Zusammenfassung der beiden Hochschulsonderprogramme I und II und des HEP-Programms ab 1997 weiter zur Verfügung stehen werden.[1] Die Fachhochschulen bedauern hierbei insbesondere, daß sie wegen dieser stark begrenzten Mittel keine Möglichkeit haben, über speziell eingerichtete Stellen Frauen zu fördern, denen fachhochschulspezifische Qualifikationen zur Berufung, insbesondere die mindestens fünfjährige Berufspraxis, fehlen.

Steigerung des Frauenanteils bei Professuren

Die Leiter der Berliner Hochschulen glauben nicht, daß die wesentliche Hürde für die Berufung von Wissenschaftlerinnen die von Männern bzw. Professoren dominierten Berufungskommissionen darstellen. Dennoch wollen sie entsprechende Einflüsse nicht ausschließen und bemühen sich, nach den Vorgaben des LGG Frauen in Berufungskommissionen zu integrieren. Trotzdem muß weiterhin die Qualifikation der Bewerberinnen beachtet werden. Gegebenenfalls ist jedoch der Qualifikationsbegriff zu überdenken. Gerade in den technischen und naturwissenschaftlichen Fachgebieten ist es jedoch derzeit sinnlos, eine Professorinnenquote von 50% zu fordern. Realistisch erscheint eine Quote in der Größenordnung, wie sie z.B. durch die Zahl der Promotionen (nach Geschlechteranteil) vorgegeben wird.

Akademischer Mittelbau

Auch hier bemühen sich die Hochschulen entsprechend der Förderpläne, den Anteil der Assistentinnen und Wissenschaftlerinnen zu steigern. Hier wäre eine sinnvolle Vorgabe, die Stellen für Nachwuchswissenschaftlerinnen entsprechend dem Frauenanteil an den Studierenden zu quotieren. An den Universitäten sollte darüber nachgedacht werden, ob als Berufungsvoraussetzung an der Habilitation festgehalten werden muß. Die Fachhochschulen müßten die Möglichkeit erhalten, »unter Vorbehalt« zu berufen, um entsprechend qualifizierten Wissenschaftlerinnen zu ermöglichen, die häufig fehlende Berufspraxis außerhalb des Hochschulbereiches nachzuholen. Eine positive Sanktionierung durch zusätzliche Mittelvergabe an Fachbereiche bzw. Institute, die verstärkt weiblichen Nachwuchs zur Promotion und Habilitation führen, wäre sinnvoll.

Erhöhung der Zahl der Studentinnen

Während in vielen geisteswissenschaftlichen Disziplinen der Anteil der Studentinnen durchaus zufriedenstellend ist, sind sie in naturwissenschaftlichen und insbesondere technischen Disziplinen weiterhin stark unterrepräsentiert. Hier muß nach Ansicht der Berliner Hochschulpräsidenten und -rektoren vor allem auf der Ebene der Schulen gegengesteuert werden. Schon bei der Auswahl der Leistungskurse in der Oberstufe der Gymnasien zeigt sich eine geschlechterspezifische Differenzierung. Hier muß die Ausbildung der Lehrer und Lehrerinnen verändert werden. Schülerinnen sollten verstärkt für die Technik- und Naturwissenschaften motiviert werden. Modelle wie z.B. der Mädchen-Techniktag haben sich bewährt und sollten breiter institutionalisiert werden. Studierende Mütter brechen häufig ihr Studium ab, um sich der Betreuung ihrer Kinder zu widmen. Hier könnte durch Verbesserung der Betreuungsmöglichkeiten für Kinder an den Hochschulen bzw. in den Studentenwohnheimen entgegengewirkt werden. Betreuungseinrichtungen werden insbesondere für Kinder unter drei Jahren benötigt. Außerdem müßte die alternative Nutzung von Fernstudienmöglichkeiten verbessert werden.

Abschließend glauben die Berliner Hochschulleiter bemerken zu dürfen, daß trotz berechtigter Kritik die Berliner Hochschulen führend in der Durchsetzung der Gleichstellung von Männern und Frauen in der Bundesrepublik sind.

Anmerkungen

1 Diese Programme werden zusammengefaßt als HSP III ab 1997 zur Verfügung stehen. Ihr Gesamtvolumen wird wegen der Haushaltsprobleme von Bund und Ländern jedoch erheblich verringert sein.

Frauenförderung als Männerfrage?

Eine Bilanz

Sabine Lang, Birgit Sauer

Vorbemerkung

Der nachfolgende Beitrag beruht auf der Auswertung eines Hearings mit Fachvertreterinnen und -vertretern, das im Rahmen der Konferenz »Wissenschaft als Arbeit – Arbeit als Wissenschaftlerin« am 27. und 28. Juni 1995 in Berlin stattfand[1]. Die strenge Form einer Anhörung war bewußt gewählt worden, um die Fülle von Themen, die in acht Foren debattiert worden war, für ein breiteres Publikum zu bündeln und um die dort aufgeworfenen Fragen direkt an die »richtigen Adressaten« zu leiten. Das Podium spiegelte, wie im Titel des Hearings und dieses Beitrags angelegt, Hierarchien und geschlechtsspezifische Machtverhältnisse in Wissenschaft und Wissenschaftspolitik adäquat wider: Mit Karin Peschel als Rektorin der Christian-Albrechts-Universität in Kiel stand eine der wenigen weiblichen Hochschulrektorinnen der Bundesrepublik Rede und Antwort. Neben ihr war das Podium mit fünf männlichen Vertretern aus der Wissenschaftspolitik besetzt: Paul B. Baltes, Direktor des Max-Planck-Instituts für Bildungsforschung in Berlin und Vorsitzender des Wissenschaftlichen Rates der Max-Planck-Gesellschaft, Hans-Uwe Erichsen in seiner Funktion als Präsident der Hochschulrektorenkonferenz, Detlev Ganten als Vertreter der Hermann von Helmholtz-Gemeinschaft Deutscher Forschungszentren, Karl-Heinz Hoffmann als Vorsitzender des Wissenschaftsrates sowie Günter Siegel, Präsident der Technischen Fachhochschule Berlin, in seiner Funktion als stellvertretender Vorsitzender und Vertreter der Fachhochschulen in der Landeskonferenz der Rektoren und Präsidenten Berliner Hochschulen.

Intention des Hearings war es, WissenschaftlerInnen in wissenschaftspolitisch zentralen Positionen zu ihren Vorstellungen bzw. Strategien bezüglich der Gleichstellung der Geschlechter in der Wissenschaft zu befragen. Die in den Foren erarbeiteten Forderungen und Fragen wurden im Rahmen des Hearings jeweils durch eine Vertreterin präsentiert. Das Hearing wurde von der

Dekanin des Otto-Suhr-Instituts (FB Politische Wissenschaft) an der Freien Universität Berlin, Gesine Schwan, moderiert.

Gleichstellungspolitik und – praxis: Strukturen ändern und/oder Sonderprogramme fordern?

Hearingsrepräsentantin: Heidi Degethoff de Campos[2]

Die Notwendigkeit alternativer Politikansätze zur geschlechtergerechten Strukturveränderung der Hochschulen auf der einen, von Sonderprogrammen für Wissenschaftlerinnen auf der anderen Seite fand im Rahmen des Hearings breite Unterstützung. Es wurde betont, daß es politisch falsch und faktisch hinderlich wäre, zwischen diesen beiden Instrumentarien einen Gegensatz zu konstruieren. Sowohl Strukturveränderungen als auch Sonderprogramme seien nötig, um die Unterrepräsentanz von Frauen in wissenschaftlichen Einrichtungen zu beseitigen.

Wichtige Voraussetzungen für ihre Verknüpfung sind jedoch adäquate Finanzierungsmöglichkeiten durch die Universitäten. Es wurde deshalb gefordert, Frauenförderung als Parameter bei der Steuerung und Evaluation im Rahmen der Finanzautonomie der Hochschulen zu verankern sowie die Vergabe von Stellen, Forschungsmitteln und Ausstattung an die Erreichung einer ergebnisorientierten Zielvorgabe der Frauenförderung zu binden.

Hans-Uwe Erichsen erklärte für die Hochschulrektorenkonferenz, daß diese sich uneingeschränkt für die Einführung von Globalhaushalten an den Hochschulen in der Bundesrepublik stark mache und zumindest eine Flexibilisierung dieser Haushalte mit wechselseitigen Deckungsmöglichkeiten zwischen den verschiedenen Titelgruppen für die zukünftige Hochschulplanung angestrebt werde. Auch die Überlegung, im Rahmen der Globalhaushalte gewisse Stellenkontingente für den weiblichen Nachwuchs zu reservieren, wurde von Hans-Uwe Erichsen positiv bewertet.

Als weitere Barriere für Frauen an den bundesdeutschen Hochschulen wurden der männlich orientierte Qualifikationsbegriff sowie die Zwangsorientierung von Frauen an einer männlichen Normalbiographie und an männlichen wissenschaftlichen Leistungsmustern identifiziert. Verbesserte Qualifizierungschancen für Frauen wurden des weiteren mit der Etablierung eines Mittelbaus an den Fachhochschulen verknüpft, der nach Ansicht von Günter Siegel in der angewandten, praxisorientierten Forschung tätig werden sollte.

Strittig blieb auf dem Podium hingegen die Forderung, den Hochschulfrauenbeauftragten in Zukunft den Status einer Vizepräsidentin einzuräumen. Günter Siegel gab zu bedenken, daß die Frauenbeauftragte damit Mitglied des Präsidiums und insofern an Mehrheitsentscheidungen gebunden wäre. Demgegenüber sei der jetzige Status als unabhängige Institution deutlich zu präferieren.

Frauenförderung an außeruniversitären Forschungseinrichtungen
Hearingsrepräsentantin: Marion Bimmler[3]

Als vergleichsweise desolat wurde im Hearing die Situation von Frauen an den Berliner außeruniversitären Forschungseinrichtungen beschrieben. Von den 73 gegenwärtig arbeitenden Instituten dieser Forschungseinrichtungen wird nach Aussagen von Marion Bimmler keines von einer Frau geleitet. Um so mehr Aufmerksamkeit verdienen deshalb Initiativen wie die der Max-Planck-Gesellschaft, die derzeit ein Frauenförderprogramm erarbeitet.

Wenngleich Paul Baltes für die Max-Planck-Gesellschaft auf die Notwendigkeit von strukturverändernden Maßnahmen hinwies, so trug die Diskussion doch auch deutliche Zeichen der Polarisierung zwischen der Forderung nach paritätischer Teilhabe von Frauen und dem Argument, daß es in der Grundlagenforschung vor allem um Qualität ginge. Obwohl Paul Baltes sein Insistieren auf dem Qualitätsmerkmal nicht als Exklusionsargument verstanden wissen wollte, sondern nur als Hinweis auf die Notwendigkeit strukturverändernder Langzeitmaßnahmen, zeigte dieser Teil der Diskussion das Spannungsverhältnis zwischen denjenigen, die die Definitionsmacht über »Qualität« haben, und dem Anspruch an Wissenschaftlerinnen, sich als Voraussetzung für eine wissenschaftliche Karriere in diesen vorgegebenen Kanon einzupassen. Paul Baltes forderte deshalb insbesondere eine bessere Verbindungsmöglichkeit von Beruf und Familie für Frauen und Männer, um die für die Grundlagenforschung nötigen Zeitinvestments und Resultate erlangen zu können.

Nur andeutungsweise wurde die Frage des Zugangs zu einer wissenschaftlichen Karriere in einer Großforschungseinrichtung auf dem Podium als Ressourcen- und Verteilungsproblem diskutiert. Paul Baltes wies darauf hin, daß der Einstieg einer neuen Gruppierung in einen gesellschaftlichen Sektor in der Regel dann erleichtert wird, wenn dieser Sektor sich in einer prosperierenden Entwicklungsphase befindet, d.h. wenn es zusätzliche Stellen gibt. Er verband dieses Argument mit der Forderung, sich auch und gerade unter frauenpolitischen Vorzeichen für die Ausweitung von Ressourcen für die Wissenschaft zu engagieren. Diesem pragmatischen Ansinnen steht jedoch die derzeitige Realität von Finanzknappheit und Kürzungen in den Hochschulen genauso wie in den außeruniversitären Forschungseinrichtungen entgegen. Der Vorsitzende des Wissenschaftsrates, Karl-Heinz Hoffmann, hielt dagegen, daß Frauenförderpolitik notwenig auch Umverteilungspolitik zu sein habe und selbst unter den gegenwärtigen Vorzeichen universitärer Mittelverknappung aktive Frauenförderung praktiziert werden müsse.

Paul Baltes wies für die Max-Planck-Gesellschaft darauf hin, daß die Erarbeitung eines Frauenförderplans mit der Durchführung eines Forschungsprojektes über die Karrieren von Frauen in der Max-Planck-Gesellschaft verbunden werden soll. Hier erhofft sich die Max-Planck-Gesellschaft u.a. mehr Aufschluß über die strukturellen Barrieren, die Frauen in den Max-Planck-Instituten konfrontieren. Gleichzeitig machte Paul Baltes jedoch deutlich, daß es innerhalb der Max-Planck-Gesellschaft keine paritätische Quotierung geben werde, die im übrigen der Frauenbewegung mehr schade als nutze. Offen blieb die Frage nach den Implementierungschancen der Maßnahmen des Förderplans in den einzelnen unabhängig arbeitenden Forschungseinrichtungen der Max-Planck-Gesellschaft. Die Frage nach Sanktionen oder anderen wirksamen Instrumenten zur tatsächlichen Realisierung des Förderplans wurde von Paul Baltes nicht positiv beschieden.

Während in der Max-Planck-Gesellschaft gegenwärtig von 220 Direktoren nur fünf Frauen sind und diese auf Lebenszeit gewählt werden, bieten sich an anderen Großforschungseinrichtungen durch höhere Fluktuation in den Leitungsfunktionen auch mehr Ansätze für frauenfördernde Initiativen. Detlev Ganten plädierte für eine stärkere frauenpolitische Nutzung der turnusmäßig alle fünf Jahre wechselnden Direktorenschaft an den meisten Großforschungseinrichtungen. Hier sei durchaus das Potential für schnellen Wandel gegeben. Zudem herrsche in den meisten Großforschungseinrichtungen in stärkerem Maße als an den Hochschulen eine mittelfristige Planungssicherheit. Auch hier könnten frauenpolitische Initiativen schneller Wirkung zeitigen als anderenorts.

Skeptisch beurteilte Karl-Heinz Hoffmann die Chancen für Frauen, aus dem Wissenschaftler-Integrations-Programm auf reguläre Stellen innerhalb außeruniversitärer Forschungseinrichtungen zu gelangen. Zwar setze sich der Wissenschaftsrat dafür ein, diese speziell für Ost-WissenschaftlerInnen existierenden Programme fortzuführen, und Karl-Heinz Hoffmann befürwortete auch eine Quotierung des weiblichen wissenschaftlichen Personals, aber die Finanzknappheit von Bund und Ländern lege hier enge Beschränkungen auf.

Ist Diskriminierung von der Disziplin abhängig? Gleichstellungspolitische Instrumente im Fächervergleich

Hearingsrepräsentantin: Sigrid Haase[4]

Die Diskussion in diesem Themenfeld konzentrierte sich auf die Frage, welche strukturellen Bedingungen Frauen für einen Studiengang motivieren bzw. demotivieren und was die Institution Hochschule von sich aus dazu beitragen kann, um solche strukturellen Barrieren zu beseitigen. Karin Peschel erläuterte ein an der Technischen Fakultät der Universität Kiel erprobtes Modellprojekt, um in der Physik und der mathematisch-naturwissenschaftlichen Fakultät mehr Studentinnen zu akquirieren. Bereits Schülerinnen werden hier in die universitären Labors eingeladen, und es wird der Versuch gemacht, frühe Motivation für diese »atypischen« Studiengänge zu erzeugen. Kritik wurde an den Evaluierungsmethoden des Wissenschaftsrates laut, der in vielen Empfehlungen zur wissenschaftlichen Hochschulausbildung an einzelnen Fakultäten keinerlei geschlechtsspezifischen Daten erhebe. Dadurch würden, so Sigrid Haase, eine Reihe von entscheidenden Barrieren für Frauen in bestimmten Studiengängen aus den Fragerastern des Wissenschaftsrates ausgeklammert. Karl-Heinz Hoffmann gab diesen Vorwurf in Teilen an die Hochschulen selbst und an die jeweiligen Statistischen Landesämter weiter, deren unzureichende Datenlage geschlechtsspezifische Auswertungen erst gar nicht ermöglichten. Er sicherte jedoch zu, die eigenen Evaluierungsraster daraufhin zu überprüfen, in welcher Weise frauenrelevante Daten mit ihnen erfaßt werden können.

Auch die Motivation weiblicher Studierender, sich in bestimmten Fächern nach dem Abschluß weiterzuqualifizieren, wurde von den TeilnehmerInnen des Forums eindeutig mit dem jeweils angelegten Qualifikationsbegriff in Verbindung gebracht.

Paul Baltes wurde als Direktor des Max-Planck-Instituts für Bildungsforschung um eine Stellungnahme gebeten, inwieweit sich ein anderer Qualifikationsbegriff in der Forschung inhaltlich konturieren ließe. Er verwies hier insbesondere auf die Stärke von Frauen bezüglich transaktionaler Verhaltensweisen und korrelierenden Forschungsergebnissen aus der Berliner Weisheitsstudie des Max-Planck-Instituts, die eine Relation zwischen Weisheit und Dezentrierung, d.h. dem Bezug auf ein Gemeinsames, Soziales und Interaktives, herstellen. Solche Stärken sollten sich, so Paul Baltes, nicht nur in der akademischen Lehre, sondern auch in der sozialen Aufwertung bestimmter Berufsgruppen mehr niederschlagen.

Männerförderungen/Frauenforderungen
Frauengerechtes Studium
Hearingsrepräsentantin: Christine Färber[5]

Als zentrales Problem dieses Forums kristallisierte sich die Frage heraus, welche Maßnahmen in der Studienstrukturreform verankert werden müssen, um den Frauenanteil beim Studienabbruch und bei Fachrichtungswechsel zu senken sowie die Karrieremotivation von Studentinnen zu fördern. Hans-Uwe Erichsen wandte sich für die Hochschulrektorenkonferenz gegen jegliche Verallgemeinerung, die gleichsam von oben nach unten an die Fachbereiche frauenfördernde Direktiven bezüglich einer Studienstrukturreform ausgebe. Statt dessen sollten seiner Ansicht nach hier die Initiativen vor Ort, d.h. in den einzelnen Fachbereichen selbst diskutiert und koordiniert werden, um den jeweils spezifischen Problemen von Studentinnen in den unterschiedlichen Fächern besser gerecht werden zu können.

Ein zentrales und für viele weibliche Studierende fächerübergreifend virulentes Problem ist hingegen die Vereinbarkeit von Studium und Kindererziehung, das insbesondere auch durch den Mangel an hochschulinternen Kinderbetreuungseinrichtungen hervorgerufen wird. Die von Christine Färber für ihr Forum formulierte Forderung lautete denn auch, für studierende Eltern in der Bundesrepublik ein bedarfsgerechtes Angebot an Kinderbetreuungseinrichtungen zu schaffen, angefangen von Krippenplätzen bis hin zu Kindertagesstätten mit flexiblen Betreuungszeiten und Horten. Günter Siegel bezifferte die Investitionskosten für einen Kindergartenplatz gegenwärtig mit rund 60 000 DM. Hinzu kämen Finanzmittel für Betreuungspersonal und laufende Kosten. Realistisch seien solche Investitionen in den gegenwärtigen Spar- und Rezessionszeiten kaum, und er verwies deshalb um so dringlicher auf die im Rahmen der Neuregelung des Schwangerschaftsabbruchs geschaffene Gesetzesgrundlage, wonach ab spätestens 1998 alle Kommunen die Bereitstellung von Kindergartenplätzen zu gewährleisten haben. In diesem Zusammenhang seien natürlich auch Kooperationsmodelle zwischen Kommunen, Bezirken und den Hochschulen möglich.

Erneut wurde bezüglich der Motivation von Studentinnen darauf hingewiesen, daß die Unterrepräsentanz von Frauen in der Lehre und bei den Prüfungsberechtigten kaum Leitbilder für weibliche Karrieremuster und Fördermöglichkeiten durch weibliche Lehrende für Studentinnen ermögliche. Paul Baltes unterstützte die Diagnose: Gäbe es mehr Frauen in Lehre und Forschung, dann würde weiblichen Studierenden das Studium leichter fallen. Doch wiederum zeigten sich divergierende Haltungen bezüglich der Therapie dieses Mißstandes. Während viele der TeilnehmerInnen auf kurz- und mittelfristig wirksame Maßnahmen im Rahmen von Zielquoten etc. insistierten, verteidigte Paul Baltes die Wissenschaft als sich selbst organisierendes System, das nur über längere Zeiträume hinweg reformierbar sei.

Frauenforschung – Geschlechterforschung
Hearingsrepräsentantin: Karin Hausen[6]

Karin Hausen machte zunächst deutlich, daß die interdisziplinäre Frauenforschung ganz erheblich zur Grundlagenforschung beigetragen habe, und zwar indem sie statt der allgemeinen Subsumtion von Frauen unter ein männlich Allgemeines auf dem Speziellen insistiert habe. Dies, so Karin Hausen, sei Grundlagenforschung fundamenteller Art. Auch bezüglich der Frauenforschung stellt sich vor allem das Problem, in den zentralen Gremien Frauen so zu plazieren, daß der Diskurs um Frauen- und Geschlechterforschung überhaupt eine Chance erhält. In gleicher Weise kritisch wurde von diesem Forum die männliche Selbstrekrutierungspolitik im Rahmen der Umstrukturierung der ostdeutschen Hochschulen bewertet. Karin Hausen forderte vor dem Hintergrund der Emeritierungswelle bis zum Jahr 2000 stärkere strukturelle Barrieren, um einem erneuten Selbstlauf männlicher Rekrutierung vorzubeugen. Karl-Heinz Hoffmann informierte, daß der Wissenschaftsrat eine Arbeitsgruppe »Chancengleichheit für Frauen« einsetzen wird, die Empfehlungen zur Frauenförderung erarbeiten soll; er wies aber gleichzeitig darauf hin, daß ihre Implementierung den Hochschulen selbst überlassen werden müsse. Er lehnte Negativsanktionen für Hochschulen bei Nichtrealisierung der Frauenförderrichtlinien ab, befürwortete hingegen sogenannte positive Sanktionen, d.h. Anreizsysteme, die die Hochschulen zu Umschichtungen im Sinne von Frauenförderung veranlassen könnten. Als konkreten Vorschlag für eine solche positive Sanktion regte er an, alle freiwerdenden wissenschaftlichen Stellen in den Bundesländern zunächst mit einer Besetzungssperre zu versehen – außer sie würden mit einer Frau besetzt. Dann könnte die Stelle sofort zur Neubesetzung freigegeben werden. Dieser Vorschlag wurde im Publikum mit viel Zustimmung aufgenommen.

Auch in der Max-Planck-Gesellschaft gibt es offensichtlich Überlegungen, Geschlechterforschung in den Forschungskanon zu integrieren. Paul Baltes verwies auf Überlegungen zur möglichen Neugründung eines Instituts für die

Anthropologie Sozialer Systeme, in dessen Themenbereichen auch die Geschlechterforschung einen prominenten Platz einnehmen könnte.

Wissenschaftlerinnen gegen Männerbünde – haben Frauennetzwerke gegen traditionelle Hierarchien Erfolg?

Hearingsrepräsentantin: Magdalene Deters[7]

Die Netzwerkbildung von Wissenschaftlerinnen wurde von vielen ReferentInnen grundsätzlich als ein wirksames Instrument benannt. Netzwerke, von Magdalene Deters mit der Theorie Ervin Goffmans als Interaktionen zwischen einer Haupt- und einer Nebenbühne beschrieben, sind entscheidend vor allem für die Besetzung von beruflichen Positionen. Die unmittelbar sich hieraus ergebende Forderung lautet: Gremien müssen paritätisch besetzt sein, und erst dann wird sich der Frauenanteil an wissenschaftlichem Personal in der Bundesrepublik spürbar erhöhen. Karl-Heinz Hoffmann als Vorsitzender des Wissenschaftsrates wurde befragt, inwieweit diese Institution auf die Besetzung von Kommissionen und Gremien der Hochschulen Einfluß nehmen kann. Karl-Heinz Hoffmann legte dar, daß der Wissenschaftsrat in der Regel kein Vorschlagsrecht zur Besetzung z.B. von Hochschulstrukturkommissionen habe – die Wendezeit mit ihrer Fülle von parallel einzurichtenden Kommissionen sei eine Ausnahme gewesen, denn hier habe der Wissenschaftsrat konkrete Vorschläge unterbreitet. Auch in der Besetzung des Wissenschaftsrates selbst sind Geschlechterhierarchien feststellbar. So liegt in der Verwaltungskommission, eine Unterkommission des Wissenschaftsrates, in der Bund und Länder vertreten sind, durch fünf Länderministerinnen gegenwärtig der Frauenanteil bei circa 30%. Anders in der wissenschaftlichen Kommission, in der (Stand 6/95) nur vier Frauen sind. Karl-Heinz Hoffmann ergänzte, daß der Wissenschaftsrat sich nicht selbst rekrutiert, sondern seine Mitglieder durch andere Institutionen bestellt werden. An diese Organisationen müßten sich denn auch die Forderungen der Konferenz richten, Netzwerke von Wissenschaftlerinnen bei Neubesetzungen zu konsultieren.

Arbeitsmarkt- und Strukturpolitik für Wissenschaftlerinnen

Hearingsrepräsentantin: Friederike Maier[8]

Es mangelt nicht an Evidenz dafür, daß die Zahl der arbeitslosen Wissenschaftlerinnen gegenwärtig höher ist als die der Wissenschaftler. Zusätzlich wirkt sich auf Frauen prekär aus, daß der wissenschaftliche Arbeitsmarkt aus einem großen grauen Arbeitsmarkt mit flexiblen und unsicheren Beschäftigungsverhältnissen einerseits, aus einem vergleichsweise kleinen Arbeitsmarktsegment mit privilegierten, in der Regel unbefristeten Beamtenstellen andererseits besteht. Eine Strategie, um mehr Arbeitsplätze für Frauen zu schaffen, wäre, so Friederike Maier, die Arbeitsumverteilung. Die gutverdienenden und stark geschätzten Beschäftigungssegmente – in der Regel männlich besetzt – könnten per gesetzlicher Regelung z.B. zehn Prozent ihrer Arbeitszeit und ihres Einkommens abgeben, um dadurch zusätzliche Mittelbaustellen und Professuren einzurichten. Obwohl Karin Peschel diesen Vorschlag im Grundsatz bejahte, warnte sie davor, ihn isoliert zu betrachten. Flexibilisierungen und Jobsharing-Modelle müßten hingegen eingebunden werden in einen generelleren Strukturwandel an den Hochschulen, der z.B. auch die Abschaffung der Habilitation beinhalten müsse.

Doch auch politischen Initiativen im Rahmen aktiver Arbeitsmarktpolitik wurde im Hearing nur ein unklares »ja, aber...« beschieden. Friederike Maier merkte kritisch an, daß der Wissenschaftsbetrieb arbeitsmarktpolitische Instrumente nicht einsetze und im übrigen dank der restriktiven Politik der Arbeitsämter auch kaum handhaben könne. Gleichwohl stellt sich die Frage, ob sich durch politisch offensivere Vorgaben innerhalb des Wissenschaftsbetriebs Einstellungs- und Rekrutierungskriterien ändern würden. Dies wurde von Paul Baltes für die Max-Planck-Gesellschaft negativ beschieden: Qualitätsmaßstäbe der Forschungsbereiche würden in jedem Fall angelegt, gleich, ob Stellen aus Lohnkostenzuschüssen bzw. ABM finanziert würden oder über die MPG direkt. Wenn jedoch, so insistierte Friederike Maier in der Diskussion, der Einsatz arbeitsmarktpolitischer Instrumente die Rekrutierungspolitik der Forschungsinstitutionen nicht beeinflussen würde, müßten alternative Hebel zur Frauenförderung angewandt werden. So wäre vorstellbar, bei der Vergabe von Drittmitteln die Zuwendungsbescheide mit Auflagen zu versehen, die ergebnisorientiert zur Erhöhung des Frauenanteils beitragen. Zu dieser Forderung bezog jedoch weder Detlev Ganten für die Großforschungseinrichtungen noch einer der anderen Podiumsteilnehmer ausdrücklich positiv Stellung.

Reformexperiment Frauenhochschule
Hearingsrepräsentantin: Johanna Kootz[9]

Abschließend diskutierten die HearingsteilnehmerInnen über das wohl gewagteste und unter Frauen auch umstrittene Modell der Frauenförderung: über die Etablierung einer Frauenhochschule. Johanna Kootz begründete die inzwischen vielfältigen Initiativen für einen autonomen Frauenlehr- und -lernraum zunächst damit, daß viele Frauen sich in den etablierten Institutionen zwar engagiert hätten, daß hier Fortschritte gleichwohl nur schwer zu erstreiten seien und grundsätzliche strukturelle Benachteiligungen von Frauen nicht ausgeräumt würden. Darüber hinaus, so Johanna Kootz, passe sich dieses Reformexperiment in grundsätzliche Überlegungen zur Neustrukturierung des Hochschulwesens ein – eine Neustrukturierung, die u.a. auch den Wettbewerb zwischen unterschiedlichen Modellen tolerieren müsse. Frauen hätten inzwischen die Analysen, die Kompetenzen und die Erfahrungen, wie Hochschule als Lehr- und Lernort anders gestaltet werden könne. Im übrigen seien in mehreren europäischen Ländern und in den USA solche Initiativen entweder Teil alter Tradition oder inzwischen längst erfolgreich gestartet worden. Es erging deshalb ein Appell an Karl-Heinz Hoffmann, durch den Wissenschaftsrat eine Enquête-Kommission zu berufen, die die bestehenden Frauenhochschulmodelle vergleichen und ein Konzept erarbeiten soll, das anschließend in die Berufung einer Gründungskommission münden müßte. Karl-Heinz Hoffmann hielt sich jedoch mit Zusagen zurück. Generell werde der Wissenschaftsrat auf Anrufung durch Bund oder Länder tätig. Sollte ein Bundesland ein solches Anliegen in das Gremium einbringen, dann werde sich der Wissenschaftsrat dem nicht entziehen. Doch er halte eine Strategie für erfolgversprechender, die versuche, innerhalb der anstehenden Strukturreformen an den Hochschulen die Chancen von Frauen zu verbessern. Karin Peschel wandte sich dagegen, einen solchen Vorschlag nur mangels kurzfristiger Finanzierungsoptionen zu marginalisieren. Sie wies darauf hin, daß trotz prekärer Haushalte gegenwärtig über die Gründung neuer Akademien auf Bundes- wie auf Landesebene nachgedacht würde. Die Männer in diesem Land erfüllten sich, so Karin Peschel, viele Wünsche – warum sollten also nicht auch Frauen eine Frauenhochschule ins Leben rufen können? Als Wissenschaftlerin müsse sie diesem Gedanken jedoch sofort ein »ja, aber« zur Seite stellen, und dieses »ja, aber« beinhalte den Verweis darauf, daß jegliche Art von Sonderprogrammen Gefahr liefe, Alibifunktion zu übernehmen und dadurch die eigentlich benötigte Veränderung von Geschlechterrollen insbesondere an den Hochschulen nicht befördern würden.

Fazit

Der Frauenraum Hochschule bleibt in vielerlei Hinsicht noch ein Frauentraum. Gleichwohl hat die Diskussion im Rahmen dieses Hearings einige Partikel einer alternativen Raumgestaltung zutagegefördert, die es in Erinnerung zu behalten gilt:

Erstens: Die Diskussion hat unserer Ansicht nach belegt, daß es richtig und wichtig ist, Frauenförderung als Männerfrage zu behandeln. Ziel des Hearings war es, spezifische Fragen an die richtigen Adressaten zu stellen, d.h. an die in überwältigender Mehrheit männlichen Vorsitzenden der großen Wissenschaftsorganisationen. Von einem nicht analytisch, sondern allenfalls habituell zu fassenden Bewußtseinswandel durch derartige Diskussionsprozesse einmal abgesehen, war diese Vorgehensweise informativ und im besten Sinne kommunikativ. Sie hat Gegensätze extrapoliert und gleichzeitig diskursiv mögliche Annäherungen und Berührungspunkte hergestellt. Fazit also: Derartige Kontexte sollten auf unterschiedlichen institutionellen Ebenen innerhalb der Hochschulen und der Wissenschaftspolitik institutionalisiert werden, um Lernerfahrungen auf beiden Seiten zu verstetigen und Frauenförderung mit aktiver Männerförderung zu verkoppeln.

Zweitens: Es gibt auch da, wo frau sie zunächst qua institutioneller Verankerung nicht unbedingt erwartet, interessante Überlegungen und Vorschläge zur Frauenförderung. Herausgegriffen sei an dieser Stelle nur der von Karl-Heinz Hoffmann vertretene Stellenbesetzungsstopp für Positionen im Wissenschaftsbereich, die *nicht* sofort mit einer Frau besetzt werden können. Es gilt, solche Vorschläge über die Landespolitik und die Wissenschaftsorganisationen selbst beschlußreif zu gestalten und hierfür frauenpolitischen Druck zu erzeugen.

Drittens: Die Diskussion hat deutlich gemacht, daß die Quotierung innerhalb der zentralen Wissenschaftsorganisationen vorläufig noch wenig Anhänger hat. Das Eigenprofil der »Bestenauslese« codiert den wissenschaftlichen Selektionsprozeß so, daß im Ergebnis Frauen in der Tendenz immer noch als »Zweitbeste« und damit als minder Qualifizierte erscheinen. Um so dringlicher scheint es uns, daß Bundes- und Landespolitik über die jeweilige Gleichstellungsgesetzgebung auf die Rekrutierungsverfahren im Rahmen ihrer Kompetenzen Einfluß zu nehmen suchen.

Viertens und letztens: Öffentlichkeit für die prekäre Lage von Frauen in der Wissenschaft zu schaffen, muß weiterhin ein zentrales Anliegen feministischer Wissenschaftspolitik sein. Darüber hinaus sollte aber realisiert werden, daß die Chancen für eine gleichberechtigte Integration von Wissenschaftlerinnen in bestehende Institutionen und Strukturen noch lange Utopie bleiben wird. Konkrete Hoffnung wäre darum verstärkt in eine feministische Bildungsdebatte zu setzen, die den Kern der systemischen Geschlechterordnung innerhalb der Wissenschaft thematisieren und zu einem bildungspolitischen Wandel beitragen könnte. Die derzeitigen Auseinandersetzungen um eine Hochschulreform in der Bundesrepublik machen feministische Interventionen umso dringlicher.

Anmerkungen

1 Die Auswertung des Hearings basiert auf einer interpretativen Analyse der transkribierten Diskussionsbeiträge durch die beiden Autorinnen. Für Zuspitzungen, die über den Wortlaut einzelner Statements hinaus Bezüge herstellen, Hintergründe verdeutlichen und Argumentationslinien extrapolieren, zeichnen die Autorinnen verantwortlich.

2 Heidi Degethoff de Campos ist Frauenbeauftagte der Technischen Universität Berlin.

3 Marion Bimmler ist Vorsitzende des Personalrats des Max-Delbrück-Centrums Berlin.

4 Sigrid Haase ist Frauenbeauftragte der Hochschule der Künste Berlin.

5 Christine Färber ist Sprecherin der Bundeskonferenz der Frauen- und Gleichstellungsbeauftragten an Hochschulen sowie zentrale Frauenbeauftragte der FU Berlin.

6 Karin Hausen ist Professorin für Geschichtswissenschaft und Leiterin des Zentrums für Interdisziplinäre Frauen- und Geschlechterforschung (i.G.) an der Technischen Universität Berlin.

7 Magdalene Deters vertrat den Arbeitskreis künstlerisch und wissenschaftlich tätiger Frauen in Berlin. Magdalene Deters, eine langjährige Verfechterin der Gleichstellung von Frauen inner- und außerhalb des Wissenschaftsbereichs, verstarb im Januar 1996.

8 Friederike Maier ist Professorin für Makroökonomie und Allgemeine Wirtschaftspolitik an der Fachhochschule für Wirtschaft in Berlin.

9 Johanna Kootz ist Mitarbeiterin der Zentraleinrichtung zur Förderung von Frauenstudien und Frauenforschung an der FU Berlin.

Anhang

Wissenschaftlerinnen 2000

Berliner Perspektiven für die Gleichstellung von Frauen in der Wissenschaft

Die »Berliner Perspektiven« wurden im Auftrag der Berliner Senatorin für Arbeit und Frauen *Christine Bergmann* von der AG »Gleichstellungspolitik in der Wissenschaft« bei der Senatsverwaltung für Arbeit und Frauen unter Mitwirkung der Senatsverwaltung für Wissenschaft und Forschung erarbeitet. Neben Mitarbeiterinnen der Senatsverwaltung für Arbeit und Frauen gehörten der AG an:

Marion Bimmler (Max-Delbrück-Centrum, Berlin), Regina Buhr (Wissenschaftszentrum für Sozialforschung, Berlin), Anke Burkhardt (Projektgruppe Hochschulforschung, Berlin), Magdalene Deters (Arbeitskreis wissenschaftlich und künstlerisch tätiger Frauen, Berlin), Christine Färber (Bundeskonferenz der Frauenbeauftragten der Hochschulen, Berlin) Sigrid Haase (Hochschule der Künste, Berlin), Gabriele Jähnert (Zentrum für interdisziplinäre Frauenforschung an der Humboldt-Universität, Berlin), Johanna Kootz (Zentraleinrichtung zur Förderung von Frauenstudien und Frauenforschung an der Freien Universität, Berlin), Sabine Lang (Berlin), Birgit Sauer (Berlin), Angelika Wellnitz-Kohn (Landeskonferenz der Frauenbeauftragten der Hochschulen, Berlin)

Redaktion: Sabine Lang, Birgit Sauer
Redaktionsschluß: Juni 1995

Ziele der »Berliner Perspektiven«

Die »Berliner Perspektiven für die Gleichstellung von Frauen in der Wissenschaft« zielen darauf ab, frauenpolitische Leitlinien für die zukünftigen strukturpolitischen Entscheidungen im Wissenschaftsbereich Berlins zu formulieren. Diese Leitlinien konkretisieren eine Reihe von nach wie vor uneingelösten gleichstellungspolitischen Forderungen, insbesondere

- die Herstellung von Geschlechterparität auf allen Ebenen des Wissenschaftsbereichs,
- die Neuformulierung des Wissens- und Forschungskanons,
- die Veränderung der Institutionen des Lehrens und Forschens,
- die Umgestaltung der frauenfeindlichen Personal- und Verwaltungsstrukturen sowie
- die Neukonzeption eines demokratischen Hochschulwesens.

Maßgabe einer gleichstellungsorientierten Wissenschaftspolitik müssen grundlegende strukturelle Veränderungen in den Hochschulen sein. Es geht keineswegs darum, angebliche Defizite von Frauen auszugleichen, sondern darum, konstitutiv männliche Strukturprinzipien aufzubrechen und zu reformieren. Die Öffnung der Hochschulen als Arbeitsplatz für Frauen ist aus diesem Grund nicht nur ein Beitrag zur Realisierung des verfassungsmäßigen Gleichstellungsgebots, sie ist auch ein Beitrag zur notwendigen Hochschulreform, zu ihrer Demokratisierung und zur Reform der Inhalte und der Form ihrer Wissensproduktion. Hochschulen zeichnen sich gegenwärtig durch Überlastung und bürokratische Unbeweglichkeit aus, und sie können deshalb der gesellschaftlichen Nachfrage nach Wissen nur unzureichend entsprechen. Eine allein technokratische Erneuerung der Hochschulen kann dieses Leistungsdefizit nicht beseitigen, wird aber, so steht zu befürchten, die Chancen von Frauen im Bereich von Wissenschaft und Forschung tendenziell vermindern. Hochschulentwicklung und Frauengleichstellung müssen aus diesen Gründen in der zukünftigen Entwicklungsplanung im Berliner Raum verzahnt werden. Zwar wurden durch gesetzliche Rahmenbedingungen den Hochschulen verbindliche Vorgaben gemacht, gleichwohl bleibt die Implementation oft unzulänglich. Die bestehenden gesetzlichen Vorgaben sind deshalb zu ergänzen und insbesondere mit Sanktions- und Anreizsystemen zu koppeln, um verbindliche und effektive Grundlagen für die Gleichstellung von Frauen an Hochschulen zu schaffen. Eine Revision der Hochschulrahmengesetzgebung ist hierfür unabdingbar.

Gleichstellungspolitik und Frauenförderung bewegen sich im Spannungsfeld von Gleichheit und Differenz, und eine Politik zur Förderung von Frauen in der Wissenschaft muß sich hieran orientieren. Dies bedeutet, daß neben Veränderungen in der Hochschulstruktur, die auf die Realisierung gleichberechtigter Teilhabe von Frauen zielen, insbesondere bei Stellenbesetzungen immer auch die historischen, sozialen und kulturellen Verschiedenheiten männlicher und weiblicher Lebenszusammenhänge berücksichtigt werden müssen. Denn nicht nur die Personalstruktur von Hochschulen und Forschungsinstituten ist männerdominiert, auch die Formen und Inhalte der Wissensproduktion selbst reflektieren einseitig die Erfahrungen, Normen und Interessen männlicher Wissenschaftler. Die Integration von Wissenschaftlerinnen ist deshalb auch immer Kritik dieser Art der Wissensproduktion und ihrer Ergebnisse. Da das soziale Konstrukt Wissenschaft traditionell die Geschlechterdifferenz ausblendet, ist die Förderung von Frauen- und Geschlechterforschung ein integraler Bestandteil von Frauenförderung im Wissenschaftsbereich, der also keineswegs gegen die quantitative Gleichstellung von Wissenschaftlerinnen ausgespielt werden darf.

Die Empfehlungen der »Berliner Perspektiven«

Die »Berliner Perspektiven« behandeln zentrale politische Handlungsfelder für gleichstellungspolitische Aktivitäten im Wissenschaftsbereich. Sie benennen konkrete Adressaten, Instrumente und Strategien für eine Gleichstellungspolitik, die Veränderungen in der Organisation von Studium, Forschung und Lehre, Veränderungen in der Personalstruktur und -rekrutierung sowie Veränderungen mittels spezifischer Frauenförderinstrumente zum Ziel hat. Es werden insbesondere aktuelle, auf Berlin bezogene Empfehlungen gegeben, auf welche Weise in Hochschulen sowie in außeruniversitären Forschungseinrichtungen gleichstellungspolitische Maßnahmen effektiver implementiert, der Frauenanteil in Studium, Lehre und Forschung erhöht sowie insbesondere auch Frauenforschung und Frauenstudium gestärkt werden können.

Die Empfehlungen gliedern sich in drei Teile:

1. Es werden Empfehlungen bezüglich der *zentralen Rekrutierungsfelder* für den Wissenschaftsbetrieb gegeben, in denen gleichstellungspolitische Aktivitäten intensiviert werden müssen, und zwar zur

– Steigerung des Frauenanteils bei den Professuren,

- Förderung des weiblichen akademischen Mittelbaus,
- Öffnung außeruniversitärer Forschungsinstitute als Arbeitsmarkt für Wissenschaftlerinnen sowie
- Verbesserung der Studienbedingungen für Studentinnen.

2. Es wird der *Ausbau flankierender Maßnahmen und Instrumente* empfohlen, mit denen Frauenförderung intensiviert werden kann, insbesondere durch

- Arbeitsmarkt- und Strukturpolitik für Wissenschaftlerinnen,
- Verbesserung der Stellung der Frauenbeauftragten innerhalb der Hochschulen,
- ergebnisorientierte Gleichstellungsregelungen in den Frauenförderrichtlinien,
- verpflichtende Umsetzung von Frauenförderrichtlinien durch Anreiz- und Sanktionssysteme sowie
- Bildung von Netzwerken von und für Wissenschaftlerinnen.

3. Es werden *Revisionen des Lehr- und Forschungskanons* empfohlen durch

- Stärkung der Frauenforschung,
- Integration der Ergebnisse der Frauenforschung in Studium und Lehre sowie
- Planung einer Frauenhochschule.

Politische Unterstützung in Form von Maßnahmen der gesetzgebenden Körperschaften sowie des Berliner Senats sind für eine solche aktive Frauenförderpolitik in Wissenschaft und Forschung unverzichtbar. Darüber hinaus soll der politische Impuls der »Berliner Perspektiven« zur Mobilisierung und Vernetzung von Wissenschaftlerinnen in Berlin beitragen.

Zur Situation von Wissenschaftlerinnen in der Bundesrepublik

Deutsche Hochschulen und Forschungsinstitute sind bezüglich ihrer Strukturen wie auch ihrer Forschungsgegenstände immer noch androzentrisch geprägt: Männliche Wissenschaftler werden privilegiert und gefördert, Frauen hingegen vielfach diskriminiert. Ständische Entscheidungsstrukturen, hierarchische Beziehungen zwischen WissenschaftlerInnen als Konstituens wissenschaftlicher Karrieren sowie männliche Qualifikations- und Aufstiegsmuster sind in die Strukturen der Hochschule eingelassene Bedingungen des Frauenausschlusses. Das Prinzip der Personalrekrutierung durch Kooptation leistet der Reproduktion des »Gleichen«, d.h. des männlichen Wissenschaftlers, Vorschub. Bei Studierenden liegt der Frauenanteil inzwischen zwar in zahlreichen Fächern bei 50%. Dieser hohe Frauenanteil findet jedoch nach wie vor keine Entsprechung beim wissenschaftlichen Personal, insbesondere bei akademischen Qualifizierungsstellen und bei Professuren. Bereits bei der Vergabe von akademischen Mittelbaustellen sind Frauen aller Disziplinen unterrepräsentiert. Diese Diskriminierungspraxis wiegt umso schwerer, als der akademische Mittelbau in dieser wichtigen, wenngleich meist persönlich und finanziell prekären Qualifikationsphase besonders intensiv den akademischen Selektionsprinzipien unterworfen ist. Der niedrige Frauenanteil an dieser Ausgangs- und Aufbaustufe für die wissenschaftliche Laufbahnplanung dezimiert sich weiter hinsichtlich der Habilitationen wie auch der Anzahl von Professorinnen.

Die Bundesrepublik Deutschland schneidet im internationalen Vergleich bezüglich der Chancen für Wissenschaftlerinnen im akademischen Bereich schlecht ab: In der Türkei beträgt der Frauenanteil in akademischen Führungspositionen 20%, in Spanien und Portugal je 8%, in den USA 14,4%, in der Bundesrepublik Deutschland hingegen nur circa 3%. Nach wie vor sind Frauen insbesondere in den Natur- und Technikwissenschaften stark unterrepräsentiert.

Bereits die geschlechtsspezifische Studienwahl führt zu einer hohen Konzentration von Frauen im Fächerspektrum der Sprach-, Erziehungs- und Sozialwissenschaften. Diese geschlechtsspezifische Segmentierung konnte bislang durch spezifische Förderung von Schülerinnen und Studentinnen nur ansatzweise aufgebrochen werden. Dies zeigt, daß dieses Mißverhältnis nicht allein der individuellen Fächerwahl geschuldet ist, sondern strukturelle Komponenten in den betreffenden Disziplinen nach wie vor Exklusion von Frauen produzieren.

Zwar haben sich starre Zuschreibungen von »Männer-« und »Frauenfächern« etwas gelockert, doch ist in den alten Bundesländern in nahezu allen technischen und in den meisten naturwissenschaftlichen Studiengängen die Zahl der Studienanfängerinnen konstant niedrig geblieben. Frauen in den neuen Bundesländern wurden seit der Vereinigung entmutigt, eine Karriere in einer technischen Disziplin anzustreben. Diese Erfahrungen belegen, daß Sonderförderungen von Studentinnen allein nicht erfolgversprechend sind, sondern daß eine prinzipielle Veränderung der Fächerkultur angestrebt werden muß.

Wissenschaftlerinnen in Berlin

Berlin hat sich mit der deutschen Vereinigung zu einem zentralen Wissenschaftsstandort der Bundesrepublik Deutschland und zu einer der europäischen Regionen mit der höchsten Dichte an Hochschulen und Forschungseinrichtungen entwickelt. Siebzehn Hochschulen, davon drei Universitäten und drei Universitätsklinika, sowie mehr als 70 außeruniversitäre Forschungseinrichtungen bilden die Grundlage für innovative wissenschaftliche Leistungen, für die Förderung des akademischen Nachwuchses sowie für neue Impulse auf dem akademischen Arbeitsmarkt. Es steht zu erwarten, daß mit dem Ausbau der Hauptstadt zum Regierungssitz auch die Zahl der Arbeitsplätze in jenen Sektoren zunehmen wird, die Dienstleistungen im Wissenschafts-, Forschungs- und Technologiebereich, für politische Institutionen, Verbände und Wirtschaftsunternehmen anbieten. Die genannten Transformationen bergen sowohl Chancen als auch Risiken für die Repräsentanz von Frauen. Politisches Ziel aktiver Gleichstellungspolitik muß es deshalb sein, die Dynamisierung des akademischen und außerakademischen Arbeitsmarkts für eine verstärkte Integration von Frauen in Wissenschaft und Forschung zu nutzen sowie das Wissen von Frauen zu einem zentralen Bestandteil der Wissenschaftslandschaft Berlin-Brandenburg zu machen[1].

Gegenwärtig liegt der Anteil von Wissenschaftlerinnen auf allen Qualifizierungsstufen in Berlin nur unwesentlich über dem jeweiligen Bundesdurchschnitt: So betrug 1991 der Frauenanteil an den Professuren in Berlin-West 9% und an Hochschulassistenzen 28,9%. In Berlin-Ost besetzten Frauen 1991 16,2% der Professuren (inkl. Dozenturen) und 42,3% der Wissenschaftlichen MitarbeiterInnenstellen. In Berlin-West belief sich der Anteil der Studentinnen an den Studierenden 1992/93 auf 43,3%, und 1992/93 waren 46,7% der Studienanfänger im Westteil Berlins Frauen. Im Ostteil der Stadt betrug der Frauenanteil an allen Studierenden 1992/93 52,3%, und der Anteil an den Studienanfängern belief sich auf 58,1%. Insbesondere in den Natur- und Technikwissenschaften liegt der Anteil Berliner Studentinnen an allen Studierenden mit 18% noch weit unter einer anzustrebenden paritätischen Beteiligung. Von den Studierenden der Naturwissenschaften und Mathematik sind insgesamt gegenwärtig nur ein Drittel Frauen, und ihre Zahl dezimiert sich weiter im Mittelbau bis hin zur Habilitation.

Diese Unterrepräsentanz von Frauen in den Natur- und Technikwissenschaften schlägt sich in Berlin insbesondere auch in den außeruniversitären Forschungsinstitutionen nieder, die vornehmlich natur- und technikwissenschaftlich ausgerichtet sind. Seit den achtziger Jahren stagnieren die Ausgaben für Forschungsaufgaben der Hochschulen, während die öffentliche Förderung für außerhochschulische Forschungszentren insbesondere in den Natur- und Technikwissenschaften demgegenüber nachhaltig intensiviert wurde. Ein wesentlicher Bestandteil dieser außeruniversitären Forschung sind die gemeinsam von Bund und Ländern geförderten Forschungseinrichtungen der Max-Planck-Gesellschaft, der Fraunhofer-Gesellschaft, der Großforschungseinrichtungen sowie der Einrichtungen der Blauen Liste. Auch der Frauenanteil an diesen Institutionen liegt indessen unter ihrem Anteil an Hochschulen. Beispielsweise ist in diesen Einrichtungen keine Frau in einer wissenschaftlichen Führungsposition beschäftigt.

Für Berlin liegen derzeit noch keine qualifizierten Daten über den Frauenanteil unter den WissenschaftlerInnen der außeruniversitären Forschungseinrichtungen vor. Man kann davon ausgehen, daß an den 73 außeruniversitären Einrichtungen Berlins gegenwärtig circa 600 Wissenschaftlerinnen tätig sind; 80% davon haben befristete Verträge. Mary Osborn kommt in einer gesamtdeutschen empirischen Studie, die vermutlich mit geringer Abweichung auch für Berlin zutrifft, 1989 bzw. 1990 auf einen Anteil von Frauen unter den C4-Professuren von 1% in der Max-Planck-Gesellschaft und von 0% bei den anderen Großforschungseinrichtungen. Für das Wissenschaftszentrum Berlin (WZB) und das Max-Delbrück-Centrum (MDC) läßt sich ähnliches konstatieren: 1994 bzw. 1995 sind im MDC 7 C4-Professuren mit Männern besetzt, jedoch keine mit einer Frau. Beim WZB gibt es 13 Direktoren, davon eine Frau, und in der Vergütungsgruppe BAT I 4 Männer, jedoch keine Frau. Demgegenüber ist der Anteil von Wissenschaftlerinnen auf Qualifizierungsstellen in den außeruniversitären Forschungseinrichtungen Berlins in den vergangenen Jahren sichtbar angestiegen. 1992 betrug der Frauenanteil bei den Promovenden an den Instituten der Blauen Liste 41,2% und bei den Instituten der Max-Planck-Gesellschaft 26,8%. Frauenforschung hat in außeruniversitären Forschungseinrichtungen bislang keinen hohen Stellenwert.

Die spezifische Situation von Wissenschaftlerinnen im Ostteil Berlins

Die Neugestaltung der Wissenschaftslandschaft in den neuen Bundesländern und im Ostteil Berlins hatte für ostdeutsche Wissenschaftlerinnen überwiegend negative Auswirkungen. Neben der Eröffnung neuer Forschungsoptionen haben Wissenschaftlerinnen während der vergangenen fünf Jahre vielfach

Ausgrenzung und Verengung von Chancen erfahren. Mit der Übernahme des Hochschulsystems der alten Bundesländer wurden Strukturen auch auf die neuen Bundesländer übertragen, die Wissenschaftlerinnen, verglichen mit der Situation in der DDR, noch stärker benachteiligen. Der quantitative Abbau des Personals bedeutete für viele Wissenschaftlerinnen das Ende ihrer akademischen Laufbahn. Von den 825 im Jahr 1988 unbefristet an der Humboldt-Universität angestellten Wissenschaftlichen Mitarbeiterinnen haben gegenwärtig noch etwa 200 Dauerstellen inne – und auch dies zum Teil nur aufgrund laufender Gerichtsverfahren. Die weiterbeschäftigten, zuvor unbefristet angestellten Mitarbeiterinnen wurden im Rahmen des Personalüberleitungsgesetzes zum Großteil auf befristete Stellen übernommen bzw. dequalifiziert eingesetzt. Vom Auslaufen dieser befristeten Verträge in den Jahren 1996 - 1998 sind allein an der Humboldt-Universität circa 280 Frauen betroffen, die aufgrund ihres Alters und ihrer entwerteten Wissenschaftsbiographie kaum eine weitere wissenschaftliche Perspektive haben werden. Selbst wenn genaues Datenmaterial über den Verbleib von Wissenschaftlerinnen fehlt, deuten ausgewählte Erhebungen darauf hin, daß der Großteil inzwischen arbeitslos geworden oder aber unter der einst erworbenen Qualifikation beschäftigt ist.

Die politischen Versuche, der Dequalifizierung und Verdrängung zu begegnen, hatten nur partiell Erfolg. Konnte der prozentuale Anteil der Frauen im Mittelbau beim Personalüberleitungsprozeß im wesentlichen noch gehalten werden (er beträgt bei den 1996 - 1998 auslaufenden Verträgen 41,24%), so ist der Anteil der Wissenschaftlerinnen bei den Neueinstellungen an der Humboldt-Universität alarmierend gesunken. Die durch Berufungsverhandlungen neuangestellten Wissenschaftlerinnen besetzen z.B. nur noch 20% der für die weitere Qualifikation wichtigen C1-Stellen. Zwar bedeutet die Quote von 6% C4-Professorinnen an der Humboldt-Universität eine Verdoppelung verglichen mit westdeutschen Hochschulen und ist deshalb als Fortschritt zu bewerten, doch nimmt sich diese Bilanz gegenüber der Gesamtzahl der Neuberufungen und vor dem Hintergrund gesetzlicher Gleichstellungsregelungen noch immer bescheiden aus. Das Beispiel der Humboldt-Universität zeigt daher plastisch, daß die Übertragung bundesdeutscher Strukturen in einem nachholenden Prozeß der Angleichung zu einem niedrigeren Anteil von Frauen in der Wissenschaft geführt hat.

Auch im Bereich der außeruniversitären Forschung haben Wissenschaftlerinnen im Ostteil Berlins erhebliche Einbußen erfahren. Der Prozeß des Personalabbaus auf circa ein Drittel des ursprünglichen Umfangs der ehemaligen wissenschaftlichen Akademien der DDR ist bei weitem noch nicht abgeschlossen. So waren 1993 von den 315 unbefristet Beschäftigten der Blaue-Liste-

Institute im Ostteil der Stadt nur 38 Frauen. In den Einrichtungen der Max-Planck-Gesellschaft machen Frauen etwa ein Viertel der unbefristet Beschäftigten aus.

Das Wissenschaftler-Integrationsprogramm (WIP), das 1991 von der Bund-Länder-Kommission für Bildungsplanung und Forschungsförderung (BLK) beschlossen wurde, ist bis Ende 1996 befristet. Zwar ist mit einem Frauenanteil von 38,4% aller zur Zeit an Hochschulen oder Forschungseinrichtungen angegliederten WissenschaftlerInnen eine ihrem früheren Anteil entsprechende Quote erreicht worden, doch ist die Perspektive ihrer Integration in den wissenschaftlichen Arbeitsmarkt unklar. Es ist zu befürchten, daß ein Großteil dieser WissenschaftlerInnen nach Abschluß der Übergangsphase voraussichtlich nicht dauerhaft in Institute und Hochschulen integriert werden wird.

Frauenforschung und Frauenförderung in Berlin

Berlin hat sich im vergangenen Jahrzehnt zu einem international anerkannten Zentrum für Frauen- und Geschlechterforschung entwickelt:

- 13 Frauenforschungsprofessuren an drei Berliner Universitäten, wenn auch nur ein Lehrstuhl und mehrheitlich C3-Professuren,
- drei institutionalisierte Einrichtungen für Frauen- und Geschlechterforschung (die Zentraleinrichtung zur Förderung von Frauenstudien und Frauenforschung an der Freien Universität, das Zentrum für interdisziplinäre Frauenforschung (ZiF) an der Humboldt-Universität sowie das Zentrum für Interdisziplinäre Frauen- und Geschlechterforschung an der Technischen Universität),
- 8 Professuren mit einem Schwerpunkt für Frauen- und Geschlechterstudium an Fachhochschulen sowie die Studien- und Forschungsschwerpunkte zur Frauenforschung an der Fachhochschule für Wirtschaft und an der Alice-Salomon-Fachhochschule für Sozialpädagogik und Sozialarbeit,
- die gelungene Integration von Frauenstudien in die Studien- und Prüfungsordnungen mehrerer universitärer Studiengänge,
- eine Reihe von Archiven und Dokumentationsstellen zur Frauenbewegung und Frauenforschung, die sich zu einem »Netzwerk Berliner Lesben-/Frauenarchive und -bibliotheken« zusammengeschlossen haben (zur Zeit 8 Einrichtungen)

garantieren Frauenforscherinnen eine vergleichsweise gute Infrastruktur.

Das Land Berlin hat in der Wissenschaftlerinnenförderung bereits entscheidende Weichen gestellt und durch das frauenpolitische Engagement inner- und außerhalb der Hochschulen sichtbare Erfolge vorzuweisen. Das Berliner Hochschulgesetz (BerlHG) und das Landesgleichstellungsgesetz (LGG) bilden den gesetzlichen Rahmen für eine aktive Frauenförderung auf allen Ebenen wissenschaftlicher Qualifizierung und Berufung im Rahmen der Hochschulen. Sie verpflichten alle Berliner Hochschulen, eine hauptamtliche Frauenbeauftragte zu bestellen sowie Frauenförderrichtlinien zu erarbeiten. Gleichwohl müssen auch diese gesetzlichen Rahmenbedingungen in Teilen verbessert und in ihrer Umsetzung stärker begleitet und kontrolliert werden.

Spezielle Programme zur Frauenförderung in der Wissenschaft wie

- das C1/C2-Programm des Berliner Senats,
- das Hochschulsonderprogramm II (HSP II),
- das Förderprogramm Frauenforschung des Senats

leisten gegenwärtig einen wichtigen Beitrag zur Frauenförderung.

Berlin hat mit dem C1/C2-Programm zur Förderung von Nachwuchswissenschaftlerinnen und Künstlerinnen Wege aufgezeigt, wie auf Landesebene durch Mittelbindungen spezifische Frauenfördereffekte erzielt werden können. Das Programm sieht vor, daß Stellen der Besoldungsgruppe C1 und C2 eingerichtet werden, und zwar mit Priorität in solchen Bereichen, in denen der Frauenanteil an Professuren besonders gering ist bzw. wo Forschung und Lehre eine Erhöhung des Professorinnenanteils erfordern. 60 C1/C2-Stellen wurden eingerichtet. Die Berliner Fachhochschulen partizipieren mit 3 C2-Stellen und einer C3-Stelle an dem Programm. Das C1/C2-Programm hat sich aus mehreren Gründen bewährt: Zum ersten, weil es die Vergabe der Mittel an die Besetzung der Stellen mit Frauen bindet, zum zweiten, weil es eine auf die jeweilige Hochschule zugeschnittene Ausgestaltung erlaubt und zum dritten, weil es die Förderung von Personen mit den zum Abbau von Diskriminierung von Frauen notwendigen Strukturveränderungen verknüpft. An der TUB haben bereits fünf aus diesem Programm geförderte Wissenschaftlerinnen, an der FUB haben drei Wissenschaftlerinnen einen Ruf an eine andere Hochschule erhalten.

Das von der Bundesregierung und den alten Bundesländern 1990 beschlossene HSP II sieht besondere Maßnahmen zur Förderung von Wissenschaftlerinnen vor. Auch das Land Berlin hat die Zielmarge von einem 18,5%igen Anteil für Frauenförderung nicht in jedem Jahr und nicht an jeder Hochschule erreicht. Insgesamt setzten die Berliner Hochschulen diese Mittel sehr unterschiedlich ein. Für explizit frauenfördernde Maßnahmen (Habilitationen/Promotionen/Werkverträge) haben die Fachhochschulen 1994 nur einen geringen Anteil der Programmittel (6%) und die Hochschulen 20% gebunden. Darüber hinaus werden bei den übrigen Programmzielen des HSP II ebenfalls frauenfördernde Maßnahmen wirksam. Deshalb betrugen die auf Frauen bezogenen Ausgaben 1994 insgesamt 34% der Gesamtausgaben der Universitäten und 26% der Gesamtausgaben der Fachhochschulen (im Rahmen des HSP II). An der FU Berlin beispielsweise konstituierte sich 1991 eine »Kommission zur Förderung von Nachwuchswissenschaftlerinnen« (KFN), die bislang 58 Wissenschaftlerinnen durch Promotions-, Habilitations- und Wiedereinstiegsstipendien fördern konnte. Darüber hinaus wurden in Berlin bis August 1994 insgesamt 139 Stellen aus dem HSP II geschaffen: 35 Stellen für Hochschullehrer, darunter 3 Frauen (9%), 65 Stellen für sonstiges wissenschaftliches Personal, davon 21 Frauen (32%) sowie 39 Stellen für nichtwissenschaftliches Personal, davon 22,25 für Frauen (57%). Eine Orientierung an der vorhergehenden Qualifikationsstufe bei der Stellenvergabe wurde nicht erreicht. Lediglich bei der Vergabe von Promotions- und Habilitationsstipendien sowie Werkverträgen lag der Frauenanteil über 50%. Dieses Mißverhältnis von Stellen und Stipendien muß beim HSP III im Ansatz ausgeschlossen werden.

Das Förderprogramm Frauenforschung des Berliner Senats wurde 1988 eingerichtet und fördert wissenschaftliche und künstlerische Vorhaben aus dem Feld der Frauen- und Geschlechterforschung. Es bietet u.a. jährlich etwa 80 bis 90 Frauen die Chance zu einer Qualifizierungsarbeit im Bereich der Frauenforschung, insbesondere für institutionell nicht abgesicherte Wissenschaftlerinnen. Von 1988 bis 1993 konnten insgesamt 523 Forschungsvorhaben mit 17,8 Mio. DM gefördert werden. Das Förderprogramm konnte zur weiteren Etablierung und wissenschaftlichen Anerkennung der Frauenforschung und zur Erschließung der etablierten Ressourcen der Wissenschaftsförderung bereits entscheidend beitragen.

Das im Ostteil Berlins und in den neuen Bundesländern geltende Hochschulerneuerungsprogramm (HEP) beinhaltete zwar eine verbale Aufforderung zur Frauenförderung, legte jedoch keine konkreten Zielgrößen und Finanzmittel zur Förderung von Wissenschaftlerinnen fest. Die frauenfördernden Impulse blieben demzufolge weit hinter den Möglichkeiten zurück, die im Rahmen der Neustrukturierung der Ostberliner Hochschullandschaft bei verbindlichen Zielvorgaben bestanden hätten.

Perspektiven der Frauenförderung an Hochschulen und außeruniversitären Forschungseinrichtungen

Mit der Neuorganisation der Forschungslandschaft in der Region Berlin-Brandenburg eröffnen sich Chancen und Risiken für die Frauenförderung in der Wissenschaftsmetropole Berlin. Gleichstellungspolitische Konzepte müssen von Anfang an Bestandteil der Strukturplanung im Wissenschaftsbereich sein und insbesondere auch die Zielstellungen einer gemeinsamen Berlin-Brandenburgischen Hochschulstrukturkommission mitbestimmen. Angebote, die frauenpolitisch zentral sind, müssen erhalten und ausgebaut werden. Es bieten sich neue Möglichkeiten für die Weiterentwicklung einer aktiven Gleichstellungspolitik an den Hochschulen und außeruniversitären Einrichtungen und damit auch Optionen für eine quantitative Steigerung des Frauenanteils an Professuren und am wissenschaftlichen Nachwuchs. Dies muß auch und gerade in Zeiten knapper Ressourcen und unter dem Diktat von Mittelkürzungen innerhalb der Hochschulen zentrales Anliegen bleiben. Die Hochschulstrukturkommission hat auch darauf zu achten, daß die zu erwartenden Initiativen zur Komprimierung des Fächerkanons nicht zu Lasten derjenigen Studiengänge gehen, die derzeit einen hohen Frauenanteil aufweisen.

Insbesondere muß die zwischen 1996 und dem Jahr 2005 zu erwartende Emeritierungswelle frauenpolitisch genutzt werden. Nach den neuesten Berechnungen des Wissenschaftsrats müssen in diesem Zeitraum 49% aller Professuren aus Altersgründen neu besetzt werden. Es gilt, diese personellen Umstrukturierungen als Chance für frauenpolitische Struktur- und Personalpolitik an Hochschulen zu begreifen und in den nächsten Jahren gerade in den »harten« Männerdomänen die institutionellen Voraussetzungen dafür zu schaffen, daß mehr Frauen zur Promotion und zur Habilitation gelangen. Die im Vergleich zu den alten Bundesländern bessere Ausgangsbasis des Ost-Mittelbaus ist zu nutzen, um durch gezielte Förderstrategien und -bedingungen habilitierte Wissenschaftlerinnen auf Professuren zu plazieren.

Strategien der Wissenschaftlerinnenförderung in Berlin

Die folgenden zehn Punkte benennen zentrale Chancen und Probleme der Frauenförderung und geben Empfehlungen, die für eine Antidiskriminierungs- und Gleichstellungspolitik im Wissenschaftsbereich unverzichtbar sind. Sie stellen notwendige, aber keineswegs hinreichende Bedingungen dar, um den wissenschaftlichen Arbeitsmarkt geschlechtergerecht zu gestalten. Die Systematik der Empfehlungen orientiert sich an folgenden vier Kriterien:

- die gleichstellungsorientierte Novellierung der Hochschulgesetzgebung,
- die effektive Implementierung gesetzlicher Vorgaben,
- Strukturveränderungen innerhalb der Hochschulen sowie
- spezifische Förderprogramme für Wissenschaftlerinnen.

1. Steigerung des Frauenanteils bei den Professuren

Trotz aller Ansätze der Frauenförderung ist die Unterrepräsentanz von Frauen bei Professuren und insbesondere bei Lehrstühlen skandalös. Nur 12% der Habilitanden in der Bundesrepublik Deutschland sind Frauen. Im Westteil Berlins stieg der Anteil der Habilitandinnen zwischen 1989 und 1992 von 10,3% auf 14,8%. Hingegen ging die Zahl der Promotionen B/Habilitationen in Berlin-Ost seit 1989 drastisch zurück.

Insgesamt stieg der Anteil von Professorinnen im Westteil Berlins von 7,9% (1985) auf 9% im Jahr 1991. Im Ostteil Berlins wurden bis Mitte 1994 18% aller Professuren mit Frauen besetzt. Eine große Hürde für die Berufung von Wissenschaftlerinnen stellen die männer- und professorendominierten Berufungskommissionen dar. Um wirksame Maßnahmen zur Steigerung des Professorinnenanteils insbesondere auf der Ebene von C4-Professuren an Universitäten bzw. C3-Professuren an Fachhochschulen zu ergreifen, müssen in einem Berufungsverfahren die ungünstigere Ausgangssituation für Wissenschaftlerinnen mit Familienpflichten, aber auch die oftmals brüchigen Berufsbiographien von Wissenschaftlerinnen berücksichtigt werden.

Empfehlungen:
Gleichstellungsmaßnahmen für promovierte Wissenschaftlerinnen

- Sonderprogramme, die die Berufung von Wissenschaftlerinnen zum Ziel haben, sollen entwickelt werden.
- Habilitationsprogramme z.B. im Rahmen der DFG sollen mit einer Verpflichtung zur Geschlechterparität verbunden werden.
- Die Hochschulen sollen sich verpflichten, feste Stellenkontingente nur für Frauen auszuweisen.
- Die Berücksichtigung von Geschlechterdifferenzen bei der Evaluation von wissenschaftlichen Leistungsmustern muß gewährleistet werden; ein ver-

änderter Qualifikationsbegriff muß beim Auswahlverfahren Berücksichtigung finden.

Berufungsverfahren

- Alle Berufungskommissionen sollen geschlechterparitätisch besetzt werden. Insbesondere ist darauf zu achten, daß unter den stimmberechtigten Mitgliedern paritätisch Frauen vertreten sind. Gegebenenfalls sollen für diese Aufgaben auch Wissenschaftlerinnen auf Mittelbaustellen bzw. Externe herangezogen werden können.
- Der Frauenanteil bei Anhörungs- und Bewerbungsgesprächen soll mindestens 50% betragen. Wissenschaftlerinnen sind gezielt zu einer Bewerbung aufzufordern.
- Bisherige Kriterien biographischer Evaluation wie bspw. das Alter oder eine möglichst lineare wissenschaftliche Berufsbiographie dürfen in Berufungsverfahren keine entscheidende Rolle spielen. Bei der Beurteilung der Qualifikation von Wissenschaftlerinnen müssen Aspekte der weiblichen Biographie besonders berücksichtigt werden. Generell sollten Lebensaltersgrenzen weder in Stellenausschreibungen enthalten sein noch bei der Einstellung relevant werden.
- Fachbereiche, in denen überwiegend oder ausschließlich Männer berufen werden, sollen mit Sanktionen belegt werden.

2. Förderung des weiblichen akademischen Mittelbaus

Der Frauenanteil im akademischen Mittelbau, dem Fundament einer weiteren wissenschaftlichen Karriere, liegt in allen Disziplinen weit unter dem entsprechenden Anteil an den Studierenden. Zwar ist die Zahl der promovierenden Frauen in nahezu allen Fächern gestiegen, doch macht die Diskrepanz in den Promotions- und Habilitationsquoten von Männern und Frauen deutlich, daß neben der Beseitigung der oben angeführten strukturellen Barrieren in der Qualifizierungsphase eine gezielte Förderung von Wissenschaftlerinnen nötig ist. Ein Großteil der Promovendinnen befindet sich in Stipendienprogrammen oder Graduiertenkollegs, die nicht in gleichem Maße wie universitäre Qualifizierungs- und Dauerstellen den Einstieg in die Wissenschaftskarriere bahnen. Eine besondere Hürde ist für Frauen die Habilitation. Selbst wenn langfristig im Zuge der europäischen Angleichung von akademischen Qualifizierungsmerkmalen das deutsche Habilitationsverfahren revidiert werden muß, sind derzeit gezielte Programme zur Habilitandinnenförderung unabdingbar.

Empfehlungen:
Stellen und Stipendien für den wissenschaftlichen Nachwuchs

- Alle Qualifizierungsstellen müssen öffentlich und überregional ausgeschrieben werden. Dies muß auch für Drittmittelstellen, die über 6 Monate hinausgehen, gelten.
- Die Finanzierung von sozialversicherungspflichtigen Stellen muß Vorrang vor der Vergabe von Stipendien haben.
- Die Hochschulen müssen verpflichtet werden, alle Stellen für Nachwuchswissenschaftlerinnen entsprechend dem Frauenanteil an den Studierenden zu quotieren. In Fächern mit starker Unterrepräsentation von Frauen muß diese Quote allerdings darüber hinausgehen und mindestens 15% betragen. Stipendien- und andere Förderprogramme sowie Graduiertenkollegs sollen entsprechend dem Anteil an der vorherigen Qualifikationsstufe quotiert werden.
- In Zusammenarbeit mit den Fachhochschulen ist ein Programm zur Förderung des wissenschaftlichen Nachwuchses zu erarbeiten. Zur Anhebung des Frauenanteils an den Professuren in den Fachhochschulen ist ein Programm zu entwickeln, das es Frauen zum Beispiel im Rahmen der Verwaltung einer Professur ermöglicht, entweder die Promotion nachzuholen oder die fehlende Berufspraxis zu ergänzen.
- Formelle und informelle Altersgrenzen für die Besetzung von Qualifikationsstellen und für die Vergabe von Stipendien müssen wegfallen. Bei der Beurteilung von Bewerberinnen müssen die individuellen Qualifikationsmerkmale der Biographie berücksichtigt werden.
- Bei den Vergabekriterien für Stellen und Stipendien sind die besonderen Ausgangsbedingungen von Ostwissenschaftlerinnen zu berücksichtigen (Alter der ehemals unbefristeten Mitarbeiterinnen, geringere Anzahl von Publikationen).
- Für die Vergabe von und die Zeitregelung bei Stipendien müssen dieselben Prinzipien gelten wie für Stellen für Nachwuchswissenschaftlerinnen. Insbesondere eine partnerunabhängige Förderung ist zu gewährleisten.

Arbeitsbedingungen für den wissenschaftlichen Mittelbau

- Das Prinzip der Zuordnung von Wissenschaftlichen MitarbeiterInnen und AssistentInnen zu einem Professor bzw. einer Professorin muß beseitigt werden. ProfessorInnen müssen sich verpflichten, WissenschaftlerInnen bei ihren Qualifikationsarbeiten ausreichend zu betreuen.
- Eine positive Sanktionierung durch zusätzliche Mittelvergabe an Fachbereiche bzw. ProfessorInnen, die verstärkt weiblichen Nachwuchs zur Promotion und Habilitation führen, ist einzuführen.
- Hochschulinstitutionen werden aufgefordert, das Problem sexueller Belästigung aufzugreifen, präventive Maßnahmen zu ergreifen sowie angemessene Sanktionsmechanismen zu entwickeln.

Spezielle Förderprogramme

- Das neue Hochschulsonderprogramm muß wissenschaftlich begleitet und evaluiert werden. Die Hälfte der Mittel, der Stellen und der Stipendien aus diesem Programm sollen für Frauen vorgesehen und mit Frauen besetzt werden.
- Die 1994 vom Abgeordnetenhaus beschlossene Ausdehnung des C1/C2-Programms auf den Ostteil der Stadt wird begrüßt; einer Aufstockung des Finanzvolumens muß politische Priorität eingeräumt werden.

Vereinbarkeit von familiären Pflichten und wissenschaftlicher Tätigkeit

- Es muß die Möglichkeit eröffnet werden, Teilzeitarbeit bei befristeten Verträgen wegen Mutterschaft oder anderer familiärer Verpflichtungen mit einer Vertragsverlängerung auszugleichen. Während Zeiten der Kinderbetreuung muß auch ein Teilzeit-Stipendium möglich sein.
- Für Zeiten des Mutterschutzes und Erziehungsurlaubs sind in jedem Falle (insbesondere auch bei Drittmittelstellen) Vertretungen zu gewährleisten, um Vorbehalte gegen die Einstellung von Wissenschaftlerinnen auszuräumen.

3. Außeruniversitäre Forschungsinstitute als Arbeitsmarkt für Wissenschaftlerinnen

Die Frauenförderung an den meisten außeruniversitären Forschungseinrichtungen ist durch einen bislang kaum institutionalisierten bzw. verrechtlichten Rahmen gekennzeichnet. Wissenschaftlerinnen sind letztlich dem guten Willen der Geschäftsleitung bzw. des Betriebsrates ausgesetzt. Nur ein geringer Teil der außeruniversitären Forschungseinrichtungen Berlins (u.a. das Deutsche Institut für Wirtschaftsforschung (DIW), das Hahn-Meitner-Institut (HMI) und das Wissenschaftszentrum für Sozialforschung Berlin (WZB)) ist eine formale Selbstbindung zur Beseitigung der Benachteiligung von Wissenschaftlerinnen eingegangen. Frauenförderpläne existieren ebenfalls nur an einigen wenigen Einrichtungen, Frauen- oder Gleichstellungsbeauftragte sind bislang kaum eingesetzt. Gleichwohl zeichnen sich gegenwärtig in einigen Forschungsinstituten Tendenzen ab, Frauenförderpolitik zu stärken. So existiert z.B. im WZB seit April 1990 ein Frauenausschuß und ein Frauenförderprogramm in Form einer Direktoren-Selbstverpflichtung. Der Senat der Max-Planck-Gesellschaft verabschiedete im März 1995 einen Beschluß über die Entwicklung frauenfördernder Maßnahmen. Allerdings erfolgt diese Ausweitung von Frauenfördermaßnahmen in einer Phase, in der grundfinanzierte Stellen in den meisten außeruniversitären Forschungseinrichtungen reduziert werden.

Die aus der Frauenbewegung hervorgegangenen Forschungseinrichtungen bilden ein zentrales Segment des außeruniversitären frauenforschungsbezogenen Arbeitsmarktes. Trotz ihrer oft prekären Finanzlage geben sie wichtige Impulse und Unterstützung für Frauenforschung und Frauenfördermaßnahmen innerhalb und außerhalb der Wissenschaftsinstitutionen. Sie bilden einen Zusammenschluß autonomer Forschungskapazitäten, auf dessen Expertisen auch staatliche bzw. andere öffentlich geförderte Institutionen stärker zurückgreifen sollten.

Empfehlungen:
Bestandsaufnahme und Auftrag zur Frauenförderung

- Es müssen obligatorisch differenzierte Statistiken und Untersuchungen über die Situation von Wissenschaftlerinnen in den Berliner außeruniversitären Forschungseinrichtungen erstellt werden.
- Das Land Berlin wirkt bei der BLK darauf hin, daß der Auftrag der Frauenförderung und der Gleichstellung von Wissenschaftlerinnen Eingang in die

Rechtsgrundlagen (Satzungen, Gesellschafterverträge) der von Bund und Ländern gemeinsam geförderten Institutionen findet.

- Bei der Grundfinanzierung von Bund und Ländern, aber auch bei der Bewilligung von Drittmittelgeldern sollen gleichstellungspolitische Regelungen verbindlich gemacht und mit Sanktions- und Anreizsystemen gekoppelt werden.
- Das Berliner Landesgleichstellungsgesetz sollte auch in den außeruniversitären Forschungseinrichtungen Anwendung finden, die von Bund und Ländern mitfinanziert werden.

Maßnahmen und Instrumente zur Frauenförderung

- Die außeruniversitären Forschungseinrichtungen werden aufgefordert, Massnahmen zur Förderung des weiblichen wissenschaftlichen Nachwuchses in Anlehnung an die Maßnahmen der Hochschulen zu ergreifen.
- Die außeruniversitären Forschungseinrichtungen sollen 50% ihrer Praktikumsplätze quotiert für Studentinnen reservieren.
- Für Stellenbesetzungsverfahren bei von Bund und Ländern gemeinsam geförderten Forschungseinrichtungen sollen Regelungen für Frauengleichstellung und Frauenförderung getroffen werden, die mit denen an den Hochschulen des Landes vergleichbar sind.
- Instrumente zur Beseitigung der Benachteiligung von Wissenschaftlerinnen, d.h. die Einsetzung von Frauen- oder Gleichstellungsbeauftragten sowie die Aufstellung von Frauenförderplänen, müssen auch für die außeruniversitären Forschungseinrichtungen geschaffen werden.
- Außeruniversitäre Forschungseinrichtungen sollen Sonderprogramme zur Wiedereingliederung von WissenschaftlerInnen nach einer Erziehungspause auflegen.

Forschungsinstitute der Frauenbewegung

- Die bestehenden Einrichtungen zur Frauenforschung der Neuen Frauenbewegung in den westlichen und östlichen Bezirken Berlins sollen erhalten und ausgebaut, ihre Kooperation mit Brandenburger Frauenforschungseinrichtungen soll unterstützt werden.
- Die Frauenforschungsinstitute der Neuen Frauenbewegung sollen im institutionalisierten Kontext der Blauen Liste Aufnahme finden und in die Auftragsvergabe der öffentlichen Hand stärker einbezogen werden.

4. Verbesserung der Studienbedingungen für Studentinnen

Obwohl Frauen in der Regel bessere Leistungen während des Studiums erzielen, entscheiden sie sich noch immer weit seltener als Studenten für eine wissenschaftliche Karriere. Dies hat ursächlich nichts mit einer mangelnden Motivation von Frauen zu tun, sondern ist Resultat der unzureichenden Integrationsleistung der Hochschulen gegenüber Frauen. Männliche Vorbilder sind selbstverständliche Identifikationsangebote für Studenten, für Studentinnen sind sie vielfach Quelle der Verunsicherung und nicht Ermutigung für eine wissenschaftliche Laufbahn. Das Fehlen weiblicher Vorbilder ist ein wichtiger Grund dafür, daß das Studium nach wie vor ein System der Männerförderung geblieben ist. Auch die androzentrischen Lehr- und Studieninhalte tragen zur geringeren wissenschaftlichen Identifikation und Motivation von Studentinnen bei. Hingegen wird den von Studentinnen oft bevorzugten interdisziplinären Schwerpunktsetzungen in der Lehre weder genügend Aufmerksamkeit zuteil, noch machen sie sich bislang auf dem Arbeitsmarkt bezahlt.

Schwierigkeiten mit der Vereinbarung von Studium und familiären Verpflichtungen sind weitere, nicht zu unterschätzende Gründe dafür, daß Frauen an den Hochschulen tendenziell fremd bleiben. Über 10% aller Studentinnen an deutschen Hochschulen haben Kinder. Eine Studie des Hochschulinformationsdienstes ergab, daß 38% der befragten Studienabbrecherinnen dies aus familiären Gründen taten. Starre Studienordnungen und Prüfungstermine lassen sich mit Schwangerschaft und Geburt nicht vereinbaren, unzureichende finanzielle Voraussetzungen für studierende Mütter führen in der Regel zum Studienabbruch, zumindest zur -unterbrechung. Ein Drittel der studierenden Mütter hat das Studium für längere Zeit unterbrochen. Bislang bieten die Hochschulen außerdem nur unzureichende Betreuungsmöglichkeiten für Kinder: Nach Erhebungen des Deutschen Studentenwerkes gibt es bundesweit nur für jedes vierte Kind studierender Eltern eine Betreuungsmöglichkeit. Auch Wohnheime sind nicht an den Bedürfnissen studierender Eltern ausgerichtet.

Empfehlungen:
Studienfachwahl von Frauen

- Es soll eine Kommission geschaffen werden, die die Ausbildung von LehrerInnen unter dem Geschlechteraspekt evaluiert, um langfristig bereits in der Schulausbildung zu einer geschlechtergerechten Didaktik und Themengestaltung zu gelangen, damit die Studienwahl nicht durch Ge-

schlechtsstereotype perpetuiert wird. Desgleichen sollte eine Kommission die Hochschuldidaktiken unter dem Geschlechteraspekt überprüfen.
- Schülerinnen sollen verstärkt für die Technik- und Naturwissenschaften motiviert werden. Modelle wie z.B. der »Mädchen-Technik-Tag« sind breiter zu institutionalisieren.

Zulassung zum Studium

- In Fächern mit einem überdurchschnittlich geringen Anteil von Studentinnen muß ein Kontingent von Studienplätzen für Frauen reserviert bleiben, dessen Höhe an den fachspezifischen Bedingungen orientiert ist, mindestens aber 15% der Studienplätze beträgt.
- In zulassungsbeschränkten Studiengängen muß sichergestellt werden, daß Frauen mindestens entsprechend ihrem Anteil an den Bewerbungen zum Studium zugelassen werden. Insbesondere müssen in solchen Fächern Benachteiligungen von Frauen wegen der bevorzugten Berücksichtigung von Wehr- und Ersatzdienstleistenden abgebaut werden (Im Fach Biochemie der FU werden z.B. wegen des Wehr- bzw. Ersatzdienst-Bonus circa alle 2 Jahre trotz 35%igem Frauenanteil an den Bewerbungen keine Bewerberinnen zugelassen, selbst wenn sie einen Notendurchschnitt von 1,0 haben).

Verbesserung der Studienbedingungen für Studentinnen

- In Studiengängen mit besonders geringem Frauenanteil sollen insbesondere im Grundstudium fachspezifische Beratungs- und Tutorienangebote für Studentinnen gemacht werden.
- Frauen sind bei der Besetzung von Stellen als studentische Hilfskräfte entsprechend ihrem Anteil an den Studierenden zu berücksichtigen.
- In Fachbereichen, in denen es noch keine Professorinnen gibt, sollen für die Phase bis zur Besetzung der nächsten Professur mit einer Frau Gastprofessuren für Wissenschaftlerinnen geschaffen werden.
- Frauenforschung muß im Lehrangebot und in den Studien- und Prüfungsordnungen der Fachbereiche verankert werden.
- Maßnahmen zur Qualifizierung des Lehrpersonals an Hochschulen, die eine Sensibilisierung für Geschlechterfragen zum Ziel haben, sollen initiiert werden.
- Studien- und Prüfungsordnungen sollen dahingehend modifiziert werden, daß für Studentinnen mit Kind individuelle Studien- und Prüfungspläne erstellt werden können.

- Das Land Berlin wird aufgefordert, darauf hinzuwirken, daß bei Sozialhilfe als einziger Einkommensquelle insbesondere für Alleinerziehende eine Immatrikulation möglich wird.
- Betreuungseinrichtungen für Kinder von Studierenden (insbesondere Kinder unter 3 Jahren), Teilzeitstudium für Eltern bei gesichertem Sozialstatus sowie Wohnheimplätze für alleinerziehende Studierende und studentische Paare mit Kind(ern) sind auszubauen.

5. Arbeitsmarkt- und Strukturpolitik für Wissenschaftlerinnen

Arbeitsmarkt- und Strukturpolitik für Wissenschaftlerinnen will auf Strukturentscheidungen in Forschung und Wissenschaft Einfluß nehmen mit dem Ziel, den Forschungs- und Dienstleistungssektor als Arbeitsplatz- und Berufsperspektive für wissenschaftlich qualifizierte Frauen auszubauen und Diskriminierungen zu beseitigen. Es wird also zum einen darum gehen, den Wissenschaftsstandort im internationalen Wettbewerb als Arbeitsstandort zu stärken und die von Frauen nachgefragten Arbeits- und Forschungsfelder in die Hochschul- und Forschungsplanung bzw. -förderung angemessen einzubeziehen. Gleichzeitig kommt es darauf an, Strukturen und Mechanismen der betrieblichen Rekrutierung sowie der Laufbahn- und Karrieremuster in den verschiedenen Mikroarbeitsmärkten der Hochschule, der außeruniversitären Forschungsinstitute, der Industrieforschung sowie des sogenannten dritten Sektors der Non-Profit-Organisationen zugunsten der Eröffnung von Berufs- und Karrierechancen für Frauen in der Wissenschaft zu verändern.

Der Arbeitsmarkt Forschung und Wissenschaft ist zwar in einzelnen Teilbereichen, nicht aber in seiner Gesamtheit erforscht und statistisch dokumentiert. So gilt es, zum Beispiel die Mikroarbeitsmärkte der Industrieforschung, der wissenschaftlichen Akademien, aber auch die prekären Beschäftigungsverhältnisse in fast allen Arbeitsmarktsegmenten des Wissenschaftsbereiches unter geschlechtsspezifischen Fragestellungen zu analysieren und Interventionsstrategien zu formulieren. In gleicher Weise müssen – insbesondere in den privilegierten Segmenten des wissenschaftlichen Arbeitsmarktes – neue Modelle der Organisation und der Flexibilisierung von Arbeit formuliert und erprobt werden, um mehr Frauen Zugang zu einer wissenschaftlichen Karriere zu eröffnen.

Die Hochschulen sind gehalten, ihre Stellenpläne so zu flexibilisieren, daß mehr Qualifizierungsstellen für den weiblichen akademischen Mittelbau und damit mehr Optionen für spätere Berufungen ermöglicht werden. Die

Landeshochschulstrukturkommission Berlin-Brandenburg soll hier Rahmenbedingungen setzen.

Empfehlungen:
Daten zur Arbeitsmarkt- und Strukturpolitik

- Amtliche Statistiken über die Beschäftigungsentwicklung und die Entwicklung der Erwerbslosigkeit von Hochschulabsolventinnen müssen regelmäßig und detaillierter als bisher erstellt werden. In der offiziellen Arbeitsamtsstatistik sind Arbeitslose nicht nur nach Berufsgruppen und Berufsabschnitten, sondern auch nach dem Qualifikationsniveau auszuweisen.
- Umfassende geschlechtsspezifische Daten über die Beschäftigungsentwicklung und Erwerbslosigkeit von WissenschaftlerInnen in der Region Berlin-Brandenburg müssen ebenfalls erhoben werden. Eingeschlossen sein sollten Daten und Analysen zu Verdrängungsprozessen ebenso wie zu prekären Beschäftigungsverhältnissen von Wissenschaftlerinnen.

Strukturpolitische Interventionen

- Frauen sind an allen Kommissionen und Gremien, die über den Wissenschaftsstandort Berlin-Brandenburg entscheiden, paritätisch zu beteiligen. Das betrifft u.a. die Landeshochschulstrukturkommission.

Neue Modelle der Arbeitszeitpolitik und Arbeitsumverteilung

- Im Hinblick auf die zu erwartenden Vakanzen durch Emeritierungen an den Hochschulen Berlins müssen neue Wege der Arbeitszeitpolitik beschritten und neue Modelle zur Arbeitsumverteilung innerhalb der Hochschulen erprobt werden. Teilzeitprofessuren müssen für Männer und Frauen angeboten werden; TeilzeitprofessorInnen müssen einen Ausgleich in Form von Forschungsmitteln erhalten.

Aktive Arbeitsmarktpolitik

- ABM und Lohnkostenzuschüsse nach § 249h und 242s AFG sollen arbeitslosen WissenschaftlerInnen, die aufgrund ihres Alters oder ihrer Qualifikation/Spezialisierung keine Chancen auf dem regulären Wissenschaftsarbeitsmarkt haben, wieder besser zugänglich gemacht werden.

- Das Land Berlin sollte sich für die Erhaltung des § 249h auch nach 1997 einsetzen und dies mit einem erneuten Vorstoß zu seiner Öffnung für Forschungstätigkeiten verknüpfen.
- Im Rahmen der Novellierung des AFG sind neue Instrumente zur Förderung von WissenschaftlerInnen zu entwickeln.
- Die Umwandlung von Arbeitslosengeld/-hilfe in Lohnkostenzuschüsse für selbständig (freiberuflich) wissenschaftlich Tätige soll geprüft werden. Das setzt zugleich voraus, daß die Arbeitslosenhilfe zeitlich nicht befristet, sondern als unbefristete Leistung aufrechterhalten wird.

6. Gesetzliche Regelungen und Instrumente der Gleichstellungspolitik

Das Land Berlin besitzt mit dem LGG und dem BerlHG eines der weitgehendsten Gesetzeswerke zur Gleichstellung von Frauen in der Wissenschaft. Das BerlHG sieht für alle Hochschulen die Erarbeitung von Richtlinien zur Gleichstellung und Förderung von Frauen in der Wissenschaft vor. Allerdings haben noch bei weitem nicht alle Berliner Hochschulen bzw. Fachbereiche solche Frauenförderrichtlinien in Kraft gesetzt. Die bisherige gleichstellungspolitische Praxis hat darüber hinaus gezeigt, daß die gesetzlichen Regelungen durch präzise Zielvorgaben und durch ein System finanzieller Anreize und gegebenenfalls finanzieller Sanktionen flankiert und ergänzt werden müssen.

Die zentrale Institution zur Gleichstellung und Förderung von Frauen sowie zur Aufdeckung und Beseitigung von Diskriminierungen ist mit dem Amt der Hochschulfrauenbeauftragten geschaffen worden. Mit der Einrichtung der Bundes- und der Landeskonferenz der Hochschulfrauenbeauftragten haben sich die Frauenbeauftragten selbst eine funktionsfähige und öffentlich wirksame Struktur gegeben. Gleichwohl sind die Ausstattung, die tarifliche Bewertung, insbesondere aber die Mitwirkungs- und Entscheidungskompetenzen der Frauenbeauftragten innerhalb der Hochschulhierarchie noch keineswegs angemessen geregelt. Vor allem im Hinblick auf die Realisierung der Finanzautonomie der Hochschulen muß das Amt der Frauenbeauftragten so formuliert werden, daß die Transparenz der Strukturentscheidungen und der Mittelvergabe sichergestellt, die Mitwirkung an Finanz- und Strukturentscheidungen garantiert und die Möglichkeit korrigierender Intervention gegeben sind. Frauenbeauftragte müssen wie andere Gremien den Status eines zentralen Organs der Hochschulen erhalten.

Empfehlungen:
Volle Ausschöpfung bestehender gesetzlicher Regelungen

- Die Erstellung von Frauenförderrichtlinien an Hochschulen muß beschleunigt werden. Auch die einzelnen Fachbereiche und Fakultäten müssen Förderpläne erstellen. Hierfür sollen bindende Zeitvorgaben gemacht werden.
- Die gesetzlichen Frauenförderrichtlinien müssen auch für Sonderforschungsbereiche der DFG und drittmittelfinanzierte Forschungsverbünde der Hochschulen bindend sein.
- Die bereits gesetzlich fixierte Informationspflicht aller Hochschulstellen muß stärker als bislang in der Praxis realisiert werden. Dies gilt insbesondere für die Information dezentraler Frauenbeauftragter über Stellendenomination und Stellenbesetzungsverfahren.

Ergänzung von BerlHG und LGG

- In BerlHG und LGG müssen ergebnisorientierte Zielquoten formuliert werden, bis der Anteil von Frauen auf jeder Stufe des wissenschaftlichen Personals mindestens 50% beträgt. Zudem soll der Qualifikationsbegriff modifiziert werden.
- Maßnahmen zur Frauenförderung sollen mit positiven Anreizen (z.B. Zuteilung von Mitteln und Stellen) bzw. Sanktionen verknüpft werden. Geeignete Kriterien, mögliche Sanktionsinstrumente und Vergabemechanismen gilt es, unter Einbeziehung der Frauenbeauftragten auf Landes- und auf Hochschulebene zu erarbeiten und zu erproben. Die Hochschulen müssen verpflichtet werden, kontinuierlich die Mittelvergabe unter dem Gesichtspunkt der Frauenförderung zu evaluieren und die Vergabekriterien durch wissenschaftliche Begleituntersuchungen zu überprüfen.
- Für die Mittelvergabe müssen wirksame Kontroll- und Beschwerdeinstanzen eingerichtet werden, die die Transparenz der Strukturentscheidungen und der Mittelvergabe sicherstellen und bei Beanstandungen der Frauenbeauftragten korrigierend tätig werden.
- Die Hochschulen sollen verpflichtet werden, feste Stellenkontingente nur für Frauen auszuweisen und dafür vom Abgeordnetenhaus die rechtliche Rahmenbedingung erhalten.
- Zur Überprüfung der Wirksamkeit der Wissenschaftlerinnenförderung müssen alle beteiligten Institutionen regelmäßige »Verlaufsstatistiken« erstellen. Zudem muß eine begleitende Evaluierung in Zusammenarbeit mit den Hochschulfrauenbeauftragten gewährleistet werden.

- Frauen- und Gleichstellungsbeauftragte bzw. Frauenbüros müssen analog zu anderen Hochschulorganen mit eigenen finanziellen Mitteln und mit angemessen eingruppierten MitarbeiterInnenstellen ausgestattet sein, damit sie auch verstärkt innovativ tätig sein können.
- Die Stellvertreterinnenregelungen müssen ebenso verbessert werden wie die Freistellungsmöglichkeiten für dezentrale und stellvertretende Frauenbeauftragte. Auch für Sonderforschungsbereiche und andere fachbereichsunabhängige Forschungsgruppen muß die Möglichkeit zur Wahl von Frauenbeauftragten geschaffen werden.
- Frauenbeauftragte sollen als zentrale Hochschulorgane Mitbestimmungsrechte in allen Hochschulgremien analog zur Personalvertretung erhalten.
- Frauenbeauftragte sollen einen Anspruch auf Unterlassung einer Maßnahme bei Nichtbeteiligung sowie ein Zustimmungsverweigerungsrecht analog zu den Rechten der Personalvertretung erhalten. Ihnen soll ein Widerspruchsrecht gegen die Entscheidungen von Gremien der akademischen Selbstverwaltung bzw. eines zentralen Hochschulorgans eingeräumt werden, wenn diese Entscheidungen gegen die Stellungnahme der Frauenbeauftragten getroffen wurden.
- Zur Konfliktregulierung bei Einsprüchen der Frauenbeauftragten soll eine Schiedsstelle eingerichtet werden.
- Den Frauenbeauftragten soll ein Verbandsklagerecht eingeräumt werden.
- Frauenbeauftragte sollen, wenn sie befristete Stellen haben, eine Vertragsverlängerung erhalten. Wird das Amt von einer Studentin wahrgenommen, so soll diese Zeit nicht auf die Regelstudienzeit angerechnet werden.
  Die Ausübung des Amtes der Frauenbeauftragten darf nicht zu Benachteiligungen oder Einschränkungen in Beruf oder Studium führen. Frauenbeauftragten soll ein Kündigungsschutz gewährt werden.
- Die Frauenbeauftragten der Berliner Hochschulen müssen ein Mitspracherecht bei der Hochschulstrukturplanung in Berlin erhalten.

Maßnahmen des Landes Berlin

- Das Land Berlin soll gemeinsam mit dem Land Brandenburg eine Gleichstellungskommission einrichten, die einen Frauenförderstrukturplan für Hochschulen und außeruniversitäre Einrichtungen entwickelt. In Zusammenarbeit mit der Landeskonferenz der Frauenbeauftragten soll zunächst alle zwei Jahre ein »Gleichstellungsbericht« erstellt werden.

- Das Land Berlin soll darüber hinaus bei der Senatsverwaltung für Wissenschaft und Forschung ein Referat mit dem Arbeitsschwerpunkt »Gleichstellung von Frauen in der Wissenschaft« einrichten.

7. Netzwerke von und für Wissenschaftlerinnen

Vernetzung ist die Voraussetzung für Repräsentation und Einfluß von Frauen in der Wissenschaft, für die Einmischung von Wissenschaftlerinnen in wissenschaftspolitische Institutionen und die Vertretung ihrer Interessen. In Netzwerken schaffen sich Wissenschaftlerinnen über Statusgruppen hinweg Formen der fachlichen und interdisziplinären Zusammenarbeit, sozialer Kommunikation und des Transfers von Informationen. Netzwerke sind auch Bedingung für die Traditionalisierung von Ergebnissen der Frauen- und Geschlechterforschung. Nur durch eigenständige Kommunikationszusammenhänge sind Wissenschaftlerinnen in der Lage, die formellen Netzwerkstrukturen der von Männern geprägten Wissenschaftsgemeinde für Frauen und feministische Themen zu öffnen.

Darüber hinaus aber gilt es, die hermetischen informellen Männernetzwerke für die Vergabe von Stellen und Ressourcen zu durchbrechen. Mit der Etablierung und Stärkung von Wissenschaftlerinnen-Netzwerken wird also auch ein Gegengewicht zu eingespielten Männernetzwerken und damit die Möglichkeit geschaffen, öffentliche und professionalisierte Kontrollformen für die informellen Machtstrategien dieser Männernetzwerke zu entwickeln. Frauen verfolgen in eigenen Netzwerken also neue Strategien der Einmischung in den Wissenschaftsbetrieb: Diskriminierungen bzw. Privilegierungen von Männern können durch Netzwerke veröffentlicht, Lobbypolitik kann gestärkt werden. Langfristig kann nur eine Vernetzung von Wissenschaftlerinnen auch innerhalb wissenschaftspolitischer Entscheidungsgremien die Gleichstellung von Frauen institutionell absichern.

Empfehlungen:
Unterstützung der Netzwerkbildung von und für Frauen

- Die politische und finanzielle Unterstützung für Vernetzungsaktivitäten von und für Wissenschaftlerinnen innerhalb der Bundesrepublik Deutschland sowie in Kooperation mit ausländischen Institutionen und insbesondere im Rahmen der EU muß verstärkt werden.

- Die Erarbeitung von Informationspools über Forschungs- und Lehrschwerpunkte von Wissenschaftlerinnen inner- und außerhalb von Hochschulen sowie in außeruniversitären Forschungseinrichtungen soll größere finanzielle Unterstützung erfahren.
- Zur Stärkung der wissenschaftspolitischen Einflußnahme von Frauen muß die Vernetzung von Wissenschaftlerinnen und Politikerinnen gefördert werden.
- Die Vernetzung der Bundeskonferenz der Frauen- und Gleichstellungsbeauftragten und der jeweiligen Landesvertretungen muß durch eine ständige Geschäftsstelle abgesichert werden.

Gegenstrategien gegen informelle Männernetzwerke

- Es müssen geeignete Kontrollformen für informelle Prozesse der Zuteilung von Stellen und Ressourcen entwickelt werden. Unter anderem bedeutet dies eine umfassende Informations- und Öffentlichkeitspflicht für alle Stellenbesetzungsverfahren und für die Ressourcenzuteilung.
- Personalauswahlkommissionen müssen geschlechterparitätisch besetzt sein. Dazu ist es notwendig, daß positionsbezogene Kriterien für den Zugang zu solchen Kommissionen beseitigt werden.

Öffnung etablierter WissenschaftlerInnennetzwerke

- Wissenschaftliche Fach- und Standesverbände sollen auf eine angemessene Repräsentation von Frauen hinwirken.
- Diese Verbände sollen Bestandsaufnahmen über die Situation von Wissenschaftlerinnen in ihrer Disziplin erarbeiten und Strategien zur Veröffentlichung und Beseitigung von Diskriminierungen entwickeln.
- Die Bildung von Gleichstellungskommissionen in etablierten Standesverbänden der Wissenschaft und die Quotierung von Vorständen und Beiräten ist nachhaltig zu befördern.

8. Frauenforschung

Wissenschaftlerinnen der Neuen Frauenbewegung wiesen darauf hin, daß wissenschaftliche Ergebnisse, ob in Natur- und Technik- oder in Geistes- und Sozialwissenschaften, in hohem Maße von männlichen Sichtweisen und Interessen geprägt sind. Frauenforscherinnen machten diese Einseitigkeit sichtbar und trugen in ihren jeweiligen Disziplinen dazu bei, daß durch die Integration der Frauen- und Geschlechterperspektive neue Fragestellungen und theoretische Ansätze entwickelt wurden.

Frauen- und Geschlechterforschung haben bereits eine lange Tradition an Berliner Hochschulen und an außeruniversitären Institutionen der Frauenbewegung. Entsprechend hoch ist das Berliner Potential an Wissenschaftlerinnen auf dem Gebiet der Frauenforschung. Insbesondere ist das Förderprogramm Frauenforschung des Berliner Senats wegweisend bei der Förderung von Frauen- und Geschlechterforschung. Die forschungspraktische Ausrichtung des Programms und seine Brückenfunktion in den ersten Arbeitsmarkt stellen bundesweit einmalige Bedingungen für die Verbindung von Theorie und Praxis in der Frauenforschung dar.

Das deutliche Votum des Berliner Hochschulstrukturplanes für die Institutionalisierung von Frauen- und Geschlechterforschung ist für die Zukunft zu konkretisieren und zu ergänzen. Insbesondere gilt es darauf hinzuwirken, daß sich die Frauenforschungslandschaft Berlins innerhalb und außerhalb der Hochschulen vernetzt. Frauenforschung muß zudem verstärkt Eingang in Studien- und Lehrinhalte an Hochschulen finden. Dem Wissenschaftlerinnenpotential an von Bund und Ländern geförderten außeruniversitären Forschungsinstituten sollten mehr Möglichkeiten für Frauen- und Geschlechterforschung eröffnet werden.

Empfehlungen:
Verankerung von Frauen- und Geschlechterforschung in der Hochschulstruktur

- Frauenforschung muß etatisierte Stellen bekommen; wenn ein bestimmter Anteil an Lehrangeboten/Abschlußarbeiten/akademischem Mittelbau an einem Fachbereich institutionalisiert ist, muß eine Frauenforschungsprofessur etabliert werden. Solche Stellen sind in den Stellenplänen festzuschreiben. Dies darf jedoch nicht bedeuten, daß der Frauenanteil an den nicht für Frauenforschung ausgeschriebenen Professuren sinkt.
- Die Möglichkeit der Teildenomination von Professuren für Frauenforschung soll verstärkt geschaffen werden.
- Feministische Ansätze müssen in den Studienplänen und Prüfungsordnungen verankert werden.
- Es soll ein Frauenforschungsstrukturplan für Berlin entwickelt werden, in dem die bisherigen Stellen zur Frauenforschung abgesichert werden, in dem aber auch zukunftsweisende Entscheidungen für Frauenforschung getroffen werden. Die erste Aufgabe einer solchen Kommission zur Entwicklung

eines Frauenforschungsstrukturplanes sollte die Koordinierung der Frauenforschungsprofessuren und -schwerpunkte sein, um den Austausch zu intensivieren und den zukünftigen Bedarf zu evaluieren. Eine gemeinsame Hochschulstrukturkommission von Berlin und Brandenburg muß ebenfalls die Entwicklung der Frauenforschung in der Region berücksichtigen.

Ausbau der Frauen- und Geschlechterforschung inner- und außerhalb der Hochschulen

- Die bislang in Berlin institutionalisierte Frauenforschung muß ausgebaut werden. Frauenforschung in den Technik- und Naturwissenschaften ist zu erweitern und besonders zu fördern. Auch die Frauenforschung an Fachhochschulen muß zukünftig intensiviert werden.
- Die Arbeit von bereits bestehenden Studienschwerpunkten und Forschungszentren muß durch die Festschreibung von zweckbestimmten Professuren auf Dauer gesichert sein.
- In Fächern, in denen es noch nicht genügend qualifizierte Frauenforscherinnen gibt, sollen finanzielle Mittel für Gastprofessorinnen zur Verfügung gestellt werden.
- Insbesondere in den Fächern, in denen die Frauenforschung noch nicht intensiviert ist, sollten Graduiertenkollegs im Bereich Frauenforschung geschaffen werden.
- Die Erfahrungen der DDR-sozialisierten Frauenforscherinnen wirken auf die Entwicklung der Frauenforschung innovativ; insbesondere sind die Aufarbeitung der DDR-Frauen(kultur)geschichte und die Forschungen zum Transformationsprozeß durch Ostwissenschaftlerinnen zu fördern.
- Die Förderung der außeruniversitären autonomen Frauenforschung ist sicherzustellen, nicht nur deshalb, weil sie in Berlin ein bedeutendes Segment des außeruniversitären frauenforscherischen Arbeitsmarktes ausmacht, sondern auch, weil die Kooperation von hochschulischer und autonomer Frauenforschung sich in der Vergangenheit als besonders innovativ erwiesen hat.

9. Frauenhochschule

In der Bundesrepublik und in Berlin entstanden in den vergangenen Jahren zahlreiche Initiativen für eine Frauenhochschule, die allerdings kontrovers diskutiert werden. Für die Befürworterinnen des Reformexperiments bietet eine Frauenhochschule die Gelegenheit, Frauenförderung im Rahmen eines innovativen Hochschulexperiments zu realisieren. Das Innovationspotential, das eine Frauenhochschule in die Erneuerung der bürokratisch verformten und hierarchisch blockierten Hochschulen einbringen könnte, ist auf mehreren Ebenen angesiedelt: Zum ersten könnte sie neue Wege der Demokratisierung der Hochschule aufzeigen, indem sie den professoralen Dominanzstrukturen traditioneller Hochschulen ein anderes Modell entgegensetzt, und sie könnte zweitens die pädagogischen Koedukationsdebatten für die Hochschulen aktualisieren sowie neue Lehr- und Lernformen institutionalisieren, die insbesondere Studentinnen fördern. Drittens könnte sie neue Formen des Wissenschaftstransfers in die gesellschaftliche Praxis etablieren, und viertens könnte eine Frauenhochschule richtungsweisend für die Zusammenarbeit mit außeruniversitären feministischen Forschungseinrichtungen werden.

Eine Frauenhochschule sollte möglichst interdisziplinär organisiert sein, den traditionellen Fächerkanon umfassen, und sie könnte explizit auf die gesellschaftlichen (Wissens)Bedürfnisse der Region Berlin-Brandenburg eingehen. Die Möglichkeit, daß sich Studentinnen an weiblichen Vorbildern orientieren und damit größere Selbstsicherheit und Selbstverständlichkeit im Umgang mit ihrem Fach und ihrem Wissen erwerben, ist an einer solchen Frauenhochschule gegeben.

Das Land Berlin sollte sich an der Debatte um eine Frauenhochschule beteiligen und das Für und Wider der Argumente umsetzungsbezogen prüfen.

Empfehlungen:
Rechtliche Grundlagen für ein Reformexperiment Frauenhochschule

- Das Land Berlin soll darauf hinwirken, die Einrichtung eines Reformexperiments Frauenhochschule in der Hochschulgesetzgebung zu ermöglichen.

Konkrete Schritte zur Realisierung einer Frauenhochschule

- Die bereits existierenden Initiativen zur Gründung einer Frauenhochschule in Berlin sollen von einer einzurichtenden Kommission evaluiert werden. Die Kommission soll die Erarbeitung eines Konzepts für eine Berlin-Brandenburgische Frauenhochschule in Auftrag geben und insbesondere auch Finanzierungsstrategien in unterschiedlicher Trägerschaft erarbeiten lassen.

- Die Empfehlungen der Kommission sollen in die gemeinsame Landeshochschulstrukturkommission Berlin-Brandenburg Eingang finden und bei der Hochschulstrukturplanung berücksichtigt werden.

Zur Konzeption einer Frauenhochschule

- Es sollen Fachtagungen und Kongresse ermöglicht werden, auf denen die inhaltliche Schwerpunktsetzung einer Frauenhochschule in Berlin diskutiert wird.
- Der Austausch zwischen den bereits existierenden Gründungsinitiativen für eine Frauenhochschule und Berliner Frauenforscherinnen über die Konzeptualisierung einer Frauenhochschule muß intensiviert werden.
- Die Zusammenarbeit zwischen Frauenhochschule und außeruniversitären feministischen Forschungseinrichtungen sollte aktiv in die Planung einbezogen werden.

Die hier benannten Strategien und Empfehlungen zur Wissenschaftlerinnenförderung werden von den Verfasserinnen auf dem am 27. und 28. Juni 1995 in Berlin stattfindenden Kongreß »Wissenschaft als Arbeit – Arbeit als Wissenschaftlerin« zur Diskussion gestellt. Die Ergebnisse dieser Diskussion sollen als Grundlage für die weitere gleichstellungspolitische Debatte in der Region Berlin dienen und Impulse für den Vereinigungsprozeß der Wissenschafts- und Forschungslandschaft in Berlin-Brandenburg geben.

Anmerkungen

1 Die Passagen der »Berliner Perspektiven«, die sich auf die Fusion der Länder Berlin und Brandenburg beziehen, wurden im Juli 1996 neu formuliert.

Zu den AutorInnen und Herausgeberinnen

Helga Adler, freie Sozialwissenschaftlerin in Berlin.

Paul B. Baltes, Hochschullehrer, Direktor am Berliner Max-Planck-Institut für Bildungsforschung.

Renate Berger, Professorin an der Hochschule der Künste Berlin.

Christine Bergmann, Bürgermeisterin von Berlin und Senatorin für Arbeit, Berufliche Bildung und Frauen.

Marion Bimmler, Personalratsvorsitzende am Max-Delbrück-Centrum für Molekulare Medizin in Berlin-Buch.

Helga Ebeling, Referentin im Bundesministerium für Bildung und Wissenschaft, Forschung und Technologie.

Hans-Uwe Erichsen, Hochschullehrer, Präsident der Hochschulrektorenkonferenz.

Christine Färber, Frauenbeauftragte der Freien Universität Berlin; Sprecherin der Bundeskonferenz der Frauen- und Gleichstellungsbeauftragten an Hochschulen.

Hannelore Faulstich-Wieland, Universitätsprofessorin für Frauenforschung an der Westfälischen Wilhelms-Universität Münster.

Peter Grottian, Professor für Politikwissenschaft an der Freien Universität Berlin.

Karin Hausen, Professorin für Interdisziplinäre Frauenforschung an der Technischen Universität Berlin.

Karl-Heinz Hoffmann, Hochschullehrer, 1994 bis 1996 Vorsitzender des Wissenschaftsrates.

Barbara M. Kehm, wissenschaftliche Mitarbeiterin amWissenschaftlichen Zentrum für Berufs- und Hochschulforschung der Universität Gesamthochschule Kassel.

Monika Klinkhammer, wissenschaftliche Mitarbeiterin an der Universität Augsburg.

Sybille Krummacher, wissenschaftliche Mitarbeiterin am Institut für Festkörperforschung des Forschungszentrums Jülich.

Sabine Lang, wissenschaftliche Mitarbeiterin am Institut für Politikwissenschaft der Universität Leipzig.

Rosita Lohmann, Psychotherapeutin, Abteilungsleiterin der Abteilung Beratungs- und Betreuungsdienste des Studentenwerks Berlin.

Friederike Maier, Professorin für Makroökonomie und Allgemeine Wirtschaftspolitik an der Fachhochschule für Wirtschaft, Berlin.

Stefanie Marggraf, Studentin der Geschichte, Politologie und Soziologie an der Freien Universität Berlin.

Sigrid Metz-Göckel, Hochschullehrerin am Hochschuldidaktischen Zentrum der Universität Dortmund.

Hildegard Maria Nickel, Professorin für Soziologie von Familie, Jugend und Geschlechterverhältnissen an der Humboldt-Universität zu Berlin.

Mary Osborn, Zellbiologin am Max-Planck-Institut für biophysikalische Chemie in Göttingen.

Heide M. Pfarr, Professorin für Bürgerliches Recht und Arbeitsrecht an der Universität Hamburg und wissenschaftliche Direktorin des Wirtschafts- und Sozialwissenschaftlichen Instituts der Hans-Böckler-Stiftung.

Birgit Sauer, Universitätsassistentin am Institut für Politikwissenschaft der Universität Wien.

Angelika Schaser, wissenschaftliche Assistentin am Friedrich-Meinecke-Institut der FU Berlin.

Helga Schuchardt, Niedersächsische Ministerin für Wissenschaft und Kultur.

Günter Siegel, Professor am Fachbereich Informatik der Technischen Fachhochschule Berlin und Vertreter des Landes Berlin im Länderausschuß der Fachhochschulrektorenkonferenz von 1991 bis 1995.

Barbara Skripski, Referentin bei der Senatsverwaltung für Arbeit, Berufliche Bildung und Frauen in Berlin.

Bettina Uhrig, arbeitsmarktpolitische Beraterin bei der ServiceGesellschaft des Sozialpädagogischen Instituts in Berlin.

Karin Zimmermann, Promotionsstipendiatin im DFG-Graduiertenkolleg »Geschlechterverhältnis und sozialer Wandel«.